W0373172

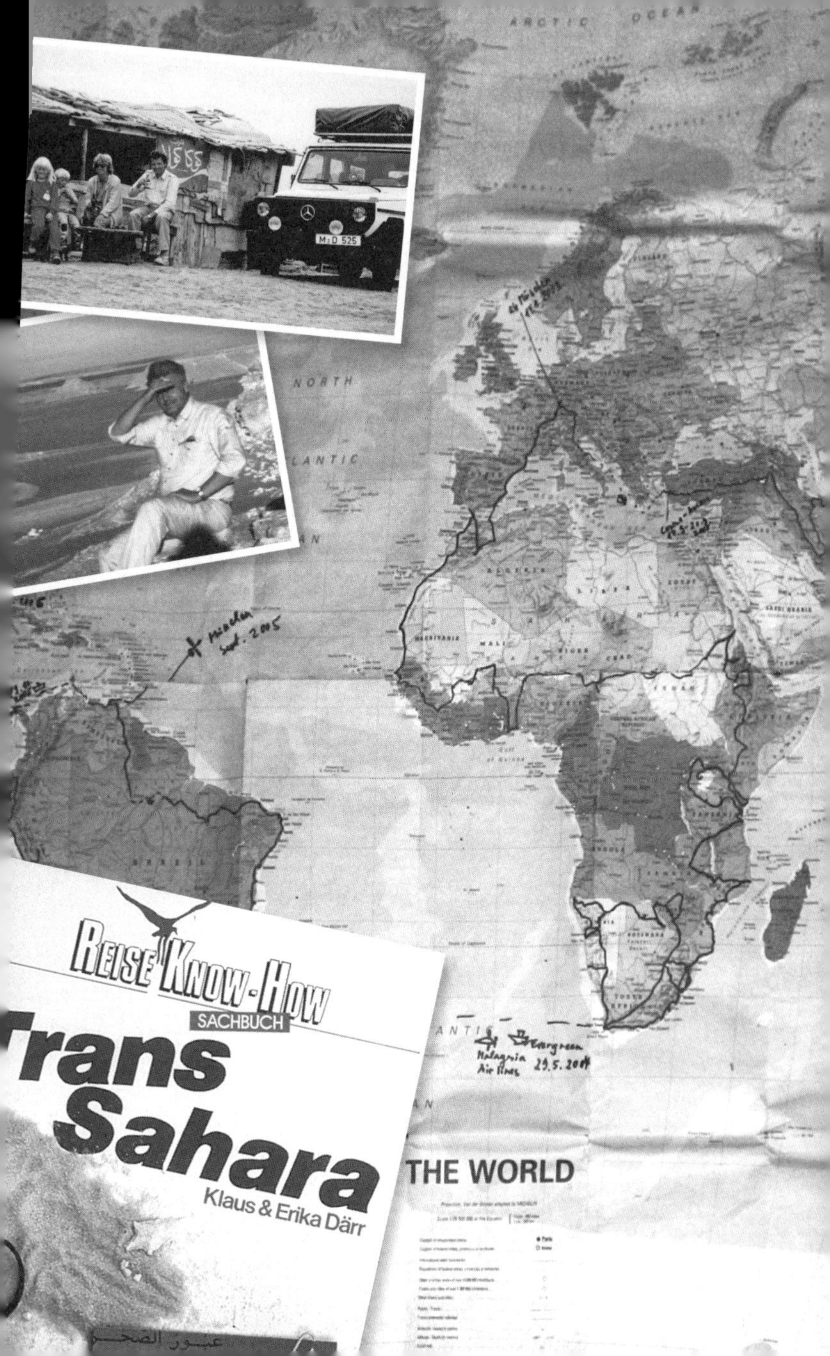
ARCTIC OCEAN
M·D 525
NORTH
LANTIC
REISE KNOW-HOW
SACHBUCH
rans
Sahara
Klaus & Erika Därr
THE WORLD

Klaus Därr

Irgendwann erwischt's dich dann!

Wenn Fernreisen zum Abenteuer werden

REISE KNOW-HOW

E-Mail-Adresse des Verlags:
verlag@rkh-reisefuehrer.de

www.reise-know-how.de

- Ergänzungen nach Redaktionsschluss
- kostenlose Zusatzinfos und Downloads
- das komplette Verlagsprogramm
- aktuelle Erscheinungstermine
- Newsletter abonnieren

Direkt einkaufen im Verlagsshop mit Sonderangeboten

Klaus Därr

Irgendwann erwischt's dich dann!

Wenn Fernreisen zum Abenteuer werden ...

Stadtbibliothek Pankow
Aus dem Bestand entfernt
971
2015

Impressum

Klaus Därr

Irgendwann erwischt's dich dann

Wenn Fernreisen zum Abenteuer werden

erschienen im
Reise Know-How Verlag

ISBN 978-3-89662-524-3
1. Auflage 2015

Alle Rechte vorbehalten

– Printed in Germany –

© Helmut Hermann
Untere Mühle, D-71706 Markgröningen
verlag@rkh-reisefuehrer.de

Website von Reise Know-How:
www.reise-know-how.de

Umschlag- und Inhaltskonzept: Carsten Blind
Realisierung: Carsten Blind
Lektorat: Nina Brückner
Fotos: siehe Bildnachweis S. 323
Karten: Helmut Hermann
Druck u. Bindung: Pustet, Regensburg

Dieses Buch ist erhältlich in jeder Buchhandlung in Deutschland, Österreich, Schweiz, Niederlande und Belgien
Bitte informieren Sie Ihren Buchhändler über folgende Bezugsadressen:

D: PROLIT GmbH, Postfach 9, 35461 Fernwald
www.prolit.de (sowie alle Barsortimente)
CH: AVA Verlagsauslieferung AG, Postfach 27, 8910 Affoltern
A: Mohr Morawa Buchvertrieb GmbH, Sulzengasse 2, 1230 Wien
NL, B: Willems Adventure, www.willemsadventure.nl

Wer im Buchhandel trotzdem kein Glück hat, bekommt unsere Bücher auch über unsere Büchershops im Internet (s.o.)

Nach meiner Überzeugung hat jeder Erdenbürger ein natürliches Recht, alle Teile dieser Erde zu bereisen, solange es aus eigenen Mitteln geschieht, also ohne auf die Gastfreundschaft der örtlichen Bevölkerung zu spekulieren. Diese Überzeugung und das Interesse an fernen Ländern waren für mich ausschlaggebend, mein Berufs- und Privatleben so zu organisieren, dass große Reisen möglich wurden.

Im Laufe der ersten Reisen wurde mir klar, dass mein Interesse stärker auf Landschaften und Naturphänomene gerichtet war als auf Menschen und von ihnen geschaffene Güter. Kurz gesagt: Vor Jahrhunderten aufgetürmte Steinhaufen besichtigen ist nicht meine Sache. Also war das nichts mit Rucksackreisen, Gruppenreisen, Städtetouren, Schiffsreisen und reinen Flugreisen, es musste ein Fahrzeug her, um die Weite der Wüsten, Steppen, Gebirge und Wälder zu erkunden. Alles sichere Anzeichen dafür, dass hier kein Kulturreiseführer zu erwarten ist.

Ab den 1968er-Jahren bereiste ich mit den verschiedensten Fahrzeugtypen über 100 Länder auf fünf Kontinenten, wobei mir mal langjährige Freunde, zumeist aber meine Frau Erika, unverzichtbare Reisebegleiter waren.

Neben vielen Reisen auf den verschiedensten Routen durch die Sahara hatten wir zweimal fortgeschrittene Vorbereitungen getroffen, um auf dem Landweg nach Nepal zu fahren. Beide Reisen mussten umgeplant werden, weil jeweils zwischen Indien und Pakistan beziehungsweise zwischen Iran und Irak Krieg ausbrach.

Das ist einer der Gründe, warum viele der Kapitel von Afrika handeln, obgleich schon immer meine Ambition war, die ganze Erde zu bereisen.

In Afrika erwarten den Reisenden neben vielen spannenden Momenten auch die lebensfrohste Bevölkerung. Das fand in einem Wortwechsel zwischen einem togolesischen Praktikanten und mir in unserer Firma in München seinen Ausdruck. Er fragte: „Warum fahren sie immer wieder nach Afrika?“, worauf ich erwiderte: „Weil die Menschen dort trotz verbreiteter Armut immer fröhlich sind.“ Nach kurzem Zögern folgte der bezeichnende, unvergessliche Satz: „Wenn ich heute schon weiß, dass es mir morgen nicht besser geht, dann kann ich doch schon heute fröhlich sein.“

So kommt es, dass Weiße, die in Afrika gelebt haben und es lieben, zu sagen pflegen: „You can get out of Africa, but you can't get Africa out of you.“

Bei allen Reisen betrachtete ich mich nicht als Abenteurer, der unkalkulierte Risiken eingeht, sondern eher als Globetrotter, der sich nach ausreichender Vorbereitung weder durch Angst vor dem Unbekannten noch durch Hoffnung auf eine großartige Entdeckung leiten lässt. Dennoch entwickelten sich die Reisen gelegentlich anders als geplant, manchmal in Richtung Abenteuer. Wenn ich zuhause erwähne, in welchen Ländern ich unterwegs war, so werde ich oft gefragt: „... und, nix passiert?" Meine Antwort darauf wurde zum Titel dieses Buches: „Irgendwann erwischt's dich dann!"

Natürlich hat es uns auch mit verschiedenen Tropenkrankheiten und einem komplizierten Knochenbruch erwischt. Deren Beschreibung erspare ich jedoch mir und den Lesern.

Ob die Fragesteller eine Rechtfertigung für unterlassene, selbstorganisierte Fernreisen suchen, weiß ich nicht, jedenfalls waren die hier geschilderten Erlebnisse jeweils die Ausnahmen im Laufe interessanter und anstrengender, aber problemarmer Touren.

Dieses Buch soll nicht nur von bemerkenswerten Ereignissen berichten, sondern gleichzeitig die Leser dazu animieren, selbstorganisierte Fernreisen zu unternehmen, auch wenn es mal schwierig werden sollte. Daheim zu bleiben kann auch schwierig werden, ist aber langweiliger und weniger lehrreich.

Auf seinen Reisen hat der Traveller sowohl Gelegenheit, eine Unmittelbarkeit des Lebens und Erlebens zu erfahren wie eine Freundlichkeit und Hilfsbereitschaft der Menschen, wie sie in unserer überentwickelten Heimat kaum noch anzutreffen ist.

Aus heutigem Informationsstand heraus mag sich der weitgereiste Leser darüber wundern, was wir alles nicht wussten. Eventuell hat er aber einen Teil seines heutigen Wissens aus meinem ersten Buch „TransSahara" oder den Streckenbeschreibungen, die Erika und ich erstmalig in unserem Buch „Durch Afrika" publizierten und später dann auf meinen Webseiten www.daerr.info veröffentlichten. Ich habe bei allen Reisen versucht, weite Strecken zu erkunden, von welchen bis dahin eben keine Beschreibungen existierten, sie zu beschreiben und zu veröffentlichen.

Von dem Erlebten berichte ich hier nach bestem Wissen, einfach so, wie ich mich daran erinnere, ohne bewusste Verfälschung, aber auch ohne Anspruch auf wissenschaftliche Präzision.

Inhaltsverzeichnis

Alas
Carmacks
Whitehorse
Skagway
Watson Lake
Fort Nelson
Hyder
Kanada
Prince George
Jasper
Vancouver Island
Banff
Calgary
Vancouver
Seattle
Mt. St. Helens
Portland
Reno
Salt Lake City
Denver
San Francisco
USA
Los Angeles
Santa Fe
Flug von Los Angeles über Hawaii nach Sydney 29.1.2007
Culiacán
Mazatlán
Mexiko
Mexiko-Stadt
Puebla
Honduras
Guatemala
Nicaragua
Colón
Costa Rica
Cartagena
Panama City
Caracas
Venezuela
Bogotá
Kolumbien
Verschiffung von Venezuela nach Panama 29.10.2005, Ankunft 2.11.2005
Nördlicher Wendekreis
Start der Weltreise München 14. Jan. 2003
Rückkehr München 20. Sept. 2008
Frankreich
Italien
Spanien
Casablanca
Marokko
Mauretanien
Timbuktu
Niger
Senegal
Dakar
Gambia
Mali
Niamey
N'Djamena
Guinea
Nigeria
Togo
Benin
Äquator
Galapagos Inseln (Ec.), Dez. 2004
Quito
Manaus
Santarem
Fortaleza
Peru
Brasilien
Trujillo
Lima
Cusco
Bolivien
Cuiabá
Salvador
La Paz
Sta Cruz
Brasilia
Pantanal
Campo Grande
Para-guay
Rio de Janeiro
São Paulo
Atacama
Antofagasta
Asuncion
Südlicher Wendekreis
Chile
Uruguay
Mendoza
Montevideo
Santiago de Chile
Buenos Aires
Bari-loche
Argentinien
Punta Arenas
Ushuaia
Namibia
Windhuk
Südafrika
Kapstadt
26. Mai 2004 Flug von Kapstadt nach Buenos Aires Autoverschiffung dto, Ankunft Fahrzeug 4. Juni 2004

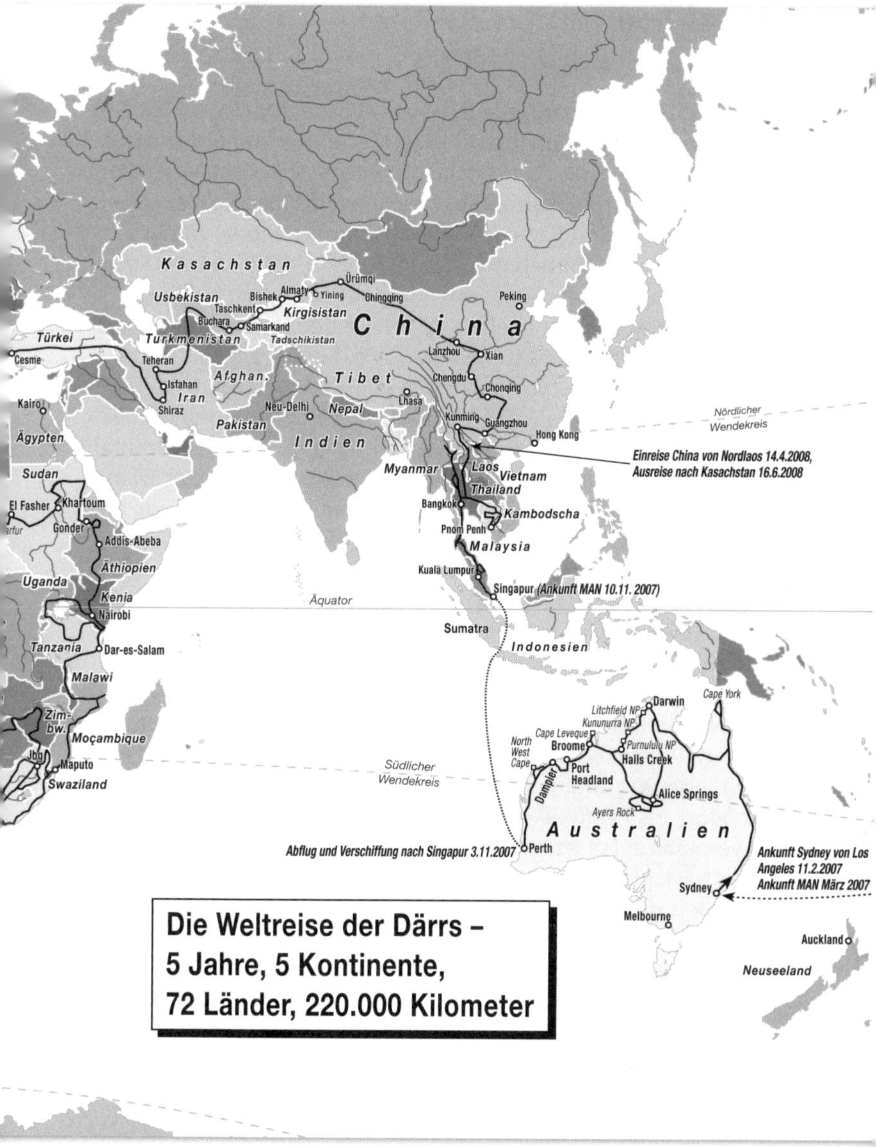

Die Weltreise der Därrs – 5 Jahre, 5 Kontinente, 72 Länder, 220.000 Kilometer

Türkei – Iran: Mit dem VW-Käfer in das Kaiserreich des Schahs

1969

Die erste selbstorganisiere Reise ins außereuropäische Ausland führte mich, zusammen mit meinen Freunden Gerhard und Udo, im Sommer 1969 in den Iran. Deshalb steht dieser Bericht am Anfang des Buches, wenn auch die Reise ohne umwerfenden Knaller verlief. Ihr weitgehend glimpflicher Verlauf war für mich Motiv, immer wieder Fernreisen zu unternehmen, die uns fordern, dafür aber mit spannenden Begegnungen, Situationen und Landschaften belohnen.

In den 1968er-Jahren stehen in der Umgebung der Münchner Universitäten alte VW-Kastenwagen, „VW-Busse" oder „Bullis" genannt, reihenweise herum. Sie kosten ohne oder mit nur noch kurzzeitigem TÜV nur etwa 500 Mark und werden gerade mit Möbeln aus Obstkisten, ausgedienten Matratzen, mit Wasserkanistern und Benzinkochern zu vollwertigen Reisefahrzeugen aufgerüstet. Damit starten die Studenten in Richtung Nepal, um den Bus am Ende der Reise dort zu verkaufen und zurückzufliegen.

An Reiseinformation zur Vorbereitung gibt es wenig, außer großformatigen, ungenauen Landkarten, groben aber korrekt kilometrierten Streckeninformationen des ADAC und Reiseführern, die sich auf unveränderliche Eigenheiten der Reiseländer beschränken. Ich nenne die klassischen Reiseführer bis heute „Kirchen-, Klöster-, Katakombenführer", weil sie auf Pauschaltouristen ausgerichtet sind und dem Verleger den Vorteil bieten, mangels Themen die schneller Veränderung unterliegen, nicht überarbeitet werden zu müssen. Was heute als häufig aktualisierte „Individualreiseführer" mit dem Schwerpunkt auf praktische Hinweise beim Buchhandel zu finden ist, gibt es noch nicht, die kommen erst später unter dem Begriff „alternative Reiseführer", dann „Globetrotterbücher" genannt, auf den Markt. Wörterbücher gibt es natürlich schon, an die denken wir aber vor der Abreise nicht, weshalb wir uns erst in der Türkei eines zulegen. Das erweist sich prompt als sprachliche Einbahnstraße in die falsche Richtung, von Türkisch auf Deutsch.

Gerhard hat einen VW-Käfer Baujahr 1955, also schon 14 Jahre alt, der uns für eine erste Testreise als fahrbarer Untersatz dienen soll. Die hintere Sitzbank wird demontiert, um Platz für Zelt, Schlafsäcke,

Luftmatratzen und Rucksäcke zu gewinnen. Während der Fahrt macht es sich einer von uns im Fond des Käfers auf dem Gepäck bequem, die Nächte verbringen wir zumeist unter strahlenden Sternenhimmel.

Die Reisekasse besteht aus 500 DM pro Kopf für eine gut fünfwöchige Tour über 14.000 Kilometer.

Die Fahrt führt uns von München auf der berühmten Balkanroute über Österreich nach Jugoslawien und weiter durch Bulgarien in die Türkei. Dabei fällt uns auf, dass die Relation von Menschen zu Nutztieren immer kopflastiger wird. Zunächst hüten einzelne Hirten eine komplette Herde von Rindern, Schafen oder Ziegen, je weiter wir nach Südosten kommen, werden die Hirten mehr und die Tiere weniger, bis zum Schluss mehrere Kinder eine Ziege oder ein mageres Rind beaufsichtigen. Das Lesen der Straßenbeschilderung wird für uns ab Belgrad und durch Bulgarien immer problematischer, weil nur noch die großen Städte in lateinischer Schrift beschildert sind, alles andere in Kyrillisch.

In einer Kleinstadt Bulgariens möchten wir an einer „Futterbude" am Straßenrand zum Frühstück ein Gebäckteilchen und einen Joghurt essen, als uns auffällt, dass wir vergessen haben, Löffel mitzunehmen. Die sozialistische Arbeiter- und Bauern-Gastronomie ist aber auch nicht besonders gut bestückt, weshalb wir warten müssen, bis einheimische Gäste ihren Joghurt verputzen und den Löffel wieder abgeben. Das wird in der zwar nicht demokratischen, aber immerhin nicht sozialistischen Türkei besser, wir können Löffel erwerben und uns vermehrt in „Brutzelbuden" am Straßenrand verpflegen.

In Istanbul angekommen, wursteln wir uns durch völlig chaotischen Verkehr zu einem einfachen Campingplatz durch, wo wir auch gleich von einem jungen, im Gesicht ziemlich zugewachsenen, angeturnten österreichischen Platzwart willkommen geheißen werden. Er erkennt unsere Platznot im VW-Käfer und bietet uns an, für uns bis morgen einen Dachgepäckträger zu klauen. Andererseits betonte er treuherzig, dass dieser Campingplatz sicher sei und zur Zeit seiner Verwaltung noch nie etwas gestohlen wurde. Sein erstes Angebot lehnen wir dankend ab, können aber seinem zweiten Angebot, uns mal von seinem Stoff probieren zu lassen, nicht widerstehen. Was er uns da genau in die Zigarette bröselte, wissen wir

Bekifft zum Schlafen gelegt

bis heute nicht, aber wenn es nur Haschisch war, so muss es sehr guter Stoff gewesen sein. Genau kann ich das nicht beurteilen, weil ich auf dieser Reise nur noch einmal einen Joint probiere, der aber bei Weitem nicht so wirksam ist. Als eingefleischter Nichtraucher unternehme ich solche Selbstversuche später nicht mehr.

Um den Sprung von Europa nach Asien zu schaffen, müssen wir eine Autofähre über den Bosporus von Istanbul nach Üsküdar nehmen. In der Warteschlange stehen eine ganze Reihe freundlicher türkischer Trucker, die wir gleich fragen möchten, wie der Straßenzustand die 2000 Kilometer in Richtung Iran ist. Die Konversation ist schwierig, denn sie sprechen kein Wort außer Türkisch. Nach längerem

Klaus und Udo – Camp am Schwarzen Meer

Klaus und Udo am Bosporus

Fuchteln mit Händen und abwechselndem Stampfen mit dem Fuß auf Asphalt oder Kies ist ihnen klar, dass wir zur „Iran Hudut" wollen, der Grenze zum Iran. Sie beschreiben uns zwei verschiedene Routen und deren Beschaffenheit. Die Art der Fahrbahndecke erklären sie so wie wir gefragt haben, indem sie nämlich entweder mit dem Fuß auf Asphalt oder auf den staubigen Erdboden am Straßenrand stampfen. Schließlich können wir das Fährticket lösen und über die Laderampe auf die Fähre rollen. Der Käpt'n lässt bereits die Rampe hochziehen und den Motor beschleunigen, als Gerhard merkt, dass das Wechselgeld nicht stimmt. Der Käpt'n sieht, dass wir an Bord sauer werden, lässt die Rampe wieder ab, macht den Ticketverkäufer an Land zur Minna und wir bekommen den Rest des Wechselgeldes ausbezahlt.

Es ist eine unserer ersten Erfahrungen, dass die Bevölkerung der bereisten Länder weit herzlicher und freundlicher ist als in unserer Heimat, dass man aber vor der kleinen Übervorteilung ständig auf der Hut sein muss. Eigentlich läuft fast immer eine kleine Schwarzgeldmaschine zu Lasten des Staates, des Arbeitgebers, des Reisenden oder aller zusammen.

Die Reise nach Osten, in Richtung „Iran Hudut" bei Bazargan, läuft problemlos, nur vor dem östlichsten Teil, vor Kurdistan, werden wir immer wieder gewarnt. Also schlafen wir die letzte Nacht vor der Grenze nicht wie gewohnt im Freien, sondern zu dritt im Käfer, bis uns eine sehr laute, raue Stimme am Auto aufschreckt. Da steht eine große

Klaus und Udo, gerade vor dem Ararat aus dem Auto gekrochen

dunkle Erscheinung an der Türe und brüllt „Arrarratt" – ein freundlicher Hirte, der uns im Morgengrauen den nicht zu übersehenden Vulkan Ararat mit dessen Gipfel in der Morgensonne präsentieren möchte.

Der Grenzübertritt zum Iran zieht sich bis zum Nachmittag hin, es warten jede Menge Lkw auf die Abfertigung, nur wir haben gleich drei Negativmerkmale zu bewältigen: Erstens haben wir eine Gaspistole dabei, was natürlich nicht zulässig ist, zweitens verfügen wir nicht über das nötige Zolldokument „Carnet de Passages" für das Auto und drittens ist uns Greenhorns nicht klar, dass sich mit etwas Großzügigkeit alles regeln und beschleunigen ließe. Gegen Dienstschluss dreht sich aber der Spieß um, die Grenzer wollen uns vom Hof haben, sie plombieren die Gaspistole, verzichten auf das Carnet, stempeln die Pässe und wir können einreisen. Als nächstes wechseln wir Geld, auch um im Iran billig zu tanken und uns zu versorgen. Die Geldscheine sind perfekt in Farsi beschriftet, die Werte in arabischen Ziffern angegeben.

Nach dem Tanken empört sich Gerhard: „Das Wechselgeld stimmt nicht!" Er merkt das gleich, denn er kennt die Ziffern aus Ägypten, wo er einige Jahre zur Schule gegangen ist. Die Schwarzgeldmaschine des Tankwarts muss also den Rückwärtsgang einlegen. Jetzt geht es erst einmal nach Norden zum Kaspischen Meer, wo wir zwei Nächte am Strand verbringen. Am ersten Tag bekommen wir noch Besuch von freundlich neugierigen iranischen Jugendlichen, die aber offensichtlich am zweiten Tag von ihren Eltern mit Kontaktverbot belegt wurden und nicht wieder auftauchen.

Hier im äußersten Norden des Iran zersplittert ein von einem Lkw hochgeschleuderter Stein unsere Frontscheibe, es gelingt aber problemlos, Ersatz zu bekommen. Nur kostet das was und wir haben nicht genug iranische Rial in der Tasche. Also mache ich mich auf die Suche nach einer Möglichkeit, Geld zu wechseln, und frage herum. Die Leute verstehen zwar kein Englisch, aber verstehen was ich möchte und begleiten mich zu einem vornehmen Haus. Es öffnet eine schick gekleidete, junge Schönheit, die fließend Englisch spricht. Sie wirft sich einen schwarzen Tschador über, um außerhalb des Hauses korrekt gekleidet zu sein. Jetzt hat sie den Schick einer Nebelkrähe, sieht nach geschlechtslosem „BMO“, also „black mooving object“ aus, alterslos, unattraktiv, nicht wieder zu erkennen. Sie begleitet mich zu einem Händler, der meine Dollar schwarz wechselt.

Über das Zagros-Gebirge gelangen wir auf perfekten iranischen Straßen nach Teheran, nur beim Übergang von Straße zu Brücke rumpelt es immer gewaltig. In einem auf großer Höhe gelegenen, unbeleuchteten Tunnel fahren wir fast auf eine riesige Eissäule, die sich mitten auf der dort unbefestigten Straße gebildet hat. Je näher wir Teheran kommen, umso chaotischer wird der Verkehr, allenfalls zu vergleichen mit Istanbul. In einer vornehmen Einkaufsstraße kratzen wir einige Rial zusammen, denn zu Schahs Zeiten wird noch kühles Bier vom Fass gezapft. Auch den Basar können wir uns natürlich nicht entgehen lassen, wo wir uns trotz extrem knapper Kassen Felljacken zulegen. Für Schafsfell reicht es nicht, also erwerben wir langhaarige, zottelige Ziegenfelljacken, die später bei geringster Feuchtigkeit einen unverkennbar strengen Geruch verbreiten.

Camp am Kaspischen Meer

Ich finde aber auch die billigen Sandalen und Schuhe lustig, die aus recycelten Autoreifen gefertigt werden. Ein Paar gefällt mir besonders, denn es hat Michelin-X-Profil auf der Sohle, was für hohe Kilometerleistung und wenig Rollwiderstand steht. Ich schlüpfe begeistert rein und mit entsetztem Schrei gleich wieder raus, denn innen steht ein langer Nagel aus der Sohle. Meine Freunde und die umliegenden Basaris brechen in tobendes Gelächter aus.

Der Rundgang durch den Basar ist für Gerhard und mich, noch mehr als in Istanbul oder Kleinstädten, ein Spießrutenlaufen, denn uns als Mitteleuropäern wird höhere Kaufkraft zugeschrieben als tatsächlich vorhanden. Nur Udo hat seine Ruhe, als etwas dunklerer Typ fällt er unter den Einheimischen weniger auf.

Wir hatten uns vorgenommen, in Teheran einen Bauchtanz anzusehen, und uns irgendwie durchgefragt. Gegen Abend gelangen wir so in eine große halbdunkle Halle, gerammelt voll mit Männern an Tischen mit kleinen Speisen und Alkoholika. Wir möchten nur ein Bier trinken aber nichts essen, bekommen das Bier und ungefragt eine Schale Erdnüsse. Alkoholika dürfen also offensichtlich nur als Begleitung zum Essen serviert werden. Die Stimmung im Saal steigt, die Ein- und Ausgänge sind von Sicherheitspersonal bewacht, es spielt orientalische Live-Musik, als die Bühne von Scheinwerfern bestrahlt wird und der Bauchtanz beginnt. Die Darbietung ist in ihrer Körperbeherrschung unübertroffen. Der Bauch bewegt sich in Wellen, die Hüften schwingen, der komplette Rumpf unterhalb des Kopfes verkrümmt sich, wiegt sich in Wellenbewegung oder schwingt hin und her, ohne dass sich der Kopf selbst um einen Millimeter bewegen würde. Aber auch umgekehrt, der Kopf rutscht im Rhythmus der Musik nach links und rechts, der restliche Körper bleibt bewegungslos. Für uns renitente Heteros ist es lediglich unerwartet, dass da ein knapp bekleideter Mann zum Bauchtanz antritt.

Während der Saal vor Begeisterung tobt, kommt von unserem Nachbartisch ein Iraner auf uns zu und spricht uns auf Englisch an. Er heißt Kurush, arbeitet bei der iranischen Botschaft in Stockholm und ist auf Heimaturlaub. Uns armen Schluckern lässt er eine mittelgroße Schale Obst servieren und lädt uns ein, die Nacht im Haus seiner Familie zu verbringen. Genauer gesagt auf dem Haus, denn es ist selbst in der Nacht so heiß, dass wir auf Liegen auf dem

Flachdach unter freiem Himmel übernachten. Zuvor weckt der unislamisch angetrunkene Kurush noch die verstörte Dame des Hauses, um uns etwas zum Essen zu kochen zu lassen.

Noch in der Türkei hatten wir einen iranischen Arzt mit seiner deutschen Frau kennengelernt, der uns einlud, sie in Shiraz zu besuchen. Mangels sonstiger präziser Streckenplanung machen wir uns also in Richtung Süden auf beziehungsweise versuchen es. Es erweist sich jedoch als schwierig, aus der quirligen Millionenstadt in der richtigen Richtung herauszukommen, wenn die Beschilderung sehr lückenhaft und oft für uns in arabischer Schrift nicht zu entziffern ist. Autokompass oder gar Navi sind noch unbekannt, so dass wir es erst nach fünf Stunden schaffen, die Überlandstraße nach Süden zu finden.

In Isfahan besuchen wir gerade die überwältigend schön gekachelten Moscheen, als mich plötzlich ein dringendes Bedürfnis zu quälen beginnt. Eine schwere Diarrhöe stellt sich schlagartig ein. In meiner medizinischen Unbedarftheit denke ich, das muss ich nur aushungern, dann geht es schon vorbei. Aber so klappt das nicht, es ist die erste der drei waschechten Amöbenruhren, die ich mir im Laufe der Jahre auf Reisen zulege und die mich bis zur Rückkehr nach München schwer belastet.

Weiter geht es über Persepolis nach Shiraz und Bandar Abbas an der Straße von Hormuz. Die Hafenstadt ist unerträglich schwül, weshalb wir uns zügig auf den Rückweg begeben, um uns wenigstens etwas am Fahrtwind erfrischen zu können. Der Rückweg führt uns im Westen durch das Iranische Kurdistan nach Täbris und von dort zurück in die Türkei.

Gerhard und Udo in Persepolisum

Nach fünfeinhalb Wochen kommen wir zurück nach München. Außer der zerbrochenen Frontscheibe hat unser Käfer kein Problem gemacht, nicht einmal einen Reifen mussten wir wechseln. Bis auf die

Knochen abgemagert erscheine ich wieder im Haus meiner Eltern, in dem ich, damals noch Student, wohne. Sie sind entsetzt, weil sie im ersten Moment glauben, ihre Angst bestätige sich, dass ich drogensüchtig zurückkomme. Ich weiß jedoch, dass es so nicht ist und begebe mich sofort im Gesundheitsamt in München in Behandlung. Eine Amöbenruhr in Kombination mit zwei weiteren Darmkrankheiten wird diagnostiziert und ausgeheilt. Neue, schwierigere Reisepläne für die nächsten großen Semesterferien können geschmiedet werden.

Zerstörte Brücke über den Zandjan Chay

Algerien: Mit dem Peugeot 404 in die Zentralsahara

1970

Als Student des Polytechnikums in München hatte ich damals den Vorteil, dass die Zwischenprüfungen am Ende des Semesters lagen und dann im Sommer die langen Semesterferien wirklich frei waren. Was lag näher als die Zeit erst zum Geldverdienen und im Anschluss zum Reisen zu benutzen? Jetzt sollte es die Sahara werden, freilich nicht gerade zur günstigsten Jahreszeit. Es waren wieder Gerhard, Udo und ich, die sich auf den Weg machten, diesmal mit einem alten Peugeot 404 von Udo. Udo kauft also einen noch fahrbereiten Peugeot 404 als Reisefahrzeug und einen schrottreifen 404er als Ersatzteilträger. Der Schrottreife steht abgemeldet irgendwo am Straßenrand.

Als wir hinfahren, um die vermutlich erforderlichen Teile auszubauen, sind gerade fremde Bastler am Schrauben. Wohl in der Überzeugung, man könne sich die herrenlose Beute brüderlich teilen, fragen sie uns: „Braucht ihr das Getriebe?" „Wir brauchen alles, das ist unser Fahrzeug!", entgegnen wir. So richten wir das bessere Fahrzeug einigermaßen her und laden, soweit es unser Laderaum erlaubt, gebrauchte Ersatzteile, Wasser- und Treibstoffkanister ein und fahren los. Der Weg führt uns über Spanien, mit der Fähre von Almería in die spanische Exklave Melilla in Nordafrika und von dort gut 100 Kilometer durch Marokko nach Nordalgerien.

Reparatur am Straßenrand

Weil wir heiß auf die Wüste sind, setzten wir sehr bald den Blinker rechts und fahren entlang der marokkanischen Grenze nach Süden. Je schlechter die Straßen werden, umso klarer wird, dass etwas mit unseren Achsen nicht stimmt. Bei etwas stärkerem Beschleunigen und stärkerem Bremsen gibt es einen heftigen Schlag. Ein

Blick unter das Auto zeigt schnell, dass sich ein Silentblock (Gummipuffer) völlig aufgelöst hat, der die Vorder- und Hinterachse verbindet und stabilisiert.

Spezielle Ersatzteile haben wir nicht dabei und auch nur das wichtigste Werkzeug. Ein am Straßenrand herumliegendes Gummikabel dient Udo als Bastelmaterial. Er umwickelt den zerbröselten Silentblock und sorgt vorübergehend für Ruhe. Ganz so ruhig ist es aber immer noch nicht, denn die Achsschenkel der Vorderachse erweisen sich als ausgeschlagen. Also bedienen wir uns am Zaun der Grenzbefestigung zwischen Algerien und Marokko, schneiden ein Stück stabilen Draht heraus, um damit die Eigendynamik der Vorderräder zu begrenzen.

Zunächst ist die Tankstellendichte am Rand der Wüste ausreichend, was sich aber weiter im Süden ändert. In Adrar tanken wir noch einmal, dahinter endet die Asphaltstraße und wir fahren erstmalig auf Piste. Wir wollen über Reggane nach In Salah, das an der Hoggar-Piste liegt. Nun ist es in der Wüste einfach, einen Ort zu finden, weil alle Spuren zu ihm führen. Als ungleich schwieriger erweist sich, die richtigen Spuren hinaus auf die gewünschte Piste zu finden. Prompt verfehlen wir in Reggane die richtige Ausfahrt aus dem Wüstenkaff, das es damals noch war. Nachdem wir schon glatte 150 Kilometer falsch fahren, merken wir den Irrtum. Wir sind auf die Tanezrouft-Piste nach Mali geraten. „Tanezrouft" heißt nicht ohne Grund „Land der Furcht", denn da kommt erstmal 1000 Kilometer fast nichts – jedenfalls keine

Piste mit mäßig ausgeprägtem „Wellblech"

Tankstelle. Also heißt es umdrehen und nach Reggane zurück. Jetzt reicht der Sprit aber nicht mehr, um die 300 Kilometer Piste nach In Salah in Angriff zu nehmen. Kein Problem, denken wir, es gibt ja eine Tankstelle. Die gibt es auch, aber der Tankwart sagt uns in der landestypischen Mischung aus Französisch und Arabisch „mafisch essence", also kein Benzin mehr da.

An der Tankstelle treffen wir Bernd aus München, ein sympathischer, gehörloser Abenteurer, der ebenfalls mit Peugeot 404 unterwegs ist und auf Treibstoff wartet. Also fahren wir – der neu gewonnene Freund und ich – mit einem Peugeot, bepackt mit allen Kanistern die wir haben, die 150 Kilometer zurück nach Adrar zum Tanken, wofür unser Treibstoffvorrat gerade noch reicht. Die Irrfahrt auf der Tanezrouft in Kombination mit der Ebbe an der Tankstelle hat uns zusätzlich 600 Kilometer Pistenfahrt gekostet. Also wieder nach Reggane im Süden und dann Blinker links nach In Salah.

Inzwischen wird es immer heißer, weit über 40 Grad im Schatten, wenn es den denn gäbe. Wenn wir den Benzinkanister öffnen, ertönt ein lautes Zischen, verdampftes Benzin entweicht. Wenn wir den Motor starten möchten, geht nichts, die Benzinpumpe ist für flüssiges Benzin konstruiert, nicht für gasförmiges, sonst säße sie ja auch hinter dem Vergaser. Wir müssen etwas Benzin in den Luftfilter schütten, um den Motor damit laufen zu lassen, bis wieder flüssiges Benzin die Pumpe erreicht. Die Hitze macht aber auch dem Kühlsystem zu schaffen, insbesondere bei den ersten Sandfahrten, denn in Sandfeldern ist es erstens immer besonders heiß und zweitens ist der Rollwiderstand besonders hoch. Damit der Motor nicht zu kochen anfängt, schalten wir die Fahrzeugheizung auf volle Touren – gut für den Motor, schlecht für uns, denn es wird im Fahrzeug nicht nur heiß, sondern richtig heiß!

Im Konvoi zweier Fahrzeuge nehmen wir über In Salah die 700 Kilometer Hoggarpiste in Richtung Tamanrasset („Tam" genannt) in der Zentralsahara in Angriff. Kurz vor dem vulkanischen Hoggar-Gebirge entschließt sich Bernd, mit seinem Peugeot nicht die direkte Strecke durch die Schlucht von Arak nach Tam zu nehmen, sondern in die Berge hinein und über Hirafok und Assekrem zu fahren. Das soll schöner sein und die direkte Strecke kenne er schon.

Duschbad in In Salah

Wir als Sahara-Neulinge halten uns an den Ratschlag, niemals die Hauptpiste zu verlassen, und nicht einmal zum Übernachten trauen wir uns nennenswert abzuweichen. Dass wir dabei Gefahr laufen, von einem übermüdeten nächtlichen Lkw-Fahrer platt gemacht zu werden, ist uns noch nicht klar. Wir erreichen unbeschadet den Campingplatz mit Zeribas (Strohhütten) in Tam. Da trifft man dann die ganzen Autoschieber, die alte Fahrzeuge nach Westafrika überführen, um sie zu verkaufen.

Weil wir kein Zelt dabei haben, mieten wir eine der Hütten. Beim Einschlafen höre ich ein Rascheln und begebe mich mit der Taschenlampe auf die Suche. In der lockeren Schilfwand sitzt ein prächtiger, grüngelber Skorpion. Gerhard ist begeistert, das kennt er aus Kairo. Er kramt seine Pinzette raus, die er für solche Fälle dabei hat, ein Glas mit Spiritus und schon ist der „Skorpi" für späteres Eingießen in Plexiglas gesichert. So ein kapitaler Skorpion in der Hütte spricht sich aber schnell herum, weshalb die meisten Touris nicht mehr in der Hütte übernachten, sondern in oder auf ihrem Auto.

Da Bernd inzwischen mehrere Tage überfällig ist, beschließen wir, ihn auf der sehr einsamen Bergpiste zu suchen und treffen ihn zu Fuß unterwegs. Die Füße mit doppelten Wasserblasen, kaum noch Wasser im Gepäck. Sein Peugeot steht irgendwo weit entfernt auf der Piste und läuft nicht mehr. Wir bringen ihn zuerst zurück nach Tam zum Ausruhen und fahren wieder in die Berge, um den Peugeot zu suchen. Nach etwa 80 Kilometern steht er in einer Senke mitten auf der Piste. Äußerlich ist er unbeschadet, aber er springt nicht an. Wir haben etwas mehr Erfahrung im Autobasteln als Bernd und ahnen schon, was los ist. Der Zündunterbrecher ist ausgeleiert und der Verteilerfinger abgeschliffen, so dass der Zündverteiler keinen Zündfunken mehr produziert. Wir verstärken die Feder des Unterbrechers, reinigen

Verteilerkappe und Verteilerfinger. Der Peugeot läuft wieder so, dass wir ihn zu Bernd nach Tam bringen können.

Dort trennen sich unsere Wege, er fährt weiter nach Süden in den Niger, wir fahren zurück, und zwar die direkte Strecke nach Norden in Richtung Algier. Aber die Wüstenpiste, insbesondere das sogenannte „Wellblech", also wellenförmig festgefahrener Kies, fordert seinen Tribut. Will man nicht, dass Mensch und Material durch das Wellblech über Stunden und Tage brutal durchgeschüttelt werden, so muss man sehr schnell fahren, schneller als dies bei Kurven, herumliegenden Steinbrocken und starken Auswaschungen zuträglich ist. Dadurch haben wir inzwischen so viele Reifenpannen, dass uns die Reifen ausgehen, wir müssen ständig flicken, was noch an Reifen da ist. In Fehleinschätzung der Sachlage haben wir alte Winterreifen montiert, im Glauben deren erhöhte Traktion sei von Vorteil. Das Gegenteil ist aber der Fall, im Sand sollen die Reifen glatt sein, um dessen Oberfläche nicht zu durchbrechen. Auch ist die Gummimischung der Winterreifen für die sommerliche Sahara viel zu weich, wodurch innen im Reifen Stahldrähte aus der Karkasse heraustreten und die Schläuche durchstechen. Schließlich übernimmt Gerhard das Steuer und fährt mit stoischer Ruhe ganz langsam weiter. Jedes Wellental des Wellblechs wird ausgefahren und nicht rasant von

Morgengrauen nach der Nacht auf dem Dach

Wellenkamm zu Wellenkamm gesprungen. Das schont die Reifen und den Rest des Fahrzeugs.

Piste im Hoggar-Gebirge

Auf unendlich langen Pisten macht es natürlich einen enormen Zeitunterschied, ob man sie mit zwanzig Stundenkilometer befährt oder mit achtzig. Aber Zeit haben wir eben noch eher als Ersatzteile, weshalb wir mit seiner Taktik letztlich die Asphaltstraße erreichen. Dennoch sind die Felgen durch Felsbrocken auf der Piste verballert, der Rückspiegel auf der Fahrerseite abgefallen, das Getriebe macht fortgesetzt Probleme und dann auch noch der Anlasser. Die Kohlen sind am Ende und die Kupferenden der Kohlebürsten brutzeln am Kollektor, ohne den Anlasser zur Drehung zu veranlassen. Ersatzteil? Fehlanzeige. Oft lässt sich das Problem ja mit Anschieben lösen, aber nicht immer. Zum Beispiel in einer Senke oder im weichen Sand geht nichts. Also bauen wir mehrfach den Anlasser aus, feilen die Kupferenden der Kohlebürsten an und der Anlasser geht wieder eine Weile lang.

Ein weiteres Problem bereitet uns Kopfzerbrechen, offensichtlich ist etwas am Schaltgestänge und/oder der Getriebeaufhängung defekt, jedenfalls ändert sich die Lage der Gänge ständig, wodurch es beim Schalten erstens kracht und zweitens meistens der falsche Gang drin ist.

Im entwickelteren und dichter bevölkerten Norden Algeriens fällt unser Betriebszustand weit mehr auf als in der Nähe der Sahara. Wir, mehr noch unser Fahrzeug, machen einen so abgewrackten Eindruck, dass wir von der Gendarmerie aufgehalten werden, die uns auf unsere Fahrzeugmängel hinweist. Als wir erwähnen, dass wir aus Tam in der Zentralsahara kommen, werden wir mit den Worten „bonne route“ durchgewinkt.

Zurück in München erzählt Udo in einem Straßencafé an der Leopoldstraße einem Tischnachbarn so begeistert von der Tour und dem Fahrzeug, dass ihm der seinen Peugeot abkauft. Vermutlich war er mit dem Kauf nicht besonders glücklich. Überliefert ist immerhin, dass er sich bei Bärbel, Udos Freundin, später darüber beklagt, dass ihm beim Einschalten des Lüftungsgebläses immer eine Sandwolke ins Gesicht schlägt.

Mit dieser Reise war die Begeisterung an dünn besiedelten Gebieten geweckt, die bis heute anhält.

Reifenreparatur am Pistenrand

Tunesien – Ruanda: „Transsahara“ nach Ostafrika 1972

Nach allersten Erfahrungen mit Reisen nach Außereuropa, die ich mit den Freunden Gerhard und Udo in den Iran sowie in die Zentralsahara unternommen hatte, rüsten meine Freundin Erika und ich zu einer dreimonatigen Reise auf. Erika hatte, bis sie mich kennenlernte, schon das benachbarte Österreich besucht. Zunächst hatten wir zur „Verträglichkeitsprüfung“ 1971 zusammen eine Reise im ehemaligen Krankenwagen nach Marokko unternommen.

Die nun geschilderte Tour soll durch die Zentralsahara, Westafrika und Zentralafrika nach Ostafrika führen und, wenn möglich, mit einer Besteigung des Kilimanjaro gekrönt werden.

Ich studiere inzwischen an der Technischen Universität (TU) München Nachrichtentechnik, muss aber in den Semesterferien keine Praktika absolvieren, weil mir das zweijährige Praktikum für das zuvor abgeschlossene Studium an der Fachhochschule angerechnet wird. Meine Ambition zu reisen hat sich gefestigt und mittlerweile habe ich auch einen gewissen Bekanntenkreis reisefreudiger Studenten. Da trifft es sich gut, dass ich von einem Heizölhändler erfahre, der die Lieferung von Heizöl in Kanistern für Ölöfen einstellt und deshalb hunderte gebrauchte 20-Liter-Wehrmachtskanister zu verkaufen hat. Die kann ich ihm gegen „cash auf Kralle“ abkaufen und sie so nach und nach mit meinem Citroen 2 CV in die Doppelgarage meines Elternhauses transportieren. Mein Rekord liegt bei 43 Kanistern, was allerdings mein Blickfeld vom Fahrersitz nach rechts stark beeinträchtigt. Scharfes Bremsen und zügige Rechtskurven sind zu vermeiden. Die Kanister kann ich zum Dreifachen des Einkaufspreises an Wüstenreisende verkaufen. Mit diesen „2%-Gewinn“ füllt sich meine Reisekasse für die geplante Tour.

Der Verkauf zieht sich allerdings hin, weshalb der Heizölhändler ungeduldig wird. Die ihm verbliebenen 500 Kanister möchte er auf einen Satz loswerden, ich habe dafür aber weder Lagerplatz noch Geld, denn ich brauche mein Geld für die Reise und meine Eltern brauchen ihre Garage. Dass der Kauf der Kanister ein „Bombengeschäft“ sein könnte, ist mir schnell klar, weil gerade die erste Ölkrise aufzieht und viele Autofahrer einen Notvorrat an Treibstoff in ihrer Garage deponieren möchten.

Erstmalig zeigt sich bei meinem Versuch, kaufmännisch aktiv zu werden, ein Problem, das mich über Jahrzehnte begleiten sollte: Am besten kann man Geld verdienen, wenn man immer am Schreibtisch sitzt oder hinter der Ladenkasse steht. Das ist aber nicht meine Ambition, das Erwerbsleben soll dazu dienen, Reisen zu finanzieren, und nicht zum Selbstzweck werden.

Wir erwerben für die Reise einen gebrauchten Mercedes 319 D, also einen Kastenwagen in der rundlichen „Brötchenform“, der als Servicefahrzeug des ADAC ausgedient hat. Die Aufschrift „Straßendienst“ basteln wir in „Transsahara 2“ um. Innen wird das Fahrzeug mit zwei gebrauchten Alu-Kisten als Unterbau für eine Liegefläche und zwei Holzkisten ausgestattet, darauf eine alte Matratze gelegt. Im Mittelgang liegen vier schwere Eisen-Sandbleche in voller Länge von drei Metern und scheppern unermüdlich vor sich hin. Nachts werden sie über die Kisten gelegt und dienen als Lattenrost für Matratzen. Ein Gaskocher, reichlich Kanister und Ersatzreifen vervollständigen die Innenausstattung. Als Marschverpflegung haben wir kistenweise EPAs, also die Bundeswehr-Tagesrationen, für 3,15 DM pro Stück eingekauft. Da ist schon mal für einen Tag, außer Wasser, alles drin: von der Wurstdose über Marmelade, Bitterschokolade,

Das TRANSSAHARA 2 Reisefahrzeug

Zucker, Salz, „Allzweckpapier“ bis hin zu gewöhnungsbedürftigen Hartkeksen, genannt „Panzerplatten“. Ein Karton mit Dosen „Schweinefleisch im eigenen Saft“ aus dem Supermarkt und selbstgekochte Mahlzeiten in wiederverwendbaren Konservendosen sorgen für Abwechslung auf dem Speiseplan.

Die Studienfreunde Toni und Uta begleiten uns in ihrem kleinen DKW-Munga von München über Genua nach Tunis. Die Routen durch die Sahara sind nur im Norden Algeriens asphaltiert, im Süden erwarten uns steinige Pisten, „Wellblech“ oder reiner Sand. Für Toni ist das Wellblech ein Problem, denn der Munga mit seinem sehr kurzen Radstand droht in Kurven Kapriolen zu drehen und fliegt bei der Abfahrt vom Plateau de Tinerhert beinahe in den Abgrund. Wir erreichen aber sicher die Oase Djanet im äußersten Südosten Algeriens und bewältigen zusammen die einsame Querung Richtung Westen nach Tamanrasset im Hoggar-Gebirge. Dort heißt es Abschied nehmen, denn unser Weg führt weiter nach Süden in den Niger, während die beiden nach Norden zurück in die Heimat müssen.

Die großen Semesterferien im Hochsommer sind von der Reisezeit her, sowohl für Saharareisen als auch für weiter südlichere Ziele in Sahel und Regenwaldregionen, sehr ungünstig. In der Sahara ist es dann extrem heiß und hat man sie durchquert, so erwartet einen die unglaublich drückend schwülen Tage vor der Regenzeit mit anschließend völlig abgesoffenen Pisten, gespickt mit unergründlich tiefen Schlammlöchern. Abgesehen von gelegentlichen Einsandungen, die wir mit Schaufel und Sandblech bewältigen, haben wir zunächst keine Probleme, bis Erika unter einer massiven Diarrhöe zu leiden beginnt.

In Agadez in der Republik Niger am Südrand der Sahara können wir uns auf dem Campingplatz von Gaston, einem freundlichen Elsässer, etwas erholen, aber Erika geht es weiterhin nicht gut. Der Platz wird überwiegend von „Autoschiebern“ besucht, die alte Peugeots 404 von Europa nach Westafrika fahren, um sie dort zu verkaufen. Gaston stirbt später an einem Herzinfarkt, den er sich zuzieht, als er sich wieder einmal massiv über Fahrzeugschieber ärgert, die auf oder neben seinem Platz ihre Fahrzeuge reparieren, alles mit Müll und Öl versauen, die Einrichtungen samt erfrischendem Badebrunnen nutzen, aber den Platz nicht bezahlen.

DKW-Munga mit Reifenpanne

Wir machen uns auf, um über Tanout und Zinder nach Kano in Nigeria zu gelangen. Erika geht es aber so schlecht, dass wir uns in Zinder ein einfaches Hotelzimmer nehmen und sie zur ambulanten Behandlung ins örtliche Busch-Krankenhaus geht. Die Geier, die draußen den Hof entlang der Abwassergräben des Krankenhauses bevölkern, heben die Stimmung auch nicht gerade. Nach wenigen Tagen geht es aber weiter nach Kano in Nigeria, wo wir hoffen, auf dem sicheren Gelände eines Country-Clubs übernachten zu können. Der Zutritt wird uns verweigert, weil eingelassene Overlander in der Vergangenheit nicht nur versäumt hatten, sich vor dem Bad im Pool zu duschen, sondern in ihrer Sucht nach Abkühlung gleich in voller verstaubter Montur in den Pool gesprungen sind. So müssen wir uns im sehr dicht bevölkerten und unsicheren Nigeria wiederum einen Übernachtungsplatz im Busch suchen.

Da mein Vater zufällig zu einem Geschäftsbesuch in Lagos erwartet wird, fahren wir in diesen Moloch an Verkehr und Menschen, um ihn zu treffen. In der Abenddämmerung treffen wir noch vor ihm in Lagos ein und brauchen einen Übernachtungsplatz. Camping ist unbekannt und freies Feld beziehungsweise Busch nicht erreichbar. So stellen wir uns gerade an einen ruhig erscheinenden Platz am Stadtrand hin, um zu übernachten, als ein Nigerianer in einem alten Mercedes vorfährt. Er warnt uns nachdrücklich vor der ungeschützten Übernachtung und lädt uns ein, im Hof einer Schule zu stehen, deren

Rektor er ist. Das Englisch des Lehrers ist schwer zu verstehen, aber er versteht mein Schulenglisch auch nur mit Mühe, weshalb er es als „strange" bezeichnet.

Am nächsten Morgen wird es plötzlich sehr lebendig um unser Fahrzeug, denn in Kürze beginnt der Unterricht, die Schülerinnen und Schüler sind begeistert über etwas Abwechslung auf dem Schulhof, wo sonst um die Tageszeit nur der morgendliche Fahnenappel zu absolvieren ist. Der Rektor lädt uns nach Unterrichtsbeginn zum Frühstück ein, es gibt gebratene Plantanas (Kochbananen) mit Tee. Er berichtet uns schwer verständlich von den ersten Nachrichten über den Überfall auf die israelischen Olympioniken in München. In Lagos haben wir aber noch zwei Reparaturen am Fahrzeug vorzunehmen, denn die Frontscheibe ist durch den Steinschlag eines entgegenkommenden Fahrzeugs zertrümmert und die Lichtmaschine ausgefallen. Zu unserem Erstaunen sind die Teile bei Mercedes vorrätig und werden sofort montiert.

Nächstes Ziel ist Douala in Kamerun, das wir über die Piste zwischen Ekok in Nigeria und Mamfé in Kamerun erreichen möchten. Wegen Landstreitigkeiten zwischen den beiden Ländern wird die Strecke nicht gewartet und ist jetzt in der Regenzeit völlig aufgeweicht. An einem verschlammten Steilhang vor Mamfé müssen wir passen, aber ein Caterpillar steht bereit, der uns an einem Stahlseil nach oben zieht.

Steilhang bei Mamfé

Dabei verreißt es aber die Lenkung und Vorderachse so, dass ein Lager der Kardanwelle beschädigt wird. So müssen wir in Douala in die Werkstatt, haben aber Glück mit der Unterkunft, denn wir lernen eine Gruppe junger französischer Zivildienstleistender kennen, bei denen wir bleiben können und wo wir freundschaftlich empfangen werden. Auch der Umstand, dass wir ihnen am nächsten Morgen fast alle Croissants wegfuttern, tut dem keinen Abbruch. Wir hatten einfach seit Wochen eine solche Köstlichkeit nicht mehr gesehen, geschweige denn gegessen.

Am Abend feiern wir feuchtfröhlich Erikas 23. Geburtstag. Erika ist weiterhin angeschlagen, kann aber die Reise mit mir fortsetzen. So durchqueren wir Kamerun und die Zentralafrikanische Republik, wo sich Jean-Bédel Bokassa gerade zum Präsidenten auf Lebenszeit hat ausrufen lassen. Vier Jahre später lässt er sich zum Kaiser des Zentralafrikanischen Kaiserreichs krönen, drei weitere Jahre später wird er gestürzt.

In der Hauptstadt Bangui besorgen wir uns das Visum für den benachbarten Kongo, können aber nicht gleich dort über den Ubangui in den Kongo ausreisen. Deshalb folgen wir einer durch tropische Regenfälle stark aufgeweichten Piste nach Osten zum Städtchen Bangassou am Urwaldfluss Mbomou.

Die dort verankerte Fähre hat keine Batterien mehr um die Maschine zu starten, weshalb man uns empfiehlt, zur örtlichen Missionsstation zu fahren und dort eine auszuleihen. Die freundlichen Mönche spielen mit und kaufen uns gleich noch zwei unserer Reservereifen ab, von welchen wir zu reichlich mitgenommen haben. Also mit Batterie wieder runter zum Fluss, eigene Batterie ausbauen, beide Batterien hintereinander schalten, damit der 24-V-Anlasser des Schiffsdiesels genug Spannung hat. Dann eigene Batterie wieder einbauen, geliehene Batterie zurück zur Missionsstation bringen und wieder runter zur Fähre, die mit laufendem Motor wartet. Jetzt können wir den Mbomou überqueren und kommen auf der Seite der Republik Zaire (jetzt Kongo) an. Der dortige Grenzbeamte hat zwar schon seit Wochen keinen Ausländer mehr abgefertigt, verzieht sich aber erst einmal, um „se reposer pour un bon moment", um sich etwas zu entspannen, wie er sagt. Nach einer guten Stunde taucht er

Fähre über den Mbomu nach Zaire (Kongo)

wieder auf und erledigt die Formalitäten. Es fehlt die Zollstation, an der wir das Zolldokument Carnet de Passages für unser Fahrzeug abstempeln lassen müssen. Da an dieser Grenze so wenig los ist, muss das im 75 Kilometer entfernten Monga erledigt werden, das aber nicht auf unserer Strecke liegt. Also behält man unsere Pässe ein, schickt uns nach Monga für den Stempel und händigt uns die Pässe bei Rückkehr wieder aus, sobald wir das abgestempelte Carnet vorweisen können.

Nach eineinhalb Tagen umständlichster Formalitäten sind wir endlich frei, unsere Tour im Kongo fortzusetzen. Im Kongo erwarten uns Pisten mit so großen Badewannen voller faulig stinkenden Schlamms, dass unser Fahrzeug darin zu versinken droht. Jedenfalls ist die rotbraune Brühe, die aussieht wie Gulaschsuppe, so undurchsichtig, dass man den Boden der Mulde nicht erahnen kann. Links und rechts zieht sich undurchdringlicher Urwald hin, was für uns aber kein Problem darstellt, weil wir mangels Verkehr problemlos mitten auf der Piste übernachten können.

In unserem fensterlosen Kastenwagen ist es bei stehendem Fahrzeug unerträglich heiß, weshalb ich manchmal die erste Abendstunde in der Hoffnung auf eine leichte Brise auf dem Fahrzeugdach verbringe. Damit haben aber gelegentlich mit dem Fahrrad ankommende Bantus ein Problem, die meinen, ich sei bewaffnet und sperre die Piste. Zu Fuß gehende Bantus verschwinden rechtzeitig im Urwald und tauchen auf der anderen Seite des Fahrzeugs weiter vorne wieder auf. Die Menschen haben Angst vor uns, was besonders sichtbar wird, als Erika aus dem fahrenden Fahrzeug heraus mit einer Super-8-Kamera einen Radfahrer filmen möchte, den wir überholen. Als er das sieht, springt er vom Fahrrad und verschwindet im Wald. Er denkt, sie wolle auf ihn schießen.

Erst später wird uns klar, dass die Gräuel der belgischen Kolonialzeit und der darauffolgende Katanga-Krieg das Bild von uns Europäern, den „blancs", geprägt hat. Die Tage vergehen, es ist eine einzige nervenaufreibende „Schlammschlacht", bis wir in der östlichen Provinzhauptstadt Kisangani ankommen. Es muss einmal eine blühende Stadt gewesen sein, die zwar nicht zerstört, aber kaum von Geschäftsleben erfüllt ist. Lichtblick für uns ist, dass wir endlich mal wieder frisches Brot und Croissants kaufen und tanken können. Wir haben ja außer einer Michelin-Karte praktisch keine Information darüber, was wir auf der Strecke so entdecken könnten, weshalb wir uns nach Nordosten aufmachen, um auf dem Weg in 400 Kilometer Entfernung die Okapi-Zucht- und Forschungsstation aufzusuchen. Der Umweg erweist sich als vergebens, die Station ist, zumindest für Besucher, geschlossen. Von dort sind es aber nur noch 100 Kilometer zum östlich gelegenen gebirgigen Virunga-Nationalpark. Auf der westlichen Seite fahren wir dem großartigen Gebirgszug entlang nach Süden bis Goma am Kivusee. Die Vulkanlandschaft mit Urwaldvegetation und den Seen ist einfach überwältigend, aber Erika geht es nicht gut, weshalb sie dort noch einmal eine sehr einfache Arztpraxis aufsucht.

Inzwischen ist klar, dass wir unser Ziel, den Kilimanjaro zu besteigen, nicht erreichen können. Die Zeit bis zum Ende meiner Semesterferien und zum Arbeitsbeginn von Erika bei neuem Arbeitgeber wird zu knapp. Neues Ziel für das Ende unserer Reise ist Kigali, Hauptstadt von Ruanda. Dort angekommen, setzen wir uns zum Essen und Entspannen in das Restaurant „Le Relais", wo wir einen ortsansässigen Belgier kennenlernen. Ihm ist sofort klar, dass Erika krank ist, er schickt uns in ein Missionskrankenhaus zu einem befreundeten Arzt. Erika ist inzwischen so fertig, dass sie eine Kiefersperre bekommt und den Mund nicht mehr schließen kann. Der Arzt diagnostiziert eine schwere Hepatitis A und weist sie ins Krankenhaus ein. Es wird geduldet, dass ich mit ihr das Zimmer teile, wo ich, ganz nach afrikanischer Tradition, die Patientin verpflegen muss. Zur Art der Diät gibt mir der Arzt seine Anweisungen.

Während Erika mit der Gelbsucht kämpft, suche ich einen Käufer für das Fahrzeug. Ein junges Lehrerehepaar aus der Schweiz, das als Entwicklungshelfer in Kigali stationiert ist, kauft es und bezahlt in harter Währung. Nach vierzehn Tagen ist Erika wieder transportfähig, so dass ich mich um preiswerte Flugtickets kümmere. Wir können mit einer kleinen regionalen Airline von Kigali nach Entebbe in Uganda fliegen, dort einen Tag bleiben und dann mit Egypt Air über Kairoi nach München zurückkehren. Das ist aber auch nicht ganz ohne, weil der unberechenbare, naive Diktator Idi Amin Dada die Regierungsgewalt übernommen hat und gerade dabei ist, das Land zu „afrikanisieren“.

In der Zeit, während wir zu einem Stopover einfliegen, werden Weiße und Inder aus dem Land geschmissen. Wir übernachten in einem guten Hotel in Kampala, dem aber gerade unter neuem schwarzen Management die Vorräte ausgehen. Viele Tankstellen und Geschäfte sind geschlossen, die verbliebenen letzten Inder aber erstaunlich gelassen. Als wir schließlich in Entebbe in unseren Egypt Air Flieger nach Kairo einsteigen, sind wir die einzigen Europäer an Bord, alle anderen Plätze sind mit abreisenden Indern besetzt.

Den Zwischenaufenthalt in Kairo möchten wir für einen Stadtbesuch nutzen und dafür am Flughafen Kairo ein Visum beantragen. Wegen des Anschlags von Palästinensern auf die israelischen Sportler der Olympiade in München verweigert Deutschland Arabern die Einreise. Im Gegenzug erteilen die Ägypter Deutschen keine Visa. Wir werden ins Airport-Hotel im Flughafengelände einquartiert und fliegen am nächsten Tag nach München. Erika muss wegen der Krankheit ihren neuen Arbeitgeber zwei Wochen lang sitzen lassen, hat ihre neue Stelle also nicht pünktlich angetreten und behält dennoch, dank der Großzügigkeit des Arbeitgebers, den Job. Ich treffe noch rechtzeitig für die Rückmeldung zum nächsten Semester meines Studiums ein. Die Reise mit all ihren Komplikationen war der gelungene Probelauf für unsere Ehe, die bis heute anhält.

Libyen/Niger: Fahrzeugverkauf am Tschadsee

1974/75

Im Jahr 1974 ersteigere ich einen Unimog 404 S bei der VEBEG, der bundeseigenen Verwertungsgesellschaft für überschüssiges Material der Bundeswehr, um damit eine Reise durch die Sahara zu unternehmen. Der alte Unimog mit Benzinmotor ist berühmt für seine überlegene Geländegängigkeit und berüchtigt für seinen Benzinverbrauch. Weil das Fahrerhaus so beengend ist und das Motorgeräusch fast ungehemmt eindringt, nenne ich das Fahrzeug in Anlehnung an ein U-Boot meinen „U-Mog".

Wir wollen das Fahrzeug südlich der Sahara verkaufen, weshalb wir es auch nur äußerst spartanisch ausstatten. Auf der Ladefläche sind vier Treibstofffässer zu je 200 Litern fixiert, eine große Alu-Kiste steht für die Rückreise bereit. Über den Fässern eine Holzplatte, darauf eine haushaltsübliche alte Matratze und darüber ein von den Eltern ausrangiertes Plumeau, das uns nicht nur bei der Anreise, sondern auch in den kalten winterlichen Nächten der Sahara warmhalten soll. Ein einfacher Benzinkocher wird zum Kochen auf einem der dichten Benzinfässer platziert.

Ölwechsel am Straßenrand (pfui)

Wir sind allein unterwegs und verschiffen von Genua nach Tunis, um von dort nach Libyen weiterzureisen. Libyen ist nach der Revolution 1969 im Aufbruch und sehr sicher. Es wird überall an der Infrastruktur des Landes gebaut, die Öleinnahmen werden noch nicht für Kriege verpulvert. Meine Freundin Erika ist 25 Jahre alt, als sie bei der Fahrt entlang der Küstenstraße nach Tripolis versuchsweise das Steuer übernimmt. Das ist an sich problemlos, nur ist das Fahrzeug ungewöhnlich und deshalb sehr auffällig. Die libyschen Autofahrer, die uns überholen, fahren sehr langsam an uns vorbei, um das Fahrzeug genau in Augenschein zu nehmen. Beim Anblick der jungen, langhaarigen, unverschleierten Blondine am Steuer verlieren sie fast die Kontrolle über ihr Fahrzeug.

In Tripolis besuchen wir noch einen Bekannten und begeben uns endgültig auf Strecke. Wir müssen dazu zunächst der Küstenstraße in Richtung Leptis Magna folgen, haben aber Probleme die Ausfallstraße zu finden. Im Reich des Revolutionsführers Gaddafi dürfen sämtliche Beschriftungen ja ausschließlich in Arabisch ausgeführt werden, so natürlich auch die Wegweiser.

Wir versuchen, uns am Mittelmeer zu orientieren, als wir ein großes offenes Tor passieren, das die Straße überspannt. Also fahren wir etwas zögerlich durch und lösen sofort heftige Aufregung aus. Es ist die Einfahrt zu einem riesigen Marinestützpunkt, in den wir mit unserem fremden, blau übermalten Militärfahrzeug einrollen. Aber die aufgeschreckten Wachsoldaten nehmen es leicht und weisen uns an, umzudrehen. Im Ort Bu-Gren biegen wir schließlich rechts ab, um nach wenigen Stunden endlich in die Weite der Sahara einzutauchen. So fahren wir während der Weihnachtstage 1974 zügig nach Sebha, wo wir auch noch einen Kontakt bei einer Baustelle für eine Rundfunk-Sendeanlage haben.

In Sebha treffen wir aber auch auf vier Schweizer mit zwei Land Rovern, die das Tibesti-Gebirge im Nordtschad erkunden möchten. Da die Strecke zunächst identisch ist, fahren wir zusammen nach Süden weiter und stoßen in Um al Aranib auf eine Großbaustelle. Hier baut die deutsche Baufirma Philip Holzmann ein großes Bewässerungsprojekt. Wir werden freundlich eingeladen, was den Vorteil hat, dass wir jede Menge Informationen über den Südwesten Libyens bekommen.

Da der große Sprung durch die Zentralsahara bevorsteht, nutzen wir jede Möglichkeit zum Tanken, die sich in Umm el Araneb zu unserer Überraschung nochmals ergibt. Jetzt wird es ernst, die bisher noch gut sichtbaren und präparierten Pisten weichen Spurenbündeln nach Al Gatrun zum libyschen Grenzposten Mount Toummo an der Grenze zur Republik Niger. Der nigrische Grenzposten ist erst in Madama erreicht. Im Niger ist es Pflicht, sich in jedem Ort zu melden, und sei es nur ein größerer Baum mit Strohhütte. Die nigrische Verwaltung wird schließlich durch deutsche Verwaltungsbeamte geschult, Ordnung muss also sein.

In Séguedine wird den Schweizern endgültig klar, dass eine Fahrt in das Tibesti-Gebirge im Nordtschad wegen der desolaten Sicherheitslage nicht zu verantworten ist. Sie beschließen, zusammen mit uns das Dünengebiet „Großer Erg von Bilma" zu durchqueren, um zum Tschadsee südlich der Sahara vorzustoßen. Das Dünengebiet ist für seinen tiefen Sand berüchtigt und dafür, dass man dutzende quer zur Fahrtrichtung verlaufende Dünenzüge überqueren muss, die von den Dünenkämmen aus betrachtet wie Perlenketten aussehen und die von links nach rechts von Horizont bis Horizont reichen.

Wir sind also gut beraten, in Bilma einen Führer zu engagieren und die seltene Gelegenheit zum Tanken zu nutzen. Dass unser Unimog im Sand massiven Treibstoffverbrauch haben würde, war uns inzwischen klar. Schon auf der Strecke bis Bilma, die zwar sandig ist, aber ohne Dünenüberquerungen, braucht er 40 Liter auf 100 Kilometer. Sandreifen, die weniger Fahrtwiderstand und größere Auflagefläche hätten bieten können, haben wir nicht montiert, die kennen wir noch nicht.

Die deutschen Militärreifen haben ein grobstolliges Profil, das bei Fahrten auf feuchter Wiese die Grasdecke durchstoßen soll, um auf darunter liegendem, trockenem Boden zu greifen. Genau das aber braucht man im Sand nicht. Hier soll der Reifen möglichst breit und weich sein, damit die Oberfläche des Sandes nicht durchbrochen wird und die Last des Fahrzeugs auf möglichst große Fläche verteilt wird. Hat man die falschen Reifen montiert, so steigt der Treibstoffverbrauch und die Zahl der Einsandungen. Wir „zersägen" den Erg von Bilma quasi in drei Teile, einen links des Fahrzeugs, einen schmalen Streifen zwischen den Rädern und einen rechts des Fahrzeugs.

Dünenüberquerung im Großen Erg von Bilma

Unsere Schweizer Freunde montierten zur Durchquerung des Dünengebietes Doppelbereifung auf dem stärkeren ihrer Land Rover 109. Das sieht so gewaltig aus, dass die örtliche Gendarmerie amüsiert fragt „… et ça ne vous gêne pas?", ob das nicht störe.

Am nächsten Tag startet die Durchquerung des Grand Erg. Nur weil der Führer weiß, wo er gelegentlich Streckenmarkierungen erwarten kann, findet er auch hin und wieder eine. Im Prinzip fährt man quer zu den Dünenketten, entlang eines kleinen Bergabbruchs, der die Dünen gelegentlich durchschneidet. Der Höhenzug sorgt für Verwirbelungen des Sandes, die Passagen durch die Dünenketten eröffnen.

An Nachmittag des ersten Tages ist die Fahrt zunächst beendet. Der Land Rover mit Doppelbereifung hat Getriebeschaden. Die massive Traktion der Doppelbereifung hatte vermutlich im Schiebebetrieb einer Dünenabfahrt ein Zahnrad des Schaltgetriebes zerstört. Die Schweizer sind aber hervorragend ausgerüstet und haben das Zahnrad dabei. Sie schrauben bis um Mitternacht und sind am nächsten Morgen wieder startbereit. Der Führer ist auch noch da und hat uns also nicht als hoffnungslosen Fall im nächtlichen Sternenlicht verlassen.

Unser Fahrzeug ist weit langsamer als die Land Rover und muss aus den Fässern laufend wieder betankt werden. Es verbraucht in den Dünen satte 80 Liter auf 100 Kilometer. Dank seiner großen Reifen und seiner Planetengetriebe an den Rädern sinkt es nie so weit ein, dass es sich gar nicht mehr bewegen würde. Es wühlt sich bei Vollgas und kleinstem Gang, bei aktiviertem Allrad, Untersetzung und Differentialsperren immer wieder aus dem tiefen Sand heraus.

So stressig das Fahren im Tiefsand manchmal ist, so erhebend kann es sein. Es ist einfach ein ästhetisches Vergnügen und zugleich fahrerische Herausforderung, in den geschwungenen Formen der Dünen in flotter Fahrt die jeweils beste Passage zu finden. Auf weiten Sandfeldern fühlt man sich hingegen wie beim Skifahren auf einem Gletscher, wenn man auf unendlich langer, breiter und mäßig geneigter Fläche nach Belieben links oder rechts steuern kann.

Nach der Durchquerung des Dünengebietes im zentralen Bereich werden wieder Spuren sichtbar und es tritt Vegetation unangenehm in Erscheinung. Die locker verteilten Grasbüschel fangen den Sand und bilden harte Knubbel, die ein zügiges Fortkommen unmöglich machen.

Kurz vor Ankunft an unserem Zwischenziel Nguigmi am Tschadsee, wo unser Führer wieder aussteigen würde, erwirbt er eine Ziege, schlachtet sie und bereitet sie am abendlichen Feuer für uns zu.

Reisekameraden aus der Schweiz und Blick in den Unimog

Mangels Grillrost müssen unsere Sandbleche herhalten, um das magere Tier zu grillen. Das zähe Fleisch schmeckt entsprechend sandig.

In Nguigmi verlässt uns unser Führer wieder und auch unsere Schweizer Freunde gehen ihrer Wege. Für uns völlig überraschend, interessieren sich plötzlich zwei örtliche Händler oder Schmuggler für unseren Unimog. Sie sind fasziniert von der Tatsache, dass wir mit dem vergleichsweise großen Fahrzeug den Weg durch das Dünengebiet geschafft haben und sogar noch 300 Liter Treibstoff übrig haben. Spontan beschließen wir, das Fahrzeug schon hier und nicht erst in Westafrika zu verkaufen. Damit wir nicht mit viel Bargeld wild campen müssen, denn Hotel oder gar Campingplatz gibt es nicht, möchten wir das Fahrzeug erst am nächsten Tag übergeben und bezahlt bekommen. Bedingung für unseren Verkauf ist, dass uns der Käufer neben der Bezahlung bis an die Grenze zu Nigeria bringen muss, da N'Guigmi von keinerlei öffentlichen Verkehrsmitteln angefahren wird. Die Nacht vor der Übergabe im fast ausgeräumten Fahrzeug ist etwas unruhig, laufend hören wir raschelnde Geräusche, die wir nicht zuordnen können, bis uns irgendwann klar wird, dass sich Springmäuse um die Brösel in unserer ausgeräumten Lebensmittelkiste kümmern.

Am nächsten Morgen fahren wir mit dem Käufer zum Zollchef, das Carnet wird abgestempelt, Zollgebühren werden entrichtet und wir bekommen unseren Kaufpreis von umgerechnet rund 5500 DM in CFA-Franc, der Landeswährung, bar ausbezahlt. Das ist der Moment,

Kaufinteressenten und Zuschauer in N'Guigmi

von dem an wir uns unsicher fühlen, denn wir haben jetzt viel Bargeld dabei, kein Fahrzeug mehr und sind deshalb völlig auf afrikanische Organisationskunst angewiesen. Aber bald taucht ein Land Rover Pickup auf, den der Käufer organisiert hat, um uns zur Grenze bringen zu lassen. Wir verladen unsere große Alu-Kiste, einen großen Sack mit den Plumeaus, die wir nicht im Fahrzeug lassen wollten, sowie weiteres Handgepäck. Unmittelbar vor der Abfahrt springen plötzlich noch zwei Einheimische auf die Pritsche und setzen sich hinter dem Fahrerhaus auf unsere Alu-Kiste.

Es geht los, der Land Rover fährt auf unmarkierter Piste außerhalb der Sichtweite des Tschadsees um diesen herum. Es läuft alles ohne Problem, bis plötzlich die beiden Passagiere auf der Pritsche an das Schiebefenster des Fahrerhauses klopfen. Der Fahrer öffnet, die Passagiere rufen ihm etwas zu und er lenkt ganz unvermittelt nach links in das dichte Unterholz, das den Tschadsee umgibt. Uns bleibt das Herz stehen, denn erstmalig auf unseren Reisen befürchten wir, ausgeraubt zu werden oder Schlimmeres. Wenn der Fahrer und die beiden Passagiere am Abend ohne uns zurück nach Nguigmi kommen, so würde keiner Zweifel daran haben, dass sie uns an der Grenze abgeliefert haben.

In meiner Hilflosigkeit halte ich verdeckt ein Fahrtenmesser neben dem Sitz in der Hand. Der Land Rover kurvt einige Minuten zwischen den Büschen herum, bis er am Ufer des Tschadsees angelangt ist. Fahrer und Passagiere springen aus dem Fahrzeug, kaufen sich geräucherten Fisch im Dorf und machen Mittagspause, wir auch. Aber nicht nur wir bekommen einen riesigen Schrecken, sondern auch ein schwarzes Mädchen, das so mit dem Stampfen von Hirse beschäftigt ist, dass es unsere Ankunft kaum bemerkt. Ich stehe dicht hinter ihr, als ihr unser Fahrer etwas zuruft. Sie dreht sich um, kreischt auf, wirft den Mörser zur Seite und rennt weg. Fahrer, Fischer und unsere Passagiere von der Pritsche lachen sich kringelig, bis sie uns aufklären: Sie hatten dem Mädchen zugerufen, der weiße Mann sei gekommen, um sie mitzunehmen.

Wie so oft lösen sich die befürchteten Probleme im Nichts auf, die Fahrt in Richtung Grenze kann weitergehen. Am Grenzfluss zwischen Niger und Nigeria, dem Koumadougou Yobé bei Bosso, wird unser Gepäck abgeladen, wir verstauen unsere Alu-Kiste und das riesige

Plumeau in einem Einbaum, der uns über den Fluss bringt. Dann sind wir zwar in Nigeria und es laufen viele Leute herum, es ist aber keine Straße in Sicht. Also die beiden extravaganten Gepäckstücke auf einen Esel verladen und zum Beginn der Asphaltstraße gehen. Die beginnt in einem Dorf, das uns den ersten Eindruck vom Überbevölkerungsgrad Nigerias vermittelt. Nigeria hat zehnmal so viele Einwohner wie die Republik Niger, aus der wir einreisen, und fast doppelt so viele Einwohner wie Deutschland.

Wir buchen uns in ein Gemeinschaftstaxi ein, wieder wird das auffällige Gepäck umgeladen, um uns nach Maiduguri, der Provinzhauptstadt, zu bringen. Auf die Abfahrt müssen wir allerdings warten, bis es landesüblich knallvoll und überladen ist. Mitten in der Nacht checken wir in einem der wenigen Hotels ein. An der Rezeption ist man einigermaßen verwundert über unsere Organisationsform mit Alu-Kiste und Plumeau.

Während es im Niger, der durch die Sahara geprägt ist, nachts noch recht kalt werden kann und die Bevölkerungsdichte sehr gering ist, liegen die Dinge in Nigeria völlig anders. Hier am Tschadsee ist es auch nachts warm, unsere Plumeaus also völlig deplatziert – man weiß gar nicht, was das ist, was wir da so rumschleppen.

Nach vielen Wochen können wir uns erstmalig wieder richtig duschen, um uns in menschenwürdigen Zustand zurückzuversetzen. Die Plumeaus lassen wir beim Auschecken im Hotel zurück und nehmen den Überlandbus nach Lagos, wohin es knapp 2000 Kilometer sind. Auch das ist noch spannend, da der Fahrer rund um die Uhr fährt, da im Land die Cholera ausgebrochen ist und die Tankstellen streiken.

Auf der Rückbank stinkt es vom Kofferraum her nach Trockenfisch, den der Bus in großen Mengen geladen hat. Toiletten gibt es weder am Straßenrand noch an den spärlichen Tankstellen. Als Mann hat man dabei weniger Probleme, aber Erika findet das nicht gerade spaßig. Mit kurzen Zwischenaufenthalten arbeiten wir uns mit öffentlichen Verkehrsmitteln über Benin und Togo bis Ghana durch, um von dort nach Deutschland zurückzufliegen.

Naja, die Reise grenzte streckenweise an ein echtes Abenteuer, langweilig war es wenigstens nie. Grund genug, das nächste Semester zu nutzen, um eine weitere Tour in Planung zu nehmen.

Libyen/Sudan: Im Lkw-Konvoi nach Khartum 1976

Mit der Zeit dämmert es uns, dass man mit finanziellen und zeitlichen Ressourcen sparsamer umgeht, wenn man „Einweg-Touren" unternimmt, also sein Fahrzeug am Ende einer Reise verkauft und zurückfliegt. So hatten Erika und ich einen Mercedes-Kastenwagen über die Hoggarpiste von Algerien in den Niger und von dort weiter über Kamerun, Zentralafrika und Kongo nach Ruanda verbracht. In unterschiedlicher Mannschaftszusammenstellung hatten wir zwei weitere Mercedes-Kastenfahrzeuge über die Mauretanische Piste von Marokko über damals Spanisch-Sahara und Mauretanien in den Senegal gefahren und dort verkauft. So gelang es zumeist rechtzeitig, zum nächsten Semesterbeginn wieder in München zu sein.

Ich habe inzwischen mein Zweitstudium abgeschlossen und an der TU in München eine der begehrten Stellen als wissenschaftlicher Assistent angetreten.

Erika und ich trommeln zwei alte Freunde zusammen, jeder nimmt seine Frau mit ins Boot und jedes Paar kauft sich einen alten Mercedes-Lkw. Wir haben einen ausrangierten Werkstattwagen der Post, Walter einen noch älteren allradgetriebenen Langhauber-Mercedes und Kurt einen ebenfalls allradgetriebenen Mercedes-Pritschenwagen, auf dem er die Kabine eines alten Wohnwagens verzurrt. Walter ist Jurist, hat humanistische Schulbildung genossen und gesteht ein, dass er mangels nutzbringender Ausbildung nur als Fahrer und „Schmiermaxl" bei Reparaturen nützlich sein kann. Kurt als selbstfahrender Fuhrunternehmer hat natürlich erhebliche Erfahrung mit den Lkw zu bieten. Ich habe dafür etwas Reiseerfahrung und spreche die nötigen Fremdsprachen für Behördenkontakte unterwegs. Erika, Traudl und Johanna bilden das Team für den Innendienst und sorgen für geregelte Ernährung und auch sonst geordnete Verhältnisse, die uns drei nach „Fernfahrerparfüm" (Diesel) duftenden Fahrern weniger eigenes Bedürfnis sind.

Wir starteten mit dem Konvoi von München nach Genua, um dort die Fähre nach Tunis zu nehmen. Noch vor der Einschiffung fragt uns ein freundlich spöttischer Trucker: „Wo wollt ihr denn euren Schrott hinfahren?"

Wir lassen uns aber nicht entmutigen und kommen flott vorwärts. In Tunesien übernachten wir wie immer wild, einmal in der Nähe eines Dorfes in einem sandigen Tal. Natürlich bleibt das nicht unbemerkt und es geht sofort das Gerücht um, ein Wanderzirkus sei eingetroffen. Entsprechend rasant entwickelt sich die Zahl der Zuschauer. Aber die Anreise in die Sahara verläuft problemlos bis zum Ende der Asphaltstraße bei Sebha in Südwest-Libyen. Von dort wollen wir die Querung über den faszinierenden Explosionskrater „Waw an Namus" und durch die „Rebiana Sand See" nach Kufra im Südosten Libyens starten. Obgleich es keinerlei Beschilderung oder gar Markierung der Piste gibt, nur primitive Karten zur Verfügung stehen und GPS noch völlig unbekannt ist, finden wir den schwarzen Vulkankrater, erkennbar als schmaler schwarzer Streifen am Horizont. Das ist nicht selbstverständlich, denn er erhebt sich nur wenige Meter über die umgebende Wüstenebene, sondern dehnt sich überwiegend nach unten aus, mit der Konsequenz, dass er den Grundwasserhorizont durchschneidet und ihn verschiedenfarbige Süß- und Salzwasserseen umkränzen (GPS: 24°55'N, 17°45'E).

Warten auf die Zollabfertigung in Tunis

Von dort führt uns der Weg über ehemalige Militärmarkierungen der Amerikaner aus Vor-Gaddafi-Zeiten, die durch Legesteine auf dem Wüstenboden auch aus der Luft gut sichtbar waren. Besonders markant ist die mit Lesesteinen am Boden riesig markierte Pistenabzweigung B.U.C. = Bivio Uau Cebir (24°24'N, 17°37'E) aus italienischer Kolonialzeit, inmitten in der unendlichen konturlosen Kiesebene „Serir Tibesti".

Unser Jurist Walter hat noch eine besondere Qualifikation, er ist im Nebenberuf Skilehrer und hat als solcher ein Paar alte Skier mitgenommen. Die probiert er dann an einer Sanddüne auch gleich aus. Die Seilwinde unseres Lkws dient als provisorischer Skilift. Selbst an Fähnchen zum Begrenzen der Abfahrt ist gedacht. Da die Abfahrt aber weder rasant noch lang ist, stellt er die alten Skier als Pistenmarkierung zur Verfügung und wir widmen uns wieder der Rüttelpiste in Richtung Osten.

Im Camp einer deutschen Baustelle in Um el Aranib hatte man uns darauf hingewiesen, dass wieder Rebellen aus dem südlich gelegenen Tibesti-Gebirge unterwegs seien. Das ist uns zwar nicht egal, in Anbetracht der Größe des Gebietes, das wir durchmessen möchten, lassen wir uns aber deshalb nicht verrückt machen. Beunruhigt ist jedoch Johanna, unsere Expeditionsteilnehmerin, die bis dahin noch keine große Tour gemacht hat.

Am Abendhimmel erscheinen ganz unten am Horizont Lichter, die sie für Fahrzeugbeleuchtung hält. Mit der Zeit wird ihr klar, dass bei niedrigem Horizont und klarer Nachtluft die Sterne in Höhe der Fußsohlen aufgehen. Für eine unserer zehn Übernachtungen zwischen Sebha und Kufra wählen wir versehentlich einen Pass im Dohone-Gebirge, über den wir später erfahren, dass er Klingué-Pass genannt wird (GPS: 23°16′35″N, 20°01′40″E).

Als wir dort direkt neben der unbefahrenen Piste unser Nachtlager aufschlagen und zu kochen beginnen, ruft Johanna: „Da ist was, hört ihr es nicht?“ Und während wir noch lästern, ist doch tatsächlich etliche hundert Meter entfernt das Scheinwerferlicht eines Fahrzeugs zu sehen! Es geht aus, wieder an, bis es endgültig erlischt – nun sind wir alle verunsichert. Ich hole die Taschenlampe, beleuchtete mich selbst, gehe auf das Fahrzeug zu und hebe kurz vor dem Auto meine Hände, damit jeder sehen kann, dass ich unbewaffnet bin und rufe „Tourist!“ Daraufhin kommen die Fahrer, einfache Händler, aus dem Auto und zeigen sich genauso erleichtert wie wir. Auch sie hatten uns für mögliche Rebellen gehalten, die am Pass, der schwer zu umfahren ist, lauern. Während der sich verstärkenden Rebellenbewegung im Nordtschad verminten die Rebellen später den Pass und eine Gruppe deutscher Touristen erlitt bei einem Minenunfall erhebliche Verletzungen. Das zerstörte Fahrzeug steht bis heute dort.

Bisher läuft es bei uns ganz ordentlich mit unseren Lkw und deren Straßenbereifung. Vom Waw an Namus führt aber die Piste über Tazurbu durch die Rebiana Sand See nach Kufra, was uns erhebliche Probleme bereitet. Unsere Lkw haben zwar Allradantrieb, sind aber schwer, schwach motorisiert und vor allem für die Wüste völlig falsch bereift. Wir schaufeln wie die Wilden und müssen permanent die schweren Eisen-Sandbleche einsetzen, um uns aus dem Sand zu befreien.

Nach mehreren Tagen Fahrt kommt uns ein libyscher Range Rover entgegen, der wohl von den Behörden in Kufra geschickt worden war, um zu erkunden, wo wir sind und was wir so treiben. Die sehen uns fleißig buddeln, sehen unsere normalen Straßenreifen, blicken uns mitleidig an und wissen sofort, was uns so aufhält. Ihre Erkundungsmission ist erfüllt und sie drehen ab.

Nach satten zehn Tagen harter Arbeit rollen wir schließlich in Kufra ein. Dort gilt es, die Ausreise in den Sudan über den Kontrollpunkt Al Awaynat am Grenzdreieck Libyen-Ägypten-Sudan vorzubereiten. Das heißt Behördengänge, Wasser fassen und alles mit Diesel vollmachen, was geht, denn den nächsten Treibstoff gibt es erst wieder am Nil. Wir sind guten Mutes, als auf der gut 300 Kilometer langen Piste zur Grenze plötzlich der Motor meines Lkws streikt, mitten in der Zentralsahara. Er schepperte vorher nicht, er zog keine blaue Öl-Fahne, sondern er streikt einfach. Wir versuchen ihn zu starten und siehe da, er springt an, bleibt aber wenige Sekunden später wieder stehen. Kurt, unser Lkw-Spezialist, ist zwar immer guter Dinge und probiert alles Mögliche aus, aber das Spiel setzt sich fort, bis die Starterbatterien leer sind. Nur gut, dass wir drei Lkw haben, es kann uns also wenig passieren, schlimmstenfalls müssten wir ein Fahrzeug aufgeben. Aber zunächst starten wir einen anderen Versuch, wir nehmen das Fahrzeug in Schlepp, um es zu starten. Dazu fahren wir immer im Kreis, aber es gelingt nicht.

Reparatur der Treibstoffversorgung

So basteln wir eineinhalb Tage, bis ich gegenüber Kurt eine vage Vermutung äußere. Wir wissen ja, dass die Treibstoffpumpe funktioniert, das haben wir immer wieder ausprobiert. Beim Startversuch läuft überall Diesel heraus, wo wir auch öffnen. Aber es könnte ja sein, dass es zwei Pumpen gibt, eine für den Start und eine für die Fahrt? Das habe ich einfach mal so postuliert, ohne mich mit Lkw auszukennen. Also gehen wir auf die Suche und tatsächlich – eine Elektropumpe ist für die Startphase zuständig, danach schaltet sie sich ab und eine mechanische, motorgetriebene Pumpe macht weiter. Die mechanische hat ihr Leben ausgehaucht, aber die elektrische läuft, solange sie Strom bekommt. Also verschalten wir die elektrische Pumpe mit dem Zündschloss so, dass sie ständig Strom hat, und alles ist perfekt.

Es kann zur Grenze weitergehen. Da erwartet man uns schon, man hatte per Funk erfahren, dass wir unterwegs seien, und wundert sich, wo wir bleiben. Die libyschen Grenzer sind wie alle Libyer sehr freundlich, schenken uns Verpflegung, lassen uns Wasser fassen und stellen sich für ein Abschiedsfoto auf.

Abschiedsfoto an der Grenze zum Libyen/Sudan

Als nächstes gilt es, die unbewohnte Oase Selima im Nordsudan, etwa 500 Kilometer weiter im Osten, zu finden, über die wir aber sehr wenig Information haben, außer dass es da eine Wasserstelle gibt und eine Piste in Richtung Südosten, die weiter nach Abri am Nil führt. Wir haben alte Wehrmachtskarten von 1942 und alte englische Landkarten, in welchen alle möglichen Pisten von früheren Entdeckungsreisen eingetragen sind, so von dem Ungarn Graf Ladislaus Almásy und dem ägyptischen Prinzen Kemal al Dhin. So sehr wir uns mühen und den Jebel Uweinat (Gebirge) auf der Suche nach der Piste bis zur ägyptischen Grenze umfahren, finden wir keine der historischen Routen, lediglich schwache Spuren ohne gemeinsame Richtung.

Nach 40 Kilometern Fahrt in Richtung Süden haben wir jegliche Spuren verloren. So entscheiden wir beim weithin sichtbaren markanten Berg Jebel Kissu, dass wir von nun an nach Kompass „querwüstein" nach Südosten fahren, bis wir auf den Nil treffen. Die Entscheidung wird von allen getragen, was umso erstaunlicher ist, weil Traudl und Johanna keinerlei Fernreiseerfahrungen haben und trotz diesem vielleicht riskanten Entschluss, voll auf uns vertrauen.

Wir fahren zu südlich und kämpfen uns tagelang durch freies Gelände über Bergrücken, durch Sandfelder, Kiesebenen und Geröllhalden nach Südosten. Solange man eine östliche Komponente im Kurs hat, kann man ja den Nil nicht verfehlen, aber er kommt und kommt nicht

Desolater Wohnaufbau wird entsorgt

in Sicht. Schließlich stoßen wir unvermittelt auf eine stark ausgefahrene und von Nord nach Süd verlaufende Wellblechpiste und denken, jetzt müsste der Nil gleich in Sicht kommen, aber dem ist nicht so. Erst einen halben Tag später erreichen wir ihn in der weit nach Osten ausgreifenden Flussschleife bei Sesibi. Wir folgen dem legendären Fluss auf wackeliger, tief ausgefahrener Sandpiste und durch ursprüngliche Dörfer nach Dongola, wo wir uns ungefähr eine Woche nach Grenzübertritt erstmals bei den Behörden melden können. Auch auf dieser Strecke hat die Sahara ihren Tribut gefordert und die Inneneinrichtung aller Aufbauten zerlegt. Der Wohnwagenaufbau von Kurts Lkw ist so desolat, dass wir ihn von der Pritsche wuchten und anzünden.

Er fährt fortan wunderbar als Pritschen-Lkw mit Sonnenterrasse weiter. In Khartum angekommen, versuchen wir die drei Lkw zu verkaufen, was uns drei Männern nach etwa einer Woche nerviger Kundensuche schließlich auch gelingt – die Frauen erholen sich solange am Pool des deutschen Sudan-German-Club und trinken literweise gekühlten Karkadeh (Hibiskustee).

Übergabe von Schlüsseln und Papieren an die Käufer

Der Kaufpreis wird in Landeswährung bezahlt, für die wir uns zuerst Rückflugtickets kaufen und den Rest auf dem Schwarzmarkt in harte Währung wechseln.

Alles in allem wieder eine abenteuerliche Tour durch faszinierend schöne Landschaften, von der wir mit etwas mehr Geld zurückkommen, als wir investiert hatten. Das gibt unserem gerade eröffneten Versandhandel mit Reiseausrüstung etwas Rückenwind.

Ostroute: Erster Familienausflug

1978/79

Im Herbst 1977 stellt sich Familienzuwachs ein. Unsere Tochter Astrid erblickt das Licht der Welt und verändert, wie jedes Kind, das Leben der Eltern. Wir sind glücklich, die Ambition zu reisen verschwindet aber nicht. Hinzu kommt, dass wir ja einen Laden für Reiseausrüstung betreiben und im Blickfeld unserer ebenso reiselustigen Kundschaft stehen. Wenn wir jetzt nur noch das Haus hüten und hinter der Ladenkasse stehen, so verlieren wir unsere Kompetenz und Glaubwürdigkeit. Viele unserer Kunden in der gleichen Altersgruppe, die in die gleiche Situation kommen, würden unserem Beispiel folgen, das individuelle Fernreisen aufgeben und uns damit als Kunden verloren gehen.

Also gilt es, eine erste große Reise mit Kleinkind zu organisieren. Wir rüsten einen Land Rover aus, mit dem wir auf der sogenannten Ostroute durch Ägypten und den Sudan nach Kenia reisen möchten. Astrid fordert ihren Tribut, der Dachgepäckträger ist zu einem Drittel mit Pampers beladen, eine der Alu-Kisten im Fahrzeuginneren voller Babynahrung, Kinderkleidung, Ersatzschnullern. Hinter den Fahrersitzen ist quer ein Kinderbett eingebaut. Gleichzeitig brauchen wir aber auch die volle Expeditionsausrüstung mit bis zu zehn Treibstoffkanistern, einem 200-Liter-Treibstofffass auf dem Dach, Sandblechen, Schaufeln, Bergegurt, Greifzug, Ersatzteilen und Ersatzrädern.

Ohne Begleitfahrzeug starten wir im Oktober 1978 in Richtung Venedig, um das Fährschiff nach Alexandria in Ägypten zu nehmen. Auf dem Schiff, das über Griechenland drei Tage unterwegs ist, lernen wir eine private Reisegruppe aus Dachau kennen, die auch mit Land Rovern nach Ostafrika unterwegs ist. Der Zahnarzt Jochen mit Frau Uschi, der Arzt Meinrad sowie Jörg. Weiterhin lernen wir einen gut vernetzten Ägypter kennen, Ali al Masri aus Kairo. Wir fassen ins Auge, die Tour von Ägypten durch den Sudan bis zum Beginn der Asphaltstraße in Kenia gemeinsam zu fahren. Gleichzeitig versuchen wir, Ali zu entlocken, ob man auf dem Landweg westlich des Nasser-Stausees von Ägypten in den Sudan fahren kann, um so die teure, langwierige und unsichere Verladung auf ein Schiff über den Nasser-

Stausee zu vermeiden. Ali meint, das sei unzulässig, er könne aber versuchen, eine Genehmigung für uns einzuholen.

Alexandria erwartet uns mit typisch ägyptischer, kafkaesker Bürokratie. Wir versuchen, die Einreiseabfertigung ohne Helfer durchzuziehen, werden aber von den zuständigen Grenzbeamten ständig in die Irre geleitet. Damals hatte jeder Ägypter, der ein Studium absolviert hatte, Anspruch auf eine Anstellung beim Staat. Das blähte die Bürokratie natürlich massiv auf und hat sie sich erst einmal etabliert, wuchert sie unbeherrschbar weiter. Es ist natürlich keineswegs so, dass diese Staatsdiener dann die Absicht haben, für ihr Gehalt etwas zu tun. Wir geben schließlich auf und engagieren einen teuren Schlepper, der von dem kassierten Geld natürlich seinen verbeamteten Freunden einen angemessenen Anteil abgeben muss.

Kaum aus dem Hafen in Freiheit gelangt, springt während der Fahrt ein junger Mann seitlich an unserem Fahrzeug hoch und versucht, mit einer kleinen Sichel die Verzurrung der Ladung auf dem Dachgepäckträger zu durchtrennen. Er hofft offensichtlich, dass da etwas Nützliches für ihn herunterfällt. Oder noch mehr, dass wir anhalten, um die verlorene Ladung zu sichern und dabei das Fahrzeuginnere aus dem Auge verlieren.

Mit unserem blonden Kleinkind erwecken wir in Alexandria am Strand die Aufmerksamkeit eines pensionierten ägyptischen Generals, der uns in der Tradition der ägyptischen herzlichen Gastfreundschaft einlädt, bei ihm im Haus zu übernachten. Die Zufahrt zum Haus in einem Neubaugebiet ist von Bauschutt und Verpackungsmüll übersät, das Treppenhaus auch noch gewöhnungsbedürftig, das Appartement jedoch blitzsauber. Astrid hat inzwischen die Windel voll, was

Nuba-Krieger in Talodi

Erika gleich in Angriff nimmt. Alles klar, nur wohin mit der feuchten Windel? Erika fragt die Dame des Hauses, die nimmt die Windel und wirft sie zum Fenster raus.

Nach zwei Tagen machen wir uns auf den Weg in Richtung Kairo, wo wir über Ali El Masri, den gut vernetzten Chef des Cairo Shooting Clubs, versuchen, die Genehmigung zur Ausreise auf dem Landweg zu bekommen. Das zieht sich hin, aber wir haben es nicht so eilig und Kairo ist eine interessante Welt für sich, wo man sich auch gerne mal einige Tage aufhält. Wir übernachten auf dem Campingplatz bei den Pyramiden, der günstig liegt, aber sehr schmutzig ist, was mit Astrid im Krabbelalter schon ein Problem darstellt.

Inzwischen lernen wir Hubertus kennen, einen in Kairo tätigen Deutschen, der uns in Kairo ebenso herzlich einlädt, bei seiner Familie zu wohnen, wie vorher der ägyptische General in Alexandria. Nach einer Woche vergeblichen Wartens auf eine Sondergenehmigung zur Ausreise auf dem Landweg geben wir auf. Zusammen mit Meinrad und Jochen beschließen wir, mit den beiden Fahrzeugen über die grüne Grenze – besser gesagt sandige Grenze –, formlos aus Ägypten auszureisen. Uschi und Jochen bleiben noch einige Zeit in Kairo und fliegen danach heim.

Es geht nilaufwärts nach Asyut, wo wir nach El Kharga abzweigen. Dort tanken wir voll auf, was ungefähr 400 Liter Benzin im Tank, in seitlich befestigten Kanistern und in dem 200-Liter-Fass auf dem

Seltene Pistenmarkierung Richtung Sudan

Dachgepäckträger bedeutet. Jetzt wird es spannend, denn es geht auf die Piste über Baris, Bir Abu el Hussein und El Shab in Richtung unmarkierter Grenze zum Sudan. Ob einer der genannten Brunnen bewohnt ist oder gar ein Kontrollposten zu erwarten ist, wissen wir nicht. Bei El Shab ist aus der Entfernung ein Militärlager zu sehen, aber keine Soldaten.

Wir beschließen, es nicht weiträumig zu umfahren und uns damit verdächtig zu machen, sondern scheinheilig zügig daran vorbeizufahren. Das klappt einwandfrei, denn das Lager ist verlassen. Jetzt geht es, fast ohne jegliche Spuren nur nach Kompass, nach Süden weiter.

Wir versuchen, die unbewohnte Wasserstelle und Saline Selima im Sudan zu finden, von der wir nur wissen, dass sie sich in einer mit Palmen bewachsenen Senke befindet. Eher durch Zufall finden wir diese unbewohnte Palmenoase, wo wir einen Ruhetag einlegen und immerhin Wasser fassen könnten, wenn es uns nicht zu schlammig wäre. Von hier soll eine Piste nach Abri am Nil führen, deren Einstieg wir aber nicht finden können. So fahren wir mit den beiden Geländewagen nach Kompass in Richtung Südost, bis wir auf eine Piste am Ufer des Nils treffen. Die tief ausgefahrene Sandpiste führt durch sehr ursprüngliche Dörfer, in deren Schulen die Kinder noch kein europäisches Kind gesehen haben und entsprechend begeistert von der hellblonden, blauäugigen Astrid sind.

Tochter Astrid im Schulhof am Nil

In der Hauptstadt Khartum richten wir uns auf dem Parkplatz des Sudan German Clubs ein, da kann man der Hitze im kühlenden Nass des Pools entkommen. Hier im Club trifft man sowohl Deutsche als auch Sudanesen, was uns Gelegenheit gibt, Ahmed Dokka, einen schwarzafrikanischen sudanesischen General, kennenzulernen. Wir befragen ihn, wie es um die Treibstoffversorgung durch den noch weit weniger entwickelten Südsudan bestellt sei. Er kann aber nur auf dreierlei hinweisen: Erstens, die Versorgung sei sehr unsicher; zweitens, das Militär in Khartum habe Treibstoff; drittens, er könne uns Kanister ausleihen, die wir dann in der Garnison von Juba, der Hauptstadt des Südsudan, wieder abgeben sollen. Von dem freundlichen Angebot machen wir gerne Gebrauch.

Inzwischen hat sich herausgestellt, dass die Zeitplanung und der Tagesrhythmus von Meinrad und Jörg auf Dauer nicht mit unserer Tageseinteilung kompatibel sind. Die beiden möchten in fünf Wochen in Nairobi sein, wir haben es nicht so eilig und müssen uns schließlich um Astrid kümmern. Also trennen sich die beiden Fahrzeuge in Khartum und starten, extrem hoch mit Treibstoff beladen, nach Süden.

Unser Land Rover transportiert beim Start 600 Liter Benzin, der größte Teil davon auf dem Dachgepäckträger. Wir beschließen, über Kosti und El Obeid und Kadugli in die Nuba-Berge zu fahren, um das dort lebende sehr ursprüngliche Volk der Nuba kennenzulernen. Es wurde in Büchern und Filmen von Leni Riefenstahl beschrieben. Der Besuch der Nuba-Berge ist genehmigungspflichtig, eine Genehmigung haben wir aber nicht. Unser Passierschein ist Astrid, die überall Aufsehen und Rücksichtnahme bewirkt. Die Piste von Kadugli nach Talodi besteht einerseits aus tief eingefahrenen Spuren und ist andererseits, jetzt gegen Ende der Regenzeit, mit hohem Gras zugewachsen.

So ist nicht zu sehen, dass sich im Mittelwall zwischen den tiefen Reifenspuren ein dicker Stein verbirgt. Mit einem heftigem Rums und Schütteln bleibt das Fahrzeug stehen. Ich versuche, es mit eigener Kraft herunterzufahren, aber die Leistung des Motors kommt nicht bei den Rädern an. Also den Greifzug auspacken, sein Stahlseil an einem Baum befestigen und das Fahrzeug zurückziehen. Das klappt zwar, aber es gelangt weiterhin keine Kraft auf die Räder.

Ich versuche alle Gänge, Untersetzung, Allrad, aber es ist nichts zu machen. Es sieht so aus, als ob ich das Getriebe ausbauen müsste, nach Kadugli laufen, dann nach Khartum trampen, es reparieren lassen und zurücktrampen müsste. Erika wäre dann für etwa zwei Wochen mit Astrid allein im Busch. Inzwischen richtet sich meine Aufmerksamkeit auf das Overdrive-Getriebe, das ich seit Monaten nicht mehr benutzt habe, weil es eigentlich völlig überflüssig ist. Sein Gehäuse erweist sich auf der Unterseite als gesprungen, wodurch die Kraftübertragung unterbrochen und Öl ausgelaufen ist. Es gelingt mir schließlich, eine Stellung des Schalthebels zu finden, in der der Kraftfluss funktioniert. Wir können weiterfahren.

Die schwarzafrikanischen Nuba sind kürzlich von der arabischen Regierung in Khartum verdonnert worden, nicht mehr völlig nackt unterwegs zu sein, so dass manche von ihnen erst dann schnell ein Höschen anziehen, wenn doch mal Fremde kommen.

Man fragt uns immer wieder „atakellam Leni?“, also ob wir Leni (Riefenstahl) kennen, denn sie hat hier nicht nur wegen der Bücher einen tiefen Eindruck hinterlassen, sondern auch, weil sie gleich mit einem ganzen Lastwagen voller Ausrüstung und Hilfsgütern angerückt war. Wir überlassen das inzwischen entleerte 200-Liter-Fass dem Dorfchef von Kadugli und tauschen einen leeren 20-Liter-Wehrmachtskanister gegen ein Serval-Fell. Den Kanister können die Nuba dringend gebrauchen, um darin Honig zu sammeln und an Händler zu verkaufen. Heute verwahren wir das Fell verschämt im Keller.

Zugewachsene Piste von den Nuba-Bergen zum Nil

Der nächste Streckenabschnitt von den Nuba-Bergen nach Kodok am Nil wird wirklich spannend, denn die Gegend wurde seit dem sich nähernden Ende der Regenzeit erst ein Mal befahren, ein Polizeifahrzeug sollte ausprobieren, ob sie wieder passierbar ist. Immerhin haben wir eine einzelne Spur, an der wir uns orientieren können, um uns nicht im brusthohen trockenen Gras zu verlieren.

Die Spur geht immer geradeaus nach Südosten, so dass es meiner Aufmerksamkeit entgeht, als sie vor einer etwas grüneren Stelle abknickt. Ich fahre geradeaus weiter und sitze bis zu den Achsen in der zähflüssig klebrigen „Black Cotton Soil" fest. Es ist Nachmittag, als wir versuchen, den Rover mit Schaufel und Blechen wieder flott zu bekommen. Bei Sonnenuntergang wird uns klar, dass das allenfalls gelingt, wenn wir das Fahrzeug vollständig entladen. Also alles raus, Dachträger abladen, Astrids Kinderbett ins Gras stellen und Mückennetz drüber.

Als es dunkel wird, flackern Buschfeuer am Horizont und die Geräuschkulisse wird echt abenteuerlich. Schließlich gelingt es, das um seine Ladung erleichterte Fahrzeug zu befreien. Wir beladen es wieder und verbringen die Nacht an Ort und Stelle. Am nächsten Morgen finden wir eindrucksvolle, überdimensionale Katzentapser im Schlamm. Wir haben natürlich an einer der letzten Wasserstellen im weiten Umkreis übernachtet, wo sich Raubkatze und Gazelle „Gute Nacht" sagen.

In Kodok treffen wir wieder auf den Nil, dem wir flussaufwärts folgen. Auf der Höhe von Malakal treiben wir die sehr kleine private Fähre einer Missionsstation auf, die uns auf die Ostseite nach Malakal bringt. Wir sind nicht die einzigen Deutschen in Malakal, ein einsamer deutscher Entwicklungshelfer der GTZ hilft dort, die Infrastruktur aufzubauen. Er ist sehr gastfreundlich, hat aber vermutlich Sorgen, dass wir ihm zur Last fallen könnten, andererseits könnte er uns aber in Rücksichtnahme auf das Kleindkind nicht einfach sitzen lassen. Als er merkt, dass wir sehr wohl für uns selbst sorgen, verfliegen seine Bedenken. Inzwischen kommen mehrfach örtliche Händler auf uns zu, weil sie wissen möchten, wie wir nach Malakal gelangt seien, denn seit Beginn der Regenzeit sei auf dem Landweg kein Fahrzeug mehr eingetroffen.

Der Landweg nach Süden in Richtung Juba ist leider wegen anhaltender Regenzeit noch immer völlig unbefahrbar, öffentliche

Fähren gibt es nicht, doch unser neuer Freund von der GTZ hat einen Vorschlag: Die GZT habe eine kleine Fähre, die Zement transportiert und eigentlich nilaufwärts in einen Zufluss des Nil fahren sollte, aber unverrichteter Dinge zurückgekommen sei. Der Wasserlauf war in der Regenzeit so mit schwimmenden Wasserhyazinthen zugewachsen, dass erst ein großer Raddampfer durchfahren muss, um die aus Südamerika eingeschleppten schwimmenden Sumpfpflanzen zu zerstückeln, bevor ein kleines Schiff durchkommt. Ersatzweise soll es in den nächsten Tagen nach Juba am oberen Nil starten. Er bietet uns an, dass wir mitfahren können. Das ist natürlich perfekt.

Wir versuchen, auf dem Markt noch etwas an Versorgungsgütern zu bekommen, aber da ist praktisch nichts zu haben. Selbst zum Einkauf einiger Kilogramm Limonen und Zucker benötigen wir eine Genehmigung des Commissioners. Die Limonen quetschen wir unterwegs aus, filtern Nilwasser, zuckern das Ganze und haben einen ausreichend leckeren Softdrink.

Auf Astrid müssen wir natürlich jede Sekunde aufpassen, dass sie nicht über Bord geht. Sie hat in Kairo inzwischen das Laufen gelernt, aber nicht nur ihr Gang ist wackelig, sondern auch das Boot. Immer wieder tritt sie in Lücken zwischen den Planken des Bodens, sackt ein und schreit. In ihrer Langeweile und gelegentlichem Zorn wirft sie immer wieder ihren Schnuller über Bord, der dann verloren und auch nicht wiederbeschaffbar ist.

Nach fünf Tagen langsamer Fahrt nilaufwärts durch unberührte Naturlandschaft kommen wir in Juba an. Dort liefern wir pflichtgemäß die geliehenen Treibstoffkanister beim Militär ab und erfahren, dass unsere Reisekameraden vor zwei Tagen ihre Kanister abgeliefert haben. Als Stützpunkt für wenige Tage dient uns das gastfreundliche Camp der GTZ in dem damals noch völlig unterentwickelten Juba. Über die einspurige Stahlbrücke fahren wir über den Nil, um 400 Kilometer weiter östlich die Grenze nach Kenia zu erreichen. Die Strecke ist gar nicht so schlecht und vor allem etwas abwechslungsreicher, weil sie am Fuß des Imatong-Gebirgszuges entlangführt.

Im Provinznest Kapoeta, 70 Kilometer vor der Grenze, müssen wir die Ausreiseformalitäten für den Sudan erledigen. Auffällig an unseren Pässen ist, dass der Einreisestempel für Sudan fehlt. Wir sind fünf Wochen durch das ganze Land gereist, ohne Einreiseformalitäten zu erledigen. Der Grenzbeamte sieht da aber kein besonderes Problem, denn das kann er ja nachholen und dann die Ausreise eintragen. Das kostet natürlich, weshalb er beginnt, auf einem Blatt Papier eine umständliche ganzseitige Rechnung aufzustellen. Mir wird angst und bange, aber das Ergebnis lautet „one Sudan Pound" und ist weniger, als ich freiwillig Bakschisch gegeben hätte.

Also gilt es jetzt, die eigentliche Grenze nach Kenia zu erreichen und in Lokichokio die Einreiseformalitäten zu erledigen. Die Piste verläuft jedoch nicht eindeutig, weshalb wir Schwierigkeiten haben, die Grenzstation zu finden. Eine ältere magere Engländerin, die in der Gegend wohnt, greift uns unter die Arme. Sie fährt voraus, zeigt uns den Posten, biegt aber ab, um dort nicht in Erscheinung zu treten. Es ist eine Palisadenfestung der kenianischen Polizei. Als wir in gebührendem Abstand halten, verschwindet die ganze Besatzung hinter den Palisaden. Nur vereinzelte, horizontal ausgerichtete Gewehrläufe schauen noch hervor. Jetzt heißt es für uns nicht „Hände hoch", sondern „Astrid hoch". Beim Anblick des weißen, blonden Kindes werden wir dermaßen unverdächtig, dass alle Bedenken verfliegen.

In Kenia ist die Piste gut präpariert und zweispurig. Nach gut einer Stunde nähert sich der erste Gegenverkehr. „Aber was ist das, ist der denn besoffen? Der fährt ja direkt auf mich zu!", schießt es mir durch den Kopf. Dann wird mir klar, dass es Zeit wird, auf die richtige, die linke Seite der Piste, zu wechseln.

In Lodwar biegen wir nach Osten ab, um uns in einem Touristen-Camp in Eliye Springs am Turkana-See von den Strapazen und Entbehrungen der Durchquerung des Sudan zu erholen. Mit dem Land Rover und seinem Dachzelt stehen wir auf dem wunderschönen Platz direkt am See. Die Krokodile sollen angeblich weiter entfernt aktiv und das Baden kein Problem sein. Der Betreiber des Platzes meint, vor einer Woche seien schon einmal zwei Deutsche mit Land Rover da gewesen. Sie hätten es komfortabler haben wollen und eine Cabin gemietet. Dann folgt noch: „They came from Sudan and had a real drinking party."

In den Sudan, das noch größte Land Afrikas vor der Abspaltung des Südsudans, ist es erstens schwer, hineinzukommen, und zweitens genauso schwer, wieder rauszukommen; dazwischen fasziniert das Land

Erholungspause am Lake Turkana/Kenia

wegen seiner schieren Dimension und Ursprünglichkeit, weniger wegen seiner Landschaftsformen oder gar gebotenen Komforts. Kenia hingegen ist leicht zu erreichen, gut versorgt, hat umwerfende Landschaften, eine großartige Tierwelt und immer wieder Städtchen, in denen man sich als Overlander von den Entbehrungen des Lebens im Busch entspannen kann.

So genießen wir Kenia und beginnen, nach einem Käufer für unseren Land Rover zu suchen. Die Suche erweist sich als erfolglos, weshalb wir das Fahrzeug von Mombasa nach Genua verschiffen. Für uns suchen wir einen günstigen One-way-Flug nach München. Mit der Aeroflot kann man zu Zeiten der UDSSR über Moskau billig fliegen. Also ist das der Flug unserer Wahl. Der Temperaturschock beim Aussteigen in Moskau ist jedoch überwältigend. Wir kommen aus dem tropisch heißen Nairobi und müssen vom Flugzeug zum Terminal in Moskau zu Fuß gehen. Afrikanisch dünn bekleidet eilen wir im Januar um fünf Uhr morgens bei minus 20 Grad mit Astrid im Arm zum Terminal. Da warten wir erst einmal vor der Türe, bis das Licht angeht und von innen aufgesperrt wird.

Einige Stunden später landen wir wohlbehalten in München – der Familienausflug ist erfolgreich beendet. Das unversehrte Fahrzeug hole ich viele Wochen später im Hafen von Genua ab. Es läuft problemlos bis auf unseren Parkplatz. Am nächsten Morgen möchte ich es rangieren, um es vor der Haustüre zu entladen. Der Motor läuft, aber es rührt sich nicht vom Fleck. Das Overdrive hat am Abend endgültig seinen Geist aufgegeben. Ich baue das überflüssige Zubehör aus, verschrotte es und der Landy ist besser als zuvor.

Niger: Verzögerungen im Niger und in Österreich

1980

Um das Jahr 1980 stellte die Firma British Leyland, damals unter Rover-Fahrern wegen bleibender Mängel ihrer Fahrzeuge „Britisch Elend" genannt, ihre Produktion des Sechszylinder Land Rover Benziners ein. Ich kaufe eines der letzten Fahrzeuge sehr günstig auf und gedenke es, in Westafrika zu verkaufen. Also machen sich mein langjähriger Reisekamerad Klaus und ich im Oktober 1980 auf den Weg. Klaus ist Kfz-Meister und Werkstattinhaber in Grünwald bei München, also auch in dieser Hinsicht ein sehr geeigneter Expeditionsteilnehmer. Mit der gegenseitigen Anrede haben wir kein Problem, der Name lässt sich leicht merken. Sind wir mit dritten im Gespräch, so wird es schwieriger, zu unterscheiden, wer mit der Anrede „Klaus" gemeint ist.

Wir fahren die direkte Strecke mit dem Schiff von Genua nach Tunis, weiter nach Algerien, die Hoggarpiste über Tamanrasset durch die Sahara bis in die Republik Niger. Neben einfacher Campingausrüstung haben wir für die Einweg-Tour einen Peltier-Kühlschrank dabei. Dass diese Billiggeräte zu viel Strom verbrauchen, bestätigt sich mal wieder auf dem 200 Kilometer langen Streckenabschnitt zwischen der Grenzstation Assamaka und der Uranminenstadt Arlit im Nordniger. Wir sind mit nur diesem einen Fahrzeug unterwegs und übernachten einige hundert Meter abseits der stärksten Spurenbündel, um nicht sofort gesehen oder gar von einem übermüdeten,

Pistengabelung auf der algerischen Hoggarpiste

Typischer Vulkanfelsen im Hoggar-Gebirge

bei Mondschein ohne Scheinwerferlicht nach Algerien rasenden Menschen- und Zigarettenschmuggler platt gemacht zu werden.

Am nächsten Morgen dreht der Anlasser zwar noch den Motor, aber es reicht nach der kalten Nacht nicht mehr zum Starten. Da wir mit dem verbleibenden Strom extrem sparsam umgehen müssen, versucht Klaus, die Zündung zu optimieren und hantiert dazu am Zündverteiler. Das hilft aber nichts, der Motor dreht, aber zündet nicht. Nun ist die Hoggarpiste nicht so unbefahren, dass man da nicht gelegentlich mit einem anderen Fahrzeug rechnen könnte, aber auf diesem Streckenabschnitt ist sie noch unmarkiert und untrassiert, so dass sie sich in der Unendlichkeit der Wüste sehr weit auffächert. An uns vorbeiziehende Fahrzeuge müssen uns daher keineswegs entdecken.

Nach einigen Stunden ist ein Punkt am Horizont sichtbar, der kontinuierlich größer wird. Allerdings schickt er sich an, in einigen hundert Metern Entfernung an uns vorbeizufahren, weshalb ich auf das Fahrzeug zugehe. Es zieht vorbei, stoppt aber dann plötzlich und fährt zu mir zurück. Es ist ein freundliches französisches Pärchen in einem Citroën, Typ „selbstfahrendes Bahnwärterhäuschen“, also Kastenwagen mit Wellblechkarosse. Wir erklären das Problem und es wird beschlossen, erstmal unsere Batterie mit Hilfe des Starthilfekabels zu laden. Gleichzeitig stöpselt Klaus wieder die Zündkabel in den Zündverteiler und ich betätige den Anlasser. Nichts geht, außer gelegentlichen lauten Fehlzündungen.

Nach gut einer Stunde bieten uns die Franzosen an, uns in die Bergbaustadt Arlit zu schleppen, also schlappe 100 Kilometer wechselhafter Piste. Gesagt, getan, sie schleppen uns bis vor die Tankstelle

Westafrika zur Regenzeit

von Arlit, wo wir alle Möglichkeiten der spärlichen Versorgung haben, die ein solches Wüstennest bietet. Als sich die Franzosen verabschieden, schenke ich ihnen zum Dank unsere einzige Landkarte von Nord- und Westafrika, die wir dabei haben. Sie fragen wiederholt, ob wir sie nicht doch selbst brauchen, denn es sei die einzig zuverlässige Karte Michelin 153. Genau die fehle ihnen, denn sie sei seit gut einem Jahr nicht mehr im Handel erhältlich und daher unter den Travellern hochgeschätzt. Ich kenne die verbleibende Strecke von gut 3000 Kilometer nach Togo und irgendwelche besonderen Abstecher haben wir ohnehin nicht vor zu unternehmen.

Die Franzosen fahren weiter, während wir wieder zu basteln anfangen. Das führt so weit, dass Klaus den Zylinderkopf abschraubt, dann wieder montiert, wir aber außer Fehlzündungen nichts bewirken können. Wir essen nichts, arbeiten bis in die Dunkelheit und gehen deprimiert schlafen. Am nächsten Morgen sitze ich wieder auf dem Fahrersitz und befolge die Anweisungen von Klaus, der hinter der Motorhaube aus meinem Blickwinkel verborgen arbeitet.

Der erste Startversuch des Tages schlägt wieder fehl, bis mir Klaus zuruft: „Moment!", und kurz darauf „Starten!". Ich drehe den Zündschlüssel und die Maschine läuft wie eine Nähmaschine. Wir nehmen die Gelegenheit wahr, im Wüstennest frisch gebackene Baguettes zu kaufen, und frühstücken im Fahren Baguette mit warmem Wasser. Es schmeckt hervorragend, wir sind glücklich. Klaus schweigt und verrät mir nicht von sich aus, wo die Lösung des Problems lag. Nach mehreren Stunden, als endgültig klar ist, dass alles wieder bleibend läuft, frage ich ihn. Er meint: „Weißt du, bei allen Fahrzeugen, die ich je repariert habe, dreht der Zündverteilerfinger rechts rum, entsprechend ist die Reihenfolge der Zündkabel am Zündverteiler klar. Bei diesem Briten dreht er links rum." Er hat also ganz am Anfang, noch bevor unsere Batterie über Starthilfekabel wieder etwas aufgepäppelt wurde, bei seinen ersten Versuchen die Zündung zu optimieren, versehentlich die Zündreihenfolge vertauscht.

Technisch läuft die Reise bis Togo wieder einwandfrei, nur gelingt es uns nicht, das Fahrzeug zu verkaufen. Es ist zu neu und die Motorisierung unseres Sechszylinders in Westafrika unbekannt. Ein Kaufinteressent bietet uns einen extrem niedrigen Preis. Ich antwortete ihm beleidigt: „Nous ne sommes pas des bébés – Wir sind keine Babys", was ihn so ärgert, dass er mit der rechten Hand unter seinen weiten Boubou an den linken Oberarm greift. Ein weiterer Togolese erkennt sofort, was das bedeutet, und verhindert die

Hübsche Fulbe-Frauen im Sahel

Eskalation, indem er blitzartig an dessen Oberarm greift, um das in einem Lederhalfter steckende, traditionelle Messer zu blockieren. Nun etwas unaufgeregter erklärt mir der Fahrzeuginteressent: „Nous faisons le marché noir". Sie handeln also auf dem Schwarzmarkt mit gestohlenen oder geraubten Fahrzeugen, die natürlich noch billiger weggehen als unser sehr günstig erstandener neuer Sechszylinder.

Nach einer Woche vergeblichen Verkaufsversuchs beschließen wir, schnurstracks durch die Sahara wieder heim zu fahren, was gänzlich ohne Landkarte schon mal ganz spannend ist. Die Fahrt vom Lomé nach München schafften wir in einer Woche. Dabei hatten wir weder auf der Hin- noch auf der Rückreise Probleme an den vielen Grenzen, außer in ... Österreich!

Man lässt uns von Italien kommend am Brenner-Pass nicht einreisen, da unser Zollkennzeichen in Österreich nicht mehr gültig sei. Die Papiere unserer internationalen Zulassung weisen eindeutig aus, dass das Fahrzeug mit Zollkennzeichen auch in Österreich ein Jahr gefahren werden darf, aber das interessiert die Grenzer nicht. Mit unserer auf Afrika abgestimmten leichten Bekleidung warten wir am Brenner bei Schneegestöber fröstelnd einen halben Tag bis Seppi, ein Bruder von Klaus, mit Überführungskennzeichen ihrer Firma aus Grünwald eintrifft. Wir können die verbleibenden 200 Kilometer unserer Heimreise durch Österreich schließlich beenden.

Südamerika: Schnuppertour mit Rucksack

1983

Im Jahr 1983 wollen wir, Klaus und Klaus, erstmalig Südamerika erkunden. Obgleich wir begeisterte Autofahrer sind, wussten wir nicht, wie wir es anstellen könnten, uns in Südamerika ein Fahrzeug zu kaufen und es zuzulassen. Also beschlossen wir, versuchsweise eine Rucksackreise zu unternehmen.

Ein echter Traveller fliegt nicht mit Lufthansa in Direktverbindung in die Hauptstadt seines Reisezieles, um sich dort ins Abenteuer zu stürzen. Er spart schon beim Ticketkauf und verlegt damit den Beginn des Abenteuers auf den preisgünstigsten Heimatflughafen. So buchen wir unseren Flug nach Lima/Peru ab Frankfurt bei der kolumbianischen Airline Avianca mit Zwischenlandungen in Madrid und Bogotá/Kolumbien. Rückflug ebenfalls mit Avianca, Abflug in Santiago de Chile, Zwischenaufenthalt in Bogotá sowie Zwischenlandung in Madrid und weiter nach Frankfurt.

Wir checken pünktlich am Abend ein und sitzen bereits im Flieger, als die Durchsage kommt: „Wir bitten die Passagiere, das Flugzeug zu verlassen und Ihr Handgepäck mitzunehmen. Sie werden in ein Hotel gebracht und fliegen morgen ab.“ Die Airline muss offensichtlich die Nacht nutzen, um Geld für Kerosin aufzutreiben. Beim Hotel scheint sie noch Kredit zu haben. Am nächsten Morgen wird die Maschine betankt, wir können starten.

In Madrid keine bemerkenswerten Vorkommnisse, der Flug geht weiter in Richtung Bogotá. Dort treffen wir freilich mit so brutaler Verspätung ein, dass

1 x Colectivo, 2 x Klaus, 2 x Rucksack

unser Anschlussflug schon seit vielen Stunden weg ist. Also werden wir auf Kosten der Avianca in das sehr gute Dan-Hotel verfrachtet und für den nächsten Tag auf einen Flug der Lufthansa nach Lima umgebucht.

Beim Einchecken werden Pass und Boardingcard kontrolliert, nur behält der Beamte der „Migración" bei Klaus die Boardingcard zurück. Ohne die kommt man natürlich nicht ins Flugzeug, aber der Mitarbeiter der Lufthansa kennt das Spiel, stellt eine neue aus und sperrt die unterschlagene. Jetzt genießen wir ganz unromantisch den Service der Lufthansa. Im Landeanflug auf Lima verabschiedet sich der Kapitän über Lautsprecher mit den Worten: „Wir werden in Lima auf die Minute pünktlich landen. Ich danke den Damen und Herren, dass Sie Lufthansa gewählt haben." Stimmt für alle Passagiere, inklusive uns, nur dass wir dank Avianca einen Tag später dran sind als gebucht.

Das tut natürlich unserer Vorfreude auf Südamerika keinen Abbruch. Am Ausgang des Flughafens schnappen wir uns ein klappriges Taxi und lassen uns in den Stadtteil Miraflores bringen. Die Kofferraumklappe schließt nicht richtig, so dass an Ampeln die Gefahr besteht, dass unser Gepäck geklaut werden könnte. Dem begegnen wir, indem wir durch die völlig zerschlissenen Polster hindurch unsere Rucksäcke festhalten.

In Miraflores logieren wir bei der „Kaiserin von Lima", einer betagten deutschen Dame, die kurz nach dem Zweiten Weltkrieg mit ihrem Mann nach Peru ausgewandert ist. Ihr Mann war offensichtlich der Meinung, dass der Spuk mit der Besatzung des deutschen Reiches bald vorbei sein würde und sie beide dann wieder heim ins Reich zurückkehren könnten. Bei der Kaiserin machen auch all die deutschen Bergsteiger Station, um anschließend nach Huaraz in die Cordillera Blanca weiter zu fahren. Dort muss natürlich der mit 6768 Metern höchste Berg Perus bezwungen werden, der Huascarán. Den Tipp mit der Kaiserin hatte ich auch von befreundeten Bergsteigern, über die ich auch den peruanischen Bergführer Eudes Morales kennengelernt hatte. Für sein Unternehmen hatte ich ein ellenlanges Bergseil und einen ganzen Stapel Spreizhaken zum Sichern kritischer Aufstiegspassagen dabei. Also kann unser erstes Ziel nach Lima nur Huaraz sein, um diese Last punktgenau abzuwerfen.

Es ist der 31. Dezember, weshalb wir uns erkundigen, wo wir in das nächste Jahr hineinfeiern können. Wir laufen zu einem Steakhaus an der nahegelegenen Panamericana und ignorieren die Warnung: „Geht als Gringos in Peru nicht zu Fuß, schon gar nicht in der Nacht." Den zweiten Hinweis, „Um Mitternacht geht vermutlich das Licht aus", verstehen wir erst später. Um Mitternacht liegt tatsächlich ganz Miraflores in Dunkelheit. Die maoistische Terrororganisation „Sendero Luminoso" (Leuchtender Pfad) hat wieder ihre Macht bewiesen, indem sie einen Hochspannungsmast „termingerecht" gesprengt hat. Die Silvesterfeier geht bei Kerzenlicht weiter.

Ein freundlicher Gast, der sich um uns Sorgen macht, fährt uns schließlich deutlich angeheitert zurück zum Hostal der Kaiserin. Ich finde immerhin unser Zimmer und falle ins Bett. Erst am nächsten Morgen stelle ich fest, dass Klaus fehlt. Er erscheint zwar pünktlich zum Frühstück, hatte aber auf dem blanken Boden der Dachterrasse übernachtet, weil er sich im Stockwerk geirrt und die Zimmernummer nicht bei der Hand hatte.

Neues Jahr, gute Vorsätze, die Reise auf dem fremden Kontinent kann beginnen. Zunächst muss mal Landeswährung her und zwar gleich ausreichend für zwei Wochen. Auch dafür haben wir einen privaten heißen Tipp: Er heißt Señor Ormeño und ist Eigentümer des größten Busunternehmens Perus. Der Staat ist so pleite, dass er den Import von Fahrzeugen zunächst sehr hoch besteuert und schließlich ganz verbietet. Ohne Import von Neufahrzeugen verfällt der Zustand des Bestandes an Pkw immer weiter. Von der Importsperre sind lediglich Überlandbusse ausgenommen, weil sie als Hauptverkehrsmittel Perus, ja ganz Südamerikas, unverzichtbar sind. Wir lassen uns also von einem weiteren schrottreifen Taxi zum Terminal Ormeño bringen, dem riesigen, ummauerten Busbahnhof, und fragen nach dem „jefe" (Chef). Ihm möchten wir ein Gastgeschenk überbringen, das uns meine Bergsteigerfreunde aus Deutschland für ihn mitgegeben haben. Sein Sohn war gerade über 60 Tage in Gefangenschaft von Erpressern und von seinem Vater für einige Millionen Dollar freigekauft worden. Der Jefe empfängt uns freundlich, nimmt das kleine Geschenk entgegen und geht auch auf unser Anliegen ein, jeweils 1000 US-Dollar in peruanische Intis zum aktuellen Schwarzmarktkurs zu wechseln. „Kein Problem, das haben wir gleich."

Ein Mitarbeiter wird ausgeschickt und kommt mit solch einem Stapel fast wertloser Geldscheine zurück, dass wir gar nicht wissen, wo wir sie unterbringen sollen.

Peru wechselt in Währungsreformen gelegentlich von „Soles" in „Intis" und lässt dabei drei oder auch mehr Nullen weg. Damit sticht die Hyperinflation nicht gleich mit jedem Geldschein sofort ins Auge. Beide Worte bedeuten „Sonnen" in Spanisch und in Quechua. Mit dem Geldwechsel ist beiden Seiten geholfen, wir halten den hilfreichen Peruaner mit chinesischen Vorfahren aber nicht weiter auf und kaufen gleich noch zwei Tickets für den Bus nach Huaraz.

Am nächsten Tag sehen wir uns etwas in Lima um, wobei das berühmte Goldmuseum einen Höhepunkt darstellt. An einer Plaza wird mit Panflöte, Quena, Charango, Gitarre und Trommel Andenmusik gespielt, was wir uns nicht entgehen lassen möchten. Wir stehen im dichten Gedränge, als Klaus plötzlich ein lautes „He!" ausstößt und seinen Hintermann mit einem „Pferdekuss", einem festen Fußtritt, verscheucht. Der hatte versucht, mit entschlossenem Griff seine Armbanduhr wegzureißen, war aber am stabilen Metallarmband gescheitert. Wir drehen uns beide sofort um und sehen drei schwarzhaarige Peruaner gleicher Statur mit schwarzer Hose und blaugestreiften, weißen Hemden gemächlich in drei Richtungen entschwinden.

Für den Abend haben wir den Sohn der Kaiserin zum Essen eingeladen, denn als deutschsprachiger Einheimischer ist er natürlich ein hochinteressanter Gesprächspartner. Wir packen ein Bündel Intis ein und lassen den sperrigen Rest der Landeswährung auf dem Zimmer. Unser Gast begleitet uns in ein sehr gepflegtes Restaurant. Er erzählt uns, wie das Leben in Peru so läuft, und kann uns auch praktische Tipps geben. Als wir im Gespräch auf politische Themen kommen, lässt er uns wissen: „Ein Land wie Peru braucht eine starke Führung ... und zwar keine linke."

Diese Grundeinstellung sollten wir von eingewanderten Deutschen der ersten Nachkriegsgeneration noch öfter kennenlernen. Ihre Eltern haben sich gegen Kriegsende oder kurz danach nach Südamerika abgesetzt und ihre mitgebrachte Ideologie weitergegeben. Für ihre neue Heimat sind die Immigranten ein Segen, denn sie bringen Geld, Gold und neuestes Know-how mit.

Als es zum Zahlen geht, stellt sich heraus, dass unser Geldbündel nicht ausreicht, obgleich die Rechnung für deutsche Verhältnisse nicht ungewöhnlich hoch ausfällt. Unser Gast zahlt mit der Kreditkarte seiner Mutter. Die zeigt sich am nächsten Morgen einigermaßen erschüttert und präsentiert uns leicht angespannt die Bewirtungsrechnung. Wir zücken einen wirklich fetten Stapel Intis und bezahlen. Als sie erfährt, bei wem wir unsere Dollar gewechselt haben und zu welchem Kurs, ist sie sichtlich beeindruckt.

Neugierig fragt sie: „Wie war Ihr gestriger Tag in Lima?" Und Klaus antwortet: „Alles neu für uns, und dabei haben wir noch weniger Geld verbraucht als geplant." Die ältere Dame lebt nicht ohne Grund in einer feindlichen Umwelt und fasst nach: „Und, nichts passiert?" „Ach so", meint Klaus, „die ha'm versucht, mir die Armbanduhr zu rauben, aber sonst eigentlich nix."

Es ist noch Morgengrauen, als wir uns von der Kaiserin verabschieden. Die unermüdliche Seniorin steht ohnehin so früh auf, um für ihren Sohn Donuts zu backen, die er in Miraflores in seiner Futterbude namens „Kings Donuts" verkauft. Am ersten Januar gibt es dann doch keine Donuts, weil seit Mitternacht der Strom noch immer fehlt.

Ein vorbestelltes Taxi bringt uns zum Terminal Ormeño, wo wir schnellstmöglich in Richtung Ticketschalter und Bus verschwinden. Hier im Terminal ist weniger Gedränge und man ist einigermaßen vor Taschendieben sicher. Schließlich weist man uns die reservierten Sitzplätze zu und verstaut unsere Rucksäcke auf dem Dachgepäckträger.

Bei der Abfahrt sind alle Sitzplätze besetzt, aber es gibt doch ausreichend Bewegungsfreiheit. Der Bus durchfährt ein großes Metalltor und hält zu unserem Erstaunen noch einmal gleich außerhalb des Terminals. Als er die Türen öffnet, strömen so viele weitere Passagiere auf die Stehplätze zu, bis kein Luftloch mehr frei ist. Der Dachgepäckträger ist inzwischen auch knallvoll, so dass unsere Rucksäcke die Fahrt in Gesellschaft von Säcken voller Maiskolben, losen Autoreifen, Bierträgern und Körben voller Hühner antreten.

Die Fahrt selbst verläuft problemlos, bei Zwischenstopps an sehr einfachen Gaststätten suchen wir vergeblich nach einer halbwegs menschenwürdigen Toilette und ernähren uns vorsichtshalber von verpackten Erdnüssen und Bier aus der Flasche. Wir sind erstaunt,

Verladen widerspenstigen Gepäcks in Chile

wie die Fahrgäste aus mitgebrachten Tüten fleißig vor sich hin futtern und dann die Tüte mit Speiseresten aus dem Fenster werfen. Manche Fahrgäste scheinen den Inhalt ihrer mitgebrachten Futtertüten bei gleichzeitigem Schwanken des fahrenden Busses nicht zu vertragen und kotzen in den Gang. Fahrer und Fahrtbegleiter rührt das wenig. Erst beim nächsten routinemäßigen Stopp wird Sand drüber gekippt und das Problem den Reinigungskräften an der Endstation überlassen.

Zunächst ist der Bus in Küstennähe des Pazifiks nach Norden unterwegs, um dann später nach Osten in die Anden abzubiegen. Nach einem langen Gefälle biegt die Straße vor einer Schlucht nach links ab. Unser Fahrer kennt die Situation und meistert die Kurve. Ein Bus vor uns hat es nicht ganz geschafft, er liegt brennend in der Schlucht. Vermutlich hat der Fahrer versäumt, seine Müdigkeit rechtzeitig mit Kokain zu vertreiben und ist eingenickt.

Es ist schon wieder die Nacht angebrochen, als wir bei leichtem Regen auf 3100 Meter Höhe in Huaraz ankommen. Eudes Morales, für den wir die Bergausrüstung, Geschenk meiner Freunde aus München, dabei haben, holt uns ab und bringt uns zu unserer einfachen, aber sauberen Unterkunft.

Nach langer Fahrt werden wir von der Hostal-Betreiberin zum Begrüßungstee eingeladen. Der landestypische Koka-Tee hilft den

Höhenunterschied von fast null Metern in Lima auf über 3000 Meter in Huaraz einigermaßen zu verkraften. Berauschen würden die Koka-Blätter nur, wenn man sie zusammen mit Pottasche zu einem kleinen Knödel, genannt *bolo*, rollt, in die Backe steckt und langsam vor sich hinkaut.

In der ersten Nacht schlafe ich dennoch sehr schlecht, die Höhe macht mir zu schaffen. Ich hätte wohl mehr Koka-Tee trinken sollen.

Die Preise hier sind bei unserem Wechselkurs dermaßen niedrig, dass wir beschließen, in das Hostal „Andino" umzuziehen, das von Schweizern betrieben wird. Die umgerechnet 15 Dollar pro Nacht können wir gut verkraften.

Unser Freund Eudes Morales zeigt sich dankbar für unsere Hilfe und bittet seinen Bruder, uns mit einer gemieteten „camioneta", also in Neudeutsch einem Pickup, die Gegend zu zeigen. Da gibt es Thermalquellen, Gletscher und die Überreste der Stadt Yungay, die 1970 von einer Schlammlawine mitsamt ihrer 19.000 Einwohner begraben wurde. Dass die riesige Christusstatue beim Friedhof stehen blieb, ist wohl weniger auf höhere Fügung zurückzuführen als dem Umstand, dass sie selbstverständlich auf dem höchsten Hügel der Stadt errichtet worden war. Zum Mittagessen gibt es mal wieder „pollo", also Huhn, weil wir uns nicht dazu entschließen können, landestypisches halbes „cuy", Meerschweinchen, zu bestellen. Wir hätten die Wahl zwischen Meerschweinchen längs oder quer halbiert gehabt. Unser Begleiter berichtet uns beim Essen, dass am Tag unserer

Bahndamm gleich Markt in Peru

Inca-Mauer in Cuzco / Peru

Anreise ein Bus gestoppt und von bewaffneten Banditen völlig ausgeraubt wurde. Wir rekonstruieren, dass das etwa eine Stunde her gewesen sein muss, nachdem wir den Tatort passiert hatten.

Um unsere mitgebrachte Bergausrüstung erleichtert, machen wir uns auf den Rückweg nach Lima. Wir verbringen dort noch einmal zwei Nächte, bevor wir uns mit dem Bus nach Süden und dann zum Titicacasee aufmachen. Eine Bootsfahrt bringt uns zu den schwimmenden Inseln und der Sonneninsel des auf 3800 Meter Höhe gelegenen, riesigen Sees.

Dann ist es an der Zeit Bolivien kennenzulernen. In Puno setzen wir uns in einen der allgegenwärtigen Colectivos, also einen mittelgroßen Bus, um nach La Paz in Bolivien gebracht zu werden. Er ist proppenvoll mit einheimischen Frauen, die Handelsware, wie beispielsweise Mais, nach Bolivien bringen. Vor der Grenze verstauen sie alles möglichst unauffällig im Bus, darunter auch zwei dicke Säcke unter unseren Sitzen. Wir wissen nicht, was drin ist, müssen aber im Extremfall damit rechnen, dass deren Inhalt uns zugeschrieben wird. An der Grenze wird oberflächlich kontrolliert, nur wir beiden Gringos müssen zur Passkontrolle in das kleine Gebäude der Migración.

Während in Peru der überwiegende Teil der Bevölkerung aus Mestizen besteht, dominiert in Bolivien zahlenmäßig die indigene Bevölkerung. Wegen der Höhenlage ist die Luft klar und rein, die

Einheimischen feiern in bunten Trachten christliche Feste, kräftig durchmischt mit ihren eigenen überkommenen Ritualen und Glaubensvorstellungen. Neben der Hauptstadt La Paz führt uns unser Weg auch nach Cochabamba im Herzen des Landes. Die Stadt hat mich schon immer interessiert, weil die Familie eines Studienfreundes hier lebt. Er ist *petrolero* und als Ingenieur an abgelegenen Ölbohrstellen tätig, weshalb ich keinen Kontakt aufnehmen kann.

Da gibt es aber noch einen sehr flüchtigen Kontakt: Werner Guttentag ist Inhaber einer Buchhandelskette und eines Verlages namens „Los Amigos del Libro". Ich hatte Gelegenheit, ihn auf der Buchmesse in Frankfurt kennenzulernen, wo ich mich immer nach Lieferanten von Landkarten von Entwicklungsländern umgesehen habe. Er ist Jude und gerade noch rechtzeitig 1939 aus Nazi-Deutschland ins Exil nach Bolivien geflohen.

Nach dem Zweiten Weltkrieg emigrierte 1951 aber auch ein Klaus Barbie nach Bolivien. Er war im Krieg der für seine Grausamkeit bekannte Nazi-Kommandeur der deutschen Sicherheitspolizei in Lyon.

Als Ernesto Che Guevara von Kuba nach Bolivien kam, um auch dort eine Revolution nach dem Vorbild Kubas zu entfachen, engagierte der damalige deutschstämmige Diktator Hugo Banzer in Bolivien

Flussfähre mit Handbetrieb in Bolivien

Klaus Barbie. Hugo Banzer war, wie eigentlich alle rechten Diktatoren seiner Zeit, Freund des bayerischen Ministerpräsidenten Franz-Josef Strauß. Barbie wurde Ausbilder und Berater der Sicherheitskräfte Boliviens. Klaus Barbie trat als Klaus Altmann auf und hatte wieder Macht über Menschenleben. Unser jüdischer Buchhändler und Verleger Werner Guttentag befand sich jetzt in der fatalen Situation, dass er dem Nazi-Regime ins ferne Bolivien entkommen war, aber plötzlich im Machtbereich des Nazi-Schlächters von Lyon lebte. Die Gefahr für Werner Guttentag lag darin, dass Klaus Barbie vermutlich wusste, dass Werner Guttentag Kenntnis davon hatte, dass Klaus Altmann eigentlich Klaus Barbie war.

Herr und Frau Guttentag waren über unseren Besuch in ihrer Buchhandlung in Cochabamba überrascht, höflich, aber distanziert, und dennoch hilfsbereit. Als Deutscher, auch wenn man „die Gnade der späten Geburt" genießt, also nach dem Krieg geboren ist, muss man damit leben, dass Juden verständliche Distanz halten.

Da wir beide voll im Berufsleben stehen, ist unsere Reisezeit auf etwa fünf Wochen beschränkt. Wir müssen also sehen, dass wir weiter kommen, weshalb wir uns nach einer passenden Reisemöglichkeit nach Argentinien umsehen.

In Südamerika ist der Bus bekanntlich das Transportmittel erster Wahl. Eisenbahngleise gibt es zwar viele, der Eisenbahnbetrieb wurde aber zumeist eingestellt, weil er unter öffentlicher Verwaltung nicht mit den privatwirtschaftlichen Busunternehmen konkurrieren konnte. Aber von Cochabamba nach Argentinien gibt es eine Bahnverbindung und die wollen wir ausprobieren. Am Bahnhof möchten

Unser gecharterter Flieger nach Argentinien

wir ein Ticket kaufen, was schwierig genug ist, weil wir kein Spanisch sprechen und im ganzen Bahnhof keiner Englisch. Wir werden abgewiesen, der Zug verkehrt derzeit nicht. Nach länglichen Versuchen herauszubekommen, warum nicht und wann wieder, erfahren wir, dass starke Regenfälle eine Brücke beschädigt haben und völlig unklar ist, wann der Schaden behoben sein wird. Also suchen wir uns etwas anderes. Wir fahren mit dem Taxi zum Zivilflughafen und sind erstaunt über die ansehnliche Anlage, treiben aber keine Verbindung nach Argentinien auf. Dafür erfahren wir, dass es in Cochabamba noch einen Flughafen für Privatflugzeuge gibt.

Dort angekommen, sind wir völlig von den Socken, wie viele kleine und mittelgroße Flugzeuge da rumstehen. Irgendwie geraten wir an Barth, einen Bolivianer holländischer Abstammung. Er hat eine Beechcraft und ist bereit, uns zu erträglichen Kosten nach Argentinien zu fliegen. Wir schieben seine Maschine mit vereinten Kräften aus dem Hangar, aber der Motor startet nicht. Da wird „Miracle Man" engagiert, der begabteste Mechaniker des Flughafens, der aber leider auch nach vielen Stunden ernsthafter Bemühungen nichts machen kann. So lädt uns Barth zu einer abendlichen Gartenparty ein und verspricht uns, am nächsten Tag eine Flugmöglichkeit zu suchen. Das macht er auch, so dass wir am nächsten Tag zusammen mit Piloten und zwei Bolivianern in einer kleinen Privatmaschine sitzen.

Eigentlich ist der Flug über dem Urwald gar nicht so unruhig, aber einer der Bolivianer ist hinter Klaus und mir ständig am Kotzen. Nach mehreren Stunden landen wir wohlbehalten im argentinischen Tartagal. Elf Jahre später komme ich wieder nach Cochabamba und erkundige mich so nebenbei, ob es Barth noch gebe und was er so mache. Zunächst erhalte ich keine Antwort, dann kommt aber langsam raus, dass er fliehen musste, weil er unter dem Verdacht stand, mit seinem Flugzeug Kokain geschmuggelt zu haben. Er soll inzwischen in Antofagasta, in Nordchile, leben. Viele der Privatmaschinen werden offensichtlich zum Schmuggeln verwendet, weshalb sie auch so stark motorisiert sind, dass sie auf kurzen Urwaldpisten oder größeren Bolzplätzen starten können.

In unserer Vorstellung ist Argentinien das südeuropäisch geprägte, gelobte Land, in dem die Verkehrsmittel funktionieren und geordnete Verhältnisse herrschen. In Tartagal sieht es allerdings nicht danach aus, die Innenstadt hier am äußersten nördlichen Ende Argentiniens ist ziemlich heruntergekommen. Klaus meint: „Die brauchen mal einen richtigen Aufschwung." Wohl wahr, aber wer bräuchte das nicht und wie will man das bewirken?

Es gibt keinen Grund, hier länger zu bleiben, weshalb wir uns einen Colectivo in die Provinzhauptstadt Salta schnappen. Der fährt auch pünktlich los, nur rührt der Fahrer immer so angestrengt mit dem Schaltknüppel im Getriebe herum. Auf halber Strecke hat er den Knüppel in der Hand. Also alles aussteigen und auf den nächsten Colectivo warten, der in wenigen Stunden zu erwarten ist und hoffentlich etwas Platz für uns hat.

Mit ständig wechselnden Colectivos sind wir jetzt weit östlich der Andenkette auf der „Ruta Cuarenta", also der unter Travellern bekannten Nationalstraße Nr. 40, nach Süden unterwegs. Der erste Bus macht zwischen Salta und Tucumán an einer kleinen Holzbude am Straßenrand halt. Wir verlassen die Provinz Salta, in der Besitz und Konsum von Kokablättern ebenso erlaubt ist wie im angrenzenden Bolivien und Peru. Südlich davon ist es verboten. So werden wir und unser Gepäck in der Hütte genauestens kontrolliert, wir müssen sogar unsere Trekkingschuhe ausziehen.

Die Provinzhauptstadt Mendoza am Ostrand der Anden gefällt mir besonders gut. Die Umgebung ist sehr fruchtbar, man bekommt Obst, Gemüse und Fleisch in bester Qualität und billig dazu. Viel guten Wein findet man obendrein. Die Innenstadt hat südeuropäischen Flair und die Andenkette mit ihren hoch aufragenden, schneebedeckten Bergspitzen ist in Sichtweite. Von hier führt die meistbefahrene Andenüberquerung über den nur 3200 Meter hohen Pass „Cristo Redentor" nach Santiago de Chile. Wir möchten aber erst noch nach San Carlos de Bariloche und von dort über die fünf Seen wechselweise mit Schiff und Bus nach Chile ausreisen. Die Fahrt ist unvergesslich. Grüne Wälder, blaue Seen, gleißende Sonne und schneebedeckte Vulkane in glasklarer Luft umgeben uns.

Wenige Tage später kommen wir in die Millionenstadt Santiago de Chile, von wo wir über Bogotá und Madrid zurückfliegen werden. Aber wir haben noch zwei Tage Zeit, weshalb wir uns in der Nähe des Flughafens einen Kleinwagen mieten, um uns die Gegend mal ohne Bindung an öffentliche Verkehrsmittel ansehen zu können. Mit all unserem Gepäck im Auto denken wir, dass es angebracht sei, in einem Motel zu übernachten, in der naheliegenden Annahme, dass dort das Fahrzeug sicher geparkt sei. So biegen wir von der Straße zu einem Motel ab und wundern uns, dass die Einfahrt zum Parkplatz mit Sichtschutz in Form eines Vorhangs aus Plastiksteifen verhängt ist, die man durchqueren muss. Da ich mich an der Rezeption noch am ehesten verständigen kann, weil ich immerhin die ebenfalls romanische Sprache Französisch spreche, gehe ich hinein, während Klaus im Auto bleibt.

Ich werde gefragt: „Wie lange möchten Sie bleiben?" „Eine Nacht, bis morgen früh!" Erstaunen hinter dem Tresen. „Sechs Stunden sind Maximum", erfahre ich, während eine andere Frau der Señora am Tresen etwas ins Ohr flüstert. Die schreit auf: „Dos caballeros? NO!"

Langsam wird mir klar, dass man in Südamerika unter „Motel" was anderes versteht als in Nordamerika. Zwei Männer, die sich je eine der auffällig unauffälligen Frauen geschnappt hätten, die wie zufällig mit etwas frischer Wäsche im Arm durch den Hof getippelt sind, wären willkommen gewesen. Aber wenn sie nur die Nacht zum Tag ihres Abflugs nach Europa in Ruhe verbringen möchten, sind sie hier fehl am Platze.

Wir hatten in der westlichen Peripherie von Santiago und der weiteren Umgebung des Flughafens mehrfach feststellen müssen, dass es Stundenhotels sind. Notgedrungen fahren wir den weiten Weg zurück in die Innenstadt von Santiago. Dort checken wir nach fünfstündiger Suche nach einem seriösen Hotel im teuren Grandhotel ein, nur um unsere Ruhe zu haben.

Der Rückflug führt wieder über Bogotá in Kolumbien, wo wir nochmals zwei Nächte im Dan-Hotel übernachten. Den freien Tag nutzen wir, um das dortige Goldmuseum zu besuchen, das sich als noch weit eindrucksvoller erweist als das wesentlich bekanntere in Lima.

Während der Taxifahrt vom Hotel zum Flughafen will Klaus es wissen und hält seinen linken Arm zum Fenster raus. Nach vielen Ampelstopps bemängelt er, dass ihm immer noch keiner den Unterarm mit der Machete abgehackt hat, um seine Uhr zu rauben. So schlimm kommt es aber nur in „Horrorstorys" vor, die in der Heimat erzählt werden. Die Tour ist bis heute unvergesslich, der Rückflug problemlos, dennoch ist uns klar geworden, dass Rucksackreisen nicht unsere Art ist, unterwegs zu sein.

Ägypten: Bange Tage in Ägypten

1993

Im Jahr 1993 nehme ich an einer Expedition in das Tibesti-Gebirge im Nordtschad teil, die von Bruno Baumann aus München initiiert wird. Ein Jahr vorher hatte ich ihm von meiner eigenen Tschad-Reise berichtet und erklärt, wie das Reisen in den Nordtschad wieder möglich sei. Während des Krieges zwischen Tschad und Libyen um den Aouzou-Streifen, ein 100 Kilometer breites Gebiet an der Grenze zu Libyen, war das Tibesti-Gebirge viele Jahre für Ausländer nicht zu erreichen. Formale Voraussetzung ist aber eine Genehmigung des Staatspräsidenten Idriss Déby und eine Begleitung durch Soldaten. Technische Voraussetzung sind mehrere voll ausgerüstete Geländewagen, sehr viel Treibstoff, Verpflegung und Wasser, um sich auf Pisten aller Schwierigkeitsgrade begeben zu können. Es sind ja ab der Hauptstadt N'Djaména bis zum Tibesti-Gebirge schon 1500 Kilometer Anfahrt zu bewältigen, dann die eigentliche Rundfahrt im vulkanischen Gebirge und schließlich noch die Rückfahrt in die Hauptstadt. Zusammen sind das fast 4000 Kilometer Wüstenpiste oder gar freies Gelände.

Für die Reise hat Bruno zwei neue Geländewagen von Mercedes sehr günstig bekommen, weil er einen Film für den Österreichischen Rundfunk (ORF) in der Sendereihe „Land der Berge" drehen möchte. Von den Fahrzeugen erwerbe ich eines und rüste es voll aus. Beide werden im Auftrag des Herstellers nach Douala in Kamerun verschifft, wo ich meines aus dem Zoll hole und nach N'Djaména überführe.

Als Begleitung für diese eigenständige Reise durch Kamerun fliegen meine Frau Erika, unser Sohn und unsere Tochter nach Douala ein. Das zweite Fahrzeug überführt Helmut, langjähriger Reisekamerad von Bruno, unabhängig von mir in die Hauptstadt des Tschad. Beide Fahrzeuge werden für einige Monate auf dem Gelände der deutschen diplomatischen Vertretung in N'Djaména abgestellt, von wo wir zunächst heimfliegen.

Die Tour selbst startet Anfang November und nach Abschluss sollten die beiden Fahrzeuge vom Tschad über den Niger und Algerien durch die Sahara zurück nach Europa gebracht werden. In der Zeit zwischen der Überführung der Fahrzeuge in die Hauptstadt im

Frühsommer und dem Beginn der Expedition stellt sich aber ein zusätzliches Problem ein: In Algerien hat es anerkannte demokratische Wahlen gegeben, bei welchen zum Entsetzen der Regierung und des Westens die Islamisten die Mehrheit erlangen. Die amtierende Regierung verweigert die Machtübergabe, der ach so demokratische Westen unterstützt die Regierung und die um ihren Wahlsieg betrogenen Islamisten werden militant. Sie fordern daraufhin alle Europäer auf das Land bis zum 6. November 1993 zu verlassen, andernfalls müssten sie „mit ihrem vorzeitigen Ableben" rechnen.

Damit ist also unser Rückreiseweg versperrt und wir müssen umdisponieren. Es gibt aber kaum Ausweichmöglichkeiten, weswegen wir uns darauf einigen, die Fahrzeuge nach Abschluss der Expedition vom Osttschad über Westsudan nach Nordost-Libyen zu fahren, Libyen komplett diagonal nach Tunesien zu durchqueren und von dort die Fähre zurück nach Italien zu nehmen. In der Planungsphase machte ich Bruno auf das Gerücht aufmerksam, dass Libyen Europäern, die vom Süden einreisen möchten, mitten in der Zentralsahara die Einreise verweigert, denn die komplette Südgrenze sei nur für „arabische Brüder" geöffnet. Genaueres ist nicht zu erfahren, aber das „Volksbüro der Großen Sozialistischen Libysch-Arabischen Volks-Jamahiriya" – so

Tanken aus Fässern ist ganz normal

prägnant nennt sich die libysche Botschaft in Zeiten des „Revolutionsführers“ Muammar al-Gaddafi –, teilt auf mündliche Anfrage hin mit, „alle Grenzen Libyens sind selbstverständlich geöffnet. Schriftliche Auskunft wird nicht erteilt.

Zweck der Tibesti-Tour ist es, das höchste Gebirge der Sahara zu erkunden und dabei einen Film für das österreichische Fernsehen zu drehen. Leiter der Expedition ist der österreichische Abenteurer, Buchautor und Dokumentarfilmer Bruno, mit von der Partie der Unternehmer Helmut, der Fotograf Eberhard, der österreichische Extrembergsteiger Heinz, der australische Abenteurer Mike, der englische Freeclimber Jerry, Thomas vom Bayerischen Fernsehen, der Kameramann Horst und ich. Die Genehmigung des Präsidenten Idriss Déby wird zu unserer Freude problemlos und rechtzeitig erteilt.

Nachdem zusätzlich zu den beiden vorhandenen roten Mercedes-Geländewagen zwei ältere Land Cruiser mitsamt Fahrer angemietet sind, kann die Expedition Anfang November 1993 von N'Djaména nach Norden in Richtung Berge starten. Die Anreise verläuft weitgehend glatt, wenn man mal von einem Federbruch an einem Land Cruiser, Wasser im Dieselkanister und bestimmten gruppendynamischen Effekten absieht. Wir werden in den angemieteten Land Cruisern von zwei tschadischen Fahrern und Soldaten begleitet. An Kleinigkeiten zeigt sich, dass die kampferprobten Tschader abergläubisch sind und offensichtlich Angst vor Geistern haben. Erstmalig ist das zu bemerken, als wir auf der ruppigen Wellblechpiste vor Faya-Largeau einen Reifenschaden am Toyota haben. Der begleitende Offizier nimmt wie beiläufig eine leere Getränkedose, stellt sie in ordentlicher Entfernung auf einen Stein und schießt sie ab.

Das war nur scheinbar als Beweis seiner zweifellos eindrucksvollen Treffsicherheit gedacht, sondern auch um böse Geister zu vertreiben, die hier hausen. Die Fahrer reparieren nicht nur den Reifen, sondern stellen auch an der Stelle, an welcher der Reifen beschädigt wurde, mitten auf der Piste zwei kleine Steinplatten aneinander auf. Damit soll verhindert werden, dass andere Fahrer die böse Stelle befahren und auch einen Schaden erleiden. Wenn sie doch drauf fahren, so bestätigt sich an den Steinplatten, dass das ein schlechter Platz ist.

Einige Tage später kommen wir mitten in der platten Sandebene westlich des Tibestis zu einem einsamen kleinen Berg, dem Ehi

Atroun, der von einem tief ausgeblasenen Graben in der Sandebene umgeben ist. Gleich nach dem Aussteigen aus den Fahrzeugen geben die Soldaten einen Schuss ab, wieder um Geister zu vertreiben.

Noch sichtbarer wird die Angst vor Geistern nach der langen Bergauffahrt im vulkanischen Tibesti-Gebirge am Rand des Natronlochs „Trou au Natron". Bruno möchte, wie wir alle, an diesem eindrucksvollen Ort Lager für die Nacht aufschlagen. Die Soldaten und Fahrer haben aber jede Menge Einwendungen, warum wir da nicht bleiben sollten. Sie möchten unbedingt, dass wir die sechs Kilometer bis zur Wasserstelle Yindi am Rand der Piste unterhalb des Kraterrands zurück fahren. Sie haben Angst vor den Moschis, den Berggeistern der Tubu. Weil sie beklagen, es werde da in der Nacht so kalt werden, gebe ich Schlafsäcke aus, die ich von meiner Familienreise von Douala nach N'Djaména noch im Fahrzeug habe. Erst als Bruno sie daran erinnert, dass sie auf Weisung des Präsidenten zu unserem Schutz dabei sind, also nicht ohne uns zum Wasserloch zurückfahren können, bleiben sie. Am nächsten Morgen zeigen sie sich erleichtert und finden, mit den Schlafsäcken sei die Nacht kein Problem gewesen.

Aus touristischer Sicht ist der Abstieg in das erwähnte 800 Meter tiefe Trou au Natron einer der Höhepunkte (auf Google Earth gut zu sehen: 20°58'N, 16°33'E). Weiterer Höhepunkt der Besuch des „Guelta d'Archëi" (16°54'09"N, 21°46'03"E) im südöstlich gelegenen Ennedi-Sandsteingebirge. In einer grandiosen Schlucht, deren Öffnung wie der Eingang zur Unterwelt aussieht, hält sich ganzjährig Wasser. Dort tränken die sehr ursprünglichen Nomaden dieser ungewöhnlich abgelegenen Region ihre Kamele und füllen notgedrungen mit der eklig verschmutzten Brühe ihre Wassersäcke. In diesem Guelta leben auch die extrem scheuen und letzten vier Krokodile der Sahara. Sensationell ist auch die außerirdisch erscheinende Landschaft um die größten Seen der Sahara bei Ounianga Kébir (auf Google Earth gut zu sehen: 19°03'11"N, 20°30'10"E).

Begleitoffizier bei Schießvorführung oder in Geisterangst?

Warnung vor gesperrtem, vermintem Gebiet

Ein Ereignis jagt uns einen gehörigen Schrecken ein: In Yebbi Bou ist die Gruppe gerade geteilt, weil die Filmcrew in einer Tubu-Hütte dreht und die übrigen Teilnehmer sich die Oase ansehen. Plötzlich kommt ein Soldat am Rand der Oase auf uns zu und befiehlt, uns ganz schnell in das einzige bereitstehende Fahrzeuge zu quetschen und abzufahren. Wir müssten die Oase in der schroffen Vulkanlandschaft sehr schnell durchqueren und verlassen, weil Gefahr in Verzug ist. Zu unserer Verwunderung setzt sich dann noch der „chef de village" (Bürgermeister) auf die Motorhaube, um der Bevölkerung zu signalisieren, dass wir unter seinem Schutz stehen. Sein rechter Unterarm hängt ihm dabei zwischen Ellenbogen und Handgelenk nach unten. Ein Bruch des Unterarms ist mangels ärztlicher Versorgung hier am Ende der Welt nie verheilt, die Knochen nie wieder zusammengewachsen. So eilen wir zum anderen Ende der Oase, von dem aus unsere geplante Route weiterführt. Da treffen wir auch auf die anderen Teilnehmer mit deren Fahrzeugen, eines mit Einschussloch im Kotflügel. Was ist passiert?

„Chef de mission" Bruno, Thomas, Horst, Helmut und Abaker hatten die Genehmigung eines Familienoberhauptes bekommen, in einer Tubu-Hütte den üblichen Hausstand zu filmen. Unser tschadischer Fahrer Abaker aber, der es besser hätte wissen müssen, wollte den Filmern etwas Gutes tun und bat die Hausherrin, ihren Schleier zu lüften. Der Versuch, dem Nachzuhelfen, erboste den Hausherren dermaßen, dass er zur Waffe griff und die Filmcrew mit Schüssen verjagte. Nach dem archaischen Recht der Tubu hat er in seiner Hütte das absolute Hausrecht und darf zu dessen Durchsetzung auch die Waffe benutzen.

Freundliche Militärpatrouille

Vom Vulkangebirge Tibesti fährt unsere Expedition weiter in das südöstlich gelegene Sandsteingebirge Ennedi. Dabei durchqueren wir auf einer schmalen geräumten Piste das breite Minenfeld im Wadi Doum, in dem 1987 eine Entscheidungsschlacht der Tschader gegen die libyschen Streitkräfte getobt hatte. Libyen wollte sich auf Befehl des wirren Revolutionsführers Gaddafi den ganzen Nordtschad aneignen. Die beherzten Tschader errangen im sogenannten „Toyota-Krieg" dort einen triumphalen Sieg über die waffentechnisch haushoch überlegenen, aber unmotivierten, libyschen Truppen. Ihre Land Cruiser Pickups hatten die Tschader mit Milan-Panzerabwehrraketen oder schweren Maschinengewehren bestückt. Das Minenfeld durchquerten sie unter hohen Verlusten, indem sie mit ihren Land Cruisern in einer Kolonne hineingerast waren. Flog ein Fahrzeug in die Luft, so wurde es vom verbliebenen Konvoi umfahren, der den Sturmangriff unerschrocken fortsetzte.

Zerstörter Hubschrauber auf der Landepiste im Wadi Doum

Fünfhundert Kilometer weiter südlich in der Provinzhauptstadt Abéché ist dann der eigentliche Zweck der Expedition erfüllt, der Film im Kasten. Die Mannschaft teilt sich auf. Bruno, Heinz und ich suchen die dortigen Entwicklungshelfer der GIZ auf, weil wir mit deren freundlichen Genehmigungen aus der Heimat einen Satz Zweitpässe mit frischen Libyen-Visa an sie haben schicken lassen. Das hat auch tatsächlich geklappt, wir bekommen unsere Pässe.

Bruno, Heinz und ich starten mit den zwei roten Mercedes-Geländewagen nach Osten in den Sudan, um über Libyen zurück nach Europa zu gelangen. Der Rest der Expeditionsteilnehmer kehrt mit den zwei gemieteten Land Cruisern nach N'Djaména zurück, um nach Deutschland zurückzufliegen.

Ende der eigentlichen Expedition heißt jedoch nicht, dass jetzt nur noch ein kurzer Rückweg fällig wäre, sondern es steht eine ausgewachsene Saharadurchquerung durch den Nordwesten des Sudan an, und zwar auf einer Strecke, von der es bis dahin keinerlei Beschreibung gibt.

Wir fahren also problemlos in den Sudan nach El Geneina und El Fasher, wo wir letztmalig alles auftanken können, um dort nach Norden in Richtung Jebel Uweinat abzubiegen, das Gebirge am Grenzdreieck zwischen Libyen, Sudan und Ägypten. Der Plan ist, mit dem Treibstoff bis in die erste Oasenstadt Kufra in Südost-Libyen zu gelangen. Ich war schon zweimal im Nordsudan, das erste Mal reiste ich vom Jebel Uweinat-Gebirge nach Osten an den Nil und das zweite

Von den Libyern auf der Flucht abgekippte Munition

Mal über Ägypten. In beiden Fällen war die Landschaft von einem ständigen Wechsel zwischen Kiesboden, Sand, schafkantigem Geröll und Bergrücken gekennzeichnet. Über die Strecke von El Fasher nach Norden ist meine einzige Information die, dass wöchentlich ein Konvoi vom Lkw unterwegs ist und dass 400 Kilometer nördlich des Trockentales Wadi Howar der sudanesische Polizeiposten Karabatum anzufahren ist. Also fahren wir los, gelangen zunächst zum verblüffend geschäftigen Städtchen Malha und zum faszinierenden „Malha Crater", an dessen Kratersee die Nomaden ihre Kamelherden tränken und einer Salzkur unterziehen (siehe Google Earth: 15°07'52"N, 26°10'15"E).

Die weitere Fahrt nach Norden ist durch tiefen Weichsand ohne Dünen geprägt, eine Piste nicht erkennbar, Markierungen schon gar nicht. Aber immer wieder finden wir Spurenbündel von Lkw, die sich in unmotivierter Kurvenfahrt nach Norden oder Süden geschlängelt hatten. Keiner der Lkw-Fahrer hatte offensichtlich GPS, jeder fuhr auf der unendlich breiten und langen Sandebene, wo er eben gerade das Gefühl hatte, dass es stimmen könnte. Manchmal kreuzen sich die Spurenbündel, die das gleiche Ziel verfolgen, fast unter rechtem Winkel. Aber auch wir kennen den besten Streckenverlauf nicht, denn wir wissen nicht, welche natürlichen Hindernisse zu umfahren wären und wir haben keine Koordinaten von Karabatum.

Bei sehr hohem Treibstoffverbrauch im anhaltend weichen Sand erreichen wir den einsamen Posten Karabatum (20°13'11"N, 25°29'35"E), ohne Dorf, aber mit 300 Meter tiefem Brunnen. Dort werden wir sowohl vom Zoll als auch der Immigration freundlich behandelt und zügig abgefertigt. Auf meine Frage an den Immigration-Officer, „When have you last seen Europeans here?", folgt die klare Antwort: „Never".

Inzwischen wird klar, dass unsere Treibstoffvorräte nicht reichen, um unter Umfahrung der libyschen Grenzstation am Gebirge Jabal al Awaynat direkt nach Kufra, die erste Oasenstadt Libyens, zu gelangen. Also steuern wir die 200 Kilometer entfernte Grenzstation an. Doch schon weit vor der Grenzstation, nahe dem markanten Berg Jebel Kissu, werden wir von einem Polizeifahrzeug gestoppt. Die Beamten verlangen unsere Pässe, die wir auch aushändigen. Da merke ich, dass es libysche Beamte auf sudanesischem Staatsgebiet sind. Die Beamten sind verblüfft, dass wir wissen, noch im Sudan zu sein, und rücken die Pässe wieder raus.

An der Grenzstation angekommen, zeigt man sich zwar nicht unfreundlich, teilt uns aber mit, dass wir nicht nach Libyen einreisen dürfen, obgleich wir gültige Visa haben. Die Grenze sei nur für „arabische Brüder" geöffnet (Grenzstation siehe Google Earth 21°48' N, 24°51' E). Wir sind aber seit unserer Abreise in N'Djaména bis dahin gut 5500 Kilometer auf Wüstenpiste und freiem Gelände unterwegs und haben keinen Meter Asphaltstraße gesehen. Unsere Vorräte sind auch nicht mehr sonderlich reichlich, aber Kufra, unser Zwischenziel in Libyen mit dem Beginn der Asphaltstraße, ist nur 300 Kilometer entfernt. Also drängen wir darauf, eine Ausnahmegenehmigung zu erhalten. Man telegrafiert zunächst mit der Provinzhauptstadt Kufra und später mit Tripolis, aber es kommt immer wieder ein abschlägiger Bescheid. Die Beamten bieten an, uns mit Lebensmitteln zu versorgen, uns zur nahegelegenen Wasserstelle Ain al Gazal (Gazellenquelle) zu leiten und von einem Transport-Lkw mit Treibstoff versorgen zu lassen. Den libyschen Treibstoff nehmen wir gerne, nicht nur weil wir ihn dringend benötigen, sondern auch, weil er so billig ist. Die Wasserstelle können wir mit Bordmitteln finden und unsere Lebensmittel reichen aus, um auf direktem Weg die nächste Oase in Ägypten zu erreichen. Wir sind entschlossen, uns nicht 800 Kilometer Sandwüste zurück in den Sudan nach El Fasher zu quälen, dann weitere 800 Kilometer auf überwiegend Piste nach Khartum, um ein Visum für Ägypten zu besorgen, und schließlich nochmals 800 Kilometer auf gleichfalls überwiegend Piste nach Norden zur ägyptischen Grenze. Auch würden uns die Ägypter an der Grenzstation abweisen, weil die Carnets unserer Fahrzeuge für Ägypten nicht gültig sind. Dann stünden wir zwar am Nil, aber immer noch mitten in der Sahara und könnten nicht weiter.

Die libyschen Beamten geben uns ein abgestempeltes Schreiben mit, in dem uns bestätigt wird, dass uns die Einreise verweigert wurde, da die Grenze nur für Araber geöffnet ist.

Von der Wasserstelle Ain al Gazal starten wir am Morgen des nächsten Tages, umfahren das Gebirge in großem Bogen östlich und navigieren dann in Richtung Nordosten über riesige Sandfelder mit gelegentlich kleinen Dünengebieten.

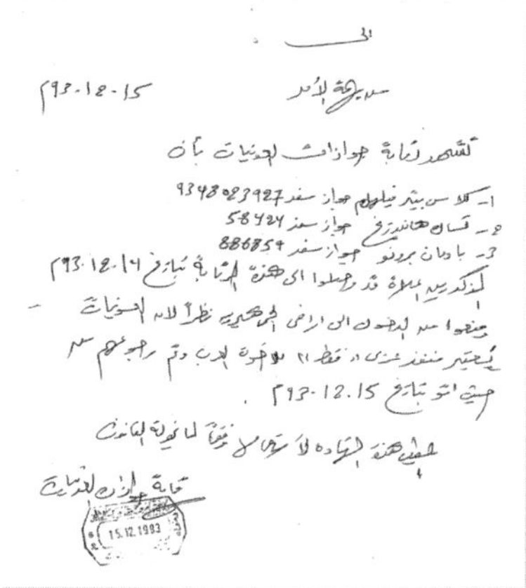

Das arabische Schreiben der Grenzstation

Ich weiß von Expeditionsreisenden, dass von der Oase Mut in den Dakhla-Oasen in Ägypten eine Asphaltstraße nach Süden führt, die auf den Karten nicht verzeichnet ist. Die wollen wir ansteuern, um dann zügig nach Norden vorwärts zu kommen. Es ist uns aber auch klar, dass wir uns ohne Visum für Ägypten und noch dazu in militärischem Sperrgebiet bewegen. Die komplette Südgrenze Ägyptens ist Sperrgebiet, weil vom Sudan Materialtransporte für terroristische Übergriffe nach Ägypten einsickern.

Wie erwartet stoßen wir auf die fast unbefahrene Asphaltstraße und treffen auf den ersten einsamen Militärposten. Der kontrollierende Soldat nimmt unsere Pässe wie arabische Pässe verkehrt herum in die Hand, blättert sie von hinten nach vorne durch, bis er auf die Seite mit Passfoto und Personendaten stößt. Das Foto steht bei seiner Systematik natürlich auf dem Kopf, so dass er erst jetzt den Pass umdreht. Das Bild kann er erkennen, aber da er der lateinischen Schrift oder auch gar nicht des Lesens mächtig ist, winkt er uns aus Verlegenheit durch.

In den späten Vormittagsstunden am Freitag, den 17. Dezember 1993, fahren wir durch die Oase Mut nach Dakhla und stellen fest, dass die Oasen menschenleer erscheinen. Nur vereinzelt sind Frauen und Kinder auf der Straße unterwegs. Die restliche Bevölkerung ist offensichtlich zum Freitagsgebet in den Moscheen. Es ist auch kein Kontrollposten zu sehen, dem wir uns hätten präsentieren können und müssen. So durchqueren wir Dakhla ohne Behördenkontakt.

Als derjenige von uns, der schon mehrfach in Ägypten war, mache ich darauf aufmerksam, dass wir uns bei den Behörden melden und als „Schiffbrüchige" um Aufnahme bitten müssen. Andererseits haben wir alle erhebliche Bedenken, dass man uns wegen fehlenden

Visums und für Ägypten ungültigem Carnet die Einreise verweigern und in die Wüste zurückschicken könnte. Nun wäre es ja unrealistisch zu glauben, dass es funktioniert, wenn ich mich mit meinem Fahrzeug den Behörden präsentiere, Bruno und Heinz mit ihrem Fahrzeug aber weiterfahren würden. Die beiden sind der Meinung, wir sollten das erst in Kairo, also 800 Kilometer weiter im Norden, erledigen. So stimmen wir am Straßenrand darüber ab, ob wir uns melden oder nicht, wobei ich unterliege.

Wir fahren weiter, was wegen unserer beiden knallroten, baugleichen Fahrzeuge sehr auffällt. Jedem Beamten fällt aber auch sofort auf, dass wir kein ägyptisches temporäres Inlandskennzeichen montiert haben, wie es für ausländische Fahrzeuge an den wenigen Landgrenzen ausgegeben wird. Hier gibt es aber im Umkreis von 600 Kilometern keinen Grenzposten.

So gelingt es uns zwar, zwei militärischen Kontrollposten, welche die fehlenden Kennzeichen monierten, zu bluffen, indem wir immer etwas von Kairo sagen und bedeuten, dass wir die dort bekämen. Der Posten südlich von Farafra hält uns aber fest und unsere fünftägige Odyssee durch die Instanzen beginnt. Wir werden nach Farafra begleitet, um im Rathaus vom Bürgermeister, der örtlichen Polizei und dem Militär befragt zu werden. Ein gemeinsames Protokoll wird angefertigt. Man zeigt sich korrekt, lässt uns aber auch wissen, dass wir in massiven Schwierigkeiten stecken.

Beim Blick aus dem Fenster erinnere ich mich, dass ich dort auf einer früheren Reise Badr, einen Lehrer und Künstler kennengelernt hatte, der auch leidlich Deutsch spricht. Ich krame einen meiner wenigen Brocken Arabisch raus und frage „fen Badr – wo ist Badr"? Man horcht auf und schickt nach ihm. Der kommt auch sofort und bestätigt, dass er mich kenne und fragt mich, was ich in Deutschland so mache. Das entspannt zwar die Atmosphäre, ändert aber nichts am weiteren Ablauf. Badr wechselt uns 200 Mark in ägyptische Pfund, so dass wir flüssig sind.

Wir werden in Begleitung eines Beamten mit unseren Fahrzeugen zurück nach Mut überführt, wo man uns erneut befragt und ein Protokoll geschrieben wird. Es ist eine Art Grenzschutzbehörde, die auf einem kleinen Schild in falschem Englisch als „Authority of Coast and Borders" bezeichnet wird. Immer und immer wieder werden wir befragt, wie wir gefahren seien und wann wir bei den Brunnen Bir Tarfawi gewesen seien. Wir hatten Bir Tarfawi aber nicht erreicht, sondern waren auf halber Länge von Südwesten aus einem Sandfeld kommend nördlich von Tarfawi auf die Asphaltstraße gestoßen. Überdies können wir genau benennen, wo wir auf die Straße eingebogen waren. Einer der Militärposten nördlich oder südlich der Stelle hätte das anhand unserer Spuren im Sand verifizieren können. Eine Wand des Büros, in dem wir befragt werden, ist mit einem Vorhang verhängt, und in der Vermutung, dahinter sei eine Landkarte versteckt, frage ich nach, um zu zeigen, wo wir auf die Asphaltstraße getroffen waren. Tatsächlich verbirgt sich eine sehr detaillierte Karte hinter dem Vorhang, die ich, obgleich ich unter anderem mit Detailkarten von Afrika handle, noch nie gesehen hatte. Ich zeige, wo wir die Asphaltstraße erreicht hatten. Die Tatsache jedoch, dass ich schon vorher wusste, dass es eine Asphaltstraße gibt, dass ich mich auf der Karte so schnell orientieren konnte sowie die Brunnen in Südägypten dem Namen und der Lage nach kannte, war eher zu unserem Schaden als Nutzen.

Ständig weisen wir auf unsere Notsituation hin und zeigen die Bestätigung des libyschen Grenzpostens über die Verweigerung der Einreise. Dabei hoffen wir immer noch, dass man uns nach Assuan bringen wird, wo reguläre Einreiseformalitäten nachgeholt werden könnten, und wir Ägypten hoffentlich frei und zügig durchqueren könnten. Von Mut werden wir nach El Kharga gebracht, übernachten dort im Gästezimmer des Kommandanten einer Kaserne. Auch er ist freundlich, was uns aber auch nicht aus der Klemme hilft.

Am nächsten Tag werden wir nach Asyut überführt, wobei es Bruno gelingt, unseren Begleiter dazu zu überreden, dass er von einem Postamt aus in Deutschland anrufen darf. Er kommt zurück und hatte erfolgreich Kontakt mit seinem Büro. Nach diesem ersten Kontakt zur Heimat bin ich auf Neuigkeiten gespannt, habe aber eine schlimme Ahnung. Bruno berichtet und ich frage: „Und meine Mutter?" Bruno nickt und sagt: „Ja". Meine Mutter war am Tag gestorben, an dem wir an der libyschen Grenzstation eingetroffen waren. Es kommt viel zusammen in diesen Tagen.

Wir werden im von Islamisten gepeinigten Asyut in ein altes Palais gebracht, in dem die örtliche Militärstaatsanwaltschaft ihren Sitz hat und das nahe des YMCA liegt. Unsere Fahrzeuge stehen mit Bewachung vor dem Tor, wir werden in den ersten Stock begleitet, in den gerade Bettgestelle mit Matratzen gekarrt werden.

Wie bei fast allen Verhören und Befragungen lässt man uns erst einmal stundenlang schmoren, indem man uns warten lässt, so auch hier. Andererseits fasst man uns nicht an, bewacht uns zwar diskret, sperrt uns aber nicht ein. Wir betonten immer wieder, dass man nach internationalem Recht verpflichtet sei, uns mit unserer Botschaft Kontakt aufnehmen zu lassen. Unsere Verhandlungsposition ist denkbar schlecht, aber nach langem Zögern und unterschiedlichen Ausreden wird uns der Kontakt bei zwei Behörden für kurze Gespräche gestattet, nachdem man jemanden aufgetrieben hatte, der Deutsch versteht und mithören kann. Der deutschen Botschaft in Kairo ist mein Name bekannt und man bemüht sich, uns im Hintergrund redlich zu helfen.

In Asyut zieht sich das Verhör bis tief in die Nacht hin, als es plötzlich sehr unruhig wird. Leute laufen herum, ein Telefonat nach dem anderen kommt bei unserem Verhörbeamten an. Wir verstehen aber nicht, was los ist. Schließlich können wir uns auf unsere Bettgestelle in einem offenen Raum zum Schlafen zurückziehen. Von der Reise sind wir gewohnt, sehr früh aufzuwachen, so auch am nächsten Morgen. Wir gehen auf den Balkon des Palais, um nach unseren Fahrzeugen zu sehen und das Treiben in der Straße zu beobachten.

Nach etwa einer Stunde erscheint der Verhörbeamte und fordert uns auf, uns nicht mehr auf dem Balkon blicken zu lassen. Wenige Stunden später werden wir in Begleitung zweier Beamter in unseren Fahrzeugen nach Kairo überführt. Sie halten unsere Pässe in der Hand und sagen in ihrem sehr spärlichen Englisch „Airport – Airport". Das Stadtbild in der Islamisten-Hochburg Asyut aber hat sich über Nacht geändert. Es laufen bewaffnete Zivilisten herum und sitzen auf dem Grünstreifen zwischen den Fahrspuren der Ausfallstraße. Erst nach unserer Rückkehr nach Deutschland erfahren wir, dass in dieser Nacht das Polizeihauptquartier von Islamisten überfallen worden war und es dabei zwölf Tote gab. Glück gehabt, dass sie nicht das Hauptquartier der militärischen Geheimdienstes (Mukhabarat al-Harbyya) beziehungsweise der Militärstaatsanwaltschaft angegriffen hatten.

Mit dem Auto und je einem bewaffneten Beamten in Zivil fahren wir selbst am Steuer nach Kairo. Dort angekommen, werden wir aber nicht zum Flughafen geleitet, sondern verschwinden mitsamt Fahrzeugen durch ein schweres Stahltor hinter einer hohen Mauer in einem modernen Gebäudekomplex. Innen stehen alle Türen offen, es laufen aber viele zivil gekleidete Bewacher umher. Wieder werden wir befragt, immer wieder dasselbe Lied bei den unterschiedlichsten Diensten. Bei allen Befragungen oder Verhören werden wir körperlich korrekt behandelt, aber ständig über den weiteren Ablauf belogen.

Mitten in der Nacht geht es weiter, wieder heißt es, wir würden zum Flughafen gebracht werden, aber tatsächlich werden wir mit Bewachung im Auto in eine Seitenstraße im Zentrum Kairos dirigiert. Die ganze Straße ist für den zivilen Verkehr gesperrt. Dort fahren wir durch eine schusssichere Einfahrt auf ein Fahrzeug mit aufgebautem, schweren Maschinengewehr zu. Im Hof stehen Jeep Wagonneer Geländewagen mit verhängten Nummernschildern herum. Unsere Fahrzeuge werden abgestellt und wir in den vierten Stock verbracht.

In einem großen Büroraum werden wir erneut befragt, von einem Bürodiener wird Tee oder Cola serviert, bis dieser den Auftrag erhält, uns aus dem Büro zu begleiten. Leider geht es aber mit dem Aufzug nicht vier Stockwerke zurück zum Erdgeschoss, sondern fünf Stockwerke bis in den Keller. Wir sind jetzt zwar noch nicht hinter Gittern, aber eindeutig Gefangene. In einem bewachten Gang harren wir bange zwei Stunden der Dinge aus, die da kommen mögen. Vom Gang zweigen Gefängniszellen mit Gittertüren ab, dahinter Gefangene. Wir können mit einzelnen von ihnen sprechen, sie waren teilweise schon seit Monaten, ja Jahren in anderen Gefängnissen eingesperrt. Auf einer großen geöffneten Kiste im Gang ist die Beschriftung „Security Police, Investigation Department" zu lesen.

Wir haben keine Ahnung, was jetzt passieren wird, und werden nervös. Gegen zwei Uhr nachts werden wir wieder in unsere Fahrzeuge begleitet und fahren ab. Es geht in die Altstadt, wo wir unsere wunderschönen, knallroten Fahrzeuge links und rechts neben einem schweren, zweiflügeligen, eisenbeschlagenen Holztor abstellen. Durch eine Tür im Tor werden wir und Gefangene, die mit einem anderen Fahrzeug überführt wurden, nach innen begleitet. Es ist inzwischen fast drei Uhr nachts und wir finden uns im Knast wieder.

Man fasst uns auch hier nicht an, aber der Zynismus, der mit der ständigen falschen Angabe des Zieles „Airport" begonnen hatte, setzt sich fort.

Um sie zu verhöhnen, stellt man den eben eingetroffenen Gefangenen die Frage „Tea or coffee?", obgleich natürlich beides nicht geboten wird. Einzelne Vollzugsbeamte sind mit einer Peitsche bewaffnet, deren Verwendung durchaus üblich ist, die wir aber nicht verspüren oder beobachten müssen. Wir werden mitsamt dem Handgepäck, das wir dabei haben, in eine große Zelle gesteckt, deren Boden bereits komplett mit 43 Gefangenen bedeckt ist. Betten gibt es nicht, nur länger dienende Gefangene haben sich einen Platz auf dem seitlich die Wände entlanglaufenden Sockel gesichert. Man hat uns nichts abgenommen, Heinz hat selbst noch seine Kamera um den Hals hängen und schießt mitten in der Nacht in der mit Neonlampen schwach ausgeleuchteten Zelle einige Fotos. Mehr im Sitzen als im Liegen versuchen wir, zu schlafen, bis es in den frühen Morgenstunden langsam munterer wird. Viele der Gefangenen sprechen auch Englisch, zwei Gefangene Deutsch, einer ist Deutschamerikaner. Stephen, ein schwarzer Südafrikaner, sitzt schon seit neun Monaten in der Zelle und klärt die Newcomer darüber auf, wo sie seien, wie es weitergehe und wie sie sich verhalten sollten. Ein athletischer Palästinenser, vor dem uns andere Gefangene warnen, ist der Boss in der Zelle. Gegen sechs Uhr morgens werden wir von anderen Insassen aufgefordert, zu schweigen. Es erheben sich aus den verschiedenen Zellen nacheinander religiöse Gesänge in ergreifender Inbrunst und Perfektion. Danach gibt es Frühstück, gar nicht so schlecht für das, was wir in den letzten Wochen so gewohnt waren: eine Tüte Milch, eine Tasse Tee, ein wenig von den typisch ägyptischen Ful-Bohnen und ein Fladenbrot.

Zellengenossen klären uns darüber auf, dass wir im mittelalterlichen al-Khalifa- Abschiebegefängnis seien. In den nächsten Tagen würden wir im täglichen Wechsel in die „Mugamma" zur Immigration und zur heimischen Botschaft gehen, um nach Klärung der Sachlage abgeschoben zu werden. Die Mugamma ist ein kafkaesker Behördenkoloss am zentralen Tahrir-Platz in Kairo, gegenüber des Ägyptischen Museums. Tatsächlich werden wir zusammen mit ungefähr 20 anderen Gefangenen gegen acht Uhr aufgerufen, um zur Mugamma gebracht zu werden. Bruno soll mit seinem Fahrzeug und einem Wächter fahren, ich mit meinem und Heinz soll zusammen mit den anderen Gefangenen in einer grünen Minna dorthin gebracht werden. Er wehrt sich verständlicher Weise heftig, bis die Beamten aufgeben und ihn bei Bruno mitfahren lassen. Der mich begleitende Justizbeamte spricht sehr wenig Englisch, sagt aber etwas, das mich aufhören lässt: Ich sei ja wohl Journalist und käme bald frei. Verwunderlich war das mit dem Journalisten, denn das bin ich nicht und gebe mich auch nie als einer aus. Damit ist aber klar, dass im Hintergrund Bemühungen um unsere Freilassung laufen. Die Worte des Justizbeamten mit der baldigen Freilassung klingen natürlich perfekt. Nach der Rückkehr bekomme ich in Deutschland die Kopie einer Verbalnote der deutschen Botschaft an das ägyptische Außenministerium zu sehen, in der sie um unsere Freilassung bittet und in der ich als Journalist bezeichnet werde.

Mitten auf dem Tahrir-Platz werden unsere Fahrzeuge im Halteverbot abgestellt und wir in den ersten Stock in der Mugamma begleitet. Hier bei der Immigration werden wir angewiesen, auf einer Sitzbank entlang des Ganges zu warten, die übrigen Gefangenen warten in einem Verschlag hinter einer Glastüre am Ende des Ganges.

Von unserem Platz aus haben wir einen guten Überblick über das Geschehen und sehen, dass unsere Pässe von einem Zimmer ins andere gebracht werden, aber es scheint dennoch nichts vorwärts zu gehen. Durch die geöffneten Bürotüren können wir beobachten, wie das Beamtenleben in Ägypten so läuft. Dagegen sind unsere Staatsbediensteten in Europa echte Arbeitstiere.

Der Nachmittag bricht an und zieht sich hin, ich werde immer nervöser, fast panisch, weil ich unter keinen Umständen zurück in die Zelle möchte. Immer mal wieder blitzen unsere Pässe auf, als sie von einem Büro ins andere gebracht werden. Es ist vermutlich wieder ein zynisches Spielchen der allmächtigen Bürohengste in der Mugamma, die ihre Macht auskosten möchten.

Um 16 Uhr bewegt sich plötzlich etwas, es ist Feierabend, die Beamten gehen heim, unsere Wärter nehmen alle Gefangenen aus der Glaskammer mit, wir bleiben im Gang sitzen. Die Gefangenen gehen an uns vorbei und starren uns an, denn wir sind die einzigen, an deren Situation sich etwas zu ändern scheint. Schließlich werden wir in ein Büro geführt, wo unsere Pässe auf dem Schreibtisch liegen, und ein Immigration Officer fragt uns, wie viele Tage wir bleiben möchten. Immerhin hat uns das im al-Khalifa-Gefängnis keiner gefragt. Er kramt seinen Stempel heraus und presst ihn auf das halbtrockene Stempelkissen, wobei der Stempel abbricht. Mit den Fingern drückt er schließlich die Stempelplatte in die Pässe und wir sind frei.

Wir vereinbaren, dass wir jetzt zu unserer jeweiligen Botschaft fahren, Bruno und Heinz zur österreichischen, ich zur deutschen. Ich komme dort an und natürlich ist sie geschlossen. Also klingle ich, erkläre in welcher Situation ich mich befinde und der Türöffner surrt, ich bin gerührt vor Erleichterung. Die Botschaft bietet an, dass ein einheimischer Mitarbeiter mit uns am nächsten Tag zum ägyptischen Automobilclub fährt, um die Zolldokumente Carnet de Passages für unsere Fahrzeuge auf Ägypten erweitern zu lassen. Dank der Initiative der Familie daheim in Deutschland hat der ADAC schon vorab die Erweiterung der Gültigkeit unserer Carnets für Ägypten genehmigt. Dann verlasse ich die Botschaft und fahre zum Siag Pyramids Hotel in Gizeh in der Nähe der Pyramiden. Das haben wir als Treffpunkt ausgemacht, weil ich Rami, den Hotelier aus der Wüsten-Rallye-Szene, kenne. Bruno und Heinz sind schon da, denn die österreichische Botschaft ist am Nachmittag gänzlich unbesetzt. Rami, der Hotelier mit jeder Menge Verbindungen, begrüßt mich mit den Worten: „Welcome Klaus, I knew you are in trouble but I could not help you because I did not know where you are."

Ab sofort sind wir drei persönliche Gäste des Hoteliers, alles frei. Solche Auf und Abs sind es, die das Leben spannend machen, die Kontraste zwischen fünf Tagen Stress, einer halben Nacht im Knast und die folgenden Nächte im Fünfsterne-Hotel. Wir sind glücklich und aufgekratzt. Es klingelt ständig das Telefon, weil die österreichische und deutsche Presse wissen möchte, wie es uns gehe. Da zuhause keiner ans Telefon geht, rufe ich in der Firma an. Die Mitarbeiterin am Telefon grüßt höflich, bis ihr klar wird, dass das ein besonderer Moment ist. Erika jedoch ist nicht da. Sie wird gerade von einem Fernsehsender ins Studio geholt, man ruft mich gemeinschaftlich im Hotel an und überträgt das Gespräch live. Es sind ergreifende Momente, als ich erstmalig über die letzten Tage und Wochen berichten kann.

Bruno wird ja von Mercedes gesponsert und dem Autobauer ist unser Problem natürlich bekannt. Mercedes hat die NATCO, die ägyptische Vertretung, gebeten, uns so gut es geht zu helfen. Diese fährt uns für Erledigungen einen Tag lang in Kairo von Pontius zu Pilatus und lädt uns zum gepflegten Abendessen auf einem Nilschiff ein. Auch können wir unsere Fahrzeuge bei der NATCO unterstellen, damit die zolltechnische Abfertigung vorgenommen werden kann und wir hoffen, sie bald zurück nach Europa verschiffen zu können.

Umgehend buchen wir Rückflüge nach München. Rami meint beim Abschied, dass wir nicht so ein großes Problem gehabt hätten, wenn wir uns gleich bei Ankunft aus dem Sudan in Dakhla bei den Behörden im Südwesten Ägyptens gemeldet hätten. Ich stimme ihm zu.

Am Heiligabend 1993 um die Mittagszeit sind wir wieder in München. Die Fahrzeuge werden dann doch vom ägyptischen Zoll beschlagnahmt. Es bedarf monatelanger Anstrengung sie freizubekommen, was letztlich erst mit der Unterstützung des damaligen Außenministers Dr. Kinkel gelingt, kurz bevor sie hätten versteigert werden sollen.

Es ist wirklich bewegend zu erleben, wie viele Seiten sich intensiv um unsere Freilassung und die Freigabe unserer Fahrzeuge bemühen. Die Familie, die ehemalig eigene Firma, der ADAC, das Haus Mercedes, die NATCO, die deutsche Botschaft und der Hotelier Rami. Knapp ein Jahr später fliege ich in Begleitung von Erika nach Kairo, um mich bei den dortigen Unterstützern zu bedanken. Die Einreise ohne Visum am Flughafen von Kairo ist spannend, aber problemlos, das Visum wird vor Ort ausgestellt.

Zentralafrika: Afrika – die Zukunft ist schwarz

1994

Gegen Jahresanfang 1994 erhielt ich eine interessante Anfrage des ZDF, ob ich interessiert und bereit wäre, an einer Expedition durch Zentralafrika teilzunehmen. Es war geplant, dass Peter Kunz, der Afrika-Korrespondent des ZDF aus Nairobi, mit Kameramann Fritz und Kameraassistent Frank in zwei Geländefahrzeugen von Ozean zu Ozean, konkret von Kamerun durch das Herz Afrikas, nach Kenia fahren. Es sollte also der afrikanische Kontinent mehr oder weniger entlang des Äquators durchquert werden. Bei der Frage nach organisatorischer Verstärkung hatte man an mich gedacht, vermutlich weil ich die zu durchquerenden Länder schon vorher mit Geländewagen bereist hatte, Französisch spreche und weil ich im Jahr vorher schon einmal einen Geländewagen aus dem Hafen Douala durch den Zoll in die freie Wildbahn gelotst hatte. Den Auftrag nahm ich natürlich gerne an, denn was konnte mir Besseres passieren, als eine spannende Reise zu unternehmen und dabei auch noch gut Geld zu verdienen.

Das ZDF kaufte von Mercedes zwei neue Geländewagen mit Rückgaberecht, ich rüstete sie aus und Mercedes schickte sie in einem Container nach Douala in Kamerun. Zunächst ist es meine Aufgabe, vorab so nach Kamerun zu fliegen, dass ich pünktlich zum Eintreffen des Containers in Douala bin, um die Fahrzeuge aus dem Zoll zu holen. Die ZDF-Crew wird mit kompletter Kameraausrüstung von Nairobi einfliegen. Man gibt mir in München einen Koffer mit in dem ein INMARSAT M-Satellitentelefon installiert ist und übergibt mir die „Kriegskasse" in US-Dollar in fünfstelliger Höhe. Beides soll ich Peter in Douala aushändigen.

Das zehn Kilogramm schwere Satellitentelefon nehme ich als Handgepäck mit, bringe aber den Telefonhörer im einzucheckenden Gepäck unter, damit der Kofferinhalt unauffälliger aussieht. Zwei dicke Bündel Dollar verstaue ich in Gürteltäschchen, die sich links und rechts bei den Oberschenkeln in die Hose einklappen lassen. Zum Einchecken in das Flugzeug in München erscheine ich in Jeans und leichtem Pullover. Beim Bodycheck mit dem Metalldetektor hinter der Schleuse fällt auf, dass ich da in der Hose etwas verberge, und man will wissen, was das sei. „Papier" ist meine kurze Antwort, was zu meinem Erstaunen auch gleich akzeptiert wird. Auch größere Geldsummen mussten damals weder bei Ein- noch bei Ausreise aus Deutschland deklariert werden. Um mit Pampers verwechselt zu werden, saßen die Ausbeulungen an der falschen Stelle. Dann kommt die Kontrolle des Handgepäcks, bei der man das Satellitentelefon genau prüft, um sicher zu sein, dass in dem schweren Köfferchen ja kein Sprengstoff verborgen ist.

Das wäre also überstanden, aber es kann ja in Douala nochmal spannend werden, denn wenn man in Verdacht gerät, Spion zu sein, weil man „Radio“, also Funk, dabei hat, kann es sehr anstrengend werden. Auf dem Weg vom Flugzeug hat sich im Abfertigungsgebäude des Flughafens Douala im Gang schon weit vor den Schaltern der Immigration ein Beamter mit einem Tischchen aufgebaut, um sporadisch das Handgepäck der Ankömmlinge zu inspizieren. Mit meinem auffällig unauffälligen Köfferchen erwischt es mich natürlich. „Aufklappen“ ist die Devise, der ich innerlich nervös, aber mit ungerührter Miene, nachkomme. Der Beamte sieht mit verlegenem Lächeln das Hi-Tech-Gerät und fragt: „C'est quoi? – Was ist das?“ „Un ordinateur – Ein Computer“, ist meine ebenso kurze wie geflunkerte Antwort. Um sich nicht zu blamieren, weil er nicht beurteilen kann, ob das stimme, winkt er mich durch. Die restliche Einreiseabfertigung verläuft ebenso problemlos.

Ich schnappe mir ein Taxi und lasse mich zum „Foyer du Marin“ bringen. Das von einem Priester geführte Deutsche Seemannsheim von Douala möchte dem Seemann in der kriminellen Hafenstadt eine würdige Unterkunft bieten. Wenn Platz ist, kann man da auch als Landratte unterkommen.

Aber was mache ich jetzt mit dem vielen Geld, das kann ich doch nicht tagelang mit mir herumtragen? Also fahre ich zum deutschen Konsulat und bitte um Unterstützung des ZDF, indem sie es bis zur Ankunft des Korrespondenten verwahren. Obgleich sie dazu nicht verpflichtet gewesen wären, mir diese Verantwortung abzunehmen, erklären sie sich einverstanden. Jetzt kann ich beginnen, mich um die Fahrzeuge zu kümmern, indem ich Kontakt zur Hafenagentur der Schifffahrtsline aufnehme, die Spedition wieder aufstöbere, die im Jahr zuvor die beiden Geländewagen für die Tschad-Expedition abgefertigt hat, und eine Haftpflichtversicherung auftreibe. Die

Korrespondenten des ZDF haben noch Emmanuel, einen Journalisten aus Kamerun, engagiert, der sich bei mir meldet und den Job mit der Kfz-Versicherung erledigt. So können wir beide unbeschwert zum Flughafen, um die drei professionellen Mainzelmännchen aus Nairobi zu erwarten. Der Flieger kommt mit drei Stunden Verspätung, aber was heißt da Verspätung? In Afrika ist er damit gut in der Zeit. Peter ist ebenso verblüfft wie erfreut, dass die beiden Fahrzeuge startbereit zur Verfügung stehen. Die Dollar habe ich in der Zwischenzeit wieder vom Konsulat abgeholt und übergebe sie Peter. Das Satellitentelefon probiert er auch gleich aus und ruft beim ZDF in Mainz an, um über den geregelten Fortgang zu berichten.

Zunächst wird im tropisch-feuchtheißen Douala gefilmt, denn es soll ja von Ozean zu Ozean gehen. Was ist für eine Hafenstadt, außer dem Hafen selbst, charakteristisch? Prostitution. Was erscheint für Afrika charakteristisch? Voodoo. Also wird eine junge Prostituierte in unverfänglichen bewegten Bildern in ihrer Wirkungsstätte festgehalten und ein angedröhnter Zauberer in seiner verrauchten Hütte voller Fetische gefilmt, wie er uns seinen Segen für die weite Fahrt zum Indischen Ozean gibt.

Die Stimmung ist gut, als sich Peter, Frank, Fritz, Emmanuel und ich in den zwei Geländewagen auf den Weg nach Osten begeben.

Team, Zauberer und Fahrzeuge in Douala/Kamerun

Zu meinem Erstaunen gelingt es in Kamerun, für jede Nacht in einer Provinzhauptstadt ein funktionstüchtiges Hotel mit Klimaanlage zu finden. Sie sind für Delegierte der Regierung errichtet worden, für jeden offen und leidlich instand gehalten. Auf meinen eigenen Reisen hatte ich die Städte immer gemieden und irgendwo im Busch außerhalb der Sichtweite der Piste im Dachzelt übernachtet.

Auf einer Brücke machen wir Halt, um zu sehen, ob es sich lohnt, Arbeiter zu filmen die im Wasser stehen und fischen. Als sie uns entdecken, stürmen sie mit schweren Knüppeln und Felsbrocken bewaffnet nach oben. Dem Fahrer des ersten Fahrzeugs gelingt die Flucht, aber für mich, der im zweiten Fahrzeug am Steuer sitzt, ist es zu spät. Die spärlich bekleideten Schwarzen umringen unser Fahrzeug, schimpfen und gestikulieren. Peter und Emmanuel öffnen die Fenster einen Spalt weit, um zu erklären, dass wir als Journalisten akkreditiert sind und eine Drehgenehmigung haben. Nach einigen Minuten beruhigen sich die Gemüter, Knüppel und Felsbrocken werden in den Straßengraben geworfen und wir können weiterfahren. Mir ist bis heute nicht klar, warum viele Afrikaner nicht abgelichtet werden möchten, jedenfalls nicht, bevor man sich eine Weile mit ihnen angefreundet hat. Danach sind sie oft geradezu scharf darauf, ins Bild zu kommen, insbesondere wenn man sie mal durch den Sucher der Kamera hat blicken lassen und sie so eine grobe Vorstellung davon gewonnen haben, was man da so macht.

Emmanuel, unser kamerunischer Journalist, ist nur für Kamerun engagiert und verlässt uns an der Grenze zur Zentralafrikanischen Republik. Auf der zentralafrikanischen Seite der Grenze steht zu meinem Vergnügen ein weißer Mercedes-Geländewagen, auf dem zufällig ein fetter Wüstenfuchsaufkleber meiner damaligen Firma „Därr Expeditionsservice" prangt. Natürlich kann ich mir die Frage nicht verkneifen, wo denn Fahrzeuge mit ZDF-Aufkleber stehen.

Wir sind jetzt auf der südlichsten Strecke in der Zentralafrikanischen Republik entlang der „quatrième transversale" (4. Breitengrad) in Richtung Hauptstadt Bangui unterwegs. Die Strecke ist kaum bekannt und sehr einsam. Ein umgestürzter Urwaldriese, der quer über der Piste liegt, macht uns klar, dass hier auch schon länger keine Fahrzeuge mehr unterwegs waren. Ein Ausweichen durch den dichten Urwald links oder rechts ist unmöglich. Dank einer kleinen Senke in der Piste an der Stelle, an welcher der Baum umgefallen war, gelingt es uns, den Baum mit entladenen Dachgepäckträgern zu unterqueren und die Fahrt fortzusetzen. Ob weitere solche Hindernisse kommen werden, wissen wir freilich nicht – aber es geht gut. Wir treffen auf ein Pygmäenlager, wo Peter den Stammes-Chef motiviert, die Pygmäen für einen Dreh tanzen zu lassen. Dazu stellen sich die Mädchen in einen Kreis auf und stampfen in kleinen Schritten mit den nackten Füßen auf der ebenso nackten Erde langsam im Kreis.

In Berbérati, einer kleinen Provinzhauptstadt, übernachten wir in einer Missionsstation. Weiter im Osten erfahren wir, dass es im Urwald in der Nähe eine inoffizielle Diamantengrube gebe, an der die Staatsgewalt nicht präsent ist. Das ist im Moment für das Filmen noch wichtig, weil wir unsere Drehgenehmigung für Zentralafrika erst in der Hauptstadt bekommen sollen. Also zweigen wir etwa 20 Kilometer in Richtung wilder Diamantenschürfstelle von der ohnehin schmalen Hauptpiste auf eine Spur durch dichtesten Urwald ab. Die Fahrzeuge schleifen links und rechts am dichten tropischen Unterholz. Wenn Gegenverkehr käme, so hätten wir über Kilometer keine Chance, auszuweichen. Schließlich erreichen wir eine Lichtung mit Strohhütten. Die Leute dort sagen uns, dass sie alte Flussläufe suchen und dort in ehemaligen Gumpen, in welchen sich Diamanten angesammelt haben könnten, aufgraben und absuchen. Die Mulden, in

Der Clan-Chef der Pygmäen wird gefilmt

Illegaler Diamantenschürfer in Zentralafrika

denen sie derzeit aktiv sind, liegen 20 Minuten Fußmarsch entfernt. Die Diamantenschürfer zeigen uns Rohdiamanten, die sie im Mund aufbewahren und auf die Hand ausspucken. „Les diamants, ce sont des diables" (die Diamanten, das sind Teufel), sagen sie, denn wer sie hat, ist gefährdet.

Während die drei Filmer zur Schürfstelle marschieren, bleibe ich als „Gardien" (Wächter) bei den Fahrzeugen. Natürlich nähern sich diejenigen Einheimischen den Fahrzeugen, die zur Schule gegangen sind und Französisch sprechen, um sich zu versichern, dass wir voll mit Geld bepackt sind, um Rohdiamanten zu kaufen. Meine Angabe, dass wir zum Filmen gekommen seien, nehmen sie zwar zur Kenntnis, glauben sie aber nicht. Keine beruhigende Vorstellung, ganz allein in einer einsamen Lichtung mitten im Urwald ohne Polizeipräsenz bei illegalen Diamantenschürfern zu stehen und als Bewacher eines Vermögens betrachtet zu werden.

Wir nähern uns langsam der Hauptstadt Bangui, wo die Piste deutlich breiter, aber auch ausgefahrener ist. Hier wird Tropenholz geschlagen und auf Schwerlastfahrzeugen zum Sägewerk in Bangui verfrachtet. In Bangui mieten wir uns in ein mittelmäßiges, aber klimatisiertes Europäer-Hotel ein und hoffen, möglichst bald die Visa für Zaire zu bekommen, das seine Staatsbezeichnung nach dem Tod Mobutus wieder zurück in „Demokratische Republik Kongo" ändert. Hoffen ist immer gut, aber es dauert geschlagene dreizehn stressige Tage, bis die Visa im Pass sind. Wir sind als Journalisten unterwegs und solchen kann die Botschaft Zaires in Bangui nur nach Genehmigung aus der Hauptstadt Kinshasa den begehrten Stempel in den Pass drücken.

Es gibt nicht viel zu tun für uns, wir sehen uns eine Diamantenschleiferei an, die von einem Israeli eingerichtet wurde, und versuchen, einen Interviewtermin beim abgesetzten ehemaligen Präsidenten Bokassa zu bekommen, der sich selbst zum Kaiser von Zentralafrika hatte krönen lassen. Er unterliegt aber offensichtlich so strikten Regeln, wie in der Öffentlichkeit nicht mehr in Erscheinung zu treten, dass wir scheitern. Immerhin können wir den nie fertiggestellten Palast des zentralafrikanischen Sonnenkönigs mit dem Herzstück eines Bunkers für die Staatskasse besichtigen.

Als wir schließlich die Pässe mit Visum in der Hand haben, hat sich bereits eine satte Hotelrechnung angesammelt, weshalb ich mich von Frank zum großen Geschäftsladen eines Libanesen fahren lasse. Dort steige ich unmittelbar vor dem Geschäft aus, um für uns alle Dollar in die Landeswährung CFA-Franc zu wechseln, und danach möchte ich den sehr schnellen Rückzug mit dem startbereiten Fahrzeug antreten. Der Libanese zählt gerade dicke Geldbündel der zentralafrikanischen CFA und ich halte meine Dollar bereit, als zwei Afrikaner eintreten. Einer in abgewetztem Anzug mit Aktentasche in der Hand, der andere in Uniform mit Waffe in der Hand. Der Mann mit Tasche geht auf den Libanesen zu und verlangt, den Chef zu sprechen. Der Chef, Bruder des jungen Mannes an der Kasse, ist nicht da, aber der coole Libanese zählt seelenruhig weiter das Geld, das wir tauschen. Ich verschwinde so schnell es geht aus dem Laden.

Wir bezahlen unser Hotel, müssen aber leider noch einen weiteren Tag in Bangui bleiben. Um die neu angefallene Hotelrechnung begleichen zu können, werde ich am nächsten Tag noch einmal zum Wechseln gefahren. Neugierig frage ich den Libanesen: „Was war denn gestern los?" Er antwortet: „Ils avaient faim" (sie hatten Hunger). Der Vorfall war offensichtlich eine Art „Geldabheben" durch örtliche Autoritäten zum Zweck des wirtschaftlichen Überlebens.

Peter kauft vorsichtshalber beim Libanesen noch einen 5-Liter-Ballon Rotwein für alle Fälle, während ich den Koffer mit dem Satellitentelefon so zwischen der Rückenlehne der Rücksitzbank und den Alu-Kisten im Laderaum verstaue, dass er wirklich schwer zu finden ist.

Nach dreizehn Tagen fahren wir tatsächlich auf die sehr einfache, sporadisch verkehrende Fähre über den Ubangui nach Zongo in Zaire. Am anderen Ufer des Ubangui angekommen, versperrt ein

Baumstamm die Auffahrt. Einige in Zivil gekleidete Zairer stehen herum, Pistolen im Halfter und fordern zur Begrüßung gleich mal 50 Dollar, um den Stamm wegzuräumen. Die müssen wir notgedrungen bezahlen, um an Land zu kommen. Wie in jedem Land müssen wir zuerst zur Immigration und dann zum Zoll, allerdings ist hier in Zaire, unter dem Diktator Mobutu Sese Seko, der Geheimdienst noch präsenter als anderswo. Mit dem „Service national d'intelligence et de protection" (SNIP) werden wir in Zaire noch viel zu tun haben.

Wir fahren also kurz vor Sonnenuntergang die paar Meter von der Anlegestelle zur Grenzstation, als gerade die Zaire-Fahne eingezogen wird, denn um sechs Uhr abends bis zum nächsten Vormittag ist die Grenzstation geschlossen. Peters Drängen, uns noch abzufertigen, wird damit beantwortet, dass es gerade dunkel werde und da könne man nicht arbeiten. Sein Angebot, einen Generator mit Scheinwerfern aufzustellen, wird nicht angenommen. Die Leute sind sehr reserviert, weil sie zwar wissen, dass wir Journalisten sind und eine Drehgenehmigung haben, aber uns, „les blancs" (die Weißen), dennoch nicht richtig einschätzen können.

So übernachten wir an der Grenze, wo sich die Stimmung langsam aufhellt, nachdem Peter den Grenzern den Ballon Rotwein überlassen hat und wir von ihnen mit dem einzigen verpackten Lebensmittel versorgt werden, das es in fast ganz Zaire zu kaufen gibt: warmes Primus-Bier. Nach feuchtfröhlichem Abend verziehen sich die Grenzer und zwei unserer Filmcrew gehen zum Übernachten in die uns zugewiesenen Räume, während zwei von uns vor den Türen auf der Betonterrasse im Freien übernachten, wo die schwüle Tropenluft besser zu ertragen ist.

Am nächsten Morgen wird die Zaire-Fahne wieder aufgezogen, alle stehen stramm, die „Zairoise" (Nationalhymne) wird gesungen und es kann mit der Abfertigung losgehen. Im Büro der Immigration hängt hinter dem Stuhl des Beamten ein weiser Sinnspruch an der Wand, der dessen zivilisatorisches Niveau signalisieren soll. Dann kommt der Zoll mit Fahrzeugkontrolle. Der Zollchef lässt all seine Helfer antreten und strammstehen und hält ihnen eine „Gardinenpredigt", die mit den Worten „Je veux que vous controllez ces deux véhicules exactement!" endet. Na, das kann ja heiter werden, denn unsere beiden Fahrzeuge sollen genauestens kontrolliert werden.

Sie wühlen sich durch unsere Fahrzeuge und stoßen auf ein Fiberglasgestänge, das sie sofort als Antenne für ein vermutetes „Radio" (Funkgerät) identifizieren. Wir packen den Zeltsack weiter aus und machen glaubhaft, dass es ein Zeltgestänge ist. Peter hat inzwischen hinbekommen, dass das Aufziehen der Fahne noch einmal vorgemacht und gefilmt wird, während es meine Aufgabe bleibt, bei der Kontrolle des Gepäcks als Dolmetscher zu fungieren. Man fragt uns natürlich, ob wir Waffen haben, was wir wahrheitsgemäß verneinen, was aber der Wühlerei keinen Abbruch tut. Da stößt ein Zöllner im Gepäck eines Freundes des ZDF auf ein Pfeffergasspray – eine „Waffe", die sie vom Militär- oder Polizeidienst her kennen. Mit ernstem Blick halten sie mir die Dose unter die Nase. „Et qu'est-ce que c'est – Und was ist das?", möchten sie wissen. Ich antworte ungerührt: „Da wir keine Waffen haben, brauchen wir so etwas, um uns gegen Angriffe wilder Tiere wehren zu können." Tobendes Gelächter über die Naivität der „blancs" bricht den Bann, die Kontrolle ist bald beendet. Das Satellitentelefon haben sie nicht entdeckt.

Die Einreiseabfertigung ist praktisch beendet, aber wir haben die Pässe noch nicht zurück und Peter ist noch beim Filmen. Da kommt der Immigration-Mann mit den Pässen auf mich zu und möchte 20 US-Dollar pro Pass. Dafür gäbe es keine Quittung, weshalb ich mich raushalte und sage, dass ich nur der „petit chef" sei und das nicht entscheiden könne, der „grand chef" komme gleich. Ich bin natürlich kein Chef, aber eben einer von zweien von uns, der Französisch spricht, und deshalb die Formalitäten erledigt. Als Peter vom Filmen zurückkommt, berichte ich ihm von der willkürlichen Forderung. Peter verblüfft jedoch gleichermaßen den Immigration-Mann wie mich: Bevor der korrupte Beamte den Mund aufbekommt, um seine Forderung ihm gegenüber zu wiederholen, verabschiedet sich Peter dermaßen freundlich, dass dieser das wunderbare Einvernehmen nicht mit einer unberechtigten Forderung zerstören möchte. Wir bekommen unsere Pässe und sind endlich in Zaire auf Piste.

Die Piste führt uns nach Süden in die Provinzhauptstadt Gemena, wo wir in einer katholischen Missionsstation unterkommen. Solche Missionen sind, gerade im Kongo, oft die einzigen funktionierenden Wirtschaftsbetriebe in der Provinz. Als Zeichen der Macht der Kirche haben dort die zumeist belgischen Padres zu Kolonialzeiten absurd große Kathedralen aus Ziegelsteinen gebaut. Manche erzählen mit Stolz und glasigen, zum Himmel gerichteten Augen, dass sie oder ihre Vorgänger von den Einheimischen für verrückt gehalten wurden, weil sie selbst in der Gluthitze der Mittagsstunden weitergemauert haben. Insofern bin ich Einheimischer in Zaire. Für uns sind sie jetzt sichere Anlaufstellen, an welchen wir in den sehr wenigen verbliebenen Padres sehr gut informierte Ansprechpartner finden.

Während wir uns in der Mission aufhalten, kommt eine Europäerin herein und meldet ganz hektisch: „Mobutu arrive à Gemena". Wir hatten uns schon gewundert, dass mehrfach das ohrenbetäubende Fauchen eines landenden und wieder startenden Jets zu hören war, obgleich an diesem Tag kein Flug angekündigt war. Peter wendet sich an den SNIP mit der Bitte, Mobutu beim angekündigten Weg in die imposante Backstein-Kathedrale der Stadt filmen zu dürfen. Es wird uns erlaubt und wir begeben uns mit Filmausrüstung auf den großen Vorplatz der Kathedrale. Hinter den Absperrungen drängen sich die Schaulustigen und an einer Seite steht ein mittelschwerer Lkw mit abgedeckter Plane. Auf der Ladefläche ist ein sehr großes, schweres Maschinengewehr fest montiert, das alle in Schach halten kann. Zuschauer eilen herbei, die einen haben ihre beste Version abgewetzter Kleidung an, andere hoffen darauf, dass Mobuto wieder Gebrauchtkleidung aus Kleidersammlungen im Flieger für sie dabei hat.

Während sich die ZDF-Crew zum Dreh vorbereitet, kommt eine Reihe in dunklem Anzug sehr elegant gekleideter Zairer auf uns zu. Einer stellt sich als „chef du protocole" vor, ein anderer als „chef du service secret". Das ist also der Protokollchef Mobutus und der andere der Geheimdienstchef von Zaire, der mit Sicherheit sehr viel Blut an seinen Händen kleben hat. Beide fragen nicht unhöflich, aber sehr bestimmt, was wir hier wollen. Peter weist darauf hin, dass er die Erlaubnis der örtlichen SNIP zum Drehen habe. Das hilft aber nichts, denn es fehle das O.K. des Protokollchefs und des anwesenden Bosses der SNIP in ganz Zaire. Der örtliche SNIP nimmt uns unter die Fittiche, begleitet uns in den Garten eines alten Privathauses aus der Kolonialzeit, wo man uns mit Primus-Bier und Erdnüssen bei der Stange hält. Erst als Diktator Mobutu die demonstrative Farce seiner vorgeblichen Gläubigkeit in der Kathedrale beendet hat, können wir zurück in die Missionsstation. Der betagte Padre murmelt beim Abendessen mit gesenktem Kopf etwas in die Suppe wie: „Sie haben keinen Grund, positiv über Mobutu zu berichten." Das durfte offensichtlich außer uns niemand hören.

Am nächsten Morgen starten wir über Businga in Richtung Lisala nach Bumba am Kongo-Fluss in der Absicht, uns entlang des Kongo in den Osten des Landes durchzuschlagen. Die Filmcrew dreht in einem völlig vernachlässigten Regierungskrankenhaus.

Peter fragt den Arzt: „Wie sind die Verhältnisse in diesem Krankenhaus?", und der Arzt antwortet: „Nous travaillons au-dessous du minimum – Wir arbeiten unterhalb des Minimums!" Da stolpert Frank und verletzt sich sein Bein dermaßen, dass er nicht mehr gehen, geschweige denn nennenswert arbeiten kann. Der örtliche Arzt rät uns, zu einem Missionskrankenhaus einer amerikanischen Missionsstation zu fahren, die über ein Röntgengerät verfüge, was uns nochmals viel weiter ins Herz des Landes führt. Die tiefgläubigen US-Ärzte können immerhin diagnostizieren, dass nichts gebrochen ist. Wir werden zu einem einfachen Essen samt einer eingeflogenen Dose Coca-Cola eingeladen und bleiben über Nacht.

Neben religiösen Schriften liegt eine Broschüre herum, die sich an die offensichtlich religiös motivierten Ärzte richtet. Das Titelbild zeigt die Zeichnung eines weißen Arztes beim Operieren eines schwarzen Patienten. Hinter ihm schwebt leicht verklärt Jesus und führt ihm die Hände. So naiv bebildert kannte ich bis dahin nur die Illustration von Kinderbüchern. Diese Missionare leisten aber fraglos in großem

Geordnete Verhältnisse: Übernachtungsplatz Missionsstation

Umfang wirksame Hilfe an der medizinisch völlig unterversorgten Bevölkerung, und darauf kommt es an.

In Bumba treffen wir erst nach Sonnenuntergang ein und steuern die Missionsstation in der fast völlig dunklen Hafenstadt am Kongo an. Man öffnet uns das Tor und wirft den Generator an, um Licht zu haben. Vier attraktive Zairerinnen sehen uns interessiert an und zählen uns durch. Carlos, der belgische Leiter der großen Missionsstation, heißt uns willkommen. Peter fragt, ob wir etwas zu essen haben könnten, wofür er natürlich gut bezahlen würde. Also fährt Carlos noch einmal in die Stadt, um den Koch zu holen, der ein einfaches, aber gutes, reichliches Essen zubereitet.

Nach dem Essen sitzen wir im Freien und Carlos erweist sich als außerordentlich weltlicher, sehr interessierter und gut informierter Gesprächspartner, der auch den Wirtschaftsbetrieb seiner Missionsstation fest in der Hand hat. Rom und der Papst sind für ihn weniger wichtig als die Funktionstüchtigkeit seiner Missionsstation, das Abhalten der Messe und das Wohlergehen der örtlichen Mitarbeiter. Er ist verblüffend freimütig in seinen Äußerungen über die Zustände und Entwicklung in der Kleptokratie Mobutus, indem er betont: „Es geht seit der Machtübernahme Mobutus im Kongo Jahr für Jahr bergab, bis heute, obgleich ohnehin schon fast nichts mehr funktioniert."

Auch in Hinblick auf die Verkehrsverbindungen ist er gut informiert und weist darauf hin, dass die Piste nach Osten jetzt zur Regenzeit völlig unpassierbar sei. Selbst die hochbeinigen schweren Mercedes-Lkw der Kaufleute verladen auf Schubschiffe oder Raddampfer auf dem Kongo. Bei einem Glas Whiskey aus seinen privaten Beständen erfahren wir, dass er außerhalb der Missionsstation auf der gegenüberliegenden Seite der Straße ein Privathaus erworben habe, in dem seine vier Maitressen wohnen. Solche Pragmatiker imponieren mir, denn er hilft der örtlichen Bevölkerung mit dem Sägewerk und den verschiedenen Werkstätten. Dabei steht er unter dem Schutz der im Kongo einflussreichen Kirche, für die er pflichtschuldig die Messen liest, lässt sich dafür aber hier am Ende der Welt als Mann nicht verbiegen.

Die berühmten riesigen Schubschiffe des „Office National des Transports (Congo)" sind längst der Korruption, Misswirtschaft und Wartungsmängeln zum Opfer gefallen. Wir müssen uns also nach

Fahrzeugverladung mit einer gerissenen Kette

einem privat betriebenen Ersatz umsehen. Bis wir ein solches kleineres Schubschiff gefunden haben, das uns und die beiden Geländewagen nach Kisangani bringen kann, vergehen zwei Tage. Dann muss der *capitain* erst Diesel beschaffen und in Kinshasa seinen Chef per Funk erreichen und fragen, ob und zu welchem Preis er uns mitnehmen dürfe. So eine Fahrt ist ein Erlebnis für sich auf dieser an Nervenkitzel nicht armen Tour. Allein das Verladen der Fahrzeuge ist abenteuerlich, denn eine der vier Ketten des Ladekrans, die zu den Rädern der Fahrzeuge hin verlaufen, ist schon lange gerissen.

Um den Ladekran in Bewegung zu setzen, muss man erstmal Dieselöl und Motoröl für den Generator bereitstellen, der den Strom für dessen Winden liefert. Auf dem Deck des durch ein Schubschiff geschobenen Pontons sind wir mit unseren Fahrzeugen natürlich nicht allein, sondern es ist knallvoll mit Einheimischen, außerdem noch Lebensmitteln, Nutztieren und sonstiger Handelsware. Ich möchte erst einmal auf dem von uns gebuchten Bereich das Deck reinigen, bevor wir die Moskitozelte aufstellen. Eine Afrikanerin bemerkt, wie ich mich nach einem Besen umsehe und greift zur Tat. Sie schnappt sich einen ungeschälten Maiskolben aus den Lebensmittelvorräten an Bord und kehrt mit dessen strohiger Spitze unseren Standplatz.

Diese Fähigkeit und Erfahrung zu improvisieren, macht, neben deren unzerstörbarer Fröhlichkeit, den besonderen Reiz der Afrikaner aus. Jetzt gilt es nur noch, unseren gebuchten Platz gegen die nachrückenden Einheimischen zu verteidigen. Jemand kommt auf die glorreiche Idee, dass man doch die Zeit nutzen könnte, um Wäsche zu waschen. Es findet sich auch sofort eine Frau, die sich anbietet, das zu erledigen, es gelingt aber nicht, einen Preis dafür zu erfahren. Also zahle ich am Schluss was ich für richtig halte und füge noch ein gebrauchtes, frisch gewaschenes T-Shirt dazu.

Die Nächte verbringen wir auf Deck unter Moskitonetzen, nachdem alles in den Fahrzeugen verstaut ist, denn es kommt vor, dass in der Nacht jemand mit dem Einbaum anlegt, sich schnappt was in Reichweite ist und geräuschlos wieder abtreibt.

Die Menschen an Bord sind jedoch ebenso ehrlich und freundlich wie die Mannschaft, die aus drei hochgesellten Persönlichkeiten der Dienstbezeichnungen „capitain", „ingénieur" und „directeur" besteht. Im Schutz des lauten Maschinengeräusches komme ich mit dem Directeur ins Gespräch. Er fragt etwas fordernd: „Warum unterstützt Deutschland uns Zairer nicht bei der Entwicklung des Landes?" Darauf antworte ich, dass unser Land nach dem Zusammenbruch des Kommunismus und der Wiedervereinigung sehr hohe Kosten habe, um den Ländern in in unserer direkten Umgebung zu helfen. Außerdem würde von Entwicklungshilfe ohnehin nichts beim Volk ankommen, sondern in den tiefen Taschen Mobutus verschwinden.

Jeder kocht für sich und hat eigene Vorräte

Da meint er resignierend „Il ne faut rien donner", wir sollten besser nichts geben.

Die Fahrt flussaufwärts zieht sich hin, der Capitain hat auch Bedenken, ob ihm der gekaufte Treibstoff bis Kisangani reiche, weil unsere Fahrzeuge doch schwerer sind, als er dachte. Deshalb überlegen wir, wie wir das Ganze abkürzen können. Von einem ehemaligen Professor der geschlossenen Universität von Kisangani erfahren wir, dass von dem Ort Isangi eine sehr kleine Piste nach Kisangani führe. So beschließt Peter, dass wir dort von Bord gehen und den Professor auch gleich mitnehmen. Problem ist nur, dass dort weder Kran noch Laderampe zur Verfügung stehen. Die Filmer möchten die Szene aufnehmen, weshalb es mir überlassen bleibt, in halsbrecherischem Sprint über zwei starke Bretter die Geländewagen von Bord zu fahren.

Die knirschen zwar vernehmlich, geben aber nicht endgültig nach. Mangels örtlicher Unterkunft verbringen wir die Nacht unter unseren Mückennetzen direkt am Ufer des Kongo.

Die Urwaldpiste ist im ersten Abschnitt so unbenutzt, dass sie eigentlich nur noch an der schmalen Schneise durch das Unterholz auszumachen ist. Fahrzeugspuren sind nicht mehr erkennbar. Kurz nach Sonnenuntergang tauchen wir schließlich wieder mal bei einer Missionsstation auf. Es ist alles dunkel, aber als der polnische Padre

Abfahrt vom Ponton über zwei Bretter

uns bemerkt, schmeißt er den Generator an, um uns bei Licht willkommen zu heißen und uns Mönchszellen zuzuweisen. Unserem zairischen Freund, dem Ex-Professor, verwehrt er den Zutritt. Er muss sich in einer der Hütten in der Umgebung einen Schlafplatz suchen. Zum Gemeinschaftsbad muss man einige Meter einen Gang entlang gehen. Das ist, insbesondere auf dem Rückweg, halsbrecherisch, denn der Betonfußboden ist mit Diesel eingestrichen, um Insektenbefall vorzubeugen. Der Diesel allein ist schon glitschig, aber zusammen mit Wasser ist es noch schwerer, auf den Beinen zu bleiben. Der Padre ist der letzte von früher dutzendenden von Missionaren. Ein Bild des Papstes hängt windschief über der Türe und als wir ihn darauf ansprechen, meint er: „Das habe er da nicht hingehängt." Seine kleine Bibliothek besteht nur noch aus Büchern in polnischer Sprache, die französischsprachigen sind ihm im Laufe der Zeit alle geklaut worden.

Auf dem einfachen Tisch seines Aufenthaltsraumes steht eine Schale mit Nüssen, aus der er sich bedient. Wir haben den ganzen Tag fast nichts gegessen und sind entsprechend hungrig. Bevor er uns die Nüsse anbietet, fragt er, ob wir Zitrusfrüchte gegessen oder Limonade getrunken haben. Haben wir nicht, also können wir zulangen. Es sind berauschende Kolanüsse von Bäumen einer nahegelegenen, verlassenen Versuchsplantage der Belgier aus der Kolonialzeit. Er sagt uns, dass die Nüsse zusammen mit Zitronensäure Blausäure entwickeln und man tot umfällt. Trotz starken Hungers probiere ich nur zwei der bitteren Nüsse, bemerke aber nichts von berauschender Wirkung. Wir erklären dem von Kolanüssen angedröhnten Padre, wer unser einheimischer Begleiter sei, was immerhin dazu führt, dass er am nächsten Tag zum Frühstück erscheinen darf. Das Frühstück besteht aus selbstgebackenem Brot, selbstgefertigter Ananasmarmelade und örtlichem Kaffee ohne Milch und Zucker.

Ab dieser Missionsstation ist die Piste etwas breiter, so dass wir nicht mehr befürchten müssen, in einem überwachsenen Schlammloch stecken zu bleiben. Sie endet an einem breiten Nebenarm des Kongo, den wir mit einer Fähre überqueren müssen. Das kleine Fährschiff ist zwar da, aber nicht betriebsbereit, einer der beiden Motoren ist schon lange ausgefallen und die Schiffsschraube hat sich mal wieder gelockert, weil sie beim unprofessionellen Anlegen mit der Auffahrtsrampe aus Beton „in Konflikt" gekommen ist.

Als technisch einigermaßen versiertes Mitglied der Mannschaft obliegt es mir, das Problem zu beheben. Ich schnappe mir das Werkzeug, um an unwichtiger Stelle der Fähre einige Schrauben frei zu machen. Die gebe ich dem Kapitän der Fähre, damit er die gerissenen und verbogenen Schrauben der Befestigung der Schiffsschraube ersetzt. Ein deutscher Entwicklungshelfer, der ihn an der Fähre angelernt hat, hat ihm beigebracht, dass er jedes Anziehen einer Schraube noch einmal überprüfen muss. Das ist sehr vernünftig, setzt aber voraus, dass man weiß, in welche Richtung man sie drehen muss, damit sie fest sitzt. In der Hälfte der Fälle lockert er die Schrauben beim „verifier" (Überprüfen) wieder.

Das ist aber noch nicht alles, der Fährmann zieht den Ölmessstab eines Getriebes heraus, der sich als ziemlich trocken und verschlammt erweist. Kein Problem, wir haben einen Liter Getriebeöl dabei. Dann brauchen wir nur noch die Batterien aus unseren Fahrzeugen, um die Maschine der Fähre zu starten – und schon kann es losgehen.

Die Arbeiten finden bei unvorstellbarer Hitze statt, denn der Stahlboden der Fähre glüht förmlich. Die Sonne hier am Äquator sticht nicht nur in gerader Linie herunter. Von oben kommt die Wärmestrahlung nicht nur auf direktem Weg von der Sonne, sondern auch noch von einer dicken Wolkenbank, deren Wassertropfen die Sonnenstrahlen nach unten reflektieren. Wir kennen diesen Effekt von zuhause als „stechende Sonne" an schwülen Sommertagen, bevor ein Gewitter aufzieht. Zusätzlich brennt sie, durch die Reflexion auf der Wasseroberfläche, von der Seite auf uns ein.

Inzwischen ist eine Horde von Frauen auf die Fähre gekommen, um die Gelegenheit zu nutzen, mit uns und kostenlos den Kongo zu überqueren. Auf dem Rücken tragen sie in riesigen, sehr schweren Körben Ananas und andere Früchte, um sie in Kisangani auf dem Markt zu verkaufen. Nach der Wiedermontage der Batterien fallen die Autoradios wegen Stromunterbrechung aus.

Man sieht Kisangani an, dass es mal eine blühende Stadt war. Wie auch sonst im Kongo ist kaum etwas kriegszerstört, aber einfach ungenutzt, verlassen und vergammelt. Da sind riesige ehemalige Ladengeschäfte zu sehen, die jetzt nur noch als Büro der Aufkäufer von

Rohdiamanten dienen, aber weitgehend leer stehen. Der SNIP, bei dem wir uns melden müssen, erwartet uns bereits und wundert sich, wo wir so lange waren. Er leitet uns zu einem Hotel, das vom Sohn eines Generals der Regierungstruppen geführt wird und deshalb als sicher gilt.

Am übernächsten Tag starten wir noch vor Sonnenaufgang den langen Weg nach Bukavu ganz im Osten von Zaire. Da führt zwar zunächst eine ordentliche, von Deutschen gebaute Asphaltstraße hin, die jedoch zunehmend schmaler wird, weil sie der Urwald zurückerobert. Der Kilometrierung darf man nicht trauen, weil die korrupten Behördenvertreter die Straße kürzer werden ließen, um Geld abzuzweigen, aber die Kilometerangabe zur Tarnung beibehalten wollten. Der letzte unbefestigte Abschnitt führt durch einen Ausläufer des Ruwenzori-Gebirges, womit schon klar ist, dass sich dieser in katastrophalem Zustand befindet und bei Starkregen selbst mit Geländewagen nur sehr mühsam zu bewältigen ist. Weil wir nach sehr langer Fahrt mitten in den Bergen in die Nacht geraten, campen wir am Straßenrand vor einem riesigen Schlammloch, in dem wir nicht gerade bei Dunkelheit stecken bleiben wollen.

Schlammschlacht im Ostkongo wird gefilmt

Am nächsten Morgen passieren wir das Schlammloch ohne Probleme und kommen am Nachmittag in Goma an. Der SNIP begleitet uns zum Flüchtlingslager für Tutsis aus Ruanda, wo das Massaker an dieser Volksgruppe gerade begonnen hat. Manche Flüchtlinge haben schwere Schnittverletzungen von Machetenhieben. Im Kivu-See waren Leichen aus dem ganz nahegelegenen Ruanda angeschwemmt worden. Das Lager ist bis dahin nur mit 15.000 Flüchtlingen belegt, während es für 50.000 ausgelegt ist. Wenige Wochen später sind 500.000 Tutsis nach Zaire geflohen und 500.000 ermordet worden.

Wir als europäische Spesenritter wohnen in einem von einer Belgierin geführten, wunderschönen Hotel auf einer Anhöhe über dem Kivu-See, wo auch die selbstlosen, genügsamen Entwicklungshelfer auf Kosten der Spender residieren. Die Not der Gäste wird durch die Frage der auch Deutsch sprechenden Wirtin gut illustriert: „Möchten Sie nicht ein Pflaumeneis probieren? Das ist gerade heute aus Südafrika eingeflogen worden. Das ist sooo lecker!“

Die ganze Region im und um das Ruwenzori-Gebirge ist mit seinen Vulkanen, Berggorillas, Urwäldern und Seen von überwältigender Schönheit. Diese gebirgigen Landesteile von Zaire, Uganda,

Selbstgebaute hölzerne Transportroller im Ostkongo

Ruanda und Burundi könnten Touristenziele allerersten Güte sein, wenn nur der ständige Krieg nicht wäre.

Wir fahren am Rand des Ruwenzori nach Norden, dabei kommen wir an einem Lager der UN vorbei, das mit Antennen, strahlend weißen Hubschraubern, Geländefahrzeugen, gepanzerten Geländewagen sowie Wohn- und Bürocontainern gespickt ist, deren steuerfrei hochbezahlte Mitarbeiter dennoch nichts bewirken. An der Grenze zu Uganda laden wir unseren Begleiter der SNIP aus, wechseln zum Fahren auf die linke Straßenseite und gelangen ohne weitere Probleme nach Kampala. Dort ist für mich die Reise beendet, die ohnehin eine Woche länger gedauert hat als geplant. Für die Weiterfahrt nach Nairobi, dem Ort der Stationierung meiner Auftraggeber und Freunde, sowie für die Weiterfahrt nach Mombasa am Indischen Ozean benötigen sie nun wirklich keine Unterstützung mehr.

Frank bringt mich in den Morgenstunden nach Entebbe am Victoria-See zum Flughafen, wo wir für mich einen Rückflug mit der Lufthansa nach München buchen. Im Transitraum komme ich mit einem Offizier aus Kongos Hauptstadt Brazzaville ins Gespräch, der im Auftrag der UN in Ruanda als Beobachter stationiert war. Er ist zutiefst erschüttert von den Massakern in diesem schönen und fruchtbaren, aber stark überbevölkerten, hügeligen Land, das ich auf anderen Reisen zweifach besuchen konnte.

Peter Kunz zählt bis heute zur überschaubaren Zahl der Menschen, die ich wirklich bewundere. Der unterwegs gedrehte Film lief dann in der Reihe „Afrika – die Zukunft ist schwarz“ im ZDF.

Russland: Russland im Umbruch

1995

Für zukünftige weite Reisen haben wir ein fast neues Fahrgestell eines allradgetriebenen MAN 9-Tonners erworben und sehen uns nach einem Aufbau um, den wir mit einer einfachen Campingausrüstung versehen möchten. Es gelingt uns, einen sogenannten LAK II-Aufbau der abgewickelten DDR-Volksarmee aufzutreiben. „LAK" heißt „Leicht absetzbarer Kasten", er ist aber alles anderes als leicht, denn er ist aus einem zentimeterdickem Glasfibermaterial gefertigt. Dafür ist er angeblich schussfest und gasdicht. Anstelle der luftdichten Festverglasung lassen wir Wohnmobilfenster einbauen, innen kommt eine einfache, selbstgebaute Möblierung aus Bootsbauplatten hinein. Dann fertigt ein Fachbetrieb einen Zwischenrahmen mit Ersatzradhalterung. Weiterhin rüstet er das Fahrzeug mit Treibstofftanks für über 800 Liter Diesel aus, was für gut 3000 Kilometer Fahrt reicht. Das Fahrzeug sieht imposant aus, wird wegen seiner drei Fenster an den beiden oben abgeschrägten Seitenwänden aber immer wieder für ein Fahrzeug zur Mülltrennung gehalten.

Nur drei Jahre nach Zusammenbruch der Sowjetunion möchten wir touristisches Neuland im Osten erkunden. In umständlichen Prozeduren besorgen wir uns die Visa für Russland und die Ukraine. Für Russland müssen wir eine маршрут und Unterkünfte für jede Nacht angeben. Damit werden zwei erste Probleme sichtbar: Was ist eine Маршрут und welche Unterkünfte geben wir an, wenn es keine Campingplätze gibt und wir ohnehin in der Pampa übernachten möchten. Das erste Problem mit der kyrillischen Schrift und fremden Sprache wird uns jetzt länger begleiten. Маршрут (Marschrout) heißt Marschoute, kommt aus dem Deutschen, so wie die ebenso unsympathischen, deutschstämmigen Worte aus der Verwaltungssprache штраф (Straf) = Strafe und шлагбаум = Schlagbaum. Wir legen also eine „Marschrout" fest, geben Fantasie-Unterkünfte an und hoffen, dass wir nicht an einem шлагбаум angehalten werden, uns abseits unserer маршрут bewegen und uns dafür eine saftige штраф einhandeln.

Beim Bauen der einfachen Inneneinrichtung sehe ich ein Geheimfach vor, das es erlaubt, ein damals aktuelles und sehr teures Inmarsat

M-Satellitentelefon im Format eines 15 Kilogramm schweren Koffers zu verstecken. Das habe ich für die Saharaexpeditionen ohnehin herumstehen. Das Fach liegt unter dem Bett an der linken Seitenwand. Trick bei der Sache ist, dass dort eine Außenklappe in ein flaches Fach führt, hinter dem wiederum das von innen umständlich verborgene Geheimfach liegt.

Wenige Tage vor Abreise tritt jedoch ein Kaufinteressent für das Satellitentelefon in Erscheinung. Da ich ohnehin nicht sicher bin, ob es richtig ist, dieses mitzunehmen, und ahne, dass bald ein neues, kleineres auf den Markt kommen wird, verkaufe ich es kurzerhand. Das Geheimfach ist also leer.

Schließlich kann es losgehen. An der deutsch-polnischen Grenze fragt mich der ostdeutsche Grenzpolizist: „Was ist das denn für ein Fahrzeug?" „Ein wiedervereinigtes Fahrzeug mit Fahrgestell aus Westdeutschland und mit Aufbau von der DDR-Volkarmee", kläre ich ihn auf. Das findet er zwar ganz nett, möchte aber dennoch einen Blick ins Innere werfen. Während ich die Hecktür öffne, sage ich zu ihm: „Die jungen Blondinen von der Ostsee habe ich aber erst bei der Rückreise dabei." Unerwartet schlagfertig antwortet er: „Vielleicht bin ich ja dann auch im Dienst", und winkt mich durch.

Trotz über 800 Liter Tankkapazität fahre ich Richtung Osten immer mit den letzten Litern Diesel über die Grenze, weil er in dieser Richtung von Land zu Land immer billiger wird. So durchqueren wir problemlos Polen, Lettland und Litauen, wo ich wieder mit den letzten Litern im Tank an der Grenze zu Russland vorfahre. Die Abfertigung ist interessant, die Beamten und Beamtinnen sind höflich, aber irgendwie emotionslos. Meine in Afrika gewonnene Erfahrung, mit harmlosen Späßchen den amtlichen Vorgang auf eine eher freundschaftliche Ebene zu bringen, hat zwar an der deutsch-polnischen Grenze noch geklappt, hier funktioniert sie jedoch nicht.

Man inspiziert das Fahrzeug aufmerksam von allen Seiten und von innen, mit Spiegel auch von unten sowie von oben, wozu eigens eine Brücke über die Abfertigungsspur gebaut ist. Ein Beamter streicht mit Hand und Unterarm zwischen Bettdecke und Matratze, um sich zu vergewissern, dass da nicht eine AK 47 versteckt ist. Dabei fällt ihm die Holzblende vorne am Bettkasten auf. „Was ist dahinter?", fragt er. Ich antworte mit Händen und Füßen: „Folgen Sie mir nach draußen, da ist eine Klappe." Ich öffne die Außenklappe, nichts drin. Zu meinem größten Erstaunen ist ihm aber sofort klar, dass da was nicht stimmt. Er steigt wieder ins Fahrzeug und fordert mich auf: „Fach öffnen!" Ich öffne also mein Geheimfach und lasse die warme Luft raus. Er ist stolz, dass er das Fach entdeckt hat, ich bin froh, dass das Satellitentelefon nicht mehr drin ist. Dass die Burschen wirklich gut geschult sind und ein gutes räumliches Vorstellungsvermögen haben, sollte sich noch öfter erweisen.

Jetzt gilt es, die Einfuhrabfertigung für das Fahrzeug zu erledigen. Eine Beamtin trägt alle möglichen Daten in ein Formular ein und fragt uns immer wieder: „сколько это стоит?", was wir partout nicht verstehen. Es ist auch keiner da, der uns das übersetzen könnte.

Schließlich zieht sie eine dicke deutsche Schwacke-Liste raus, in der die aktuellen Fahrzeugwerte aufgeführt sind. Jetzt ist klar, sie braucht den Zeitwert des Fahrzeugs. Danach können wir in dem modernen Abfertigungsgebäude noch 100 US-Dollar ganz offiziell gegen Wechselbeleg „umrubeln", damit wir nicht ganz ohne „cash in de Täsch" unterwegs sind. Die Abenddämmerung macht sich bemerkbar, als wir das Abfertigungsgebäude verlassen und uns in die freie Wildbahn Russlands begeben.

Vor dem nächsten Dorf prangt ein riesiges Schild mit dem Ortsnamen, den wir aber nicht lesen können. Wir haben uns vorgenommen, keinen Ort zu durchfahren, bevor wir nicht den Ortsnamen aussprechen können. Jetzt kommen unsere groß ausgedruckten kyrillischen Alphabete zum Einsatz, die wir an der Frontscheibe über die Sitzpositionen geklebt haben. So dauert es in den ersten Tagen etwas, bis wir vorankommen, aber es wird mit der Zeit immer besser. Ich brauche dringend Diesel, finde aber keine Tankstelle und habe keine Ahnung, wie viel der Diesel in Russland kostet.

Da steht plötzlich am Straßenrand ein mit „дизель" beschrifteter, in Militärfarben lackierter Tanklastwagen mit einfacher Pumpe und Anzeige der Fördermenge in Litern. „Aha, da gibt es Diesel", dämmert es mir. Wir fahren vor und werden auf Russisch begrüßt. Der „Tankwart" ist volltrunken, aber es ist ja auch schon Abend, da hat sich dann schon einiges angesammelt. Damit ich jetzt nicht gleich bei der Einreise zu viel falsch mache, tanke ich nicht 800 Liter, sondern erst einmal 100. Der volltrunkene Tankwart schreibt mir einen Zettel aus und gibt mir Wechselgeld auf meine hingehaltenen Rubel. Ich habe keine Ahnung, wie viel das jetzt gekostet hat und ob er korrekt abgerechnet hat. Wir fahren 20 Kilometer weiter und suchen uns rechtzeitig vor Einbruch der Dunkelheit einen ruhigen Standplatz abseits der Straße, im Sichtschutz von Bäumen und Sträuchern.

Während Erika etwas kocht, versuche ich auszutüfteln, wieviel der Diesel jetzt gekostet hat. Zum meinem Erstaunen stelle ich fest, dass der Tankwart mich nicht etwa übervorteilt hat, sondern sich zu seinem Nachteil verrechnete. Weil ich das nicht auf mir sitzen lassen möchte, beschließen wir, am nächsten Tag zurückzufahren und ihm den fehlenden Betrag auszuhändigen. In unserer deutschen Gründlichkeit gehe ich davon aus, dass er bei der abendlichen Abrechnung gemerkt haben muss, dass ihm was fehlt. Am nächsten Morgen fahren wir also zurück, er ist noch nüchtern, ich halte ihm den Fehlbetrag hin. Er sieht mich fragend an, springt zum Zapfhahn und füllt Diesel für diesen Betrag ein. Erst im Verlauf der Reise wird mir klar, dass da Dieselreserven der Streitkräfte schwarz verkauft werden und eine Tagesabrechnung im Vollrausch nicht stattfindet. Aber der Diesel ist überall billig, so dass ich bei der nächsten, einer im Wald etwas abgelegenen Tankstelle, alles vollfülle.

Unser Weg führt uns auf einer unbefestigten Nebenstrecke durch einen endlosen Wald in Richtung Sankt Petersburg. Äste von Bäumen und Sträuchern, die vom dichten Wald in die Piste hineinzuwachsen drohen, wurden mit der chemischen Keule abgetötet. Sie ragen

Tanken beim Militär-Tanklastwagen

einem hässlich und ohne Laub entgegen. Wieder gilt es, einen Platz zur Übernachtung zu finden. Wie üblich wollen wir von der Hauptstrecke auf eine Nebenstrecke und von dieser aus seitlich ins Gebüsch in Deckung gehen. Also biegen wir links auf eine nicht beschriftete, breite Kiespiste ein, der wir wenige Kilometer folgen möchten, um uns dann ins Gebüsch zu schlagen. Aber wie so oft kommt es erstens anders und … Unvermittelt fahren wir auf das breite, grob zusammengeschweißte Tor eines riesigen Militärgeländes zu. Nur gut, dass davor ein großer Wendeplatz angelegt ist, an dem ich zügig umdrehen und wieder verschwinden kann.

So folgen wir wieder der kaum befahrenen ursprünglichen Hauptpiste, als wir in der Entfernung mitten auf der Piste ein Fahrzeug und mehrere Personen sehen. Natürlich hatten wir vor der Reise jede Menge Räuberpistolen über Überfälle in Russland gehört. Beim Näherkommen wird klar, dass da zwei Paare einen Lada-Pkw schieben. Wir halten an, um Hilfe anzubieten, der jüngere Mann spricht etwas Englisch. Es ist eine Familie, die im Wald beim Pilze- und Beerensuchen war, auf der Rückfahrt zu ihrer Datscha hat die Zündung zu streiken begonnen. Wir schleppen sie bis zur Datscha ab und sind gleich in der zweiten Nacht unseres Russlandaufenthalts eingeladen, dort zu übernachten. Die Verständigung ist mühsam, aber es wird klar, dass Vater und Sohn in einem nahegelegenen Atomkraftwerk arbeiten. Sie zeigen uns ihre handgezeichnete Landkarte der Umgebung, wir ihnen unsere TPC-Karte, die für Zivil- und Militärpiloten gemacht ist. Aus ihrer freundlichen Sicht ist das eine „Spion-Karte", weil der Amateurpilot Mathias Rust, der 1987 mit seiner Cessna 172 nahe dem Roten Platz gelandet ist, eine TPC-Karte bei sich hatte.

Unsere Gastgeber vor ihrer Datscha

Am nächsten Tag geben uns die freundlichen Russen noch Lebensmittel aus ihrem Garten mit, die sie unter dem Dach ihrer Datscha für den Winter eingekocht haben. Nach der Rückkehr nach Deutschland schicke ich ihnen eine detaillierte russische Generalstabskarte ihrer Gegend, die man in unserem Laden bekommen konnte, nicht aber bei ihnen in Russland.

Wie man sich Russland mit Wohnmobil halt so vorstellt

Wir fahren zwar nur nach Sankt Petersburg, Moskau und weiter nach Süden nach Rostov na Donu, sind aber bereits hier von der Weite des Landes überwältigt. Dabei „kratzen" wir ja nur den äußersten Westen des größten Landes der Welt an, das ein Neuntel der Landmasse einnimmt. Es wird aber auch immer klarer, wie zurückgeblieben zumindest die ländlichen Gebiete Russlands sind. Die Bauarbeiter tragen den Mörtel und Kies zu zweit auf Bahren zum Arbeitsplatz, weil sie keine Schubkarren haben. Einige Bauern haben sage und schreibe noch ein Joch über der Schulter, um Wassereimer vom Brunnen ins Haus zu schleppen. Die Bahnübergänge sind so steinzeitlich wie in Deutschland vor dem Ersten Weltkrieg, mit Bahnwärterhäuschen, handbedienten Schranken und Gleisüberquerungen, für die man eigentlich Allradantrieb bräuchte, wenn man ihn nicht schon hätte.

Inzwischen ist uns klar geworden, dass sich für die Marschrout kaum einer interessiert, jedenfalls nicht die normale Straßenpolizei, die immer wieder im Schatten großer Bäume am Straßenrand lauert und die Radarpistole zückt.

Das heißt aber nicht, dass man mit denen keinen Stress bekommen könnte. An einem dieser fliegenden Posten bewegt der Polizist seinen schwarz-weiß gekringelten Polizeistock von links nach rechts. Ich interpretiere das als Durchwinken und gebe wieder Gas. Einige Kilometer weiter sehe ich im Rückspiegel ein Fahrzeug mit Blaulicht und Martinshorn kommen. Ich fahre nach rechts und gehe vom Gas, damit er leicht passieren kann. Macht er auch, haut aber dann die

Bremse rein. Ich halte und komme 20 Meter hinter ihnen zum Stehen. Die Polizisten steigen aus, einer bleibt auf der Fahrerseite und sichert mit seiner Kalaschnikow, der andere kommt mit hochrotem Kopf auf mich zu. Er blafft mich auf Russisch an, ich verstehe kein Wort. Wohlwissend, dass unser Fahrzeug von außen schwer einzuschätzen ist, antworte ich auf Deutsch: „Wir sind Touristen aus Deutschland … " Er hat vermutlich nur „Tourist" verstanden und versucht mich wahrscheinlich zu belehren, dass ich auch als Tourist anzuhalten habe.

Schließlich fordert er eine штраф in zumutbarer Höhe. In meiner deutschen Gründlichkeit fordere ich eine Quittung, die mir freilich selbst dann nichts helfen würde, wenn ich die Reisekosten von der Steuer absetzen könnte. Der Polizist ist verblüfft und bedeutet, wir sollen ihm ins Revier folgen. Also fahren wir hinter dem полиция-Lada einige Kilometer zurück. An der Wand hängen einige defekte Funkgeräte und eine Art Laufleine mit Stahldraht, die vermutlich dazu dient, den Kontakt zu festgenommenen Verkehrsteilnehmern auch beim Toilettenbesuch nicht zu verlieren. Schlagartig wird mir klar, warum uns die russischen Passanten in den Großstädten immer so angegrinst haben, wenn wir unseren Hund an der Laufleine, die sich aus dem Gehäuse abwickelt, zu Fuß unterwegs waren. Inzwischen ist auf dem Revier ein freundschaftlicher Ton eingezogen, ich bekomme meine überflüssige Quittung, wir können weiterfahren.

Rotwein ab Tank am Straßenrand

Nach tausenden von Kilometern durch endlose Wälder beschließen wir, unsere Marschrout endgültig zu verlassen und über Rostov na Donu den Kaukasus anzusteuern. Wir haben kein geplantes Ziel, entnehmen aber einem Reiseführer, dass der Wintersportort Dombai in der Teilrepublik Karatschai-Tscherkessien in einer malerischen Hochgebirgsregion liegen soll.

Es gilt zu ergänzen, dass fast alle Hauptverbindungsstrecken eine feste Fahrbahndecke haben. Das heißt aber noch lange nicht, dass sie glatt wären. Unser Fahrzeug ist wegen der Bodenwellen ständig in Bewegung, bis plötzlich ein scharfer Schlag ertönt, der keinen Zweifel zulässt, dass jetzt etwas passiert ist, was wir nicht ignorieren können. Ich steige aus und sehe ein gebrochenes Federblatt der rechten Vorderfeder. Erika erklärt sich für unschuldig, an ihrem Gewicht liege es nicht.

Ganz vorsichtig fahren wir weiter, bis eine der staatlichen Kfz-Werkstätten an der Straße auftaucht. Da wird zwar nichts mehr repariert, man vermittelt uns aber an einen Bastler, der in einer Garage sein einfaches Werkzeug aufgebaut hat. Der Vermittler erhält für seine Dienste vom Bastler ein Flasche Moskovskaya-Wodka und die Reparatur kann beginnen. Er baut die Feder aus, es ist aber völlig aussichtslos, ein solches Federblatt in Russland zu bekommen. Es hat eine sehr spezielle Form, einen vom mittleren Befestigungspunkt zu den Endpunkten der Feder abnehmenden Querschnitt, die man aus Federblatt-Rohmaterial nicht zuschneiden und biegen kann. Es kann nur ein Provisorium gebaut werden, ein normales, flaches Federblatt, das mit grob selbstgebastelten Schellen mit den anderen Blättern verbunden wird. Bis zum Abend versucht der Bastler, ein Loch für den Herzbolzen in sein Federmaterial zu bohren. Es zerstört reihenweise seine Bohrer, kommt aber nicht weiter. Also übernachten wir im

Neue Federbride: Improvisation ist alles in Russland

Scheinwerferlicht der zur Überwachung der Garagenanlage montierten Flakscheinwerfer vor der Garage im aufgebockten Fahrzeug. Am nächsten Morgen war er schon fleißig und hat mit dem Schweißbrenner ein Loch in das Federblatt für den Herzbolzen gebrutzelt. Von Federeigenschaft kann da im Mittelbereich des Blattes nicht viel übrig geblieben sein.

So baut er alles wieder ein, der Lenker steht schräg, weil die Vorderachse verschoben ist.

Ich halte ihm 100 US-Dollar hin, was ihn verblüfft stutzen lässt. Er sei noch nie in Fremdwährung bezahlt worden, ist aber zufrieden. Ich liege fortan jeden Abend unter dem Auto, um abzuschätzen, ob mir die Vorderachse früher oder später rausfliegt. So arbeiten wir uns in Richtung Dombai vor, die Kontrollen an der Straße werden aber immer schwieriger. Hier im Grenzgebiet zu Georgien kontrolliert nicht nur die Straßenpolizei, sondern auch das Militär, das sich daran zu stören beginnt, dass wir 1000 Kilometer abseits der Marschrout unterwegs sind. Als eingeschworene Nichtraucher haben wir versäumt für solche Fälle zwei Stangen Marlboro mitzunehmen, um daraus jeweils eine Schachtel für die armen Hunde vom Militär beim Fenster rauszugeben. Die Soldaten funken zu ihren Vorgesetzten, aber letztlich werden wir immer durchgelassen.

Am Fuß des Kaukasus gilt es, in den Abendstunden wieder einen Übernachtungsplatz zu finden. Wir machen links oberhalb der Straße ein kleines, aufgeforstetes Wäldchen aus und beschließen, dort in der Deckung der Bäume zu übernachten. Wie immer müssen wir uns beim Abzweig erst durch 100 Meter wild abgelagerten Industriemüll kämpfen, bevor der Straßenrand wieder sauberer wird.

Wir finden eine Lichtung und bauen uns dort auf, als wir merken, dass es da nicht so einsam ist, wie wir hofften. Am anderen Ende des Wäldchens scheint sich eine Alkoholorgie abzuspielen. Gelegentlich sind Schüsse zu hören, was hier aber offensichtlich eher zur Folklore gehört. In der Abenddämmerung gehe ich mit unserem Hund spazieren, auch um die Umgebung etwas zu erkunden, als ich von der gegenüberliegenden, weit entfernten Seite des Tals starkes Motorengeräusch und schweres Kettengeklapper vernehme. Es scheint sich eine schwere Maschine in Richtung Georgien den Berg hinaufzuarbeiten.

Während ich da so lausche und beobachte, taucht ein bewaffneter Reiter hinter einer Kuppe auf. Ich tue so, als beunruhige mich das nicht, und drehe um. Auf halbem Weg zum Fahrzeug gibt unser Hund Piggy Vollgas, um sich in Sicherheit zu bringen. Auch ihm war die Situation offensichtlich unheimlich. Aber es passiert nichts, wir schlafen gut ein und haben eine ruhige Nacht beziehungsweise halbe Nacht. Dann schrecken wir auf, weil ein lautes Wiehern zu vernehmen ist. Aber nichts weiter, wir beruhigen uns und schlafen wieder ein. Beim Morgenspaziergang mit Hund suche ich die nähere Umgebung ab. Dabei entdecke ich die Hufspuren des Pferdes, mit dem der Reiter offensichtlich mitten in der Nacht versucht hat, sich unserem Fahrzeug erneut zu nähern. Durch das scheuende Pferd fühlte er sich entdeckt und drehte um. Ich kann nur vermuten, was abgelaufen war. Es könnte sein, dass in dem Krisengebiet Waffen in Richtung Georgien geschmuggelt worden waren und der Reiter die Flanke dieses Transportes beobachten oder sichern sollte.

Schließlich erreichen wir das auf 1650 Meter Höhe gelegene Dombai. Die Landschaft mit den bis zu 4000 Metern aufragenden, gletscherbedeckten Bergen ist überwältigend, die Gebäude jedoch hässlich. Wir suchen lange, bis wir ein ansehnliches Gebäude im alpinen Hüttenstil finden. Dort fahren wir vor, um zu fragen, ob wir im Fahrzeug übernachten dürfen. Wladimir, ein deutschstämmiger Russe, der als Bergführer arbeitet, vermittelt für uns beim Chef, dass wir ein Zimmer nehmen und bleiben dürfen. Es stellt sich heraus, dass es sich um eine privatisierte Regierungsdatscha handelt, in der früher auch Michail Gorbatschow wiederholt logierte.

In Dombai beschließen wir, Russland bald zu verlassen, nicht zu unserer Marschrout zurückzukehren, sondern, wenn möglich, entlang des Schwarzen Meeres nach Georgien und in die Türkei zu fahren. Wladimir bitten wir, für uns zu erkunden, wo wir ein Visum für Georgien bekommen können. Als wir ihn am nächsten Morgen fragen: „Haben Sie herausbekommen, ob und wo wir ein Visum bekommen können?", erwidert er: „Ich habe gestern für heute Nachmittag ein Ferngespräch angemeldet und werde versuchen, das in Erfahrung zu bringen." Dass wir in Dombai oder in Russland im Allgemeinen so weit „hinter dem Mond" waren, dass wir einen Tag auf ein handvermitteltes Ferngespräch warten müssen, hatten wir auch nicht geahnt. Inzwischen wird uns klar, dass wir entlang des Schwarzen Meeres zuerst durch die abtrünnige georgische Provinz Abchasien fahren müssen, die von Russen bewohnt ist, sich Russland zugehörig fühlt und nur von Russland anerkannt wird.

So beschließen wir, den kürzesten Weg in die Ukraine zu wählen. Wir fahren auf die russische Halbinsel Kertsch, erledigen die oberflächigen Ausreiseformalitäten und nehmen von dort die Fähre über die vier Kilometer breite Wasserstraße von Kertsch in die Hafenstadt Kertsch auf der Krim.

Ehem. Regierungsdatscha in Dombai

Da auch die damals noch ukrainische Krim stark russisch besiedelt ist, finden nur flüchtige Kontrollen des Fahrzeugs und der Papiere statt. Es fällt jedoch auf, dass die Russen und Ukrainer häufig Pässe mit der Aufschrift CCCP, also UDSSR, haben. Auch die Einreiseformulare in der Ukraine stammen noch aus Sowjetzeiten. Vor und hinter den Städten sind Schlagbäume montiert, die über die Straße geschwenkt werden können. Vor den sowjetischen Kriegerdenkmälern wechseln sich die Brautpaare für Erinnerungsfotos ab. Selbst Lenindenkmäler sind noch in voller Pracht zu sehen.

Wladimir vor Hochgebirgslandschaft an der Grenze zu Georgien

Kwas (Erfrischungsgetränk aus Brotgärung) ab Fass am Straßenrand

Die Straßen in der Ukraine sind noch schlechter als in Russland, die Bevölkerung unübersehbar ärmer. Gelegentlich sind horizontal montierte Balken in diskretem Abstand, aber gut sichtbar montiert. Kommt man näher, so riecht man, dass es leibhaftige Donnerbalken für die Reisenden sind. Sie bieten bei der Erleichterung großartige Aussicht auf Straße und Landschaft, aber ohne jeglichen Sichtschutz, einfach mit „Loch in Erde“. Selbst im altehrwürdigen Botanischen Garten auf der Krim stinken die vorne offenen Toiletten zum Himmel. Ungeräumte, verrottete militärische Sperranlagen säumen die Straßen und Hänge bis hin zu einem riesigen Flugfeld, auf dem hunderte von stillgelegten, riesigen Militärhubschraubern ihre abgeschlafften Rotorblätter hängen lassen.

Während einer Mittagspause in Straßennähe hören wir gelegentlich ein merkwürdiges Röcheln. Dem möchte ich in Begleitung unseres Hundes auf die Schliche kommen. Nachdem ich eine Wiese durchquert habe, gerate ich an einem Abhang zu einem verrotteten Stacheldrahtverhau, in dem sich ein Widder mit seinem prächtig gedrehten, riesigen Gehörn verfangen hat. Er liegt offensichtlich schon seit Tagen bewegungsunfähig in der prallen Sonne und vermutlich im Sterben. Mit der Zange befreie ich ihn von den Drähten und biete ihm Wasser an, aber er kann es wohl nicht mehr aufnehmen. Also lasse ich eine kleine Wanne mit Wasser für den Fall da, dass er sich in der Kühle der Nacht noch einmal aufraffen kann.

Die Ausreise aus der Ukraine gestaltet sich weit schwieriger als die Einreise. Wir geraten an zwei Grenzstationen, die nur für Fahrzeuge bis zu fünf Tonnen benutzt werden dürfen. Bei der zweiten Grenzstation machen wir Druck, weil es zu einer für Lkw gedachten Grenzstation ein riesiger Umweg wäre und dort mit massiven Wartezeiten bei der Abfertigung zu rechnen wäre. Außerdem möchten wir mit unserer nur notdürftig reparierten Vorderfeder jeden Umweg vermeiden. Zu zweit nehmen wir einen Zöllner in die Zange. Er spricht etwas Französisch, weil er als sowjetischer Soldat in Guinea gedient hat. Er lässt sich breitschlagen, auf der anderen Seite der Grenze in Ungarn anzurufen und um eine Ausnahmegenehmigung für unseren 7,5-Tonner zu bitten. In der Wartezeit hören wir in den Nachrichten der Deutschen Welle, dass sich unser Kanzler Helmut Kohl gerade zur Rückreise aus der Ukraine aufmacht. Er hat viel Geld dagelassen und darf trotz massiven Übergewichts auch ausreisen. Die ungarischen Grenzer können sich unserem Anliegen, diesen Übergang zu wählen, nur damit erklären, dass wir Drogen geladen haben.

Der kontrollierende Grenzbeamte sieht unseren kleinen Hund im Fahrerhaus und fragt immer wieder auf Deutsch „Hund Frau? Hund Frau?“, bis ich verstehe, dass er mit einem Drogenhund das Fahrzeug kontrollieren möchte und dabei nicht zwei Rüden aufeinandertreffen sollen. Vorsichtshalber nehmen wir unsere Hündin aus dem Fahrerhaus und lassen den Drogenhund das Fahrzeug abschnüffeln. Mit den deutschen Worten „Gute Reise“ erhalten wir unsere Pässe zurück.

In der MAN-Werkstatt in München lassen wir die Vorderfeder reparieren. Dass ich mit der provisorischen Reparatur 2000 Kilometer gefahren bin, erregt die Gemüter. Damit hätte man bei uns nicht einmal aus Privatgelände hinausfahren dürfen.

Wenige Monate später stehen wir gerade neben unseren Koffern, um sie zum Abflug nach Neuseeland in unser Auto zu verladen, als der Briefträger ein Einschreiben aus Russland abliefert. Wir haben es eilig, aber die Zeit genügt, um das auf Russisch formulierte amtliche Schreiben einer Bekannten zu faxen, die in Russland aufgewachsen ist. Wir sind in Russland zu einem Prozess gegen uns vorgeladen, weil wir angeblich unser Fahrzeug nicht wieder ausgeführt haben. Nach unserer Neuseelandreise schicken wir den Russen eine Kopie der Einreisestempel der Pässe in die Ukraine und bieten an, unser Fahrzeug dem russischen Konsulat in München vorzuführen. Wochen später erhalten wir die Mitteilung, dass das Verfahren eingestellt sei.

Libyen: Einmal Tibesti-Gebirge und zurück 1996

Im Herzen der Sahara, im Nordtschad, erhebt sich das größte Gebirge der Sahara mit dem höchsten Berg, dem 3425 Meter hohen Emi Koussi (19°49'55"N, 18°33'34"E) und in der Nähe des Gebirges mit dem Yoa-See, des größten Sees in der Sahara. Dieses Gebirge sollte das Ziel meiner ersten Expedition werden, zu der ich geeignete Teilnehmer und Teilnehmerinnen mit eigenen, vollausgerüsteten Geländefahrzeugen mitnehme. In den 20 Jahren meiner vorhergehenden Berufstätigkeit als Expeditionsausrüster und Expeditionsreisender hatte ich immer Bedenken, dass es mir nicht gelingen würde, mit fremden Menschen umzugehen, die ich in völlige Abgeschiedenheit begleite und zeitweise fordern muss.

Auch bei dieser, wie den wenigen folgenden veranstalteten Expeditionsreisen, ist es immer mein Ziel, Landschaften, Landesgrenzen, Versorgungspunkte und Pisten zu erkunden und zu beschreiben, die ich selbst noch nicht gesehen habe. Damit sind natürlich Unwägbarkeiten verbunden, die kaum zu einer organisierten Reise im Sinne des Reiserechtes passen. Je mehr wir von der Sahara kennengelernt hatten, je besser die Orientierung dank GPS wurde, je besser die verfügbaren Landkarten wurden, nachdem man die russischen Generalstabskarten bekommen konnte, umso ausgefallener wurden die Reiseziele. Diesmal soll das Reiseziel also der Tschad sein, das Land, das Zentralafrika im Süden mit der Zentralsahara im Norden verbindet. Die Regierung ist so arm, dass sie ihre Soldaten oft nicht bezahlen kann, sondern nur die Schutztruppe des Präsidenten. Die Bevölkerung ist den Repressionen des Regimes weitgehend schutzlos ausgeliefert und wegen Kriegen, Rebellionen und des harrschen Wüstenklimas im Norden bitter arm.

In der Eifel im Rheinland sagt man, die Krähen fliegen im Rückenflug, damit sie das Elend der Menschen nicht mit ansehen müssen. In Australien sagt man, die Krähen fliegen rückwärts, damit sie nicht den ganzen Wüstensand in die Augen bekommen. Hier im Nordtschad fliegen sie rückwärts auf dem Rücken.

Zu meiner Entlastung engagiere ich Sadok, einen befreundeten Veranstalter von Expeditionsreisen (SARO Rosenheim), der in diesem Fall als Reiseleiter fungiert. Er hat sehr viel Erfahrung und eine ausgeglichene Art. Auf die Ausrichtung geführter Expeditionen, die so riesige Entfernungen ohne Versorgungspunkte überwinden, war er bis dahin nicht eingerichtet. Als mein Beifahrer im Transportfahrzeug MAN ist der sehr langjährige Freund Udo mit von der Partie, mit dem ich meine ersten Fernreisen in den Iran und nach Südalgerien unternommen hatte. Später sitzt dann zwischen uns noch Sidi, unser Führer aus Al Katrun in Libyen.

Schrottreifer Lkw im Tibesti-Gebirge

Im meinem „roten G" sitzt Sadok am Steuer, auf der Rücksitzbank die Gäste Uschi und Jochen. Im Nissan Patrol sind Manfred und Inge mit von der Partie, im Land Rover Defender Werner und Joachim, in seinem perfekt ausgerüsteten Land Cruiser-Buschtaxi sitzt Fritz, in einem Toyota Hilux sind Thomas und Birgit dabei.

Die ganze Mannschaft trifft sich an einem Samstag in Genua im Hafen, um die Fahrzeuge von dort nach Tunis zu verschiffen. Die 24 Stunden auf dem Schiff sind schon einmal ein guter Anfang, man kann sich stressfrei kennenlernen. Gleich nach der problemlosen Ausschiffung am Sonntagnachmittag haben wir es eilig, denn die Grenzformalitäten zur Einreise nach Libyen pflegen ebenso mehrere Stunden in Anspruch zu nehmen wie das komplette Auftanken des Konvois bei den wenigen, aber unschlagbar billigen, libyschen Tankstellen. Bis allein die Außen- und Innentanks des MAN mit einem Fassungsvermögen von 2400 Litern Diesel gefüllt sind, muss man eine knappe Stunde rechnen. Um trotz wiederkehrender Kontrollposten noch am Mittwochabend im 1500 Kilometer entfernten Al Katrun am Ende der Asphaltstraße einlaufen zu können, müssen wir am Drücker bleiben.

Die Oase liegt in der Zentralsahara in Südwest-Libyen, wo es gilt, die libyschen Ausreiseformalitäten zu erledigen, bevor am Freitag wegen des wöchentlichen Feiertags alle Ämter geschlossen sind. Wir engagieren Sidi, einen Führer vom Volk der Tubu, denen man nachsagt, sie könnten drei Tage von nur einer Dattel leben: Am ersten Tag essen sie die Schale, am zweiten Tag das Fruchtfleisch und am dritten Tag den Kern. Tubu bedeutet in ihrer Sprache „Menschen des Gebirges". Ihr Hauptsiedlungsgebiet ist das karge, schroffe vulkanische Tibesti-Gebirge. Sidi spricht aber auch gut Französisch und ist recht clever. Ich muss ihm allerdings erst beibringen, dass wir als Touristen nicht auf dem schnellsten Weg von A nach B eilen möchten, sondern viel sehen und lernen möchten. So fängt er an, uns zu zeigen, wo man steinzeitliche Pfeilspitzen finden kann, mit welcher Systematik man die beste Chance hat, Wasser zu finden, und zu erklären, welche Pflanzen wofür gut seien. Zumeist läuft Letzteres aber auf „pour les chameaux – für die Kamele" hinaus. Wegen ihrer Unerschrockenheit im Kampf bilden die Tubu auch die Präsidentengarde von Idris Débi.

Alles klappt mal wieder wie am Schnürchen, so dass wir in der Rekordzeit von einer Woche von Deutschland bis in das libysch-tschadische Grenzgebiet, also die Zentralsahara, gelangen, dem eigentlichen Ziel unserer Tour. Mit dem allradgetriebenen MAN als Führungs- und Versorgungsfahrzeug fährt der Konvoi gerade nach Süden, als vor

Einsandungen kosten Kraft und Zeit, sind aber immer beherrschbar

einer Anhöhe einer unserer Geländewagen versehentlich den MAN von der Hauptpiste verdrängt und wir damit auf eine weiter westlich gelegene Parallelspur geraten. Das ist eigentlich gar kein Problem, denn wir sehen die fünf Geländewagen immer wieder in mäßiger Entfernung links von uns und haben vor, die nächste Verbindungsspur zu wählen, um wieder den Anschluss zu finden. Aber es kommt mal wieder ganz anders, sonst wäre so eine Reise ja auch langweilig.

Im grellen Gegenlicht sieht mein Beifahrer Udo in wenigen hundert Meter Entfernung die Umrisse zweier schmaler Gestalten. Wir nähern uns, als zwei weitere Gestalten hinter einem Felsen hervortreten. Langsam wird erkennbar, dass sie bewaffnet und nicht uniformiert sind. Da es im nahen Nordniger in den letzten Jahren immer wieder Überfälle gab, reiße ich die Lenkung nach links, um mich den bewaffneten Gestalten nicht weiter zu nähern und um mich später wieder an die Spitze des Konvois unserer Fahrzeuge zu setzen. In diesem Moment fallen zwei Schüsse, zunächst einer in die Luft, von dem wir nur den Knall hören, dann einer auf uns gerichtet, so dass das Mündungsfeuer sichtbar wird. Aus der großen Entfernung werden wir nicht getroffen, fahren wieder auf die Piste bis zu einer kleinen Passage zwischen Felsrücken. Dahinter stehen mehrere beige Militärzelte und unsere Gruppe, die von den Schüssen nichts mitbekommen hat, erwartet uns schon.

Langsam kommen die in Zivil gekleideten Soldaten aus der Deckung. Sie hatten uns für Rebellen oder Schmuggler gehalten, die abseits der Piste fahren und beim Anblick von Soldaten abdrehen. Als der Schreck auf beiden Seiten verflogen ist, werden wir alle von den Soldaten zum Tee eingeladen. Kurz nach der Abfahrt müssen wir die Grenze zum Tschad überschritten haben, die in keiner Weise markiert war.

Je weiter wir nach Süden fahren, umso mehr kommen wir in eine Landschaftsform, die aus Wadis (Trockentälern) und Plateaubergen aus Sandstein besteht. Dieses Tassili-Wüstenszenario kann Monument Valley-Wildwestfilmlandschaften mühelos in den Schatten stellen. Es zieht sich auf über 1000 Kilometer von südlich Tamanrassets in Südalgerien durch Südost-Libyen bis südlich um das vulkanische Tibesti-Gebirge im Nordtschad herum und bis zum Ennedi-Gebirge im Osttschad hin.

Erstes Camp nach Grenzübertritt im Nordtschad

Kurz vor der Oase Zouar, westlich des Tibesti-Gebirges, in der wir uns im Tschad erstmalig den Behörden stellen müssen, erreicht die Landschaft einen Höhepunkt. Wir durchfahren eine grandiose Schlucht, wobei uns zerstörte Panzer an den Krieg zwischen Libyen und dem Tschad erinnern. Während hier im Nordtschad andere Streckenabschnitte vermint sind und deshalb die Markierungen der Piste verlegt wurden, scheint die Schlucht nie vermint gewesen zu sein.

In Zouar erledigen wir die Einreiseformalitäten und bekommen von der Unterpräfektur einen weiteren Führer auf das Auge gedrückt. Der junge Mann scheint aber eher ein Familienmitglied des Unterpräfekten zu sein, der ohnehin nach Bardaï wollte und die Gelegenheit beim Schopf ergreift, mit dem Lift auch noch Geld zu verdienen. Von Zouar geht es dann wirklich in das Tibesti-Gebirge, das sich mit seinen scharfkantigen, schwarzen Lavaformationen und Vulkankegeln drastisch von der Landschaft unterscheidet, die wir bis dahin durchfahren hatten.

Die Piste in die Berge ist sehr wackelig, dicke scharfkantige Brocken Vulkangesteins beanspruchen unsere Reifen erheblich. Nach mehrstündiger Fahrt erreichen wir einen der Höhepunkte dieser Tour, das „Trou au Natron", dessen in 800 Meter Tiefe liegender Boden mit einer dicken, rissigen Schicht Natronsalz bedeckt ist. Unmittelbar neben dem riesigen Krater, an dessen Rand die Piste entlangführt, ragt die 3500 Meter hohe Bergspitze Pic Toussidé auf.

Am nächsten Tag zockeln wir durch scharfkantige, gebirgige Lavapisten nach Bardaï weiter. Bardaï ist eine hübsche ursprüngliche Oase mitten im Tibesti-Gebirge, ein Ort, der an Abgeschiedenheit auf dieser Erde kaum zu übertreffen ist. Wegen des Krieges um den

100 Kilometer breiten Aouzou-Streifen, also ein Gebiet im Nordtschad, von dem das Tibesti-Gebirge nur einen Teil einnimmt, sind die Pisten teilweise vermint. Ein Trupp französischer Fremdenlegionäre ist im Auftrag der tschadischen Regierung damit beschäftigt, Minen zu räumen, insbesondere aber tschadische Spezialisten im Räumen von Minen auszubilden. Der Kommandant zeigt mir eine Landkarte mit den ihm bekannten verminten Stellen und eine eindrucksvolle Sammlung geborgener Minen. Die Franzosen sind sehr hilfsbereit, lassen uns in ihrem kleinen Fort campieren und versorgen uns mit einwandfreiem Trinkwasser. Als kleines Dankeschön biete ich dem Kommandanten einen Karton mit drei Litern Rotwein an, den wir durch das „trockene" Libyen geschleust und noch nicht selbst verkostet hatten. Stolz sagt er zu mir: „Die französische Fremdenlegion nimmt keinerlei Geschenke an – außer Rotwein!"

Bardaï ist der südliche Wendepunkt unserer Tour und wir möchten natürlich nicht auf gleicher Strecke zurückfahren. Es ist unser Ziel, zunächst weiter im Osten die einsamen Oasen Yebbi-Souma und Yebbi-Bou zu besuchen, um dann nach Norden über Omchi und Aozou den Tschad in Richtung Libyen wieder zu verlassen. Natürlich möchten wir von den hilfsbereiten Franzosen wissen, wie es auf dieser Route mit Verminung aussehe. Da werden sie wortkarg, denn unsere geplante Strecke liegt außerhalb des Umkreises von Bardaï, in dem sie sich bewegen dürfen. Sie weisen darauf hin, dass Berichte über Verminung vorliegen, dass aber vereinzelt Fahrzeuge unterwegs seien.

Ich erinnere mich genau an den Wortlaut ihres Ratschlags: „Il n'y a que un seul conseil que je peux vous donner: restez dans les traces", also strikt in den bereits befahrenen Spuren bleiben! Unseren Zweitführer aus Zouar hatten wir in Bardaï abgesetzt, als zweiten örtlichen Führer für den Streckenabschnitt bis zurück nach Libyen bekommen wir jetzt einen jungen Mann aus Aozou mit, der sich wirklich exzellent auskennt.

Im vulkanischen Tibesti-Gebirge existieren nur sehr wenige befahrbare Pisten, die man auch nicht umgehen kann, wie das in der Weite der Sahara außerhalb der gebirgigen Regionen möglich ist. Deshalb wurden in Kriegszeiten Minenfelder an engen Passagen gelegt, an welchen wir noch die kleinen Senken erkennen können, aus

Panzermine am Pistenrand (entschärft ?)

denen die Minenräumer die Minen ausgegraben haben. Zusammen mit unseren Führern besuchen wir noch die Oasen Yebbi-Bou und Yebbi-Souma, die fast menschenleer sind, da die Bevölkerung um diese Jahreszeit mit ihren Viehherden zum Weiden unterwegs ist.

In Yebbi-Bou können wir die Schlucht mit ihrer Wasserstelle und den für die Sahara einzigartigen Weinreben besichtigen. Damit beginnt schließlich die unvermeidliche Rückreise durch gänzlich unbekanntes Terrain. Nur unser zweiter Führer kennt die Strecke, es gibt keinerlei Beschreibung anderer Expeditionsreisender. Wir fahren fast strikt gegen Norden in Richtung Oase Omchi, die wir aber auf einer schmalen, frisch geschobenen Piste durch die Berge umfahren müssen, weil das „Enneri Yebigé" stark vermint ist. Enneri ist dabei das Wort für Trockental in der Sprache der Tubu. Hinter der Oase führt die Piste wieder zurück ins Trockental auf farbenfrohem Kiesboden durch eine Bilderbuch-Wüstenlandschaft.

Die Fahrer unserer Begleitfahrzeuge sind von mir verdonnert worden, strikt in unserer Spur zu fahren und dann besondere Konzentration walten zu lassen, wenn wir in unserem Lkw die Warnblinkanlage anschalten. Ich sitze am Steuer, Udo auf dem Beifahrersitz und der ortskundige Führer zwischen uns. Er weist mich auf besonders gefährliche Passagen hin, also Engstellen im Trockental. Diese Stellen sind immer wieder an provisorischen Barrieren, Erdwällen, taktisch verteilten großen Felsbrocken und völlig verbogenen, abgebrannten Land Cruisern zu erkennen.

Gut, dass es frische Spuren gibt, denn plötzlich einsetzender Regen kann ja Minen verfrachten oder an die Oberfläche spülen. Soweit die

Durch Mine zerstörter Land Cruiser

gute Nachricht, die schlechte ist, dass alle Spuren nur von typischen Geländewagen stammen und nicht von einem Lkw unseres Kalibers mit einen Gewicht von fast acht Tonnen und einer deutlich breiteren Spur. Je weiter wir nach Norden kommen, umso mehr Anzeichen früherer Kämpfe können wir erkennen. Deshalb verzichteten wir auf den Besuch der Oase Aozou und fahren direkt weiter nach Norden. Unsere Führer sagen uns, dass in Grenznähe ein libyscher Posten sei, den wir aufsuchen müssen.

Wir folgen ihrer Wegweisung, bis in der Entfernung ein Gebäude sichtbar wird. Da auch die Führer noch nie dort waren und wir nicht zu bedrohlich auftreten möchten, fahren Sadok, ich und die beiden Führer nur mit dem roten Mercedes-Geländewagen weiter, die anderen bleiben zurück. Wir kommen dem riesigen, umzäunten Gelände immer näher, sehen das vermeintliche Abfertigungsgebäude immer noch entfernt, finden aber keine Einfahrt in das Gelände. Also bleiben wir auf einer kleinen Anhöhe stehen, um mit den Ferngläsern eine Zufahrt zu finden. Es ist keine auszumachen, aber wir sehen einzelne Personen beim Gebäude. Die verschwinden, tauchen aber nach einer halben Stunde mit einem alten Mercedes-Lkw wieder auf. Jetzt gehen zwei unbewaffnete Personen zu Fuß auf uns zu. Es dauert eine Weile, bis sie uns erreichen. Sie sprechen lange erregt mit den Führern und dann kurz in sehr lückenhaftem Englisch mit uns. Wir sollen sofort auf unseren Spuren zurückfahren, wobei sie auf die Umgebung zeigen und „bomb“ sagen. Was ist geschehen? Wir sind nicht an einem vorgeschobenen Grenzposten, sondern an einem extrem abgelegenen Militärflughafen vorgefahren (Aouzou Air Base), der sich gerade noch auf tschadischem Gebiet befindet (22°39’N, 17°42’E), aber heimlich wieder von den Libyern benutzt wird.

Unsere Führer sind sichtlich nervös und dirigieren uns in riesigem Bogen um das weitläufige Gelände herum. Man hat ihnen mit härtester Bestrafung gedroht, wenn sie das nicht befolgen oder noch einmal dort auftauchen sollten. Kurz darauf haben wir tatsächlich libyschen Boden erreicht und können mit hoher Geschwindigkeit durch die Unendlichkeit der Kiesebene Serir Tibesti zum Waw an Namus, dem riesigen von Seen umsäumten Explosionskrater, vorstoßen. Wir gehen den Hang aus Vulkanasche zu den Seen hinab, um mitten in der Sahara ein erfrischendes Bad zu nehmen. Unten haben wir die Wahl zwischen verschiedenen, den Vulkankegel umschließenden Seen. Wir entscheiden uns für denjenigen See, zu dem ein Zugang durch den mückenbesiedelten Schilfgürtel möglichst kurz ist und

Passage durch abgesperrtes, vermintes Tal

dessen Wasser wenig algig ist. Ein Hochgenuss nach Wochen, ohne Möglichkeit zu duschen.

Am nächsten Tag gilt es, ohne Behördenkontakt nach Westen zur 400 Kilometer entfernten Oase Al Katrun zurückzufinden. In Al Katrun hatten wir die Ausreiseformalitäten erledigt, jetzt wollen wir dort wieder einreisen, auch um unsere Führer dort abzusetzen. Unser Problem ist ja, dass erstens die Südgrenzen Libyens für Europäer theoretisch geschlossen sind, zweitens Visa nur in dem Land erteilt werden, in dem man seinen Wohnsitz hat, drittens nur ein Visum für eine einmalige Einreise erteilt wird und viertens dessen Gültigkeit nach sechs Wochen abläuft. Jeder von uns hat zwei Pässe, in jedem das Visum für die einmalige Einreise. Vor Ort sieht die Praxis aber anders aus, wenn man sich mit den Behörden arrangiert.

So tauchen wir gut zwei Wochen nach der Ausreise aus Libyen da wieder auf, wo wir ausgereist waren. Die Grenzer tragen, wie es an solch exotischen Grenzen häufig praktiziert wird, unsere Passdaten in ein großes Buch ein. Ungünstig für mich, der zusammen mit Sadok die Formalitäten für die ganze Gruppe erledigt, ist, dass in den letzten zwei Wochen keine anderen Reisenden die Grenze passiert hatten. Es werden also unsere Passdaten direkt unter diejenigen unserer Ausreise eingetragen. Dabei fällt auf, dass wir alle andere Pässe als bei der Ausreise haben. So werden Sadok, ich und unser örtlicher Agent zum Häuschen eines der fünf dort aktiven libyschen Geheimdienste gebracht. Es ist ein kleiner Neubau aus Beton. Typisch für Afrika an den Bedürfnissen der Nutzer vorbeigebaut, nicht wärmegedämmt, ohne Außenanlagen, noch nicht fertig errichtet, aber schon wieder am Verfallen.

Am Vormittag liegt da ein kleiner, rundköpfiger, negroider Beamter auf einer klapprigen Holzpritsche in einem ansonsten kahlen Raum und lässt sich von unserem Agent die Sachlage erklären. Immer wieder blättert er unsere Pässe von hinten bis vorne durch, stellt Fragen, erhebt sich aber nicht. Nach Stunden zieht mich unser Agent der örtlichen Tourismusagentur in einen Nebenraum, um mir klar zu machen, dass wir nachhelfen müssen.

Durch die stehende Mittagshitze im Raum völlig erschöpft, durstig und hungrig können Sadok und ich mit ordentlichen Papieren nach fünf Stunden wieder zurück zu unserer Gruppe, um die Rückfahrt anzutreten. Die Rückreise verläuft relativ problemlos, wenn man davon absieht, dass uns die libyschen Grenzer beim ersten Anlauf an der libysch-tunesischen Grenze nicht aus dem Land lassen. Wir hatten versäumt, uns in der letzten Stadt vor der Grenze bei den Behörden zu melden, am Nachmittag haben die aber geschlossen.

Auf der Rückfahrt nach Zouara, wo wir die Formalität erledigen möchten, werden wir von zivil gekleideten Beamten „aus dem Verkehr gezogen“, in deren nicht gekennzeichnetes Büro in einem Wohnhaus begleitet und befragt, warum wir von der Grenze zurückkommen. Die Zeit wird immer knapper und zum nächsten Tag können wir nicht warten, sonst erreichen wir unser Schiff in Tunis nicht mehr.

Wir setzen uns in ein kleines Café, um zu beratschlagen, als uns ein freundlicher, dicklicher Libyer mit weitem weißen Kaftan anspricht, ob wir Probleme haben. Also erklärten wir ihm unseren Fall, er begleitet uns zu den Dienststellen, trommelt die Beamten aus dem Feierabend und wir können im zweiten Anlauf zur Grenze eilen. Als er sich einmal bückt, drückt sich unter seinem Kaftan deutlich eine Handfeuerwaffe ab. Manchmal sind eben die geheimen Helfer Gaddafis auch freundliche Helfer der Touristen, wenn diese sich im Netz der Vorschriften und Dienste verheddert haben.

Libyen: Das große Geld lockt

1997

Wieder mal sind wir mit einer Gruppe in Südlibyen unterwegs, wo ich langsam auch als Reiseveranstalter meine Verbindungen aufgebaut habe. Alle Teilnehmer befinden sich im Lehmhaus eines gut vernetzten Libyers, als mich dieser in einen schummrigen Winkel bugsiert, wo uns die übrigen „Touris" nicht hören können. Er hat ein längliches, beidseitig mit schwarzem Staub gefärbtes Stück Papier in der Hand. Ich muss ihm bei Allah dem Allmächtigen zusichern, dass ich nichts verrate, denn er benötigt meine Hilfe in einer sehr delikaten Angelegenheit. Dann beginnt er zu erzählen. Es war wieder einmal ein großer Trupp illegaler Einwanderer auf einem Lkw aus dem Süden über die Grenze nach Libyen gekommen. Hier hatten die Flüchtlinge vor, Geld zu verdienen, um den letzten, gefährlichen Schritt ihrer langen Reise nach Europa zu bezahlen: die Schleusung per Boot zur nahegelegenen italienischen Insel Lampedusa. Alle Schwarzafrikaner waren völlig erschöpft und verarmt. Darunter ein junger Nigerianer, der meinem Freund zuerst zwei Briefe gezeigt hatte und dann drei Pakete, etwa so groß wie kleine Schuhkartons. Sie waren mit „2 m", „5 m" und „3 m" beschriftet. Außerdem hatte er eine unversehrte, mit chemischer Flüssigkeit gefüllte sowie eine leere kleine Bruchampulle dabei.

„Um el Maa"-See (Mutter des Wassers) in Südwest-Libyen

Die beiden Briefe zeigt mir nun der libysche Freund.

Sie sind auf sauberem, festem Papier in perfektem Englisch formuliert, mit gestochen scharfen Logos auf dem Briefkopf, schwungvoller Unterschrift und sauberem Stempel versehen. Es sollen Begleitbriefe zu den Päckchen sein. Zwei der Päckchen sind laut der Briefe für Laurent-Désiré Kabila bestimmt, den damaligen Präsidenten des Kongo, eines für das ICRC in Liberia, also das „Internationale Komitee vom Roten Kreuz". Der Briefkopf und das Logo waren von der „Central Intelligence Agency" in Langley, USA. Der junge Nigerianer gab an, dass zum Beispiel „2 m" zwei Millionen bedeute, und zwar US-Dollar. Zusammen seien in den drei Paketen also zehn Millionen US-Dollar verpackt. Um das zu beweisen, entnahm er eines der schwarz gepuderten, länglichen Papierstücke, die in ihren Proportionen US-Dollar-Banknoten ähnelten, brach von einem der Bruchampulle den Kopf ab, vermischte den Inhalt mit Wasser, tauchte das Papier ein und zog einen 100-US-Dollar-Schein heraus. Also schien das mit den getarnten beziehungsweise ohne Flüssigkeit wertlosen US-Dollar-Scheinen zu stimmen. Dumm war nur, dass der Nigerianer keine weiteren solcher Ampullen mehr hatte.

Felstor im Jebel Akakus, Südwest-Libyen

Er bat deshalb meinen Freund um viel Geld, um nach Tripolis fahren und dort die Flüssigkeit kaufen zu können. Damit könne man dann das viele geschwärzte Geld nutzbar machen. Als Pfand ließ er die drei Päckchen da, die mein Freund und sein Bruder in der Wüste versteckt hatten. Der Nigerianer war aber seit über neun Monaten überfällig. Jetzt sollte es mein Part werden, in Deutschland die Flüssigkeit zu besorgen, wofür ich dann ein Drittel der Beute, also gut drei Millionen US-Dollar, bekommen sollte. Er übergibt mir zwei der Papierstreifen und eine der leeren Ampullen. Nach einigen Monaten, wenn er mal gerade in der Provinzhauptstadt Sebha wäre, würde er mich in der Nacht von einer Telefonzelle aus anrufen, um verklausuliert zu fragen, wie es aussehe. Ich sollte ihm ebenso verklausuliert antworten. Von Sebha aus geführt, könnte das Telefonat, auch wenn es abgehört werden würde, ihm nicht zugeordnet werden und dessen Sinn nicht verstanden werden.

Ich absolviere also meine Reise und als ich zurück in München bin, beginne ich nachzudenken, was ich denn machen könnte. Einerseits darf keiner wissen, was los ist, andererseits soll ich etwas beschaffen, von dem ich selbst nicht weiß, was es ist. Inzwischen habe ich erfahren und überprüft, dass alle echten US-Dollar-Scheine von 1 US-

Tanken ist in Libyen das reine Vergnügen

Dollar bis 100 US-Dollar gleiches Format haben, und festgestellt, dass mein schwarz gepudertes Papierstückchen etwas kleiner ist. Obwohl damit schon klar ist, dass es keine echten Dollarscheine sein können, interessiert mich der Fall, also wende ich mich an den Afrika-Verein der Deutschen Wirtschaft in Hamburg. Dort sagt man mir am Telefon, es gebe eine Staatsanwaltschaft, die sich schwerpunktmäßig mit Betrügereien der „Nigeria Connection" befasse. Also rufe ich da an und erzähle meine Geschichte. Wie aus der Kanone geschossen sagt der Beamte: „Wash wash money." Ich betone, dass ich kein Geld investiert habe, worauf die skeptische Bemerkung folgt: „Vielleicht noch nicht …" Mein Freund in Libyen hat sich also betrügen lassen, aber keineswegs versucht, mich zu betrügen.

Einige Monate später ruft er tatsächlich an. Wie üblich erst die Fragen nach der Gesundheit der Familie und mir selbst. Dann die Frage, ob ich etwas habe herausfinden können. Ich antworte verklausuliert: „Das Medikament konnte ich leider nicht beschaffen. Hoffentlich hast du nicht zu viel für das Rezept bezahlt." Er hatte es inzwischen sicher schon geahnt, dennoch ist er deprimiert und antwortet: „Compris – Verstanden." Damit betrachte ich das Gelöbnis auf Allah, nicht über den Vorgang zu sprechen, „mangels Masse" als erledigt.

Tschad: Veränderte Sicherheitslage im Nordtschad 1997

Die erfolgreichen Expeditionen in den faszinierenden Nordtschad von 1993 und 1996 motivierten mich, eine weitere Expedition von Teilnehmern mit eigenem Geländewagen zu organisieren und mit meinem allradgetriebenen MAN-Lastwagen zu versorgen.

Wie immer sollte die Tour auch für mich Neuland erschließen, um es zu erfahren, zu erleben und zu beschreiben. Auch diesmal wird es mit der Fähre von Genua nach Tunis gehen, dann flott durch Tunesien und Libyen in das Tibesti-Gebirge im Nordtschad. Von dort war geplant, noch weiter in Richtung Südosten in das Ennedi-Gebirge vorzustoßen, also fast komplett durch die Sahara und dann zurück über den Niger und Algerien nach Tunesien. Das war organisatorisch besonders anspruchsvoll, weil eben die Sahara zweifach durchquert werden musste, ohne dass wir dazwischen in eine einigermaßen entwickelte Oase kommen würden, wo wir mehr als Treibstoff, Wasser und die wichtigsten Grundnahrungsmittel oder gar Ersatzteile bekommen könnten. Besonders kitzelig war die Beschaffung der Visa, denn wir benötigten für Libyen, Tschad, Niger und Algerien Visa, die bis zur tatsächlichen Einreise auch noch gültig sein mussten. Dafür brauchte jeder Teilnehmer zwei Pässe, die ich kurz vor Reisebeginn hektisch von einer Botschaft zur anderen schickte. Hätte nur eine Visabeschaffung nicht geklappt, so wäre die ganze Planung nur wenige Tage vor dem Start zusammengebrochen. Aber es klappte und wir konnten wie geplant starten. Mit von der Partie waren neben meiner Frau Erika und mir in unserem MAN-Expeditions-Lkw, Uwe

Pause vor sandiger Strecke zum Reifendruck ablassen

und Josef im Land Rover 110, Fritz in seinem Toyota-Buschtaxi, Manfred und der Filmer Dietrich im Nissan Patrol, Manfred, Hermine und Günther im Mercedes „G".

Dietrich Schubert drehte auf der Expeditionsreise mit Unterstützung von Manfred einen Fernsehfilm, der unter dem Titel „Reise ins Tibesti – Auf den Spuren des Afrikaforschers Gustav Nachtigal" lief.

Die Anreise bis Libyen ist inzwischen zur Routine geworden. Libyen selbst, wenn man denn mal die Grenze passiert hat, erweist sich als problemlos. Die Bevölkerung ist freundlich und die Behördengänge sind zwar zeitraubend, aber korrekt. Gleich hinter der Grenze tanken wir so viel in unsere Fahrzeuge wie nur geht, denn die Treibstoffversorgung in Südlibyen ist nicht völlig sicher. Die Versorgung aus Fässern im Nordtschad ist sehr unsicher und viel teurer als in Libyen.

In Al Katrun, wo wir die Ausreise aus Libyen in Richtung Tschad erledigen, bekommen wir einen libyschen Führer mit, der sich leider nicht so gut auskennt wie Sidi, den wir auf der vorhergehenden Expeditionsreise dabei hatten. Unmittelbar vor der Abfahrt aus Al Katrun werden also die Papiere abgestempelt und Zöllner inspizieren kurz die Fahrzeuge. Bekanntlich gilt in Libyen unter Gaddafi Alkoholverbot, das allerdings nicht so streng gehandhabt wird, solange man als Tourist den Einheimischen nichts weitergibt.

Der Zöllner, der unseren MAN kontrolliert, öffnet zielstrebig den Kühlschrank und hat gleich zwei Dosen kühles Bier in der Hand. Er weist mich darauf hin, dass das in Libyen nicht zulässig sei, worauf ich unerschrocken antwortete: „Ich nehme die Dosen ja aus dem Land hinaus, weil ich sie in der Jamahiriya nicht trinken durfte." Dabei verwende ich für Libyen die vereinzelt verwendete Kurzbezeichnung der absurden „Großen Sozialistischen Libysch-Arabischen Volks-Jamahiriya". Die vorlaute Antwort erschüttert ihn zwar nicht sonderlich, er hebt aber dennoch zu einer Grundsatzrede vor uns allen an, die insbesondere betont, dass Gaddafi von Allah persönlich beschützt werde und uns alle überleben werde. Das lässt ja nur einen Schluss zu: „Keine Chance, sich dem Willen von Gaddafi zu widersetzen." Unser örtlicher Agent übersetzt teilnahmslos ins Französische und hofft wie wir, dass die Gardinenpredigt bald vorbei sei.

Aber wir können bald abfahren und haben jetzt 450 Kilometer unmarkierte Wüstenpiste oder freies Gelände vor uns, bis wir in Zouar auf die erste tschadische Behörde stoßen werden. Die Fahrt verläuft ohne Zwischenfälle, die Einreise in den Tschad in Zouar ist auch problemlos. Dort kümmert sich ein junger Mann um unsere Dokumente und bietet uns Treibstoff an. Das Tanken aus Fässern zieht sich hin, während der junge Mann in der Zwischenzeit verschwindet. Aber auch nach dem Tanken ist er noch verschwunden, so dass wir auf ihn warten müssen. Nach der vorgeschriebenen Meldung in Zouar fahren wir ein Stück zurück zur Auffahrt in das vulkanische Tibesti-Gebirge und machen an der Wasserstelle Sao kurz Halt. Während wir das Wasserbecken betrachten, fährt ein Geländefahrzeug auf der Piste vorbei, was bei dem Verkehr, der in dieser entlegenen Region gegen Null geht, durchaus auffällt. Auch würde man sich hier normalerweise kurz begrüßen, um sich zu „beschnüffeln".

Auf unangenehm wackeliger Gebirgspiste, die aus dicken, scharfkantigen Brocken Vulkangesteins besteht, fahren wir in Richtung Bardaï und kommen dabei am Vulkankrater „Trou au Natron" vorbei. Hier scheiden sich die Geister der Truppe, einige möchten in den Vulkankrater absteigen, Dietrich möchte aber nach Bardaï weiterfahren, weil die Oase ein markanter Punkt in seinem Film ist, der die Reise des Forschers Gustav Nachtigal nachzeichnet. Gustav Nachtigal erwähnt in seinem Reisebericht den Vulkankrater nicht, aber ausführlich Bardaï. Da ich die Piste nach Bardaï kenne, bin ich damit einverstanden, dass Dietrich und Manfred mit ihrem Nissan Patrol sowie Fritz mit seinem Land Cruiser-Buschtaxi vorausfahren und den Führer mitnehmen.

Typische, mit Strohmatten gedeckte Hütte der Tubu

Das Natronloch vom Kraterrand aus gesehen

Die Nacht verbringen wir am Kraterrand, das würden die Tubu nie machen, denn aus dem Krater steigen nachts die Moschis, gefährliche Berggeister, auf. Nach dem Abendessen erreicht uns ein Anruf auf unserem Satellitentelefon. Es ist Fritz, der über sein Satellitentelefon nur kurz berichten möchte, dass sie gut in Bardaï angekommen seien, den Führer verabschiedet haben und zum vereinbarten Treffpunkt weitergefahren seien. Sie stehen also am einsamsten Kunstwerk der Neuzeit, den bemalten Bergen des belgischen Künstlers Jean Verame, der ähnlich großflächige Bemalungen von Felsstrukturen auch in Marokko, in Frankreich und Ägypten hinterlassen hat.

Manfred, Günther und ich begeben uns am nächsten Morgen auf den Abstieg in den 800 Meter tiefen Krater, dessen Boden mit einer dicken, schroff aufgeworfenen Kruste Natronsalz bedeckt ist. Vorsichtshalber nehmen wir neben den Trinkflaschen zwei kleine Wasserkanister mit jeweils fünf Litern Trinkwasser für den Wiederaufstieg mit. Die deponieren wir, nachdem wir zwei Drittel des holprigen Steiges abgestiegen sind, an einer markanten Stelle, jedoch vom Pfad aus nicht sofort sichtbar. Besonders anstrengend ist natürlich der Wiederaufstieg in der Mittagshitze zum Kraterrand, wo die Piste verläuft und unsere Fahrzeuge stehen. Völlig erschöpft kommen wir bei den Fahrzeugen an, die verbliebenen Expeditionsteilnehmer haben schon zu Mittag gegessen und ein Essen für uns vorbereitet.

Nach dem Essen und einer Ruhepause fahren wir zum „Homme de Gonoa" weiter, einer berühmten steinzeitlichen Steinritzung, die einen sehr großen Krieger darstellt. Das ist auch ein geeigneter Standplatz, um die Nacht zu verbringen, so dass wir unser Camp aufschlagen und das Abendessen zubereiten.

Am nächsten Morgen brechen wir nach Bardaï auf, wo wir von Soldaten der französischen Fremdenlegion erwartet werden. Sie sind etwas aufgeregt und fragen, ob wir denn noch nicht wissen, was passiert sei. Sie begleiten uns in ihr kleines Fort und gestatten uns, in den Fahrzeugen zu übernachten. Dort erwarten uns bereits unsere Kameraden, die in der vorherigen Nacht an den bemalten Felsen überfallen worden waren.

Eine Gruppe von sechs Banditen, die zu Fuß unterwegs war, hatte sie in mondheller Nacht ausgeraubt. Zwei der Banditen waren mit Kalaschnikow bewaffnet, vier mit Holzknüppeln, mit denen sie beim Sturmangriff auf den Boden schlugen. Der Banditenchef hatte sich mit den Worten „Je suis Suleyman, chef des rebelles des Tubu – Ich bin Suleyman, Chef der Tubu-Rebellen" vorgestellt. Die Kameraden hatten dabei Geld und alle Wertgegenstände eingebüßt, die die Banditen finden konnten. Um die Flucht zu verzögern, wurde aus allen Reifen der Fahrzeuge die Luft abgelassen, die Fahrzeuge selbst also nicht geraubt. Dietrich konnte auch seine Filmkassetten und Kameraausrüstung retten. Sein Film-Script sah übrigens vor, dass es damit enden werde, wie Gustav Nachtigal in Bardaï überfallen wurde.

Im unruhigen Tibesti-Gebirge machte also eine neue Rebellenbewegung unter dem Kommando von Suleyman Modi auf sich aufmerksam, indem sie raubte und den Namen des Chefs in die Welt setzte. Im Folgejahr begann der Bürgerkrieg im Tschad zwischen der Rebellenbewegung MDJT unter der Führung des ehemaligen Innenministers Youssouf Togoïmi. Suleyman diente der MDJT als Feldkommandant und wurde später bei einem Angriff der tschadischen Streitkräfte in der Oase Yebbi-Bou im Tibesti getötet. Youssouf Togoïmi kam 2002 bei einem Minenunfall im Tibesti ebenfalls ums Leben.

Glück im Unglück ist immerhin, dass der Rest der Expeditionsreise per Zufall nicht zu den Opfern des Überfalls zählt, alle Fahrzeuge noch vorhanden sind und die Tour somit fortgesetzt werden kann. So können wir wie geplant das Tibesti-Gebirge über Yebbi-Bou und Gouro durchqueren.

Das vulkanische Tibesti-Gebirge liegt schon hinter uns, als wir auf der sandigen Piste einen kleinen Plateauberg umfahren und unvermittelt einen schwer bepackten Mercedes-Lkw sichten, der uns entgegenkommt. Der Lkw hat seitlich hinter den Bordwänden noch schwere Stahlplatten montiert, die offensichtlich eine gefährliche Ladung vor Schüssen sichern sollen, und war nach Libyen unterwegs. Der Lkw war aber nicht das eigentlich Erschreckende, sondern die beiden Land Cruiser mit Militärlackierung, die ihn begleiten, und von denen einer ein schussbereites schweres Maschinengewehr auf der Pritsche montiert hat, das jetzt genau auf das Fahrerhaus meines MAN ausgerichtet ist. Also schön langsam aussteigen, warten, bis auch von der Gegenseite jemand Kontakt sucht, und erklären, wer wir seien.

Aus den Toyotas steigen Soldaten aus, darunter ein Offizier. Ich gehe langsam auf diesen Offizier zu und winke mit den Armen, um zu zeigen, dass ich unbewaffnet bin. Den Kommandanten eines solchen Trupps erkennt man daran, dass er eine Pistole trägt, während seine Soldaten mit Langwaffen ausgerüstet sind.

Der Kommandant wartet auf mich in einigen Metern Entfernung, flankiert von Soldaten mit gesenkten Waffen, die jedoch nicht direkt auf mich ausgerichtet sind. Man begrüßt sich mit Handschlag und ich stelle mich als „Chef de Mission" einer Gruppe deutscher Touristen vor. Er ist Tubu und hat nicht die Schule besucht, weshalb er die Amtssprache Französisch nicht spricht. Ein schwarzafrikanischer Soldat aus dem Süden, wo Schulen häufiger zu finden sind als hier im extrem unterentwickelten Norden, übersetzt. Der liest dann auch die Namen aus unseren Pässen vor. Die Lage entspannt sich schnell, und so können wir weiterfahren.

Diesmal soll die Tour vom Tibesti-Gebirge noch weiter ins Ennedi-Gebirge im Osttschad, nahe der Grenze zum Sudan, führen. Deshalb steuern wir zunächst die außerirdische Seenlandschaft mitten in der Sahara bei „Ounianga-Kébir" an.

Von dort geht es nach Süden durch das Dünengebiet Erg du Djourab, durch die geräumte Piste im ehemaligen Schlachtfeld „Wadi Doum" in die Provinzhaupt-Oase Fada. Unsere Pässe lassen wir zur

Bearbeitung bei der Präfektur und bekommen einen durch Drogen angedröhnten Führer mit, der uns durch die unvergessliche Felslandschaft dieses Sandsteingebirges dirigiert. Es geht zum Guelta d'Archeï, vorbei an Felstoren, Schaukelfelsen und Plateaubergen, auf deren Gipfeln vereinzelt Bäume stehen.

Ich kenne die Schlucht mit ihrem riesigen Wasserbecken von der Expedition 1993, aber sie fasziniert mich noch heute. Es treffen wieder Karawanen ein, deren Kamele zur Tränke geführt werden. In der unglaublich verdreckten Brühe leben die vier letzten sehr scheuen Krokodile der Sahara, unter den Felsüberhängen sind Felsgravuren zu bewundern und jedes unserer Worte hallt von den Felswänden wider.

Wir campen im Eingangsbereich der Schlucht und kehren am nächsten Tag nach Fada zurück, nehmen unsere Pässe in Empfang und treten die lange, ebenso spannende, weite Heimreise an. Sie führt nach Nordwesten, wieder durch das Dünengebiet Erg du Djourab in die Provinzhauptstadt Faya-Largeau der Nordprovinzen BET (Borkou, Ennedi, Tibesti). Dort müssen wir so viel wie nur möglich tanken und uns wieder bei den Behörden melden.

Ich möchte es aber nicht bei einer einfachen Registrierung belassen, sondern bitte um ein Gespräch mit dem Präfekten, der mich in Begleitung von Fritz auch empfängt. Er hat von dem Raubüberfall auf unsere Kameraden gehört und Fritz berichtet ihm ausführlich. Ich

Seenlandschaft bei Ounianga-Kébir

äußere den Verdacht, dass der Überfall in Zouar von dem jungen Mann ausgeheckt worden sei, der unsere Einreiseformalitäten bearbeitet hatte und dabei längere Zeit verschwunden war. Er hatte vermutlich den einzelnen Geländewagen auf den Weg geschickt, der uns bei der Wasserstelle Sao passiert hatte, und vor Ort in Bardaï den Überfall organisiert. Deshalb möchte ich auf der Rückreise nicht wieder über Zouar fahren und bitte um die Genehmigung, anderweitig in den Niger ausreisen zu dürfen. Aber im Grenzgebiet vom Tschad zum Niger gibt es verminte Regionen, weshalb mir der Präfekt einen geeigneten Führer für die Strecke bis Mumr, kurz vor Zouar, mitschickt. Er erhält dafür den nach örtlichen Verhältnissen fürstlichen Lohn von 500 Französischen Francs.

Kurz vor Zouar kann ich den Führer auszahlen und absetzen, um einen neuen Führer zu engagieren für den nächsten, wirklich kritischen Streckenabschnitt nach Séguédine, der ersten Oase im benachbarten Niger. Das wird schon schwieriger, denn erstens muss der verminte Pass „Col de Yeï Lulu" umfahren werden, zweitens sind Banditen unterwegs und drittens gibt es keinerlei Verkehrsmittel außer ein Kamel, das den Führer zurückbringen kann. Aber 500 französische Francs sind viel Geld, so dass wir einen Führer finden. Er kennt sich wirklich exzellent aus, allerdings nicht aus der Perspektive des Autofahrers, sondern aus Sicht des Kamelreiters. In einer Staubfalle, also einer Senke mit ganz lockerem Gipsstaub nahe der Grenze zum Niger, bleibe ich mit meinem Lkw bis an die Achsen stecken, so dass es mal wieder gilt, die Sandbleche auszupacken und zu schaufeln.

Als meine freundlichen Helfer und ich mal wieder aufblicken, stellen wir fest, dass wir von einem ganzen Trupp tschadischer Soldaten mit mehreren Geländefahrzeugen umzingelt sind. Es sind sage und schreibe gut 40 Soldaten, die ihre Waffen auf uns richten. Das ist mir zwar im Tschad schon öfter passiert, aber noch nie mit einem solchen Aufgebot.

Als „Chef de mission" ist es wieder mein Job, mich mit dem Kommandanten zu verständigen. Zunächst nehme ich mein Leatherman-Werkzeug vom Gürtel, damit es nicht als Waffe betrachtet werden kann, dann gehe ich mit leicht erhobenen Armen, halb winkend, halb mich ergebend, langsam auf den Kommandanten zu. Es sind mehrere Waffen auf mich gerichtet.

Felsformation im Ennedi-Gebirge

Die Kommandanten sind im Nordtschad Tubu-Offiziere, also mittelbraune, schmächtige, sehnige Männer aus dem Tibesti-Gebirge, begleitet von überwiegend schwarzafrikanischen einfachen Soldaten.

Ich erkläre dem Kommandanten auf Französisch, wer wir seien und wohin es gehe, zeige ihm unsere Genehmigung aus der Hauptstadt und die Pässe, berichte ihm vom Gespräch mit dem Präfekten und sage ihm, wie unser Führer bezahlt werde. Einer der schwarzafrikanischen Soldaten übersetzt vom Französischen ins tschadische Arabisch.

Die anfangs sehr angespannten Gesichter werden freundlicher und nach einigen verbindlichen Worten dürfen wir weiterfahren. Unsere Expeditionsteilnehmer haben nach anfänglicher Skepsis die Entspannung der Lage erkannt und meinen MAN weiter freigeschaufelt, so dass wir sofort starten können.

Wir passieren in freiem Gelände die völlig unmarkierte Grenze zur Republik Niger, was wir nur an unseren GPS-Geräten erkennen können, und treffen weiter westlich des verminten Col de Yeï Lulu auf die alte Piste. Die ist allerdings auch nur an einigen wenigen verwehten Spuren zu erkennen. Wir übernachten und fahren am nächsten Morgen gleich wieder weiter. Unser Führer, der zwischen Erika und mir im MAN sitzt, ist sichtlich nervös, eine Verständigung ist fast unmöglich.

In einer Pause sagt Manfred, unser Teilnehmer aus der Automobilindustrie, an seinem Mercedes-Geländewagen höre er ein Kratzen im rechten Vorderrad. Wenn die Ursache im Radlager sein sollte, so könnte sich das Problem rasant verschärfen. Da das Kratzen aber nicht regelmäßig und auch nicht stark ist, möchte ich zunächst dass wir weiterfahren, überlege es mir aber gleich anders. Noch ist es nicht zu heiß, noch sind wir nicht weit im Niger und bei der morgendlich noch niedrig über dem Horizont stehenden Sonne lässt sich das Fahrzeug so ausrichten, dass wir in dessen Schatten das Rad inspizieren können. Das Rad wird demontiert und die Bremstrommel gedreht, aber es kratzt weiter. Im nächsten Schritt möchten wir die Bremstrommel demontieren, um dem Radlager näher zu kommen, aber die sitzt bombenfest. Wir zerren und hebeln, aber die Bremstrommel rührt sich nicht. Manfred (der Assistent des Filmers Dietrich) meint auf Bayrisch: „Do muasst mim Hammer draufhaun", was Manfred, den Manager aus der Automobilindustrie, nicht überzeugt. Wer haut schon gerne mit dem Hammer auf seinen neuen Mercedes.

Reifenreparatur unterwegs ist Handarbeit

Aber er hat natürlich seine Verbindungen zum Werk in Stuttgart. Also wird das Satellitentelefon ausgepackt, auf den Satelliten eingeloggt und ein erfahrener schwäbischer Mechaniker befragt. Der gibt den entscheidenden Hinweis: „Do musch mit nem Hammr druff haua."

Es zeigt sich wieder mal, wie wichtig ein Satellitentelefon ist, denn jetzt klappt es. Die Trommel geht ab, ein Steinchen entweicht und das störende Geräusch ward nicht mehr vernommen.

Auf einer technisch nicht sonderlich anspruchsvollen Strecke geht es weiter. Schließlich ist der Gipfel des Pic Zoumri in Sichtweite, eine einsame Bergspitze, an deren Fuß die Oase Séguédine liegt. Wir beschließen, vor der Einfahrt nach Séguédine noch Mittagspause zu machen und Geschäftchen zu erledigen, damit wir in der Oase selbst in keiner Weise unter Druck stehen.

Am frühen Nachmittag des zweiten Tages rollen wir schließlich in die einsame Bilderbuch-Oase ein. Zwischen den Hütten und Lehmbauten sind in der Entfernung nur vereinzelt neugierige Kinder zu sehen. Die Posten der nigrischen Grenzer sind verlassen. Offensichtlich hat sich die erwachsene Bevölkerung in Anbetracht unseres unbekannten Fahrzeug-Konvois, der noch dazu aus völlig unerwarteter Richtung eintrifft, im Palmenhain versteckt. Der Führer bittet darum, ihm sofort sein Gepäck auszuhändigen und ihn auszubezahlen. Er rät uns dringend, die Oase sofort wieder zu verlassen, da sie durch Rebellen bedroht werde und deshalb die Staatsgewalt komplett abgezogen worden sei. Er werde sich ein Kamel kaufen, zurückreiten und das Tier wieder verkaufen.

Wir lassen uns das nicht zweimal sagen, steuern zunächst nach Kompass abseits der Hauptroute ungefähr in die erforderliche Richtung, bis wir sehr weit außer Sichtweite der Oase sind. Da machen wir kurz Halt, um zu beratschlagen. Alle sind sich einig, dass wir uns im Niger gar nicht melden, sondern durch die pottebene Ténéré-Wüste auf direktester Strecke streng nach GPS schnellstmöglich nach Algerien eilen. Alle Fahrzeuge werden noch einmal aus den großen Tanks in unserem Lkw mittels einer Elektropumpe betankt. Gleichzeitig werden die Koordinaten von In Affelahlah in die GPS-Navigationsgeräte aller Fahrzeuge eingegeben. Es ist der nächstgelegene Brunnen in Algerien und immerhin 600 Kilometer entfernt.

Bei aller Anspannung in der speziellen Situation ist es dennoch ein erhebendes Gefühl, in lockerem Verbund die flache konturlose Ténéré zu durchkreuzen. Eine Nacht müssen wir trotz aller Eile und Vorsicht in der Ténéré im Niger campen, denn bei Dunkelheit zu fahren, ist zu gefährlich, und unsere Scheinwerfer wären über sehr viele Kilometer hin sichtbar. Aber auch so ist unser Camp in der unendlichen Ebene weithin zu erkennen.

Die Nacht verläuft jedoch ruhig, nur beim Frühstück sehen wir am Horizont vereinzelt schwere Lkw nach Norden vorbeiziehen. Es sind offensichtlich die berühmten Mercedes-Lkw auf der Marlboro-Route, die Zigaretten, Alkohol, schwarzafrikanische Emigranten und Drogen durch die Sahara nach Algerien und Libyen schmuggeln. Wenige Wochen später fahren sie dann, beladen mit Treibstoff, in Libyen subventionierten Lebensmitteln wie Tee, Zucker, Milchpulver und Mehl sowie Matratzen, Bettgestellen und eventuell auch Waffen, wieder nach Süden. Die Fahrer sind nicht gefährlich, sondern selber froh, wenn sie möglichst nicht gesehen, jedenfalls nicht von Behördenfahrzeugen gestoppt oder von Banditen überfallen werden.

Nördlich der unmarkierten Grenze zu Algerien treffen wir wieder auf eine Piste, die durch das breite Wadi (Trockental) Tafassasset führt. Sie ist mit merkwürdigen breiten, knapp über dem Boden montierten Blechdächern markiert, die früher offensichtlich Flugzeugen zur Orientierung dienten. Kurz bevor wir den einsamen Brunnen von In Affelahlah erreichen, tauchen wir in eine romantische Wüstenlandschaft mit hohen Tamarisken-Hügeln ein, die förmlich zum Campieren einlädt. Obgleich unsere Wasservorräte noch ausreichen, möchten wir zuerst den Brunnen finden, schon aus sportlichem Ehrgeiz, denn Wasser ist das Ein und Alles in der Wüste.

Wir fahren um einige Tamarisken-Hügel herum, sehen den Brunnen und werden gesehen, denn nur wenige hundert Meter entfernt prangt ein brandneues Militärlager mit allem Drum und Dran, bis hin zur riesigen Satellitenantenne. Wir merken, dass da Bewegung ins Lager kommt, und bereiten uns auf Besuch vor. Nach glatten 20 Minuten haben die Gendarmen des Lagers schließlich ihre Uniformen angezogen, ihre Waffen gegriffen und ihre grünweißen Land Cruiser gestartet. Zwei der Fahrzeuge fahren mit Blaulicht auf uns zu und halten in knapp fünfzig Metern Entfernung. Die Gendarmen steigen mit umgehängter Waffe aus. Wir haben uns in lockerer Formation gut sichtbar vor den Fahrzeugen aufgebaut, damit schnellstmöglich klar wird, dass wir Touristen sind. Es ist wieder mal an mir, die Gendarmen zu begrüßen. Die Lage entspannt sich sehr schnell, die Gendarmen laden uns ein, in das Kasernengelände zu kommen, dort Wasser zu fassen und uns mit frischgebackenen Baguettes zu versorgen. Anschließend zeigen sie uns einen einige Kilometer entfernten schönen Platz in den Dünen zum Campen. Dabei kommen wir an einem umzäunten Camp vorbei, in dem Schwarzafrikaner untergebracht sind, darunter auch Frauen und Kinder. Es scheinen Flüchtlinge aus dem durch die Rebellen aufgewühlten Niger zu sein.

Am Abend, nachdem die Gendarmen verschwunden sind, rufen wir per Satellitentelefon einen befreundeten Algerier in München an, der gute Verbindungen in seiner Heimat hat. Wir möchten ihn informieren, dass wir gerade nach Algerien gekommen sind und dass wir in wenigen Tagen in Djanet eintreffen werden, der südöstlichsten großen Oasenstadt Algeriens. Er hat einen wichtigen Hinweis für uns, wir sollen nicht nach In Afellahlah fahren, denn da sei gerade eine neue Kaserne gebaut worden.

Am nächsten Tag geht es westlich entlang des Dünengebietes Erg d'Admer, das man an einer Stelle namens Tahort durchqueren kann. Dort umschließt der Sand einen kleinen Berg, der den Rädern bei der Auffahrt Halt bietet. Wir überqueren das Dünengebiet, um in Richtung Osten das Tassili N'Ajjer-Gebirge anzusteuern, vor dem die Piste dann südlich nach Djanet führt. Dort müssen wir uns melden und die Einreiseformalitäten erledigen. Um nicht in den Abendstunden einzutreffen, beschließen wir, noch am Ostrand des Dünengebietes zu campen. Das Camp ist aufgebaut, die Nacht gerade angebrochen, als Fahrzeuge mit sehr schwachen Scheinwerfern auf uns zukommen, aber kurz vor uns abdrehen und weiterfahren. Es sind alte Pickup-Geländewagen mit jeder Menge Personen auf der Pritsche. Wir können uns nicht erklären, was das zu bedeuten hat, brechen hastig das Camp ab und fahren weiter nach Osten, wo wir uns in den ersten Ausläufern des Tassili N'Ajjer-Gebirges hinter den berühmten Felssäulen verstecken möchten. Folgerichtig suchen wir uns einen schönen Platz hinter einem großen Felsen und bauen erneut unser Camp auf. Sicherheitshalber bin ich gerade dabei, einem

Freund in Deutschland unsere Koordinaten und unser Erlebnis von soeben zu berichten, damit er im Notfall weiß, wo wir zuletzt waren.

Gerade als ich ihm berichte, dass unbekannte Fahrzeuge auf uns zusteuerten, kommt ein weiterer solcher kleiner Konvoi um den Felsen herum und genau auf uns zugefahren, leuchtet uns an, um uns zu identifizieren und dreht wieder ab. Dann ist Ruhe, es passiert auch die ganze Nacht nichts, es erwartet uns ein herrlicher Morgen in einem der schönsten Gebirge der Sahara.

Zu unserer größten Überraschung treffen wir am nächsten Tag auf eine hervorragende, frisch asphaltierte Straße, die bis nach Djanet führt. Dort melden wir uns zunächst bei der Immigration, dann beim Zoll. Man ist völlig von den Socken, wo wir herkommen, denn seit vier Jahren seien keine Touristen mehr aus dem Niger eingereist, aus Angst vor den terroristischen Aktivitäten der Salafisten in Algerien. Der Zollchef ist sichtlich angespannt, weil er nicht weiß, wie er mit uns verfahren soll, denn mangels Verkehr ist auch die Grenzstation geschlossen. Ich versichere ihm, dass wir uns schnellstmöglich in Algerien den Behörden gestellt haben, ohne erst touristisches Programm zu absolvieren. Zwar kann ich ihm keinen Ausreisestempel aus dem Niger vorweisen, denn den Niger haben wir auf knapp 1000 Kilometer ohne Behördenkontakt durchquert, aber ich habe Ausreisestempel aus dem Tschad, die nicht so alt sind. Meine Erklärung, dass wir den Niger wegen der neu entflammten Rebellenbewegung einfach so durchquert haben, leuchtet ihm ein.

Am nächsten Morgen klärt sich die Situation. Die Beamten haben mit ihrer vorgesetzten Dienststelle in Ouargla telefoniert. Die Weisung lautet jetzt, zum Grenzposten an der algerisch-libyschen Grenze bei Ghat zu fahren, um dort die Einreiseformalitäten zu erledigen. Das ist schlappe 160 Kilometer Wüstenpiste entfernt, aber es genügt im Prinzip, wenn ein Fahrzeug hinfährt und die Papiere aller Expeditionsteilnehmer dabei hat. Da man in der Wüste besser mit mindestens zwei Fahrzeugen unterwegs ist, fahren drei von uns mit zwei Fahrzeugen los.

Wir müssen das Tassili N'Ajjer-Gebirge südlich umfahren, was sich erneut als ein landschaftlicher Hochgenuss erweist. Den kleinen Umweg von gut 300 Kilometer ist die Strecke sicher wert. Bei Djanet haben wir inzwischen einen hervorragenden Standplatz zum Übernachten gefunden, eine neu entstehende Farm in der Nähe des neuen Flughafens. Beim Bohren nach Wasser zur Versorgung des Flughafens ist man auf so viel Wasser gestoßen, dass sich damit eine ausgewachsene moderne Farm bewässern lässt, die jetzt Djanet mit frischem Obst und Gemüse versorgt.

Vor der Abreise nach Norden spreche ich noch einmal mit der Gendarmerie, um über unser Erlebnis in der Nacht vor dem Eintreffen in Djanet zu berichten. Die Gendarmen sind gelangweilt: „Ja, ja, das sind die Menschenschmuggler, die bringen Auswanderer aus dem Niger und setzen sie vor dem Tassili N'Ajjer-Plateau bei dem Berg ab, der wie ein Zelt aussieht. Von dort gehen die Schwarzen zu Fuß mehr als 100 Kilometer über das Plateau nach Libyen, wobei viele verdursten. Solange die nicht in Algerien bleiben, um der Schwarzarbeit nachzugehen, ist das kein Problem."

Technisch gesehen ist die Rückreise ab Djanet ein Kinderspiel, fast alle Straßen sind asphaltiert. Aber da die Straße nahe der Grenze zu Libyen verläuft und weiter im Norden nahe der Grenze zu Tunesien, müssen wir alle naselang bei einem Kontrollposten halten. Die Soldaten sind immer sehr nervös, wenn gleich fünf unbekannte Fahrzeuge mit einem Lkw an der Spitze auf sie zukommen. Deshalb halte

Felsformation im Tassili N'Ajjer-Gebirge

ich auch immer 100 Meter vor der Sperre und gehe zu Fuß zum Posten, um zu erklären, wer wir seien. Dann darf in gehörigem Abstand ein Fahrzeug nach dem anderen vorfahren.

Die Formalitäten nehmen jede Menge Zeit in Anspruch und es ist wohl unmöglich, dass sie unsere Angaben per Funk dem nächsten Posten melden. In einer Oase werde ich in ein Abfertigungsgebäude begleitet, wo ich für die ganze Gruppe die Formalitäten erledige. In der Wartezeit habe ich Gelegenheit, die Aushänge am Schwarzen Brett zu lesen. Da steht eine klare Anweisung an die Beamten: „Den Reisenden ist stets freundlich zu begegnen und insbesondere sind sie nicht mit erhobenen Händen an die Wand zu stellen." Das funktioniert hervorragend, man ist tatsächlich stets freundlich zu uns. Fritz meint: „Diese Verhaltensregel muss ich mal unserer Polizei in Heidelberg vorschlagen."

Schließlich erreichen wir den Norden Algeriens, wo für uns erstmalig seit vier Wochen wieder städtisches Leben sichtbar wird. Die Ölförderstadt Hassi-Messaoud steckt in einer schwarzen Abgaswolke, die von den Raffinerien herüberweht. Dort wird Gas, das zusammen mit dem Öl aus der Erde kommt, in riesigen Mengen abgefackelt. In der Heimat machen wir uns ständig Gedanken über Umweltschutz sowie Kohlenstoffdioxid-Ausstoß und unterwerfen uns dafür jeder Menge Beschränkungen. Gleichzeitig wird in den Ölgebieten Tag für Tag und 24 Stunden lang Gas in unvorstellbaren Mengen abgefackelt. Der Pipelinebau für das wertvolle geförderte Öl ist einfach billiger als für das bei der Förderung unweigerlich austretende Gas.

Vor und hinter den Städten sind jetzt jeweils Kontrollpunkte der Gendarmerie zu passieren, was während des Tages auch kein Problem darstellt. Wegen der allgemein unsicheren Lage in Nordalgerien und der höheren Bevölkerungsdichte wird es schwierig, einen geeigneten Platz für das nächtliche Camp zu finden. Deshalb möchten wir die Grenze nach Tunesien noch am selben Tag erreichen, auch wenn es schon dunkel sein sollte. Aber bereits in der algerischen Oasenstadt Touggourt kommen wir in die Abenddämmerung und wundern uns, dass die Straßen so leer sind. Schließlich fehlt noch El-Oued, die letzte Stadt vor der Grenze.

Beim Eintreffen am Gendarmerie-Posten vor der Stadt ist es bereits dunkel. Die Gendarmen telefonieren mit ihrem Präsidium, um sicher zu gehen, dass sie uns passieren lassen können. Es kommt das O.K., wir durchqueren die Stadt bis zum Gendarmerie-Posten an der Ausfallstraße. Unser Lkw wird nach kurzer Kontrolle der Papiere durchgewunken und wir fahren einige hundert Meter weiter, als uns ein privater Pkw überholt und anhält. Wir sollen sofort umdrehen und zu den übrigen Fahrzeugen zurückkehren. Als wir ankommen, herrscht große Nervosität. Wir dürfen nicht weiterfahren, sondern sollen einem Fahrzeug der Gendarmerie zum Präsidium folgen. Was das zu bedeuten hat, können wir höchstens ahnen. Es werden die Personalien aufgenommen, man lässt uns warten, man ist zwar angespannt, aber korrekt. Dann wird uns gesagt, wir können in der Nacht nicht weiterfahren, sondern sollen in der Jugendherberge oder dem staatlichen Hotel übernachten. Dort müssen wir bis zum Morgen bleiben, behalten aber unsere Papiere und dürfen am nächsten Tag ohne Rückfrage wieder starten.

In flotter Fahrt werden wir zum Hotel Luss begleitet, die Beamten treiben uns beim Auspacken des Handgepäcks für die Nacht zu äußerster Eile, sie sind sehr nervös. Also rein ins Hotel, auf die Zimmer, endlich wieder mal duschen und gleich darauf zum Abendessen in das Hotelrestaurant. Da geht es uns gut, erstmalig seit fünf Wochen müssen wir nicht selber kochen, sondern können uns bedienen lassen, sogar Bier und Wein sind zu haben. Rund eine Stunde nach unserem Einchecken kommen die Beamten noch einmal vorbei, um zu sehen, ob alles in Ordnung ist.

Am nächsten Morgen also ab an die Grenze zu Tunesien. Es steht eine Autoschlange mit Pkw vor dem Abfertigungsgebäude, es geht aber praktisch nichts vorwärts. Wir warten und warten, sehen nur gelegentlich einen Beamten, der mal, aus seinem Büro kommend, vorbeischaut. Das kann nicht normal sein und erweist sich als systematische Schikane der eigenen Landsleute. Sie sollen durch lange Wartezeiten davor abgeschreckt werden, über das Wochenende in das sichere und weit besser versorgte Tunesien zu fahren. Das hat aber nichts mit uns zu tun, weshalb ich einen Beamten anspreche. Er winkt unseren Konvoi an der Warteschlange vorbei zum Abfertigungsgebäude. Dort werden Papiere, Fahrzeuge und das Gepäck peinlich genau kontrolliert. Wir müssen alles auspacken, Kisten aus den Fahrzeugen holen, von den Dachgepäckträgern abladen und in das Abfertigungsgebäude zur Inspektion bringen. Mehrere Zollbeamte sind bei der Arbeit, uns zu filzen. Das ist zwar sehr lästig und langwierig, aber kein prinzipielles Problem. Nur bei Dietrich kann es fatal werden, wenn die Zöllner auf seine Filmkassetten stoßen, denn er hat keine Drehgenehmigung. In Algerien hat er auch nicht mehr gedreht, aber das würde sich ja erst nach der Beschlagnahme des wertvollen Filmmaterials erweisen.

Die Kassetten hat er in einer kleinen Alu-Kiste auf dem Fahrzeugdach verstaut. Daneben weitere gleiche Kisten mit sonstiger Ausrüstung. Trickreich gelingt es ihm, erst die anderen Kisten inspizieren zu lassen, dann schnell die Kiste mit den Filmen gegen eine andere zu tauschen und eine bereits inspizierte erneut vorzuführen. Bei der Kontrolle fällt den Zöllnern bei einem von uns auf, dass er zwei Pässe hat. Sofort fragen die Beamten, ob alle von uns über zwei Pässe verfügen, was wir bestätigen. Also werden sämtliche Zweitpässe eingesammelt und ich werde aufgefordert, mit dem kontrollierenden Beamten zum Vorgesetzten mitzukommen. Der lässt mich natürlich erst einmal warten, das unterstreicht die Bedeutung seiner Person, daraufhin sieht er sich den Stapel Pässe an und lässt mich erklären.

Mein wichtigstes Argument ist, dass es bei uns völlig legal sei, zwei Pässe zu haben, wenn man sie für seine Reisen tatsächlich benötige. Wegen der vielen Grenzen und verschiedenen Visa seien bei uns zwei Pässe pro Person erforderlich gewesen. Dann gilt es zu betonen, dass es jeweils zwei Pässe zur gleichen Identität und Nationalität seien, die sich bis auf Passnummern und Ausstellungsdatum nicht unterscheiden. Wir geben also nicht vor, wahlweise eine oder die andere Person zu sein, die eine oder andere Nationalität zu haben. Wir können ausreisen und freuen uns auf eine schnelle Abfertigung auf der touristenfreundlichen tunesischen Seite der Grenze.

Aber dort beißen sich die Grenzer erst richtig an meinem MAN fest, sie suchen und suchen im inzwischen chaotischen und verstaubten Innenraum, finden aber einfach nichts, was sie interessieren könnte. Schließlich steigt der geschniegelte „Inspecteur de Douane“, also der Leiter der Zolldienststelle, höchstpersönlich selbst in das Fahrzeug. Neben ihm zwei Beamte sowie Erika und ich. Er sieht sich verzweifelt im Fahrzeug um, zieht eine Schublade mit Lebensmittelvorräten auf und findet etwas Verdächtiges, was wie länglich, rundgepresstes Rauschgift aussieht. Er fragt, was das sei, ich erkläre ihm: „Eine Salami." Er fordert mich auf, davon zu essen, was ich nach der langen Wartezeit an der Grenze gerne befolge.

Dann möchte er selber probieren, bis ich ihm erkläre, dass die aus Schweinefleisch bestehe. Also riecht er nur daran und gibt sie zurück. Ich frage ihn, was er denn suche, worauf er ausweichend antwortet: „Es gibt Reisende, die Sachen dabei haben, die sie absolut nicht haben dürfen."

So macht sich der Boss erneut auf die Suche und wird fündig. In transparente Folie eingeschweißte Päckchen mit kompaktem bräunlichen Inhalt, etwa zehn mal zehn Zentimeter groß und fünf Zentimeter hoch, sind höchst verdächtig. Er fragt triumphierend: „... und was ist das?" „Deutsches Schwarzbrot", erkläre ich. Also darf ich wieder vorkauen, wobei ich gebannt beobachtet werde. Er lässt es sich nicht nehmen, selbst ein Stück zu kauen, als ihm einer seiner Beamten zumurmelt: „Da könnte auch Schweinefleisch drin sein!" Angeekelt würgt der Zollchef das Vollkornbrot aus, die Kontrolle ist beendet, wir können nach fünf Stunden Grenzaufenthalt weiterfahren.

Offensichtlich waren wir sowohl bei den Tunesiern als auch bei den Algeriern irgendwie angeschwärzt worden oder als erste Touristengruppe, die seit Jahren vom „Grand Sud" Algeriens kam, so suspekt, dass da irgendetwas faul sein musste.

Der Rest der Tour bis Deutschland ist „Nahverkehr", der hier keiner weiteren Beschreibung bedarf.

Libyen, Niger und Mauretanien: Durchquerung von Nordmauretanien 1999

Im Spätherbst 1999 veranstaltete ich eine Expedition für Teilnehmer mit eigenem Geländefahrzeug, die in riesigem Bogen von Tunesien über Libyen, Südalgerien und Mauretanien durch die Sahara führen sollte. Sie reichte also bis in die Zentralsahara und führte an deren Mittellinie 2000 Kilometer nach Westen bis Nouakchott, der Hauptstadt Mauretaniens. Entlang der Atlantikküste über die Westsahara und Marokko sollte sie uns zurück nach Europa führen.

Mein allradgetriebener MAN-Lastwagen dient auch auf dieser Expeditionsreise als Versorgungsfahrzeug, das ich fahre. Erika ist meine aufmerksame Copilotin. Als zweites eigenes Fahrzeug ist unser roter Mercedes-Geländewagen mit von der Partie, um darin Uschi und Jochen, die einzigen Teilnehmer ohne eigenes Fahrzeug, durch die Wüste zu schaukeln. Gefahren wird der „rote G" wieder von Sadok, einem algerisch-französischen Freund, der sonst aus dem nahegelegenen Rosenheim eigene kommerzielle Expeditionen veranstaltet, aber auf dieser Tour als Reiseleiter beziehungsweise Mitorganisator engagiert wurde. Dann gibt es noch den Medizinprofessor Eike, der allein in einem allradgetriebenen MAN mit gut eingerichtetem Wohnaufbau unterwegs ist, Hermine und Manfred aus Stuttgart mit einem brandneuen, schicken und starken Mercedes-Geländewagen, Lisa und Gerhard aus Tirol in ihrem Mitsubishi Pajero und der alleinreisende Kfz-Meister Helmut mit einem Mitsubishi Pickup. Zusammen sind wir also elf Personen mit zwei Lkw und vier Geländewagen.

Das erste Drittel der Tour durch Tunesien und Libyen verläuft ohne besondere Vorkommnisse. Wir fahren im Westen Libyens nach Süden, um von der Oase Ghat aus die Grenze nach Algerien zu überqueren. Der Grenzverlauf ist nicht markiert, wenn man jedoch weiß, dass sie in einem Oued (Trockental) verläuft, das die Piste kreuzt, so ist deren Verlauf doch klar. Kurz hinter diesem Oued steuert schon ein weiß-grüner Land Cruiser auf uns zu. Die algerische Gendarmerie fragt uns, wo wir hin möchten, weil sich hier gelegentlich Fahrer über die Grenze verirren, die eigentlich in Libyen bleiben sollten. Man ist freundlich und begleitet uns zu einem sehr einsam gelegenen, aber ordentlichen Abfertigungsgebäude, wo die Einreise-Formalitäten

Reichlich Platz zum Campen

erledigt werden. Dort muss in alter sozialistischer Manier eine Zollerklärung über Wertgegenstände und eine Devisendeklaration ausgefüllt werden. Durch massive innere politische Blockaden ist Algerien nicht in der Lage, diesen Unsinn abzustellen, den es sonst in kaum einem Land der Erde noch gibt.

Wir fahren die grandiose Piste südlich des Tassili-Plateaus entlang und übernachten etwas abseits der Piste in unseren Zelten. Plötzlich, mitten in der Nacht, höre ich Motorgeräusche und sehe den wackeligen Lichtschein zweier Autoscheinwerfer auf uns zukommen. Das Fahrzeug hält mitten in unserem Camp, zwei Algerier in Zivil steigen aus. Es sind Zöllner von der Grenzstation, die vergessen haben, unsere Fahrzeuge in die Pässe einzutragen. Das wird erledigt, die Zöllner fahren ab, wir haben unsere Ruhe.

Wenn man darauf vertrauen könnte, dass Grenzbeamte bei der Devisenkontrolle und Banker beim Geldwechsel Diskretion bewahren, so wäre eine Devisendeklaration nicht so tragisch. Dass Diskretion aber nicht gewährleistet ist, erlebt man sofort, wenn man bei der „Banque Populaire" in der nächsten großen Oase Geld wechselt. An einem einfachen Holztresen reicht man dem Bankangestellten Devisendeklaration, Pass und zu wechselndes Geld hinüber. Dieser wechselt und trägt den gewechselten Betrag in die Devisendeklaration ein. Dabei wird der an der Grenze deklarierte Gesamtbetrag nicht nur dem Banker sichtbar, sondern auch den anderen neugierigen Beobachtern diesseits des Tresens. Als Veranstalter der Tour habe ich immerhin 15.000 DM dabei und deklariert, um für alle Eventualitäten gewappnet zu sein. Es wäre vermutlich besser, nur einen Teil zu deklarieren und den Großteil schwarz über die Grenze zu bringen und schwarz zu wechseln.

Wir möchten jetzt Algerien von Südost nach West durchqueren und machen uns auf die Piste nach Amguid, um von dort nach In Salah weiterzufahren. In der faszinierenden Ebene von Amguid suchen wir uns einen romantischen Platz zwischen Tamariskenhügeln zur Übernachtung in der Nähe einer Schlucht, durch die unsere Piste führen wird, und mit Blick auf das hoch aufragende Dünengebiet in der Mitte der Ebene.

Wie fast jeden Abend suche ich mir in der Dämmerung nach Sonnenuntergang einen Hügel, um zu sehen, was sich da sonst noch so bewegt und ob Nomadenlager oder einzelne Lagerfeuer zu sehen sind. In großer Entfernung entdecke ich mit dem Fernglas eine Staubwolke, die auf ein Fahrzeug schließen lässt, und bemerke: „Wir bekommen heute noch Besuch." Aber es fährt keiner in der Ferne auf der größeren Piste nach Norden vorbei, noch kommt jemand, um in unserer Nähe durch die Schlucht nach Westen zu fahren. Am nächsten Tag setzen wir unsere Fahrt zur großen Oase In Salah fort, wo wir uns bei den Ortsbehörden melden.

Man fragt uns, ob wir Probleme auf der abgelegenen Strecke gehabt hätten, aber es war ja alles ruhig. Hier tanken wir noch einmal alles auf, denn auf weit über 1000 Pisten-Kilometern ist jetzt bis weit hinein nach Mauretanien mit keiner sicheren Versorgung mehr zu rechnen. Auch sind die uns vorliegenden Informationen über die bevorstehende Strecke sehr dürftig, was auch daran liegt, dass Erika und ich ja bei jeder Tour Neuland entdecken möchten. Für eigene Reiseführer fertigen wir jeweils Beschreibungen der neu erkundeten Routen.

Also starten wir weiter nach Westen in Richtung Reggane, um anschließend in Aoulef den Blinker rechts zu setzen und nach Adrar abzubiegen. In Tit können wir zu unserer Überraschung nochmals tanken, eine Gelegenheit, die wir dankbar wahrnehmen. Als ich mit meinem Lkw vor einer zu tief hängenden Stromleitung mitten in der kleinen Oase scharf bremsen muss, vernehme ich einen heftigen

Dünenüberquerung in Libyen, jedes Mal ein Nervenkitzel

Schlag rechts vorne unter dem Beifahrersitz. Es ist uns sofort klar: Federbruch. Nur gut, dass wir inzwischen immer ein passendes Ersatzfederblatt mitführen und in der Oase ein erfahrener Mechaniker aufzutreiben ist. So müssen wir den harten Job nicht selbst machen. Nach der Reparatur lädt uns der Chef der einfachen Garage zum Tee ein. Allerdings machen wir vermutlich den schweren Fehler, vertrauensselig zu erzählen, wo wir hinfahren möchten.

Ohne weitere Probleme überqueren wir die Asphaltstraße südlich Adrar, um auf die extrem einsame Piste in Richtung Wasserstelle Tabelbala zu gelangen. Die Piste erweist sich zu unserer größten Überraschung zwar als einsam, aber als breit und gut ausgebaut. Sadok, der mit dem „roten G" an der Spitze fährt, berichtet mir in der Mittagspause, dass er in der ansonsten verwehten Piste zwei relativ frische Fahrzeugspuren gesehen habe. In der Nähe des Brunnens Hassi Mdakane biegen wir nach links ab, um entlang des verlassenen alten französischen Forts Bordj Flye St. Marie zum ebenfalls verlassenen französischen Fort Chegga im äußersten Nordosten Mauretaniens zu gelangen. Im Unterschied zu den bisherigen Strecken in Südalgerien ist diese Strecke landschaftlich weniger attraktiv. Sie ist auch nicht immer klar zu erkennen, aber im Allgemeinen ordentlich zu befahren.

Das Fort Bordj Flye St. Marie ist in der Tat verlassen, außer alten Uniformteilen und defekten Autobatterien nichts zu entdecken. Auf Goolge Earth ist es klar zu identifizieren: 27°19'12"N, 2°59'01"W. Also geht es weiter in Richtung Wasserstelle Chenachen. Wenige Fahrtstunden vor der Wasserstelle treffen wir in einer Senke mit geringer Vegetation auf einen Hirten mit Ziegenherde. Wir halten an und stellen fest, dass er sehr nervös ist. Er erzählt uns, dass in Chenachen ein algerisches Militärlager gebaut worden sei. Dabei bietet er an, uns um das Militärlager herum zu dirigieren. Auf meine Frage, ob die Soldaten denn unfreundlich seien, antwortet er ohne zu zögern, dass sie sehr freundlich seien. Also haben wir auch keine Veranlassung, den Kontakt zu umgehen. Während der Nomade zunächst sehr nervös war, wird er ruhiger, wohl weil er jetzt weiß, dass wir uns nicht im Konflikt mit den Behörden befinden.

Chenachen erweist sich als ein riesiges algerisches Militärlager, in dem alles da ist, Brunnen, Generator, Motorpumpe, Tankwagen,

Geländewagen, Lastwagen, Militärarzt, Piloten, große Satellitenschüsseln und sogar frische Baguettes. Gastfreundlich wie die Algerier sind, bekommen wir gleich einen ganzen Mehlsack voll frisch gebackener Baguettes geschenkt. Auf Google Earth ist das Lager gut zu sehen: 26°02'42"N, 4°12'53"W. Ganz nebenbei werden unsere Pässe zur Ausreise abgestempelt.

Sadok fragt mal ganz schüchtern, ob man denn auch Treibstoff bekommen könne. Etwas verlegene Gesichter lassen Zweifel aufkommen, ob das klappen könnte, aber man fragt zurück, wie viel Diesel wir denn bräuchten. Sadok meint, ungefähr 600 Liter, woraufhin sich die Mienen entspannen – „pas de problème", also kein Problem, kostet auch nichts. Nach dem Tanken, kurz vor der Verabschiedung, kommt die Gegenfrage, ob wir denn Alkohol hätten. Wir können einen Karton mit sechs Flaschen algerischen Rotwein entbehren und kramen ihn aus dem Lkw. Leider fragen wir nicht nach der Sicherheitslage und bekommen auch ungefragt keinen Hinweis.

Als wir uns wieder auf Strecke begeben, sind alle Seiten zufrieden. In 250 Kilometern Entfernung werden wir auf die verlassene Festung Chegga stoßen (25°22'24"N, 5°47'14"W), die in Mauretanien „Cheggat" genannt wird. Der nächste Behördenkontakt ist jedoch erst 800 Kilometer weiter im Südwesten, in Ouadane, zu erwarten. Nun darf man sich einen solchen Konvoi von sechs Fahrzeugen nicht wie einen Eisenbahnzug vorstellen, bei dem die Waggons immer in Linie und gleicher Reihenfolge bleiben. Die Fahrzeuge bleiben lediglich in Sichtweite, fahren aber manchmal nebeneinander, wählen unterschiedliche Spuren, wühlen sich an unterschiedlichen Stellen durch Oueds (Trockentäler), umfahren Hügel auf verschiedenen Seiten, schon um den Staubfahnen der vorausfahrenden Fahrzeuge zu entgehen.

Zweihundert Kilometer hinter dem algerischen Grenzposten fällt mir auf, dass Eike mit seinem großen MAN fehlt. Ich halte an, drehe mein Fahrzeug, um gute Sicht zu haben und sehe, dass sein Fahrzeug weit entfernt steht und er darum herum läuft. Also fahre ich zurück und frage, was los sei. Er sieht besorgt unter das Fahrerhaus, denn es hat zweimal gekracht, dann ist er stehengeblieben. Bei näherem Hinsehen wird schnell klar, dass auf beiden Seiten die Schrauben durchgebrochen sind, mit welchen die Federböcke am Fahrgestell befestigt sind, in welchen wiederum die Federn aufgehängt sind. Ein Weiterfahren ist unmöglich, und um aus dem algerischen Militärlager Chenachen Hilfe zu holen, ist es auch etwas weit, außerdem schneiden wir gerade den äußersten nördlichen Zipfel malischen Hoheitsgebietes ab, in dem algerisches Militär eigentlich nichts zu suchen hat. Allen von uns ist klar, dass eine Weiterfahrt erst einmal verhindert ist.

Es wird Lager aufgeschlagen und Mittagessen vorbereitet, während Helmut, unserer mitreisender Kfz-Meister, Manfred unser Manager aus der Automobilindustrie, Eike der Eigentümer und ich überlegen, was wir nun machen. Wir müssen die glatt abgescherten Passschrauben aus dem Fahrgestell herausschlagen und neue Schrauben einsetzen. Die können wir gerade noch in ausreichender Zahl aus den Bastelsortimenten aller Fahrzeuge zusammenkratzen. Gesagt, getan, beziehungsweise versucht, die Reste der Passschrauben sitzen bombenfest. Erst als Helmut sie anbohrt, um sie zu entspannen, gelingt es ihm, sie mit brachialer Gewalt herauszuschlagen. Nach einigen Stunden Schwerstarbeit hat es Helmut zusammen mit uns als „Hiwis" geschafft. Neue Schrauben sind eingezogen, Eikes MAN ist wieder startbereit.

Als schließlich das Fort Cheggat in Sicht kommt, wird schnell klar, dass es keineswegs mehr verlassen ist. In der Annahme, es sei wohl ein erster mauretanischer Kontrollposten, fahren wir darauf zu, bleiben aber wie immer in respektvollem Abstand stehen, damit sich keiner bedroht fühlt. Vor dem Fort vertreiben sich einige Männer in Zivil die Zeit damit, Boule zu spielen, oder tun wenigstens so. Im Fort erkennt man durch das Tor einen großen Mercedes-Lastwagen in Militärlackierung und eine Funkantenne. Wir fragen nach Wasser, weil man als Saharafahrer jede Gelegenheit nutzt, die Vorräte aufzufüllen, aber man lässt uns nicht zum Brunnen, sondern sagt uns, in sechs Kilometer Entfernung gebe es einen weiteren Brunnen.

Bei der Abfahrt sehen wir an der Mauer des Forts einen Geländewagen stehen, vermutlich neben dem Brunnen. Ob Cheggat damals eine Militärbasis war oder ein Stützpunkt der Rebellenbewegung MUJAO, wissen wir bis heute nicht. Auf Google Earth ist Cheggat gut zu sehen: 25°22'25"N, 5°47'14"W. Unsere weitere Strecke führt uns entlang des „Hank", einem viele hundert Kilometer langen, nicht sehr hohen Bergabbruch nach Südwesten. Auf der Talseite sind erstaunlich häufig Brunnen zu finden, Nomadencamps neben denen oben am Abhang jeweils ein alter Land Rover Santana steht. Die Fahrzeuge stammen aus Zeiten, in der die Westsahara noch spanische Kolonie war. Außer dem Motor und den Rädern funktioniert an den Fahrzeugen nicht viel, weshalb sie auch am Hang stehen, damit der Dieselmotor beim Herunterrollen gestartet werden kann. Dann läuft der Dieselmotor ohnehin ohne Strom weiter.

Die Fahrzeuge haben die gelben Kennzeichen der „Demokratischen Arabischen Republik Sahara", eines kaum lebensfähigen Staates, der nur von sehr wenigen Ländern anerkannt wird. Für dessen gewünschte Grenzen und Anerkennung kämpft aber seine Armee, die „Polisario". Es sind Saharauis, ein maurisches Nomadenvolk, das zum Teil schon immer hier nomadisierte, zum Teil von den Marokkanern aus der Westsahara vertrieben wurde beziehungsweise während der Kampfhandlungen um die ehemalige spanische Kolonie nach Osten floh. Viele verhalten sich nicht unfreundlich, sind aber zurückhaltend, scheu oder vorsichtig bis ängstlich. So ist es zunächst, als wir in eine Senke zum Brunnen von Bir Amrane fahren, der mit ausreichend Abstand von wenigen Hütten umgeben ist.

Im Anfahren sehen wir gerade noch, dass einige Fahrzeuge auf einer anderen Piste kurz anhalten, um uns zu beobachten, und dann entschwinden. Wir übernachten in der Nähe des Brunnens und bemerken am nächsten Tag neben einer nahegelegenen Hütte einen neuen sandfarbenen Land Cruiser Pickup. Sadok und ich gehen auf die Hütte zu und werden sofort von zwei Männern zum Tee in die Hütte eingeladen. Die Hütte ist ungewöhnlich schön, sehr stabil, mittels Hartholzästen als Halbkugel gebaut, mit Teppichen ausgelegt, die Wände mit bedruckten Stoffen verkleidet und geschmückt. Sie gehört vermutlich zwei Frauen, Mutter und Tochter, die gut aussehen, allerdings etwas kuhäugig geraten sind.

Einer der beiden Männer hat fast europäische Gesichtszüge und spricht fließend Französisch. Er scheint ein hoher Repräsentant der Polisario zu sein, der die Brunnen und Camps der Sararouis abklappert. Er verteilt Schriften zum Thema Polisario und erzählt uns, dass er zu Friedensverhandlungen zwischen Marokko und der Polisario verschiedentlich in Berlin gewesen sei. Merkwürdig war seine Antwort auf meine Frage, ob er mir etwas Geld wechseln könne, denn wir haben bisher keinen einzigen Ouguiya, die Landeswährung Mauretaniens. Er antwortet mir, „Je n'ai aucun sou", frei übersetzt, „Ich habe keinen Pfennig". Bei unserer Abfahrt begleitet er uns noch mit seinem Land Cruiser bis zum richtigen Einstieg in die Piste, denn es ist immer einfacher, zu einer Oase oder einem Brunnen zu finden, als die richtige Piste beziehungsweise Spur hinaus zu erkennen.

Seltsam erscheint uns das Verhalten, als ein alter Land Rover Santana verlassen am Rand der Piste steht. Wir steigen aus, um uns das Fahrzeug anzusehen, als jemand von uns bemerkt, dass am Horizont ein Mensch auftaucht und mit seinem Umhang als Fahne heftig winkt. Ein Saharaoui, der gerade zu Fuß versucht, Hilfe zu holen, als wir eintreffen. Wir bieten ihm an das Fahrzeug abzuschleppen, was er gerne annimmt. Auf meine Anregung hin fragt ihn Sadok, ob denn die Bremsen funktionieren. Tun sie nicht, also müssen wir an Stelle eines Bergegurtes Eikes Schleppstange zum Einsatz bringen. Das schleppende Fahrzeug fährt dann voraus, alle anderen hinterher. Zunächst folgt das Zugfahrzeug den stärksten Spurenbündeln, nach einiger Zeit weicht es aber davon ab. Ein Nomadenlager der Saharouis wird in der Entfernung sichtbar, als das Zugfahrzeug beginnt, merkwürdige riesige Schlangenlinien und Bögen zu ziehen. Da es keine Piste mehr gibt und wir das Ziel nicht kennen, folgen wir sturheil Eikes MAN.

Der Land Rover Santana wird abgeschleppt

Wir erreichen das Nomadenlager, das an einer Weggabelung zweier ausgefahrener Pisten liegt, die auf keiner Karte verzeichnet sind. Langsam wird mir klar, dass die Schlangenlinien dazu dienten, die Bewohner des Lagers erkennen zu lassen, dass wir den Land Rover im Schlepp haben, also freundlich gesinnt sind.

Während die Saharauis beginnen, den Motor zu reparieren und dazu um Motoröl bitten, schlagen wir in geringer Entfernung bis zum nächsten Tag unser Camp auf. Die Konversation ist schwierig, nur einzelne der Saharauis sprechen etwas Französisch, einer Spanisch, das auch ich damals nur im Ansatz verstand und nicht sprach. Irgendwie können wir aber doch fragen, wo denn die Pisten hinführen, die hier aus drei Richtungen zusammentreffen, und bekommen zur Antwort: „Das wissen wir nicht." Es geht jetzt auf die Nacht vom 17. zum 18. November zu, ein Zeitraum, zu dem jedes Jahr der Sternschnuppenstrom der Leoniden zu erwarten ist.

Die Nacht davor übernachten wir am Rand einer Senke mit ganz heller Kalkablagerung. Uschi erzählt uns am Morgen, dass sie in der Nacht das Zelt einmal verlassen habe und sie sich bewegende Lichter, wie bei einem Feuergefecht, gesehen habe. Wir führen das auf den erwarteten Hagel an Sternschnuppen zurück und fahren stressfrei gegen 8.30 Uhr los.

Um 10 Uhr gelangen wir an eine Stelle im Gelände, die dank einiger Büsche Deckung für eine „physiologische Pause", also pinkeln gehen, bietet. Wir halten an, auch ich verschwinde hinter einem Busch, und als ich zurückkomme, fährt mein MAN durch die Gegend. Verwundert frage ich Sadok, was da los sei, und er antwortet: „Sie sagten, sie seien Banditen", was mich „Ach du große Scheiße" (sorry) ausstoßen lässt. Diese Männer hätten überall zuschlagen können, dennoch taten sie es hier (die Koordinaten: 21°20'49"N, 10°42'57", eine Geländestelle, an der sich etwas Feuchtigkeit sammelt, weil hier drei Oueds (Trockentäler) zusammentreffen). Der Tatort liegt nur 30 km südöstlich der alten Wüstenfestung El Ghallaouiya (21°35' N, 10°36' W). Von deren Existenz wussten wir nichts und haben sie auch nicht gesehen.

Wir sind fünf Banditen in die Fänge gelaufen, die hinter einem großen Strauch am anderen Ende des Oueds ihren Land Cruiser Pickup verborgen und sich auf einer Decke zur Ruhe begeben hatten. Es war wohl ohnehin ihre Absicht gewesen, uns auszurauben, aber wir hatten es ihnen versehentlich leicht gemacht. Sie sind zunächst sehr aggressiv, um sich aller Autoschlüssel zu bemächtigen, dann befehlen sie, dass wir uns in einer Reihe aufstellen. Der Anführer der fünf Banditen spricht gebrochen, aber verständlich, Französisch und sagt zu mir: „Ne craignez rien, nous voulons l'argent et un ou deux véhicules. Mais si quelqu'un garde de l'argent, on va le tuer, si vous gardez un téléphone, on va vous tuer tous."

Das war also eine wenig erfreuliche, aber klare Ansage: Sie wollen unser Geld und ein oder zwei Fahrzeuge. Wer Geld zurückhält, wird erschossen, und wenn wir ein Satellitentelefon behalten, werden wir alle erschossen. Als nächstes quetschen sie einen Teil unserer Gruppe in eines unserer Fahrzeuge, einer der Banditen stellt sich auf das Trittbrett neben dem Fahrer und befiehlt ihm, von der ohnehin nur sehr schwach sichtbaren Piste rechtwinkelig nach Süden wegzufahren. Der Rest der Gruppe und ich stehen da und wissen nicht, was das zu bedeuten hat.

Es ist das zweite Mal in meinem Leben, dass ich konkret denke, es werde jetzt ein gewaltsames Ende nehmen und dass wir nach der ersten Gruppe außerhalb der Sichtweite der Spurenbündel erschossen werden. Es wird aber der Rest der Gruppe in meinen MAN gequetscht, ein bewaffneter Bandit steht links neben mir auf dem Trittbrett, hält sich am Rückspiegel fest und befiehlt mir, den frischen Spuren zu folgen. Es ist nicht weit, aber eben außerhalb der Sichtweite der Piste.

Dort werden wir erneut in Reihe aufgestellt, einer der Banditen bewacht uns mit der Kalaschnikow. Die restlichen Fahrzeuge und der Pickup der Banditen werden angefahren. Jetzt wird uns befohlen, unser Geld rauszurücken, wir werden aber nicht gefilzt, es wird lediglich an die Brust gelangt, um festzustellen, ob wir Brustbeutel haben. Um das Geld zu holen, sollen wir in die Fahrzeuge gehen. Danach beginnen die Banditen, die beiden Lkw zu filzen und werfen alles, was wertvoll ist, hinaus. So auch unsere beiden Satellitentelefone, die GPS-Navigationsgeräte, die Kameras, das meiste Gepäck, Werkzeugkisten und Lebensmittel.

Nachdem einer der Banditen einem anderen erklärt, welches Gepäck schon kontrolliert sei, versucht Sadok, eines der Satellitentelefone in einem unbemerkten Moment abzudecken, in der Hoffnung, dass es vergessen werde. Das ist sehr mutig und gut gemeint, wird aber bemerkt und führt zu einer erheblichen Verschärfung der Situation.

Nach und nach wird uns klar, dass sie die vier Geländewagen rauben werden und dazu alle Wertgegenstände aus den Lkw holen. Auch den Treibstoff beginnen sie aus den Lkw abzuzapfen, insbesondere aus den großen Tanks in meinem Versorgungsfahrzeug, um ihn in unseren eigenen Kanistern, in den Tanks der vier Geländewagen und einem Treibstofffass auf ihrem Pickup mitzunehmen. Wir stehen da und sehen uns „von außen", als wenn wir unbeteiligte Beobachter unserer selbst in einem Film wären, der vor uns abläuft. Wir sehen einem Krimi zu und wissen doch, dass es Realität ist.

Es sind fünf Banditen, mit einem eigenen Fahrzeug, also können sie nicht mehr als vier unserer Fahrzeuge rauben. Sie haben nicht die charakteristischen schmalen Gesichtszüge der Mauren und Saharauis, sie sind auch keine Schwarzafrikaner oder Tuareg, sondern vermutlich Algerier, den Kopf mit schwarzem Schesch (Gesichtstuch) umwickelt, aber das Gesicht unverhüllt. Die beiden Lkw sind ihnen offensichtlich zu auffällig und nicht zu vermarkten, so dass sie sie übrig lassen.

Wir stehen weiterhin in einer Reihe mit Bewachung, können aber gelegentlich einige Worte wechseln. So sagt und zeigt mir Sadok, wo er gerade außen an meinem MAN etwas Geld versteckt. Ich bitte Eike, sofort nach Verschwinden der Banditen als Arzt seine Weisungen zu geben, da ich keine Ahnung habe, was sich nach einer Entspannung der Situation abspielen könnte.

Einige Teilnehmer fordern von den Banditen warme Jacken zurück, die sie für die nächsten Nächte im Freien brauchen. Uschi fragt trickreich, ob sie ihr Täschchen aus dem „roten G" holen dürfe, da seien „die Sachen für die Frau" drin. Das müssen die Banditen irgendwie falsch verstanden haben, denn im doppelten Boden des Täschchens waren ihre Geldreserven versteckt, naja stimmt ja trotzdem. Sie darf das Täschchen an sich nehmen.

Ich habe meine Reserven auf drei Geldkassetten im Fahrzeug verteilt und etwas im Geldgürtel, den die erfahrenen Banditen zu meinem Erstaunen nicht erkennen. Zwei der Kassetten finden die Banditen sofort, ich muss sie öffnen, es sind einige tausend DM drin. Die andere Geldkassette aus dem Führerhaus nehmen sie ungeöff-

fette rote Linien:
Strecken, die die Därrs in Afrika zwischen 1970 und 2012 befahren haben
Sonstige Hauptverbindungsstrecken:
AFRICA
MERCATOR PROJECTION
0 km 500 1000 1500 km
(am Äquator)
MEDITERRANEAN SEA
SOUTH ATLANTIC
Gulf of Guinea
MOROCCO
ALGERIA
LIBYA
EGYPT
MAURITANIA
NIGER
CHAD
SUDAN
MALI
NIGERIA
CENTRAL AFRICAN REPUBLIC
ETHIOPIA
SOMALIA
KENYA
CONGO
DEM. REP. OF CONGO
TANZANIA
ANGOLA
ZAMBIA
NAMIBIA
BOTSWANA
ZIMBABWE
MOZAMBIQUE
MADAGASCAR
SOUTH AFRICA
SAUDI ARABIA
YEMEN
TURKEY

Mit dem Peugeot ins
Hoggargebirge 1970

Verzögerungen im Niger 1980

Transsahara nach Ostafrika 1972

Fahrzeugverkauf am Tschadsee 1974

Mit dem Lkw-Konvoi nach Khartoum 1976

Familientour nach Ostafrika 1978/79

Bange Tage in Ägypten 1993

Afrika, die Zukunft
ist schwarz 1994

Veränderte Sicherheitslage im Tschad 1997

Libyen 1999
(auf dem Weg
nach Algerien und
Mauretanien)

RO KK 472

Algerien –
Mauretanien 1999
(Die Durchquerung
von Nordmauretanien)

Algerien/Niger 2000-2001

Führung verloren – Verantwortung behalten

PEPSI

www.WELTREISE-FORUM.info

Sudan 2003

Afrikadurchquerung droht zu scheitern

Äthiopien 2003

Erstens alles anders, zweitens als man denkt

D

Marokko 2003
Aller Anfang ist schwer

Iran 1969

Mit dem Käfer nach Persien

Schnuppertour durch Südamerika 1983
Peru – Bolivien – Chile – Argentinien

Brasilien 2004/2005
Tropenparadies
mit kleinen Macken

Von Süd- nach Nordamerika: Venezuela – Panama – Mexiko 2005

Unruhige Zeiten in China 2003

www.daerr.info

Australien
1988 und 2008

net an sich, da ist nur wertloses Scheingeld drin, wie beispielsweise viele tausend Rumänische Lei und eine abgelaufene Kreditkarte, jene Kassette, die zur Übergabe bei einem weniger massiven Überfall gedacht war. Eine weitere Kassette mit fast 10.000 DM bleibt unentdeckt, weshalb ich sie letztlich zusammen mit dem Fahrzeug behalte.

Zunächst zapfen die Banditen den Diesel aus unseren großen 1000-Liter-Innentanks des Lkws ab und beginnen dann, die serienmäßigen Außentanks zu entleeren. Sadok und ich protestierten, weil wir den Treibstoff noch benötigen, um Ouadane, die nächste Oase, zu erreichen. Der Chef der Banditen fragt, wie weit das noch sei, und wir antworten „200 Kilometer", dank GPS wohl wissend, dass es noch 120 Kilometer sind.

Der Umstand, dass sich der Bandit mit der genannten Kilometerzahl zufrieden gibt, lässt klar werden, dass sie uns aus dem Osten gefolgt und nicht von Ouadane gekommen sind, denn sie kennen die tatsächliche Entfernung nicht. Vermutlich waren sie uns schon seit Algerien, also über 1000 Kilometer gefolgt, um den Tatort in ein Land zu verlegen, in dem der Verfolgungsdruck niedriger ist als im vergleichsweise gut organisierten Algerien. Ihr Fahrzeug hat ein algerisches Kennzeichen, ob falsch oder echt ist nicht zu erkennen, jedenfalls beginnt es mit drei Nullen, was es sonst nirgends auf der Welt gibt.

Während jetzt einer der Banditen beginnt, den Druck aus den Reifen der Lkw abzulassen, damit wir nicht sofort wieder losfahren können, erlaubt der Chef den Besatzungen der geraubten Fahrzeuge, ihre Papiere aus den Autos zu holen. Das ist natürlich ein extrem gefährlicher Moment, denn einige haben ihre Pässe in gut gesicherten Verstecken zusammen mit Geldreserven, die sie nicht abgeliefert haben, weil am Anfang noch nicht klar war, ob auch ihr Fahrzeug verloren gehen würde. Aus berechtigter Angst, dass ihnen Schaden zugefügt wird, wenn herauskommt, dass sie Geld zurückbehalten wollten, verzichten manche darauf, den Pass zu suchen.

Nun protestieren wir gegen das Ablassen des Reifendrucks bei den Lkw, so dass es die Banditen dabei belassen, nur jeweils einen Reifen plattzumachen. Schließlich fahren sie um 12 Uhr mit ihrem und unseren Fahrzeugen ab, zunächst zurück zur Piste und dann in großem Bogen um uns herum nach Südosten, was wir am Motorengeräusch hören können. Interessant ist, dass sie alle exakt in einer Spur fahren, wohl um bei einer Suchaktion aus der Luft schwerer auffindbar zu sein.

Eike übernimmt jetzt absprachegemäß die Regie und bittet alle, sich hinzusetzen, damit wir die Geschehnisse etwas verarbeiten können. Wir besprechen, wie es jetzt weitergehen soll, und nach einer halben Stunde, in der sich gezeigt hat, dass es keine heftigen Reaktionen gibt, übergibt er mir wieder die Leitung.

Wir pumpen mit dem Bremskompressor der Lkw die Reifen wieder auf, drängen uns zu elft in die beiden verbliebenen Lkw und starten gegen 13 Uhr die Fahrt nach Ouadane, wo wir unbedingt noch am selben Tag ankommen wollen. Die Streckenverhältnisse dort sind jedoch sehr schwierig, weil man durch eine Mischung aus dicken scharfkantigen Felsbrocken und weichem Sand fährt. Fährt man schnell, so gefährden die Felsbrocken die Reifen, fährt man langsam, so droht das Fahrzeug im weichen, tiefen Sand stecken zu bleiben.

Wir haben jetzt nur noch ein Navigationsgerät im Fahrerhaus meines MAN. Das haben die Banditen übersehen, weil es über der Frontscheibe in der Ablage eingebaut ist. Damit können wir nach Ouadane navigieren. Das ist natürlich kein Straßennavigationsgerät mit Routenführung, wie es in entwickelten Ländern gang und gäbe ist, sondern ein Gerät, das nur die direkte Richtung und Entfernung zum Ziel zeigt.

So geraten wir auf Spuren, die uns in den berühmten, nicht sehr tiefen, aber sandgefüllten Einschlagskrater „Guelb er Richat" führen. Der Krater ist auf Google Earth sehr eindrucksvoll zu sehen, 21°07'41"N, 11°24'03"W, und wird von den Astronauten "das Auge der Sahara" genannt.

Mittendrin geht einem Lkw der Diesel aus, so dass wir umständlich mit einem Stück Schlauch umfüllen müssen, denn unsere elektrische Dieselpumpe sowie das meiste Werkzeug sind beim Raub verlorengegangen. Zu allem Überfluss zerstört ein scharfkantiger Felsbrocken auch noch einen Reifen, dessen Wechsel uns fast zwei Stunden kostet. So verlieren wir sehr viel Zeit und gelangen erst nach Sonnenuntergang nach Ouadane. Dort machen wir sofort bei der Gendarmerie Meldung, die den Überfall unmittelbar per Funk in der Provinzhautstadt Atar meldet. Der arme Sadok ist jetzt stark gefordert, da er als einziger wirklich fließend die Amtssprache Französisch spricht. Die Bevölkerung ist neugierig, was da passiert ist, aber unauf-

Angespannte Gesichter in Ouadane, nur Stunden nach dem Überfall

dringlich, hilfsbereit und gastfreundlich. Wir werden in eine Auberge aus Strohhütten untergebracht und versorgt.

Ununterbrochen werden kleine Gläser mit süßem Tee gereicht. Am nächsten Morgen hören wir bereits bei Sonnenaufgang starkes Motorengeräusch. Ein Konvoi von Fahrzeugen des Militärs aus der Provinzhauptstadt Atar ist eingetroffen, um sich auf die Suche zu begeben. Vor dem Aufbruch vom Tatort hatte ich die Koordinaten genommen und wir melden sie sofort der Gendarmerie. Ein Suchflugzeug findet damit den Punkt zuverlässig, mehr passiert aber auch nicht. Es wird uns erklärt, dass der touristische Teil der Reise beendet sei und wir zunächst nach Atar, dann in die Hauptstadt Nouakchott begleitet werden.

In Atar werden wir auf Staatskosten in einem gut geführten Hotel untergebracht, in Nouakchott ebenfalls. Dort machen wir bei der deutschen Botschaft Meldung, weil einige von uns ja einen neuen Pass brauchen. Der Botschafter selbst und seine Belegschaft sind sehr hilfreich, schnell und präzise. Da ich Kopien der verlorenen Pässe und Passfotos aller Teilnehmer in meinen Veranstalter-Unterlagen habe, können die neuen, temporären Pässe binnen zwei Stunden problemlos ausgestellt werden. Sieben von uns fliegen am übernächsten Tag zurück nach Deutschland, Eike und Helmut fahren mit Eikes MAN, Erika und ich mit unserem MAN entlang der Atlantikküste zurück in die Westsahara und weiter nach Marokko.

Dazu erhalten wir eine Ausnahmegenehmigung der mauretanischen Behörden, das Land auf der Piste in Richtung der von Marokko annektierten Westsahara zu verlassen. Das ist normalerweise unzulässig, wenngleich die Grenze auch immer wieder illegal überquert wird. Dennoch ist es nicht ungefährlich, denn man muss zwischen dem letzten mauretanischen und dem ersten marokkanischen Militärposten auf etwa acht Kilometer durch vermintes Niemandsland fahren. Man folgt tatsächlich sehr aufmerksam den Spuren, bis das marokkanische Fort in Sicht kommt. In der vom marokkanischen Militär verwalteten Westsahara wartet man dann eineinhalb Tage auf die Genehmigung zur Weiterfahrt nach Norden. Die 5000 Kilometer weite Heimfahrt verläuft problemlos, wenn man von einem Reifenplatzer, bei voller Fahrt an der Vorderachse meines Lkw, auf der Autobahn in Spanien absieht.

Ein Raubüberfall ist kein Spielfilm mit Aufklärung des Sachverhalts und Happy End. Soweit wir das beurteilen konnten, handelte es sich jedoch um einen Akt der Beschaffungskriminalität der Gruppe um den Terroristen Mokhtar Ben Mokhtar für die Salafisten in Nordalgerien.

Die Überfälle der Gruppe wurden in den folgenden Jahren immer gewalttätiger, bis hin zu Entführung und Mord. Die brutalisierten Salafisten gründeten später die Al-Qaida im Islamischen Maghreb (AQIM), ein Ableger der Hauptorganisation um Osama bin-Laden. Im April 2003 machte die Geiselnahme von über dreißig Touristen in Algerien Schlagzeilen und im Januar 2013 überfiel die Gruppe um Mokhtar Ben Mokhtar eine Gasförderanlage im ostalgerischen In Amenas, wobei 100 Ausländer getötet wurden.

Die Atlantikroute führt bei Ebbe am Strand entlang

Algerien: Das Schicksal der geraubten Fahrzeuge

2000

Bei dem Raubüberfall im November 1999 verlor unsere Gruppe vier moderne Geländefahrzeuge, darunter ich den „roten G", also jenen Mercedes-Geländewagen, den ich schon in Ägypten einmal für viele Monate eingebüßt hatte. Natürlich macht man sich nach einem solchen Vorfall sehr viele Gedanken, um die Sicherheit von Expeditionsteilnehmern bei zukünftigen Touren sowie um die Verluste an Material. Ganz klar, dass wir den Raubüberfall auch in der Heimat bei der Polizei melden müssen, schon um die Fahrzeuge abmelden zu können. Trotz völliger Aussichtslosigkeit auf Wiedererlangung von Fahrzeugen und Ausrüstung erstatte ich Strafanzeige. Erwartungsgemäß wird die Akte bei der Staatsanwaltschaft aber sehr bald wieder geschlossen. Was hätten sie auch machen können. Ich will aber einen weiteren Versuch starten, der mich nicht viel kostet, auch wenn er wenig Aussicht auf Erfolg haben wird.

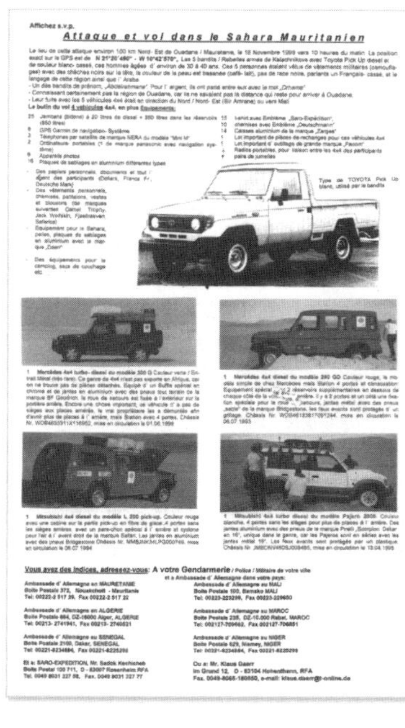

Affichez s.v.p.

Attaque et vol dans le Sahara Mauritanien

Le butin du vol 4 véhicules 4x4, en plus Equipements:

Vous avez des indices, adressez-vous: A votre Gendarmerie / Police / Militaire de votre ville et a Ambassade d' Allemagne dans votre pays:

Ambassade d' Allemagne en MAURETANIE
Boite Postale 372, Nouakchott - Mauritanie
Tel: 00222-2 517 29, Fax 00222-2 517 22

Ambassade d' Allemagne au MALI
Boite Postale 100, Bamako MALI
Tel: 00223-223299, Fax 00223-229600

Ambassade d' Allemagne en ALGERIE
Boite Postale 664, DZ-16000 Alger, ALGERIE
Tel: 00213- 2741941, Fax 00213- 2740521

Ambassade d' Allemagne au MAROC
Boite Postale 235, DZ-10.000 Rabat, MAROC
Tel: 002127-709662, Fax 002127-706851

Ambassade d' Allemagne au SENEGAL
Boite Postale 2100, Dakar, SENEGAL
Tel: 00221-8234884, Fax 00221-8225299

Ambassade d' Allemagne au NIGER
Boite Postale 629, Niamey, NIGER
Tel: 00221-8234884, Fax 00221-8225299

Et a: SARO-EXPEDITION, Mr. Sadok Kechicheb
Boite Postal 100 711, D - 83007 Rosenheim RFA
Tel. 0049 8031 227 58, Fax. 0049 8031 327 77

Ou a: Mr. Klaus Daerr
Im Grund 12, D - 83104 Hohenthann, RFA
Fax. 0049-8065-180550, e-mail: klaus.daerr@t-online.de

Also produziere ich ein kleines Plakat, auf dem in französischer Sprache kurz sowohl der Zeitpunkt als auch Ort der Tat genannt und die Fahrzeuge mit Abbildungen und der Fahrgestellnummer beschrieben werden. Darunter die Aufforderung, wenn man eines der Fahrzeuge entdeckt, sich bei der örtlichen Gendarmerie, der deutschen Botschaft oder mir zu melden. Dieses Plakat verschicke ich im Januar 2000 an ungefähr 60 Adressen in Mali, Mauretanien, Niger und Algerien, also in der ganzen frankophonen westlichen und zentralen Sahara. Adressaten waren insbesondere Gendarmerieposten in allen Oasen der genannten Länder und örtliche Reiseveranstalter von Sahara-Reisen.

Einige der Briefe kommen als unzustellbar zurück, darunter der an die Gendarmerie in Illizi in Südost-Algerien, obgleich er korrekt adressiert war. Bei einem Treffen mit ehemaligen Expeditionsteilnehmern im Februar sind auch Uschi und Jochen anwesend, die beim Raubüberfall Passagiere des „roten G" waren. Uschi möchte etwas berichten, aber Jochen will es verhindern, weil er es für lächerlich und peinlich hält. Doch Uschi lässt sich nicht anhalten: „Ich habe geträumt, dass einer der beiden geraubten roten Geländewagen wieder auftaucht."

Erwartungsgemäß rührt sich auf die Aussendung der Plakate erst einmal gar nichts, dann aber Mitte März bekomme ich eine schriftliche Mitteilung der deutschen Botschaft in Algier: Mein Fahrzeug sei in Reggane in Südalgerien, also 2000 Kilometer vom Tatort entfernt, beschlagnahmt worden. Der Fahrer habe bestätigt, er wisse, dass es geraubt sei, er habe es aber in Mali gekauft. Das Fahrzeug hatte ein Kennzeichen aus Illizi montiert. Illizi liegt in Südost-Algerien, 3000 Pistenkilometer östlich vom Tatort. Also rufe ich gleich bei der deutschen Botschaft in Algier an, um genauer zu erfahren, wo das Fahrzeug steht. Die Antwort geht an der Frage vorbei und lautet: „Das Fahrzeug müssen Sie schon selbst abholen, das kann die Botschaft nicht für Sie erledigen." Meine Antwort: „Ich hole das Fahrzeug von jedem beliebigen Ort selbst ab, nur muss ich genau wissen, wo und in wessen Händen es sich in Reggane befindet."

Ich erfahre, es sei bei der Gendarmerie. Also rufe ich dort an und höre, da sei kein beschlagnahmtes Fahrzeug. Ich bitte, sich noch einmal zu erkundigen, und rufe am nächsten Tag wieder an. Die Auskunft bleibt gleich, in Reggane ist das Fahrzeug nicht. Da hilft wieder nur Privatinitiative, weshalb ich einen in Deutschland lebenden, guten algerischen Freund mit noch besseren Verbindungen in der algerischen Sahara mobilisiere. Er erfährt, dass in Reggane etwas vorgefallen war, sich aber darüber am Telefon keiner zu sprechen traut. Das Fahrzeug ist also aus den Händen der Gendarmerie wieder entschwunden.

Jetzt werde ich gegenüber der algerischen Botschaft in Berlin sehr ausführlich und bitte um Aufklärung. Zur Unterstützung meines

Standpunktes weise ich darauf hin, dass der Vorgang in Kreisen der Wüstenfahrer sehr gut bekannt sei und wir Reiseführer über Länder der Sahara herausgeben, darunter auch den einzigen am Markt über Algerien. Dazu der dezente Hinweis, dass ich in jedem Fall publik machen werde, ob das Fahrzeug aus den Händen der Gendarmerie erneut verloren ging oder ich es zurückbekomme.

Darauf zunächst keine Reaktion, auf wiederholte Nachfragen bei der algerischen Botschaft in Berlin und der deutschen Botschaft in Algier höre ich nichts Neues. Mitte Juli erfahre ich auf neuerliche Anfrage bei der algerischen Botschaft: „Provisorisch kann ich Ihnen mitteilen, dass das Fahrzeug in Illizi ist." Zunächst rufe ich Jochen und Uschi an und berichte, dass mein Fahrzeug aufgegriffen wurde. Später erzählt mir Jochen: „Uschi ist in der Wohnung herumgehupft wie Rumpelstilzchen, als sie erfuhr, dass sich ihr Traum zu bewahrheiten beginnt."

Kurz darauf erreicht mich die offizielle schriftliche Meldung der deutschen Botschaft in Algier. Jetzt werde ich hektisch, aktiviere meinen algerischen Freund. Der kennt jemanden in Illizi, der wiederum zum Zoll geht – da steht tatsächlich das Fahrzeug! Es wird im Hof probegefahren, ist also auch technisch in der Lage, abgeholt zu werden. Sofort beschaffe ich für meinen Sohn René und mich Visa bei der algerischen Botschaft und eine „Procuration", also Vollmacht, das Fahrzeug zu übernehmen. Von der Kfz-Zulassungsstelle bekomme ich erstaunlich problemlos gegen Vorlage der Meldung des Wiederauffindens meines Fahrzeugs neue Kennzeichen gültig gestempelt.

Wenige Tage später fahren mein Sohn René und ich, mitten im Hochsommer, mit einem inzwischen angeschafften, neuen „blauen G" nach Illizi in die Zentralsahara. Nach wenigen Tagen treffen wir vormittags im Zollamt Illizi ein, der Zollchef empfängt uns in seinem klimatisierten Büro. Er bestätigt, dass das Fahrzeug da sei und er uns schon erwartet habe. Wir bekommen das Fahrzeug im Hof gezeigt, es ist einigermaßen abgewrackt, aber fahrbereit. Der Directeur de Douane, also der Zollchef, sagt: „Kommen Sie am frühen Nachmittag wieder, ich muss noch die Formalitäten vorbereiten."

Also fahren wir mit dem neuen dunkelblauen Mercedes-Geländewagen, der fast wie eine Staatskarosse aussieht, in das Zentrum der Oase. Am Straßenrand werden wir von einem Mann angesprochen,

Innenansicht des wiedererlangten „roten G":
Armaturenbrett und Laderaum ramponiert und hintere Sitzbank fehlt.

dem Freund unseres gut vernetzten algerischen Freundes in Deutschland, der bestätigt hatte, dass das Fahrzeug tatsächlich in Illizi stehe. Er lädt uns zum Mittagessen im besten, weil einzigen Restaurant am Platze, ein, einer einfachen Brutzelbude mit wackeligen Stühlchen und Tischchen. Inzwischen fragt sich die ganze Oase, was da los ist. Um zwei Uhr nachmittags stehen wir wieder im Büro des Zollchefs, es gibt keine Probleme, ich unterzeichne einige Papiere und bekomme den Schlüssel.

Erwartungsgemäß ist das Fahrzeug völlig ausgeräumt, von der vollständigen Expeditionsausrüstung nichts übrig. Auf einen Hinterreifen ist zur Reparatur ein großer Flicken aufgenäht, ein Ersatzrad natürlich nicht mehr vorhanden.

Vor der Abreise müssen wir noch gemeinsam mit den Zöllnern zur Gendarmerie. Dort soll ich erneut bestätigen, dass ich das Fahrzeug wieder übernommen habe, vermutlich, damit der Zoll beweisen kann, dass er es nicht behalten hat. Das ist alles problemlos, zieht sich aber hin. Schließlich ist es Zeit zum Aufbruch, aber der Chef der Gendarmerie fragt: „Wie lange möchten Sie noch in Algerien bleiben?" Ich meine:

„Wir möchten noch in die Wüstenstadt Ghardaia fahren, um uns da bei der Familie des Freundes für die Unterstützung zu bedanken, und erst anschließend zur Grenze nach Tunesien." Der Gendarm ermahnt uns jedoch, uns direkt zur Grenze zu begeben. Umwege dürfen nicht gemacht werden, warum, ist nicht zu erfahren.

Erst viel später finde ich heraus, dass Mokhtar bin Mokhtar, der Emir der Salafisten in der Zentralsahara, in dessen Händen mein Fahrzeug war, aus Ghardaia stammt.

Inzwischen ist es Nachmittag geworden, wir fahren mit beiden Fahrzeugen zum Tanken. Bis das an der einzigen Tankstelle der Oase erledigt ist, macht es keinen Sinn mehr, sich noch auf Strecke zu begeben. Südlich von Illizi, an der Piste in Richtung Djanet, gab es mal einen Campingplatz, der Ahmed, einem örtlichen Tour Operator, gehört, der auch Abgeordneter im Algerischen Parlament ist. Dort möchten wir übernachten und am nächsten Tag gleich früh losfahren, um so weit es geht nach Norden vorwärtszukommen.

Der Platz wird inzwischen als Gemüsefarm benutzt, denn der Saharatourismus in Algerien ist wegen der angespannten Sicherheitslage seit 1993 völlig zusammengebrochen. Aber es sind zwei Oasenbauern in den Feldern am Arbeiten, denen ich mühsam klar mache, dass ich Ahmed, deren Chef, kenne und wir über Nacht bleiben möchten. Kein Problem, aber langsam wird mir bewusst, dass die Warnung der Gendarmerie keine Routine gewesen sein kann. Um es offen zu bekennen, ich bekomme Angst und versuche, das den Oasenbauern, die leider kein Französisch sprechen, klar zu machen. Die verstehen dennoch verblüffend schnell, worum es mir geht, und bedeuten uns, dass wir die Fahrzeuge in den Sichtschutz eines Häuschens stellen und zwischen den Fahrzeugen unsere Feldbetten aufstellen sollen. Sie selbst werden quer zu uns an den Fronten und den Hecks der Fahrzeuge übernachten. Die Nacht verläuft problemlos, so dass wir am nächsten Morgen gleich starten können.

Gut, dass die komplette Wüstenstrecke asphaltiert ist, so kommen wir am selben Tag bei brütender Sommerhitze fast 1000 Kilometer vorwärts. Zur einzigen Übernachtung in freier Wildbahn auf der Rückfahrt überqueren wir zwei Pipelinetrassen westlich, denn dahinter haben wir Sichtschutz von der Straße. Auf den Feldbetten genießen wir die etwas kühler werdende Abendluft, den leichten Windzug und den überwältigenden Sternenhimmel der klaren Nächte der Sahara.

Auch am nächsten Tag läuft während der verbleibenden 500 Kilometer bis zur Grenze alles wie am Schnürchen. Sowohl die algerischen als auch die tunesischen Grenzer können sich daran erinnern, dass wir erst vor wenigen Tagen mit einem Fahrzeug eingereist waren, aber jetzt mit zwei Fahrzeugen zurückkommen. Das gibt verwunderte Gesichter, so dass ich meine komplette Geschichte erzählen muss. Den Kraftfahrzeugschein für den „roten G" habe ich natürlich nicht mehr, sondern dafür den Kfz-Brief mitgenommen. Es gilt also zu erklären, wofür dieses Dokument, das sie sonst nie zu sehen bekommen, eigentlich gedacht ist. Erst hier, an der Grenze selbst, wird mir schlagartig bewusst, dass die kriminellen Vorbenutzer zum Beispiel hinter den Türverkleidungen noch etwas Verfängliches versteckt haben könnten, wofür ich jetzt verantwortlich gemacht werden könnte. Die Grenzer kontrollieren Papiere und Fahrzeuge aufmerksam, bleiben aber freundlich, haben nichts zu beanstanden und lassen uns schließlich passieren.

Im nahegelegenen, touristisch gut entwickelten Nefta checken wir in einem guten Hotel ein, das direkt neben Polizeistation, Präfektur und Rathaus platziert ist. Da sollten unsere Fahrzeuge sicher sein. Verschwitzt und staubig wie wir in unserer Safarikleidung daherkommen, scheinen wir so an Filmfiguren zu erinnern, dass man uns an der Rezeption erst einmal auf Englisch anspricht. Die erste Dusche seit fünf Tagen verwandelt uns wieder in unauffälligere Erscheinungen. Jetzt geht der gepflegtere Teil der Rückreise los, der uns nach Tunis in den Hafen und mit dem Schiff zurück nach Genua führt. Nach zehn Tagen Ausflug in die Sahara sind wir mit dem „roten G" zurück in München. Das Fahrzeug ist zwar nicht mehr viel wert, uns ist aber ein Triumph gelungen.

Der zweite sehr wertvolle, neue geraubte Mercedes-Geländewagen war auf den Hersteller Mercedes zugelassen und dadurch privilegiert, dass seine Vollkaskoversicherung weltweit deckt. In Dakar im Senegal ging das Gerücht um, er werde inzwischen dort von einem hohen Regierungsbeamten gefahren.

Von den beiden Mitsubishis haben wir nie wieder etwas gehört, außer dass der Dachgepäckträger des weißen Mitsubishi und dessen Reifen auf meinem Fahrzeug montiert waren, als ich es zurückbekam.

Ein Jammer ist auch der Verlust des roten Mitsubishi, insbesondere, wenn man weiß, dass Helmut einige tausend Dollar in cash tief in den Metallteilen des Luftfilters versteckt hatte. Damit wollte er auf dem Rückweg von der Expedition in Spanien überwintern. Seine Frage an Uschi, ob sie denn davon geträumt habe, dass auch sein Fahrzeug wieder auftauche, wird ihm abschlägig beschieden. Der Traum handelte nur von einem der roten Fahrzeuge.

Natürlich lässt einen ein Raubüberfall nicht so leicht los, aber er schärft die Sinne und das Interesse an den Hintergründen. Deshalb beobachte ich alle Veröffentlichungen der deutschen, französischen sowie englischen Fachpresse und gehe jedem Hinweis nach. So wird mir mit der Zeit bekannt, dass der „rote G" tatsächlich in den Händen des Emirs der Salafisten der Zentralsahara Mokhtar Ben Mokhtar war. Er hatte von einem Angebot zur Amnestie Gebrauch gemacht, die Waffen niedergelegt und sich in Illizi niedergelassen. Vermutlich haben ihm die algerischen Behörden das Fahrzeug abkaufen müssen, um es mir zurückgeben zu können, ohne ihn so zu verärgern, dass er wieder in den Untergrund geht. Daher auch die allgegenwärtige Nervosität der Behörden in Algerien, wenn es um das Fahrzeug ging.

Im darauffolgenden Jahr unternimmt mein Sohn René zusammen mit zwei Freunden mit dem „roten G" eine Abiturreise durch die Sahara nach Burkina Faso, um es dort einem befreundeten Reiseveranstalter zu übergeben. Die drei sind schon einige Wochen unterwegs, als ich erfahre, dass der Banditenchef wieder abgetaucht ist und seitdem von Ouagadougou in Burkina Faso aus agiert.

Im Jahr 2013 wird gemeldet, er sei bei Kämpfen mit Regierungstruppen in Nordmali getötet worden. Dann wiederum geht das Gerücht herum, er lebe und betreibe ein Zementwerk in der Umgebung von Ouagadougou. Inzwischen hat sich aber bestätigt, dass Mokhtar Ben Mokhtar nach wie vor am Leben ist und wieder in der nordafrikanischen Terroristenszene eine wichtige Rolle spielt.

Libyen, Niger und Algerien: Führung verloren, Verantwortung behalten

2000/01

Im Dezember 2000 starten wir zur letzten meiner organisierten und begleiteten Expeditionen mit geeigneten Teilnehmern, in deren eigenen Geländewagen.

Die Tour soll wieder über Tunesien und Libyen verlaufen, aber diesmal schwerpunktmäßig in den Nordniger, also die Landschaften Kaouar-Oasen, Ténéré-Wüste und Aïr-Gebirge mit Rückreise über Algerien, das ebenfalls gigantische, unvergessliche Wüstengebiete hat.

Die kleine Crew besteht aus meiner Frau Erika und mir im MAN, Lisa und Gerhard im Land Cruiser, Monika und Norbert im Land Rover 130. Es ist also ein sehr kleiner Konvoi, der sich deshalb umso umfassender von meinem Lkw versorgen lässt.

Wie immer geht es mit dem Schiff nach Tunis, am nächsten Tag über die Grenze nach Libyen. Das Einzige, was bei der Abwicklung der Einreiseformalitäten nach Libyen konstant bleibt, ist die ständige Änderung der Vorgehensweise zur Erlangung der Visa bis zur Abfertigung an der Grenze selbst. Inzwischen benötigt man für beides einen libyschen Agenten, der einerseits teuer ist, andererseits die Abwicklung vereinfacht. Mein Vorteil ist, dass ich dem gewählten Agenten über meine Webseiten schon so viel Kundschaft beschert habe, dass er besonders um uns bemüht ist. Er ändert unser Programm, indem er uns auffordert, vor der Abreise nach Süden in die Sahara erst nach Tripolis zu kommen. Dort hat er für uns schon Zimmer in einem großen Hotel reserviert, in das wir einchecken.

Am Abend bummeln wir zusammen durch das Stadtzentrum, es ist gerade Fastenmonat Ramadan, in dem während des Tages gefastet und geruht wird, in der Nacht dafür der Teufel los ist. Als die Mehrheit der Gruppe den Rückweg zum Hotel antreten möchte, bittet mich unser Agent, ihm noch zu folgen, damit ich ihm in seinem Büro noch zeige, wie er seine Webseiten besser promoten könne, um noch mehr Kunden zu gewinnen. Also geht Erika mit den Reisekameraden ins Hotel und ich mit unserem Agenten. Im Büro erwarten ihn zwei Libyer, die ich nicht kenne, die aber auch aus der Reisebranche sein sollen.

Durch meinen Beruf, meine Reisen, die Recherchen für Bücher und den Verkauf auch sehr detaillierter Landkarten bin ich so gut über den Expeditions-Tourismus in den Ländern der Sahara informiert, dass ich 1997 von der zuständigen libyschen Tourismusbehörde als Referent zu einem Seminar nach Ghadames eingeladen worden war. Wegen meiner geschäftlichen Aktivitäten bin ich gleichzeitig versierter User des Internets. Also zeige ich dem Incoming Agent aus der Touristikbranche, worauf er bei der Gestaltung seiner Webseiten achten muss, welche Suchbegriffe er für deutsche Kunden hinterlegen soll etc. Das Internet ist schrecklich langsam, so dass viel Zeit für begleitenden Smalltalk bleibt. Da kommt unvermittelt die Frage, wegen der ich vermutlich tatsächlich mit den anderen Libyern in Kontakt gebracht wurde: „Arbeiten Sie für den Geheimdienst?" Ich bin völlig überrascht, lache und antworte spontan: „Ja, für beide Seiten!" Damit ist das Thema beendet, ich habe ihnen wohl in jeder Hinsicht den Wind aus den Segeln genommen.

Am nächsten Morgen möchte ich für die Gruppe die Übernachtung bezahlen, aber es ist schon bezahlt. Unser Agent weiß natürlich, dass wir in den Niger ausreisen werden und dass dort schreckliche Armut, ja Hunger herrscht. Deshalb gibt er mir als Geschenk jeweils einen 20-Kilo-Sack Mehl und Zucker mit auf die Reise. Wir tanken alles randvoll auf, denn man weiß nie, ob man auch im Süden des Landes Treibstoff in der gewünschten Menge bekommt. Unser Bedarf beläuft sich immerhin auf fast 3000 Liter, wofür ich etwas über 100 Euro zu bezahlen habe. Der Treibstoff kostet an der Tankstelle nur einen Bruchteil des Weltmarktpreises für Rohöl. Im Süden vor der Ausreise in den Niger werden wir dann nur noch nachtanken müssen.

Zum Pflichtprogramm bei Reisen nach Libyen zählen die römischen Ruinen von Leptis Magna, nicht sonderlich weit östlich von Tripolis. Gerade weil es nicht meine Ambition ist, überall Steinchen zu besichtigen, die seit alter Zeit zufällig noch übereinander liegen, mag ich diese überwältigende Anlage. Denn wenn man Leptis Magna gesehen hat, so kann man sich die Besichtigung aller anderen römischen Ruinen im Mittelmeerraum eigentlich sparen.

Nach diesem kunsthistorischen Höhenflug geht es endlich ab in die Wüste. Diesmal biegen wir in Misurata und Bu-Gren von der Mittelmeerküste nach Süden ab und fahren zügig die 700 Kilometer in die südlichste Provinzhauptstadt Sebha.

Nächstes Ziel ist der Wau an Namus, was „Mückenkrater" bedeutet, also der Explosionskrater, gefüllt und umsäumt von ringförmiger Aufwerfung aus Vulkanasche inmitten der dort sonst flachen Sahara. In der Mitte des Kraters ragt ein erloschener Minivulkan auf und um ihn herum liegen mehrere sichelförmige Seen mit Wasser unterschiedlichen Salzgehaltes. Vom Salzgehalt des Wassers hängt der verschiedene Algenbesatz ab, der wiederum die unterschiedliche Wasserfärbung zur Folge hat. Alle Seen säumt moskitoverseuchter Schilf. Wenn man auf dem äußeren Ring von Vulkanasche steht, nimmt das faszinierende Naturphänomen Waw an Namus das gesamte Blickfeld ein.

Was jedoch auffällt und aufregt, ist, dass jemand einen schrottreifen, halb abgebrannten Land Cruiser in den Krater versenkt hat, was bei früheren Reisen noch nicht der Fall war und wovon wir auch noch nichts gehört hatten. Nach ausführlicher Besichtigung starten wir zum nächsten Streckenabschnitt zur Oase Al Katrun, wo wir wie früher die Ausreiseformalitäten in Richtung Niger erledigen müssen. Die Fahrt führt durch gebirgiges Gelände zum Teil ohne Piste, zum Teil durch sandige Täler mit dichten Spurenbündeln.

Als wir in Al Katrun bei unserem dortigen Agenten eintreffen und berichten, dass wir vom Wau an Namus kommen, wird er ganz aufgeregt und fragt, ob uns etwas passiert sei. Ich berichte, dass alles ruhig gewesen sei, wir keinen Menschen oder Fahrzeugen begegnet seien, dass uns aber der entsorgte Land Cruiser gestört habe. Unser Agent berichtet, dass erst vor wenigen Tagen dort eine Gruppe von Österreichern mit drei Fahrzeugen überfallen und ausgeraubt worden seien. Es waren Banditen, die mit einem schrottreifen Fahrzeug vermutlich aus dem Tibesti-Gebirge gekommen waren, ihr eigenes Fahrzeug verlassen und angezündet haben, nachdem sie den Österreichern ihre drei geländegängigen Fahrzeuge geraubt hatten. Wenn wir den zeitlichen Ablauf rekonstruieren, so kann das nur ein oder zwei Tage vor unserem Eintreffen passiert sein.

Was liegt da näher, als den gut informierten Tourismusagent gleich nach der Sicherheitslage im Nordniger zu befragen. „Kein Problem", meint er, „keine neuen Vorkommnisse, deshalb kann man auf den Hauptpisten bleiben für die kein Führer erforderlich ist." Ich gebe ihm Geld, für das er Stangenweißbrot bei der Bäckerei zur Abholung am nächsten Morgen bestellt. Inzwischen ist es Abend geworden, so dass wir erst einmal in seinen nahegelegenen Oasengarten fahren, um dort zu campen.

Am nächsten Morgen fahren wir bei der Tankstelle vor, es gibt tatsächlich Diesel. Als wir mit dem Tanken fertig sind, zieht mich unser Agent etwas von der Gruppe weg, um mir zu berichten, dass es neue, schlechte Nachrichten gebe. Auf der Hauptpiste, der sogenannten Marlboro-Route, sei auf nigrischer Seite ein Zigarettentransport von Banditen überfallen worden. Es sei jetzt nicht ratsam, diese Piste zu fahren, auch wenn sie eigentlich die einzig zulässige Strecke sei. Wir überlegen, wie wir verfahren sollen, und beschließen, Sidi, unseren Führer einer früheren Reise, wieder zu engagieren. Mit ihm soll es also nicht auf der Hauptverbindung über die Grenzstation Mont de Toumou in den Niger gehen, sondern weit westlich davon über die Passage „Passe de Salvador". Also folgen wir den Spuren von Al Katrun, entlang des riesigen Dünengebietes von Murzuq nach Süden und Westen, überqueren den Wendekreis des Krebses und kurz darauf die unmarkierte Grenze zur Republik Niger.

Wir fahren auf sandigem Untergrund zwischen vereinzelten Sicheldünen und einem Abhang die Passe de Salvador hinunter und gelangen an eine Bohrung, an der Ölprospektoren Wasser gefunden haben. An das Wasser ist aber ohne Pumpe nicht ranzukommen, da es aus dem engen vertikalen Rohr nicht mit artesischem Druck aufsteigt. Aber kein Problem, wir haben genug Wasser, wir wollen nur mal wieder unseren sportlichen Ehrgeiz befriedigen, indem wir Wasserstellen, die auf der Detailkarte verzeichnet sind, auch identifizieren.

Weiter geht es durch das Enneri Acheluma, wobei „Enneri" das Wort der Tubu für Trockental ist. Um nicht zu weit nach Osten abzudriften, wechseln wir in das Nachbartal Enneri Blaka, das für seine Felszeichnungen und schönen Felsformationen wie zum Beispiel das sogenannte U-Boot bekannt ist.

Nahe des Brunnens Blaka Laodémi fahren wir in den Morgenstunden auf einen Kontrollpunkt zu, neben dem ein junger Mann mit dicker Jacke steht, darunter die Hand an der Pistole. Sidi, unser Führer, steigt aus und informiert uns, dass das ein Checkpoint der Rebellen der FARS sei. FARS ist die Abkürzung für „Front Armé

Revolutionaire Sahara", also die revolutionäre, bewaffnete Front der Sahara. Wir sollen warten, denn Chahayi Barkaye, der „Präsident" der Rebellenbewegung, sei gerade auf Inspektion des Stützpunktes und komme gleich. Es dauert auch nicht lange, man begrüßt sich, Sidi spricht mit ihm, dann ich. Der „Präsident" hält mir vor, dass wir illegal in dieser Gegend seien, denn wir dürfen nur auf der Hauptverbindungsstrecke, der sogenannten „Marlboro-Route", weiter östlich einreisen. Außerdem dürfen wir uns im Nordniger nur in Begleitung einer Touristenagentur aus Agadez, der Provinzhauptstadt, bewegen. Der Beschuldigung des „Präsidenten", wir seien illegal im Land, halte ich entgegen, dass wir auf dem Weg nach Agadez seien und dort von der Agentur erwartet werden. Dabei nenne ich den Namen des regionalpolitisch einflussreichen Inhabers der Agentur. Unsere Rettung ist, dass der „Präsident" vom Volk der Tubu aus dem Nordtschad stammt, wie auch Sidi unser Führer. Unser Agent ist allerdings aus Agadez vom Volk der Tuareg, die ja auch mit der schwarzafrikanischen Regierung im Streit liegen.

So passiert das Unglaubliche: Einige Rebellen, darunter auch Youssouf, der Adjutant des „Präsidenten", bieten an, uns die touristischen Attraktionen in der Umgebung zu zeigen. Wir sehen uns mit den Rebellen eine skurrile Felsformation an, die „U-Boot" genannt wird, ein Felsentor und Felszeichnungen. Sie zeigen uns Plätze, an denen sie in Zeiten der Kämpfe campieren, eine Wasserstelle mit Dum-Palmen, an der sie sich notdürftig versorgen können, indem sie die Schale der Nüsse der Dum-Palmen abnagen und Brunnenwasser trinken. Es sind clevere Typen, die zweifellos schon einiges auf dem Kerbholz haben, auch Lesen und Schreiben können und versuchen, sich weiterzubilden. Außerdem sind sie sehr interessiert, über unseren Kurzwellenempfänger die Afrika-Nachrichten von Radio France International zu hören, um zu erfahren, ob aus der Hauptstadt Niamey oder über Nachbarländer berichtet wird.

Schließlich werden wir aufgefordert, ihnen zur Basis der FARS zu folgen, wo es landschaftlich sehr schön sei und wir campen könnten. Wo die liegt, wissen wir noch nicht. Einerseits betonen die Rebellen, wir seien frei, andererseits bestimmen sie aber, was zu tun ist. Es ist der 24. Dezember, als wir hinter dem Fahrzeug der Rebellen durch die berühmte, grandiose Landschaft dieses Teils der Sahara fahren.

Als die vorausfahrenden Rebellen einmal ein sehr breites sandiges Trockental überqueren, halten wir an, ich bitte die Kameraden zu meiner Tarnung auszusteigen und zu fotografieren, während ich im Fahrzeug sitzend unauffällig mein Satellitentelefon auf den Oberschenkeln aufbaue. Ich gebe wieder mal in Deutschland bei einem Freund durch, in welcher Situation wir stecken und wie die GPS-Koordinaten unseres momentanen Standorts lauten.

Dann geht es weiter, die Landschaft ist einfach überwältigend, als wir die Probe aufs Exempel machen und den Rebellen sagen, wir werden hier und jetzt campen, weil wir das wichtigste christliche Fest vorbereiten möchten. Die sind verblüfft, lassen es aber zu, und verabschieden sich selbst in Richtung „base". So bereiten wir das Abendessen zum Heiligen Abend zu.

Lange nach Einbruch der Dunkelheit taucht der „Präsident" in Begleitung eines Fahrers und eines Leibwächters auf. Stolz führt er sein Fahrzeug, mit dem er jetzt kommt, selbst vor, ein brandneuer, todschicker, großer weißer Land Cruiser mit Armaturenbrett in Wurzelholz, KW-Empfänger, mit dem er Radio France International hören kann, ohne Nummernschilder und noch Aufklebern von der Verschiffung des Neufahrzeugs an einigen Fenstern. Wir laden ihn zum Essen ein, aber er lehnt ab. Ob er tatsächlich schon gegessen

Das Felsentor bei Orida, später unser Übernachtungsplatz

hat oder sich eher an unserer Vorspeise (Krabbensalat) und dem anschließenden Sauerbraten mit Knödeln nicht anfreunden kann, bekommen wir nicht heraus. Er erzählt unter anderem, dass er sich mit der Staatsgewalt in Niamey in einer Art Waffenstillstand befinde und für die Sicherheit im Nordosten des Niger verantwortlich sei. Deshalb auch die eindrucksvolle Funkantenne vorne an seinem Toyota, mit der er mit dem nigrischen Militär in der Hauptstadt kommunizieren könne. Andererseits sagen uns die Rebellen, dass Staatsbedienstete nur in Gestalt der Steuereintreiber zu der völlig verarmten lokalen Bevölkerung kommen, aber nichts für sie tun. Sie raten uns auch dringendst davon ab, den nahen Militärstützpunkt der Regierungstruppen in Chirfa zu kontaktieren. Dort würde man uns wegen illegaler Einreise festnehmen und ohne Fahrzeuge abschieben.

Der „Präsident" verabschiedet sich bald wieder, die Nacht verläuft ruhig, am nächsten Morgen tauchen aber wieder Rebellen auf, um uns nach Orida zu begleiten, wo sie ihre Basis haben. Wir folgen dem Rebellenfahrzeug zum Brunnen der kleinen Oase Orida, wo wir auch den „Präsidenten" der FARS wieder antreffen. Sidi unterhält sich lange mit ihm und auch ich habe Gelegenheit, ihn zu sprechen. Er bestätigt, dass es auf der Marlboro-Piste einen Raub von Schmuggel-Zigaretten gegeben habe. Banditen mit einem Toyota-Pickup haben einen beladenen Lkw überfallen, der von Agadez nach Libyen unterwegs gewesen sei. Man habe die Banditen aber im Aïr-Gebirge gestellt und ihnen das Fahrzeug mit Beute abgenommen. Er weist auf das Fahrzeug direkt hinter ihm, das sie von den Banditen erbeutet haben. Komprimiert dargestellt, halten es also die Tubu-Rebellen für ihre Aufgabe, die arabischen Schmuggler vor den Tuareg-Banditen zu schützen, zumindest diesen ihre Beute und ihr Fahrzeug abzujagen.

Inzwischen hat die teilnehmende Ärztin Monika begonnen, die Ortsbevölkerung zu behandeln, was unsere Position gegenüber den Rebellen deutlich stärkt. Dann starten wir in Begleitung einiger Rebellen eine touristische Rundfahrt zu einem großen natürlichen Steintor sowie den verlassenen Lehmbaustädten Djaba und Djado.

Ein junger Rebell erzählt, wie sie im Aïr-Gebirge den Banditen ihre Beute und ihr Fahrzeug abgenommen haben. Die hatten an einer Wasserstelle gelagert und ihre Waffen nicht unmittelbar bei sich.

Unsere Ärztin Monika bei der Behandlung eines Kindes; dahinter Youssouf, der Adjutant des „Präsidenten" der FARS

Einer sei erschossen worden, „il dort bien" (er schläft gut), einer sei „parti dans la forêt", also „im Wald verschwunden", eine schönfärberische Umschreibung für dessen Tod. Zwischen dem „Präsidenten" und dem Boss der Banditen habe es folgende Konversation gegeben: Der „Präsident" sagt: „Ich kann dich jetzt sofort erschießen oder dem Militär übergeben, das erschießt dich auch." Der Bandit soll sinngemäß geantwortet haben: „Warum solltest du mich töten, wo liegt das Problem, was habe ich dir getan? Die Schmuggler, die wir überfallen haben, sind Libyer, also Araber, ich bin Targi (= Singular von Tuareg) und du bis Tubu. Jetzt hast du die Beute und das Fahrzeug." Wie es dem Banditenchef letztlich ergangen ist, kann ich nicht erfahren, bekomme aber eine Ahnung davon, welchen Stellenwert wir ungläubigen, reichen Weißen in deren Augen haben könnten.

Die zweite Nacht im Machtbereich der Rebellen verbringen wir am Felsentor, drängen aber am folgenden Tag darauf, abzureisen. Der Rebellenchef meint, wir sollen noch einen Tag da bleiben, um die Bevölkerung weiter medizinisch zu behandeln. Einzelne Teilnehmer der Expedition werden nervös und verlangen, dass ich gegenüber den Rebellen resoluter auftrete. Ich bekenne ganz offen:

Der Schutzbrief des „Präsidenten"

„Ich bin nicht Herr der Lage und wir können froh sein, wenn wir ungeschoren davonkommen."

Nach einem weiteren Tag mit den Rebellen sagt uns der „Präsident", er breche am Abend nach Agadez auf und wir sollten ihm folgen. Wir möchten zwar auch in die Provinzhauptstadt Agadez, können ihm aber mühsam klar machen, dass wir nicht mit ihm über 600 Kilometer bei Nacht durch die Ténéré-Wüste rasen können. Unsere Tagesetappen liegen bei 200 bis 300 Kilometer. Er lässt sich nur mühsam überzeugen, schreibt uns aber dann einen Schutzbrief, den er abstempelt, mit „PRÉ de ex FARS" kennzeichnet und unterschreibt. „PRÉ de ex FARS" heißt also Präsident der ehemaligen FARS.

Bevor er die Verantwortung seinem Adjutanten Youssouf übergibt, hat er noch eine Forderung: „Was hast du denn zu geben, bei uns ist es üblich, dass man etwas gibt." Gut, dass ich noch den 20-Kilo-Zuckersack im Lkw habe, der ist ja ohnehin für Arme im Niger bestimmt. Also übergebe ich den für die Bevölkerung von Orida, womit seine Frage zufriedenstellend abgearbeitet ist. Schnell fragen wir noch nach Treibstoff, denn den kann man immer gebrauchen, außerdem ist er in der Gegend, in der er aus Libyen eingeschmuggelt und von den Rebellen der Schmuggel-Lkw als Wegezoll „requiriert" wird, billiger als in der Provinzhauptstadt Agadez. Die Vorräte der FARS scheinen ausreichend zu sein, so dass wir zwei Fässer voll Diesel zu angemessenem Preis erwerben können. Auf Anfrage stellen sie mir sogar eine Quittung aus. Mit mehreren Fahrzeugen und Insassen, die wir bis dahin noch nicht gesehen hatten, fahren sie ab.

Wir übernachten bei einem natürlichen Steintor nahe der Basis der Rebellen und machen uns am nächsten Tag auf den Weg. Wieder erleben wir die Faszination der Ténéré-Wüste, geben den „Arbre du Ténéré" zur Kontrolle in die Navigation, lassen uns aber von Sidi den Weg weisen. „Arbre du Ténéré" ist ein Punkt mitten in der Wüste, an dem der letzte Baum der Ténéré stand. Er wurde von einem Lkw umgefahren, nur seine Überreste sind jetzt in Niamey im Nationalmuseum zu sehen. Dennoch ist dies ein wichtiger Markierungspunkt in der Unendlichkeit der Wüste geblieben.

Am abendlichen Nachtlager breitet Sidi einen Schesch aus und drapiert darauf Silberschmuck der Tuareg, den er uns zum Kauf anbietet. Mit viel Laufkundschaft kann er nicht rechnen, denn im Umkreis von einigen hundert Kilometern kommen nur wir Touris in Frage. Unseren Einwand, dass der Schmuck aus Agadez stamme, wo wir in Kürze sein werden, und er dort billiger sei, lässt er nicht gelten. Dort sind so viele Touristen, dass er da teurer ist. Schließlich packt er den Schmuck mit den Worten „Je ferme ma boutique" (Ich schließe meine Boutique) frustriert wieder ein.

Ungefähr 80 Kilometer vor Agadez erreicht man am Ufer des Bahr bela Ma, des „Meeres ohne Wasser", wie die Ténéré auch genannt wird, einen Checkpoint des nigrischen Militärs. Das wird spannend, denn der „Präsident" der FARS hat uns gesagt, das seien seine Freunde und ich solle den Schutzbrief vorzeigen. Mit so einem Papier

Neu gepflanzte Bäume beim „Arbre du Tenéré"

muss man sorgsam umgehen, es allenfalls zücken, wenn sonst alle Stricke reißen. Wenn man es an der falschen Stelle vorzeigt, sitzt man im Kerker oder wird gleich an die Lehmwand gestellt. Aber es kommt mal wieder anders. Als wir uns dem Checkpoint nähern, werden wir schon freudig begrüßt, wir seien die Ärzte mit dem Lkw, der wie ein Flugzeug aussehe und Freunde des „Président". Jeder ist plötzlich krank, hat Kopfschmerzen und möchte Tabletten, von denen er schon nach Stunden nicht mehr weiß, wofür sie gut sein sollen, wann und in welcher Menge man sie einnimmt. Also die richtigen Abnehmer für Placebos. Dafür haben wir mehrere Schachteln Mineralsalztabletten dabei.

Der „Président" der FARS Chahayi Barkaye und zwölf seiner Rebellen werden neun Monate später bei einem Angriff der Regierungstruppen getötet. Sein Adjutant Youssouf entkommt und überlebt. Aber zurück zu unserer Tour: Unmittelbar vor der Einfahrt nach Agadez kommt noch ein Checkpoint beziehungsweise „Zockpoint", dessen Besatzung auch wieder unbedingt etwas haben möchte. Wir geben ihm ein Paket „Gunpowder", starker schwarzer Tee, der in Libyen billig zu haben ist und bei den Völkern der Sahara stark gezuckert das Genussmittel für jede Gelegenheit darstellt.

In Agadez müssen wir uns natürlich bei den Behörden melden, aber das erledigt jetzt die Incoming Reiseagentur, mit der ich schon von zuhause aus in Kontakt war. Wir ziehen in eines der ganz wenigen Hotels mit europäischem Standard ein und genießen es mal wieder, duschen zu können, kühles Bier zu bekommen und uns bedienen zu lassen.

Zusammen mit unserem Agenten stehe ich auf der Dachterrasse des Hotels, als er mich fragt, ob ich wisse, was in den Lagerhallen unweit des Hotels passiere. Ich ahne es, aber weiß es nicht. Da kommen täglich vollformatige Sattelschlepper mit großen Containern aus Togo und Bénin an, verschwinden in den Hallen, werden dort entladen und wieder abgeholt. Gleichzeitig fahren die großen Mercedes-Lkw rein und raus, mit Vierrad- oder gar Sechsradantrieb und sechs bis zehn dicken Wüstenreifen an den Rädern. Sie werden mit zollfreien Zigaretten und Alkoholika beladen, um dann über die Marlboro-Route nach Libyen zu fahren. Oben drauf sitzen dann noch dutzende Emigranten auf dem Weg nach Europa samt ihrer

Wasserflaschen, Matratzen und Plastik-Teekessel für die rituellen Waschungen vor dem Gebet.

Libyen unterliegt einem internationalen Embargo sowie einem speziellen US-Embargo, weshalb es die libyschen Behörden gar nicht ungern sehen, wenn amerikanische Zigaretten in Umlauf sind, denn das suggeriert breiten Kreisen der Bevölkerung, dass das Embargo wirkungslos sei. Daneben werden in den Hallen noch dutzende von Land Cruiser Pickups bis über Dachhöhe des Fahrerhauses mit Kartons voller Stangen mit Marlboro, Gitanes und anderer Zigaretten beladen. Die Fahrzeuge haben sehr starke Benzinmotoren und fahren binnen zwei Tagen durch die komplette Sahara bis nach Nordalgerien. Sie sind Tag und Nacht unterwegs, nur von kurzen Pausen für das Gebet und zum Zubereiten von Tee unterbrochen. Besonders dicht wird der Verkehr in Vollmondnächten, weil sie dann auf Scheinwerferlicht verzichten können. Manche Fahrer haben zwei Pässe, einen von Niger und einen von Algerien. Für ihre Fahrzeuge haben sie ebenso Zulassungspapiere und Kennzeichen von Algerien und Niger. So sind sie immer im Heimatland, tauschen in der Grenzregion nur Pässe und Nummernschilder.

In Ouargla in Nordalgerien werden sie schon erwartet, da öffnet sich bei deren Ankunft ein Hallentor, die Zigaretten werden entladen und sofort auf den Markt gebracht. Denn sind sie erstmal dort, so darf der Zoll nach algerischem Recht nicht mehr zuschlagen. Ähnliches passiert mit Transporten nach Mali, Mauretanien und bis Marokko. Dort sieht man an jeder Ecke junge Verkäufer, die Zigaretten einzeln anbieten, aus der Marlboro-Schachtel mit Zollbanderole. Aber die Schachtel ist nur Tarnung, die verkauften Zigaretten stammen aus unverzollten, geschmuggelten Marlboro-Schachteln. Die Zigaretten und Alkoholika kommen aus den Häfen von Togo und Benin, sie dürfen nach nigrischem Recht das Land zollfrei passieren. Organisator des Ganzen ist dem Vernehmen nach ein Österreicher mit Wohnsitz in der Schweiz.

Wir setzen wie vereinbart Sidi, unseren Führer aus Al Katrun, in Agadez ab, ich bezahle ihn, unsere Reiseteilnehmer legen noch ein Trinkgeld drauf. Er sucht sich seinen Heimweg im Fahrerhaus in einem der Lkw und wir bekommen Mohammed, einen älteren Tuareg-Führer mit, der aus dem Aïr-Gebirge stammt und sich in unserem nächsten Reiseziel perfekt auskennt. Er soll uns durch die Berge führen und in Arlit, der Bergbaustadt, aus der Frankreich das Uran für seine Atomkraftwerke bezieht, wieder verlassen. Vorher betanken wir die Geländewagen und Außentanks des Lkws, nicht jedoch die großen zusätzlichen Innentanks des Lkws, denn in Algerien wird der Treibstoff wieder deutlich billiger werden, was bei 1600 Litern finanziell schon ins Gewicht fällt.

Ziel im Aïr-Gebirge ist die bemerkenswerte Oase Timia, mit ihrem Wasserfall und natürlichen Wasserbecken, mit ihrer disziplinierten Bevölkerung und ihrer Silberschmiedekunst, die man betrachten kann, ohne aufdringlich zum Kauf gedrängt zu werden. Dennoch machen sie gute Geschäfte, eben weil man dann etwas Schönes erstehen möchte, wenn man die Muße hat, es erst in Ruhe zu betrachten und auf sich einwirken zu lassen.

Der Wasserfall von Timia

Die Oasengärten ziehen sich entlang eines Koris hin, also eines Trockentales, wie das hier in Tamaschek, der Sprache der Tuareg, heißt. Es gibt hervorragende Pampelmusen für wenig Geld, so dass nicht nur wir als Veranstalter zugreifen, sondern auch unsere Expeditionsteilnehmer auf eigene Rechnung.

Weiter geht es zur sogenannten „Krabbenschere“, einer Landschaftsform, die dadurch entstanden ist, dass es Ténéré-Sanddünen

Turm der großen Moschee von Agadez

in einen Vulkankrater wehte. Wir campen zur Mittagspause am Fuß eines Hügels, als zwei einheimische Geländefahrzeuge erkennbar werden. Sie halten in größerer Entfernung, um dann plötzlich mit sehr hoher Geschwindigkeit auf uns zuzurasen und uns in die Zange zu nehmen. „Scheiße, nicht schon wieder!", schießt es mir durch den Kopf. Die Fahrzeuge stoppen unvermittelt kurz vor uns und die Fahrer springen heraus. Mohammed, unser Führer, geht ihnen entgegen und sofort ändert sich die Lage. Die Fahrer begrüßen uns freundlich und geben an, nur so aus Spaß auf uns zugerast zu sein. Unser Führer scheint genau die richtige Wahl der einflussreichen Agentur aus Agadez zu sein.

Der Anblick der Krabbenschere mit der Durchdringung des runden Kraterrandes und den Dünen ist mal wieder ein ästhetischer Hochgenuss. Ähnlich die Bergmassive am Rand der Ténéré, der Adrar Chiriet und Adrar Madet. Auf Empfehlung unseres Agenten aus Agadez umfahren wir die Oase Iferouane, da es dort mit der starken Militärpräsenz nur Probleme gibt, besuchen aber die nahegelegene Nomadenschule in Eroug. Sie ist auf Initiative des Tuareg-Stammeschefs Mohammed Aoutchiki entstanden, der die Kultur der Tuareg erhalten und damit die Vereinnahmung durch die schwarze Zentralregierung verhindern möchte. Das Projekt imponiert uns allen, so dass wir geeignete Ausrüstung aus dem Lkw, die wir auf dem Rückweg nicht mehr benötigen, hierlassen, und unsere Expeditionsteilnehmer Geldspenden für den weiteren Aufbau übergeben. Anschließend gilt es Arlit, die erschreckende Bergbaustadt anzufahren, um dort unseren Führer zu verabschieden.

Die einheimische Bevölkerung der Stadt ist völlig verelendet. Bei der Einfahrt werfen wir auf einer Müllhalde vor der Stadt unseren Müllsack weg, der sofort von Kindern im lautstarken Triumphzug zwischen die Lehmhäuser geschleppt wird, um ihn zu plündern. Andererseits bezieht der Staat Niger einen Großteil seiner Staatseinnahmen aus dem Export des dort vom französischen Konzern Areva geförderten Urans aus der drittgrößten Uranmine der Erde. Frankreich kann damit seine Atomreaktoren betreiben und Atombomben bauen. Aber weder die städtische Bevölkerung hat etwas davon noch das Volk der Tuareg, dessen traditioneller Lebensraum das Aïr-Gebirge ist.

Von Arlit aus gilt es, die Sahara zur Heimreise von Süd nach Nord zu durchqueren. Die öffentlichen Tankstellen außerhalb des Minengeländes sind zwar trocken, aber wir haben noch genug Treibstoff, um die erste Tankstelle im gut 200 Kilometer entfernten In Guezzam in Algerien zu erreichen. Also starten wir nach Norden, um uns weit außerhalb der Stadt einen romantischen Platz für das nächtliche Camp zu suchen. Ganz so ruhig wie erhofft wird es aber nicht, weil weit abseits der Piste immer wieder kleine Konvois von Fahrzeugen in Höllentempo vorbeirasen und riesige Staubwolken hinter sich herziehen – die Menschen- und Zigarettenschmuggler nach Algerien und Mali sind unterwegs.

Der nigrische Grenzposten von Assamaka an der Grenze zu Algerien hat einen vernichtenden Ruf. Die Grenzer sitzen neben einer kleinen Quelle in elenden Hütten auf einem Sandhaufen und warten auf Reisende, die sie aufhalten und abzocken können. Sie werden bei der Ausreise nach einer Kfz-Versicherung fragen, die wir allenfalls gegen Ende der Reise in Agadez hätten bekommen können und die im Schadenfall nicht leistet, also völlig sinnlos ist.

So geben wir die Koordinaten der algerischen Grenzstation in die Navigation, umfahren den nigrischen Grenzposten in weitem Bogen und werden mal wieder in einem ordentlich organisierten Grenzposten der Algerier freundlich empfangen. Dort erledigen wir allen Papierkram, schließen eine Versicherung ab und fahren zur Tankstelle. Diesel gibt es, aber keine Bank, bei der wir algerisches Geld einwechseln

Bewachte Tankstelle von In Guezzam in Algerien

könnten. Also gilt es notgedrungen, schwarz zu wechseln. Dumm ist nur, dass da gerade einige Gendarmen an der Tankstelle rumhängen, also warten wir etwas. Da ändert sich aber nichts, die bewachen die Tankstelle, um zu verhindern, dass sich heimlich Terroristen und Banditen mit dringend notwendigem Treibstoff versorgen. Aber es „flutscht" auch so, ich wechsle einfach schwarz bei den Gendarmen und wir tanken so viel, wie wir nur fassen können.

Die Abfahrt unseres Schiffes von Tunis nach Genua steht noch nicht so nahe bevor, dass wir sturheil die Hoggarpiste über Tamanrasset nach Norden donnern müssten, sondern uns eine erfreulichere Variante leisten können. Deshalb fahren wir auf der Hoggarpiste nur bis nördlich der berüchtigten Laouni-Düne, die für Geländewagen keinerlei Problem darstellt. Früher beendete sie aber reihenweise die Verkaufstouren von Touris, die abgewirtschaftete Pkw zum Verkauf nach Westafrika überführen wollten. Nahe des Brunnens von Laouni biegen wir nach Osten ab, um durch das für seine Schönheit bekannte Tassili du Hoggar nach Djanet im Südosten Algeriens zu queren.

An der Abzweigung einer Piste, welche in die von uns gewünschte Richtung nach Osten führt, wird gerade nach Wasser gebohrt. Dort tauchen einige Militärfahrzeuge auf und biegen in die Piste ein, die wir befahren möchten. Wir folgen ihnen in großem Abstand und wundern uns, dass sich die Soldaten in den Fahrzeugen nicht über uns wundern. Schließlich bleibt doch eines der Militärfahrzeuge stehen, um den Soldaten Gelegenheit zu geben, uns zu beschnüffeln. Die Soldaten fragen: „Wo ist euer Führer und wo möchtet ihr hin?" „Wir möchten nach Djanet, haben zwar keinen Führer dabei, aber mehrere Fahrzeuge, viel Treibstoff, Wasser, aber auch detaillierte Karten und GPS."

Das genügt den Soldaten, sie lassen uns weiterfahren. Die Landschaft erweist sich so, wie sie in Berichten früherer Reisender beschrieben wird, als sehr abwechslungsreich mit hübschen Oueds, schroffen Bergformationen, verschiedensten, durch Sand geschliffenen Gesteinsformen und kleinen Dünen. Wie immer machen wir unsere Mittagspause nach Möglichkeit im Schatten einer Schirmakazie oder nahe Tamarisken-Hügeln. In diesem Fall finden wir eine kleine Gruppe von Schirmakazien, die wir ansteuern. Beim Näherkommen erkennen wir, dass halb mit Sand zugewehte Treibstofffässer darunter liegen. Die erweisen sich zwar als leer, weisen aber doch darauf hin, dass die Strecke kommerziell genutzt wird. Vermutlich ist das ein Treibstoffdepot, das von Fahrzeugen benutzt wird, die billigen algerischen Treibstoff von Algerien nach Niger mitnehmen und hier deponieren, um ihn bei der Rückfahrt, wenn sie mit Zigaretten und Emigranten beladen sind, zu tanken.

Nach dem Mittagessen steige ich auf das Dach meines Lkw, um mit dem Fernglas die Gegend zu erkunden, und entdecke prompt sehr weit im Norden auf unserer Piste und ganz klein eine Staubwolke. Das könnten Fahrzeuge sein, ich beobachte sie also weiter, die Wolke wird ganz langsam größer. Nach und nach werden vier kleine Punkte in der riesigen Staubwolke sichtbar, die immer größer werden, bis sie völlig klar als Geländefahrzeuge erkennbar werden. In einer Entfernung von 200 Metern bleiben sie stehen, offensichtlich haben sie uns jetzt auch bemerkt. Dann fahren sie in normalem Abstand weiter bis auf ungefähr 100 Meter Entfernung. Sie bleiben wieder stehen, beobachten uns offensichtlich, um nach einigen Sekunden in ganz enger, geschlossener Formation an uns vorbeizurasen. Es handelt sich offensichtlich um Schmuggler, die unseren Konvoi nicht einzuschätzen wissen, jedenfalls auf eine Begegnung jeder Art, besonders aber mit Zoll, Gendarmerie oder Militär, nicht scharf sind.

Bei kurzen Stopps zur Rast, zum Fotografieren oder Pinkeln finden wir gelegentlich neben Reifenspuren die Reste ganz kleiner Feuerstellen. Daneben die Reste ausgekochter Teeblätter, Eierschalen, Orangenschalen und Sardinenbüchsen. Es sind die Rastplätze solcher Schmugglerkonvois, denn wir befinden uns in einem von Nord nach Süd verlaufenden Tal, in dem man die weit besser überwachten Hauptverbindungspisten umgehen kann. Nach dieser Durchquerung der grandiosen Wüstenlandschaft Tassili n Ahaggar erreichen wir das Dünengebiet Erg d'Admer, das Dünengebiet von Admer.

Über die hohe Dünenpassage namens Tahort stoßen wir kurz darauf auf die Strecke, die von Norden nach Djanet führt und zu unserer Überraschung inzwischen fast vollständig asphaltiert ist. Auf der fahrtechnisch unkomplizierten Fahrt von Djanet nach Nordalgerien bauen wir dann noch eine Variante ein, indem wir nicht die langweilige Asphaltstraße entlang donnern, sondern kurz vor Illizi auf die sogenannte „Gräberpiste“ wechseln, um das Dünengebiet Erg Issaouane westlich zu umfahren.

Auf dieser Piste wurden zwei Jahre später sechs Gruppen von insgesamt 32 Individualtouristen aus Deutschland, Österreich, Schweiz, Schweden und Niederlande entführt. Sie waren mit ihren eigenen Geländefahrzeugen unterwegs, als sie Opfer der Beschaffungskriminalität für die salafistischen Rebellen in Algerien wurden. Eine Touristin kam später in Nordmali, wohin sie verschleppt worden waren, ums Leben. Sie verdurstete, die anderen wurden gegen Lösegeldzahlung freigelassen. Fahrzeuge und Ausrüstung waren natürlich verloren.

Zur Zeit unserer Tour war schon klar, dass wir uns in diesem Abschnitt immer mehr den Ölfördergebieten nähern, in denen besonders häufig wertvolle Toyota Land Cruiser der Ölarbeiter von Banditen geraubt werden. Deshalb werden in der darauffolgenden asphaltierten Strecke durch das Dünental „Gassi Touil" auch Konvois gebildet und von der Gendarmerie begleitet. Die restliche Rückreise bis nach Deutschland verläuft problemlos.

Nachdem nun drei von vier Expeditionen, die ich für selbstfahrende Teilnehmer organisiert hatte, ganz oder teilweise ausgeraubt worden waren beziehungsweise wie diese letzte in die Hände von Rebellen gefallen war, beendete ich meinen Lebensabschnitt als nebenberuflicher Tour-Operator. Das Risiko, dass Expeditionsteilnehmer, meine Frau oder ich körperlich zu Schaden kommen, war mir zu groß geworden.

Meine Frau Erika und ich begannen nun, uns für einen Lebenstraum zu rüsten, eine mehrjährige Weltreise mit einem geländegängigen Lkw mit Wohnaufbau. Die Vorbereitungszeit lag bei zwei Jahren – im Januar 2003 ging es los.

Gräberpiste in Ostalgerien

Marokko: Aller Anfang ist zu schwer

2003

Im Januar 2003 starten Erika und ich zu der Weltreise, von der wir seit Jahrzehnten geträumt und die wir zwei Jahre vorher konkret in Planung genommen hatten. Von besonders ereignisreichen Abschnitten werden die folgenden Kapitel berichten.

Mit unserem neuen Weltreisemobil „TerraCross" des Herstellers UNICAT auf Basis eines MAN-Zehntonners mit Allradantrieb geht es von Deutschland über Frankreich, Andorra und Spanien zunächst nach Marokko. Marokko ist seit Jahrzehnten eines unserer meistbesuchten Reiseziele, denn Erika hat bei Reise Know-How einen Reiseführer über Marokko geschrieben, der sich großer Beliebtheit erfreut.

Vermutlich gibt es keinen idealen Zeitpunkt für den Beginn einer Weltreise. Jedenfalls war das erste halbe Jahr unserer Weltreise vom heraufziehenden Angriffskrieg der USA unter der Regierung des unterbelichteten Präsidenten George W. Bush auf den Irak überschattet. Der durch die Vereinten Nationen nicht legitimierte Angriff erfolgte dann auch zwei Monate nach unserer Abreise am 20. März 2003 und endete im Desaster.

Mit Beendigung des Berufslebens Ende 2002 und Beginn der Weltreise, ändert sich unser Lebensrhythmus erheblich. Es gilt nicht mehr „Zeit ist Geld", sondern „Zeit spart Geld", schließlich müssen wir von unserem Ersparten leben, ohne wesentliche regelmäßige Einnahmen zu haben. Die Weltreise soll uns natürlich durch alle fünf Kontinente führen, wobei Afrika, das wir schon gut kennen, der erste, weil schwierigster Kontinent, sein wird. Also starten wir im Januar 2003 bei Schneematsch in Richtung Westen nach Frankreich. Die Schweiz wollen wir umfahren, weil dort eine Schwerverkehrsabgabe für unser TerraCross zu bezahlen wäre. In Frankreich wählen wir überwiegend Schnellstraßen und nicht mautpflichtige Autobahnen. So steuern wir in Richtung Andorra, um dort kräftig und billig zu tanken, schließlich hat unser Weltreisemobil eine Tankkapazität von über 500 Liter. Mit der Tankfüllung soll es gelingen, bis Almería in Südspanien zu gelangen, von wo aus Fähren in die spanische und von Marokko umschlossene Exklave Melilla in Nordafrika verkehren. Melilla ist Zollfreigebiet, da können wir erneut preiswert alle Tanks randvoll auffüllen und, wenn wir Marokko auf kürzestem Weg durchqueren würden, bis an den Nordrand der Westsahara gelangen. In der marokkanisch besetzen Westsahara ist wieder Zollfreigebiet, wo wir wieder tanken und mit dem Treibstoff bis weit nach Mauretanien gelangen können.

Mit Erreichen Nordafrikas ist jedoch unser Anreiseweg abgeschlossen und wir genießen erstmal das wärmere Wetter, die vielfältige Landschaft, die gute, preisgünstige Versorgung und die freundlichen Menschen. Ganz im Südwesten Marokkos, westlich von Guelmim in Richtung Plage Blanche am Atlantik, steuern wir den Campingplatz „Fort Bou Jérif" an, der von dem französischen Arzt Guy Dreumont betrieben wird. Das ist der letzte stilvolle, gut geführte Campingplatz, bevor wir die Sahara auf der Atlantikroute durch die Westsahara und Mauretanien umfahren werden. Gleichzeitig ist es ein Treffpunkt der Reisenden, die mit Geländewagen im westlichsten Teil der Sahara unterwegs sind.

Nach zwei entspannenden Tagen in Fort Bou Jérif machen wir uns wieder auf den Weg, möchten aber zunächst noch den „Plage Blanche", den einstmals berühmten „Weißen Strand" am Atlantik, besuchen. Dazu holpern wir auf der Piste entlang des Trockentals Oued Noun zu dessen Mündung Foum Assaka. Der Plage Blanche ist nicht mehr blütenweiß – teilweise aufgrund der Ölverschmutzung und teils aufgrund des Mülls, den der typische Westwind von den Kanarischen Inseln herübertreibt. Davon abgesehen ist der Strand aber noch immer sehr attraktiv. Viele Jahre vorher haben wir uns einmal mit dem Geländewagen den einsamen Strand entlang Richtung Süden bis zur nächsten Flussmündung vorgearbeitet und uns dort bei Aoreora über den sandigen Steilhang wieder zur Piste nach oben auf das Plateau gekämpft.

Diesmal möchten wir nur am Plage Blanche übernachten, um am nächsten Tag im Landesinneren die Fahrt in die Westsahara aufzunehmen. Wir überqueren im Landesinneren östlich einer Lagune das Tal und fahren weiter auf die Küste zu. Unmittelbar vor dem Strand treffen wir auf eine Gruppe Fischer, deren Chef etwas Französisch spricht. Es folgt der übliche Smalltalk, in dessen Verlauf uns der Fischer auch erklärt, wir sollen nicht versuchen, mit unserem schweren Fahrzeug am Strand entlang weiter nach Süden zu gelangen, was wir ja Jahre vorher einmal geschafft hatten. Aber wir möchten ja nicht den Strand entlang fahren, sondern nur über das Ufer näher zur Brandung gelangen. Der mit glatter Sandschicht bedeckte Boden sieht noch sehr fest aus, weshalb wir auf die entfernte Brandung zusteuern. Plötzlich gibt der vermeintlich tragfähige Boden nach, die harte Kruste bricht durch und wir stecken bis zu den Achsen im darunter zum Vorschein kommenden Schlamm fest.

Schlagartig wird mir klar, dass ich einen möglicherweise verhängnisvollen Fehler gemacht habe. Wir sind zwar mit Sandblechen, Bergegurten, Schaufeln, Wagenhebern und Holzunterlagen für den Wagenheber bestens ausgerüstet, wissen aber, dass es unvergleichlich viel schwieriger ist, ein Fahrzeug aus dem Schlamm statt aus Sand zu befreien. Die „Schlammschlacht", ein Fahrzeug freizubekommen, ist nicht nur sehr viel unangenehmer, sondern auch keineswegs immer von Erfolg gekrönt, wie das im Sand regelmäßig der Fall ist.

Das Trockental Oued Noun und dessen Mündungsgebiet Foum-Assaka war offensichtlich wenige Wochen vorher durch heftigen Regen im Landesinneren geflutet gewesen, das Wasser hat den Sandstrand mit Schlamm überzogen. Danach muss ein heftiger Westwind Wellen und Sand bis zu unserem Standort befördert haben, der anschließend oberflächlich getrocknet war und so den Eindruck einer glatten, festen Schicht erweckte.

Damit ist auch die akute Bedrohung des Fahrzeugs von beiden Seiten klar. Wenn es im Landesinneren erneut regnen sollte, so könnte das Fahrzeug ins Meer gespült werden, sollte es eine Sturmflut geben, so würde es von den Wellen endgültig in den Boden gespült.

Es gilt jetzt, alle Mittel einzusetzen, um den Rädern Traktion zu verschaffen. Also schaufle ich hinter den Rädern frei, um Sandbleche unterlegen zu können, scheitere aber daran, dass der Schlamm immer nasser wird, je tiefer ich grabe. Er fließt ständig nach, während das Fahrzeug gleichzeitig weiter einsinkt. Dann versuche ich das Heck des Fahrzeugs mit den Wagenhebern anzuheben, um Sandbleche unter die Räder stecken zu können, scheitere aber daran, dass das Heck so weit eingesunken ist, dass ich keinen Ansatzpunkt für den Wagenheber mehr finde. Die Situation wird immer bedrohlicher, also entlaste ich das Fahrzeug, indem ich den Laderaum im Heck komplett ausräume und das Frischwasser einer unserer beiden jeweils 200 Liter fassenden Wassertanks abpumpe. Inzwischen kommen uns einige der freundlichen Fischer zu Hilfe. Sie sind sehr engagiert, aber durch das vorhergehende nächtliche Fischen bereits sehr strapaziert. Wir schaufeln und hebeln wie die Verrückten, bekommen das Fahrzeug aber bis zum Abend nicht frei. Im Gegenteil, es sinkt auf einer Seite immer weiter ein. Schließlich müssen sich die Fischer wieder ihrem Beruf zuwenden und verlassen uns. Ich sehe keine Chance mehr, das Fahrzeug ohne deren Hilfe noch am selben Abend zu befreien. Tief besorgt begeben wir uns in dem Fahrzeug mit massiver Schlagseite zu Bett.

Am nächsten Tag beschließen wir, dass sich Erika allein auf den Weg machen soll, um Guy Dreumont beim Camping „Fort Bou Jérif" zu alarmieren. Auf dem Hochufer auf der gegenüberliegenden Flussseite sehen wir ein kleines Campingfahrzeug. Erika bittet die deutschen Touristen, sie zum dreißig Kilometer entfernten Campingplatz zu bringen. Ich arbeite mit wenig Hoffnung so vor mich hin und sehe, dass Erika zusammen mit dem Campingfahrzeug wegfährt.

So langsam treffen auch wieder einige Fischer ein, die nach kurzem Schlaf wieder zu helfen bereit sind. Sie beginnen vom Steilufer schwere Steinplatten anzuschleppen, um dem Fahrzeug festen Boden zu verschaffen. Zusammen mit den Fischern bin ich bei der Sisyphusarbeit-Arbeit, als ein Land Cruiser Pickup mit spanischem Kennzeichen eintrifft. Neben dem Fahrer steigt auch Erika aus, die Verstärkung vom Campingplatz mitgebracht hat. Während der Spanier und die marokkanischen Fischer mit Hilfe des Geländefahrzeugs weitere Steinplatten holen, berichtet mir Erika. Der immer hilfreiche Guy vom Campingplatz hat alle Hebel in Bewegung gesetzt, die man ziehen kann. Er hat bei der „Province" in Guelmim, also der Provinzregierung, angerufen, mit der Bitte, uns eine schwere Baumaschine zu schicken, was zunächst abgelehnt wird. Den marokkanischen Automobilclub hat er auch alarmiert, damit dieser ein Schleppfahrzeug schickt. Mit dem baldigen Eintreffen der Fahrzeuge ist aber nicht zu rechnen, denn Guelmim, die nächste Stadt, ist 100 Kilometer entfernt und woher das Schleppfahrzeug des Automobilclubs kommen soll, ist mir unbekannt. Dennoch soll zuerst das Schleppfahrzeug versuchen, uns freizubekommen, bevor sich die schwere, langsame Baumaschine von der 30 Kilometer entfernten Straßenbaustelle auf den Weg macht.

Als mit dem Pickup ein ordentlicher Vorrat an Steinplatten angekarrt ist, verabschiedet sich der Spanier wieder, denn es sind ja noch die Fischer als Hilfe da. Wir buddeln den ganzen Nachmittag erfolglos weiter, bis wir in Abenddämmerung in der Entfernung zwei Scheinwerferlichter auf der Piste wackeln sehen. Es ist klar, dass bis zum Eintreffen des Fahrzeugs auf der unebenen, gewundenen Piste noch knapp eine Stunde vergehen wird.

Schließlich trifft ein Rettungs-Lkw des marokkanischen Automobilclubs ein. Er bleibt ungefähr 200 Meter von uns entfernt stehen, um nicht selbst im Schlamm einzusinken. Dann schaltet er eine eindrucksvolle Batterie von Arbeitsscheinwerfern ein, in deren Gegenlicht zwei Mitarbeiter auf uns zukommen. Sie sehen sich die Situation, in der wir stecken, einige Minuten an, kehren zu ihrem Fahrzeug zurück – und fahren ab. Sie scheinen außer eindrucksvollen Scheinwerfern nichts zu bieten gehabt zu haben, nicht einmal ein langes Stahlseil, mit dem sie uns aus der Sicherheit des festen Ufers hätten ziehen können. Sie sind offensichtlich zu feige, uns zu eröffnen, wie aussichtslos unsere Lage ist.

Zwischenzeitlich hat sich ein betagter Dorfchef aus der Gegend eingestellt. Jetzt telefoniert er mit Hilfe unseres Satellitentelefons mit der „Province" und erreicht die Zusage, dass am nächsten Tag der Caterpillar auf den Weg geschickt werde.

Die armen, übernächtigten Fischer müssen jetzt bei Nacht wieder ihrer eigentlichen Arbeit nachgehen und verabschieden sich, nachdem sie aber immerhin drei Räder des Fahrzeugs auf Felsplatten setzen konnten. Wir sind natürlich noch

Der Dorfchef meldet die Bergung des Lkw an die Province

heftiger alarmiert als am Vorabend, hoffen, dass uns weder Sturmflut noch Regenwetter erwischen, und legen uns, so gut es geht, zum Schlafen.

Während Erika am nächsten Morgen ein einfaches Frühstück vorbereitet, versuche ich schon mal, das vierte Rad des Lkw auf eine Steinplatte zu setzen. Als ich so buddele und mit dem Wagenheber hantiere, steht plötzlich der schmächtige, aber hilfreiche „Scheich", der Dorfchef der nächstgelegenen Ansiedelung, wieder neben mir. Er beginnt auch gleich mitzuarbeiten, während von den Fischern zu so früher Stunde noch nichts zu sehen ist. Sie müssen nach ihrer Nachtarbeit schließlich auch einige Stunden schlafen. Gemeinsam bocken wir das vierte Rad wechselweise mit zwei Wagenhebern auf, wobei der Untergrund immer wieder nachgibt, bis der Wagenheber keinen Hub mehr zur Verfügung hat. Schließlich wuchten wir eine Steinplatte unter das vierte Rad. Der Lkw steht jetzt auf festem Grund, aber nicht auf dem Niveau des Strandes. Wir können nur noch die Sandbleche von hinten an die Räder schieben und hoffen, dass es dem Fahrzeug gelingt, sich über die Bleche nach oben zu arbeiten. Damit wäre die Rettung aber auch noch nicht sicher, denn es könnte ja sofort wieder einsinken, sobald es die Bleche überwunden hat.

Ich setze mich ins Fahrerhaus, starte den Motor, lasse ihn eine Weile laufen, damit er warm wird, lege den Allradantrieb, Untersetzung, Differentialsperre und schließlich den Rückwärtsgang ein. Dann gebe ich etwas Gas, damit der Motor die Drehzahl höchster Durchzugskraft erreicht und lasse die Kupplung rasch kommen. Der Lkw ruckt und bewegt sich, nicht nach unten, sondern nach hinten. Tatsächlich steht er wenige Sekunden später auf der Lehmkruste, ohne erneut einzubrechen.

Der Jubel ist riesig, nicht nur bei uns, sondern auch beim Dorfchef. Für ihn ist völlig klar, dass es nur an ihm lag dass das gelungen ist, was viele andere zuvor fast zwei Tage lang vergeblich versucht hatten. Um nicht unnötige Strecke auf der dünnen Kruste über dem Schlamm zu riskieren, fahre ich zügig rückwärts, ungefähr bis zu der Stelle, an der der Lkw des Automobilclubs gewendet hatte. Das Gepäck aus dem Laderaum lasse ich zunächst zurück, denn es würde die Hinterachse belasten. Inzwischen sind die Fischer wieder eingetroffen, die sich mit uns freuen, die Sandbleche aus dem Schlamm befreien und alles zu unserem Fahrzeug tragen. Wir bedanken uns herzlich bei den Fischern und dem Scheich und bezahlen einen ordentlichen Lohn für deren Hilfe.

Während ich den Laderaum des Lkw wieder belade, was seine Zeit kostet, telefoniert der Dorfchef per Satellitentelefon mit der „Province". Er berichtet über seinen Erfolg bei der Rettung unseres Fahrzeugs. Den angeforderten Caterpillar bestellt er für uns auch gleich ab. Er brüllt in das Mikrofon, als wolle er die 100 Kilometer mit seiner eigenen Stimme überwinden. Er kennt allenfalls GSM-Handys, die aber hier kein Netz haben, ein Satellitentelefon aber hatte er bis dahin noch nie gesehen, geschweige denn benutzt.

Nachdem ich die ganze Ausrüstung im Fahrzeugheck wieder verladen habe und Erika das Innere des Aufbaus wieder in einen menschenwürdigen Zustand versetzt hat, verabschieden wir uns, um uns zunächst bei Guy zu bedanken. Dann fahren wir, frisch gewaschen und ordentlich gekleidet, beim Bauamt der „Province" vorbei, um uns auch für deren Hilfsbereitschaft zu bedanken.

Nicht auszudenken, was in der Globetrotterszene los gewesen wäre, wenn unsere Weltreise, die wir unter dem Slogan „Drei, vier Jahre durch fünf Kontinente" publik gemacht hatten, schon nach wenigen Wochen, 400 Kilometer südlich der Touristenmetropole Agadir, mit Totalverlust des wertvollen neuen Fahrzeugs beendet gewesen wäre. Denn auch in der Traveller-Szene gilt der alte Spruch: „Wer den Schaden hat, braucht für den Spott nicht zu sorgen."

On the road again

Sudan: Afrika-Durchquerung droht zu scheitern

2003

Afrika zu durchqueren, ist der Traum vieler Traveller, und das aus berechtigten Gründen: Nirgends sonst kann man noch so viel ursprüngliches Leben, viele einmalige Landschaften und eine derart verschiedenartige Tierwelt so hautnah erleben wie auf dem Schwarzen Kontinent. Für diejenigen, die Afrika auf eigener Achse von Nord nach Süd durchqueren möchten, gibt es jedoch einen Knackpunkt: Wie komme ich durch die Barriere, die der Sudan in Kombination mit dem Kongo vom Atlantik zum Roten Meer bildet? Sind beide „zu", so kann man die Reise vergessen oder muss eines der Länder umschiffen. Um nach Ostafrika und dann in das südliche Afrika zu gelangen, müssen wir also den Sudan durchqueren, was bislang deutlich sicherer als eine Durchquerung des Kongo ist.

Im Laufe der ersten Monate unserer Reise, im Jahr 2003, verschärft sich jedoch der Konflikt im Westsudan massiv. Es dreht sich letztlich um den klassischen Kampf um Land und Wasser zwischen schwarzafrikanischen Ackerbauern und nomadisierenden arabischen Viehzüchtern. Im Februar 2003 bildete sich die Rebellenbewegung „Sudan Liberation Army" (SLA). Einen ersten Höhepunkt erreichte der Kampf in der Region Darfur, als am 18. April 2003 die Rebellen den Flughafen von El Fasher angriffen und dabei zerstörte Militärflugzeuge sowie 75 tote Soldaten zurückließen.

Inzwischen sind wir aus Westafrika kommend in N'Djaména, der Hauptstadt des zentralafrikanischen Tschad, angelangt. Der Tschad ist ein faszinierendes und ursprüngliches, aber bitterarmes Land, das von der Zentralsahara bis Zentralafrika reicht. Wir möchten ihn vom Westen am Tschad-See nach Osten zur Grenze des Sudan durchqueren. Für den Sudan benötigen wir ein Visum, deshalb fahren wir schnellstmöglich zur sudanesischen Botschaft in N'Djaména. Dort werden wir zwar höflich behandelt, es wird uns aber unmissverständlich klar gemacht, dass für die Einreise auf dem Landweg derzeit keine Visa erteilt werden. Wir können Visa für die Einreise auf dem Luftweg haben oder für die Einreise über Ägypten. Beides nützt uns nichts, denn erstens, was machen wir mit einem Zehntonner-Lkw im Flugzeug, und zweitens, wie kommen wir an die ägyptischsudanesische Grenze, hat doch der Tschad mit Ägypten keine gemeinsame Grenze. Dass die Visumssperre an den Unruhen in Darfur liegt, den wir durchqueren müssen, ist eigentlich klar, dass es aber sechs Wochen vorher den Angriff auf den Flughafen von El Fasher gab, wussten wir nicht. Erst recht konnten wir nicht ahnen, dass die Unruhen begannen, sich zu einem mörderischen, jahrelangen Krieg auszuweiten.

Jetzt gilt es also, alle Hebel in Bewegung zu setzen, um eventuell doch noch an Visa zu kommen. Dazu gehen wir zu einem tschadischen Reiseveranstalter, den ich einmal in meinem Laden in München kennengelernt hatte. Er ist zwar im Tschad durchaus gut vernetzt, aber er hat keinen Einfluss auf die sudanesische Botschaft. Auch glaubt er nicht, dass wir mit einem Visum, das die Einreise auf den Luftweg beschränkt, an der Landgrenze durchgelassen werden. Also nächstes Register ziehen, ab zur deutschen Botschaft und dort um Unterstützung bitten. Wir werden verblüffend freundlich begrüßt, denn dort ist wieder der Geschäftsträger in der Verantwortung, den ich von einer Reise ins Tibesti-Gebirge vor zehn Jahren kenne. Er bietet an, sich bei der sudanesischen Botschaft für uns einzusetzen, was er auch sofort in die Tat umsetzt. Wir bekommen noch am selben Tag einen Gesprächstermin mit dem zweiten Sekretär der Botschaft. Der ist höflich und sagt uns zu, in der Hauptstadt Khartum anzufragen, ob wir ausnahmsweise doch Visa bekommen könnten. Die Antwort wird aber einige Tage auf sich warten lassen.

Um die Wartezeit auf das Visum nicht im unsicheren N'Djaména verbringen zu müssen, unternehmen wir einen Ausflug zum „Hajer

Hajer el Hamis – wir nennen ihn Elefantenfelsen

el Hamis", einem bemerkenswerten Granitfelsen, der früher am Ufer des Tschad-Sees lag. Die regionale Bevölkerung glaubt, hier sei Noah mit seiner Arche gelandet, und verehrt den Platz. Aus der richtigen Perspektive betrachtet, ähnelt der Felsen frappierend einem Elefanten. Die Wochenenden verbringen wir bei brütender Hitze im Schatten eines Baumes am Ufer des Tschadsee-Zuflusses Schari.

Der massive Rückgang der wenigen Zuflüsse führt auch weiterhin zu einem erschreckenden Schrumpfen des einstmals riesigen Tschad-Sees.

Parallel zu unseren örtlichen Bemühungen um das Visum für den Sudan, ziehen wir noch ein Register. Ich habe in Khartum einen Freund aus Studienzeiten, nennen wir ihn Mohammed, der auch nach dem Studium immer wieder beruflich in Deutschland war und dann oft viele Wochen bei uns wohnte. Der Kontakt war nie abgebrochen, weshalb ich ihm ganz „unarabisch" klipp und klar über Satelliten-E-Mail schreibe: „Jetzt ist der Moment gekommen, uns zu helfen." Tatsächlich erreiche ich ihn, aber er antwortet: „Ihr könnt doch auf dem Luftweg oder über Ägypten einreisen." Zweiter Anlauf, ich erkläre ihm: „Mohammed, das geht nicht, schau doch mal auf die Landkarte, und was machen wir mit unserem Lkw, wenn wir mit dem Flugzeug einreisen?" Mit neuem Elan und Pflichtbewusstsein aktiviert er einen einflussreichen Freund im Innenministerium, bei dem er sich erkundigt, was man da machen könnte.

Nach einer weiteren Woche erfahren wir von der sudanesischen Botschaft, dass die Anfrage nach Sondergenehmigung in Khartum abschlägig beschieden wurde. Von unserem Freund in Khartum haben wir auch keine neue Nachricht. Schweren Herzens beschließen wir, unsere Reiseroute durch Afrika komplett umzuwerfen und die Westroute zu fahren. Dafür brauchen wir noch neben dem Kamerun-Visum, das wir bereits vorsichtshalber schon in N'djamena besorgt hatten, weitere Visa für Gabun, die beiden Kongostaaten und Angola. Das kostet Geld und Zeit. Allein für das Kamerun-Visum bezahlten wir 60.000 CFA, umgerechnet 90 Euro, und nochmal 82.000 CFA für weitere drei Monate Versicherung für die nachfolgenden west- und zentralafrikanischen Staaten – das läppert sich.

Am Vormittag brechen wir unsere Zelte an unserem schönen Standplatz beim Hotel am Chari ab und gönnen uns noch ein Mittagessen

Camp am Ufer des Schari

mit Brochettes und Pommes in einem Biergarten (Fliegen inklusive). Danach fahren wir also nicht nach Osten, sondern nach Süden weiter und suchen uns rechtzeitig vor Sonnenuntergang ein schönes Plätzchen im Busch zum Übernachten.

Während Erika das Essen vorbereitet, baue ich das Satellitentelefon und das Notebook auf, um E-Mails auszutauschen, und siehe da, eine Mail von Mohammed ist eingetroffen. Wir bekommen die Visa vom Innenministerium und eine Art Begleitschutz durch den Westsudan, von dem wir aber nicht erfahren, wie er aussieht. Das Innenministerium agiert also unabhängig vom Außenministerium und deren Botschaft in N'Djaména. Die Visa-Aufkleber sollen am Samstag der sudanesischen Botschaft per Diplomatic Bag mit der Sudan Airways-Maschine aus Khartum überbracht werden.

Erwartungsvoll fahren wir am nächsten Tag zurück nach N'Djaména und rufen bei der sudanesischen Botschaft an. Die wissen von nichts, wir sollen jetzt mal den Samstag abwarten. Am Montag kontaktieren wir wieder die Botschaft, aber in der Diplomatic Bag war angeblich nichts für uns. Wir insistieren und siehe da, die Botschaft tut zwar weiterhin, als wisse sie von nichts, gibt uns aber einen Termin, zu dem wir mit Pässen erscheinen sollen. Dort bezahlen wir erneut die Gebühr, die in Khartum auch schon bezahlt wurde, damit wir endlich unsere Visa in den Pässen haben. Die dem Außenministerium unterstehende Botschaft wollte wohl weder ihr Gesicht noch die Visagebühren verlieren, nachdem sie vom Innenministerium ausgestochen wurde. Hauptsache, wir haben die Visa und können die ursprünglich geplante Reiseroute fortsetzen. Also Einkaufen, denn der Osttschad ist extrem abgelegen, da bekommt man allenfalls in den sehr einfachen Läden in Abéché noch einmal die allerwichtigsten Nahrungsmittel zu kaufen.

Von Abéché bis Khartum erwarten uns ein Grenzübertritt und 850 Kilometer ausgefahrener Piste ohne nennenswerte Versorgungsmöglichkeit sowie 400 Kilometer Asphaltstraße. Das ist aber in knapp einer Woche durchaus zu schaffen. Beim Aufbauen des Camps zur Übernachtung versammeln sich wieder mal die Kinder, um ein „cadeau", also ein Geschenk, zu erbetteln. Cadeau ist offensichtlich das erste Wort, das sie in Französisch, der Amtssprache des Tschad, lernen und ständig ausprobieren müssen. Gelegentlich gibt man ja gerne etwas, wenn es tatsächlich nötig erscheint und man hoffen kann, dafür wenigstens ein „merci" zu hören. Wo jedoch das Betteln der Kinder um ein cadeau zum Sport geworden ist, bekommen sie zur Antwort: „Wir sind nicht für cadeaux sans frontières unterwegs."

In Abéché müssen wir uns wieder bei der Sécurité (Sicherheitsdienst) melden. Auch haben wir einen sicheren Standplatz für unser Fahrzeug im bewachten Hof der Deutschen Gesellschaft für Technische Zusammenarbeit, die inzwischen von GTZ in GIZ, Deutsche Gesellschaft für Internationale Zusammenarbeit, umbenannt wurde. Dort haben wir alle technischen Möglichkeiten, so dass wir einen „Putz- und Flick-Tag" einlegen. Damit machen wir uns fit für die folgenden 1400 Kilometer Piste durch den Westsudan bis zum Anschluss an die Asphaltstraße in El Obeid. Mohammed aus Khartum hat uns inzwischen gemailt, dass alle Posten der Security entlang der Strecke nach Khartum über unsere Reise informiert seien. Wir seien damit auch sicher, wenn wir nicht begleitet werden.

Also am nächsten Morgen ab in Richtung Grenze. Das sind 166 Kilometer schlechte, aber unproblematische Piste. An der tschadischen Grenzstation ist die Zollabfertigung zügig erledigt, aber der Immigration-Beamte fehlt. Während wir warten, lese ich die Aushänge am Schwarzen Brett, darunter einen, auf dem der Vorgesetzte des Immigration-Beamten darauf hinweist, dass sich der Beamte nicht von seinem Arbeitsplatz entfernen darf. Was sollen wir machen, es ist Freitag und der Beamte in der Moschee, also warten, bis es langweilig wird oder noch besser, bis uns die Sekretärin des Beamten fragt: „Kommen Sie zurück in den Tschad?" „Nein", antworte ich. „Dann fahren Sie doch einfach ohne den Stempel."

Also erst einmal das Gelände der Grenzstation verlassen und alles, was verdächtig aussehen könnte, verstecken, denn wir gelangen in Krisengebiet, in dem der Besitz von Satellitentelefonen streng verboten ist. Wir haben zwei davon, aber auch ein ganz gutes Versteck für Wertsachen, Zweitpässe, Fernglas und moderne Elektronik wie Kurzwellenempfänger, Notebook, GPS und eben die beiden Satellitentelefone.

Nach zwei Kilometern gelangen wir an das erste Gebäude der Sudanesen. Kurze Passkontrolle und wir können 40 Kilometer weiterfahren bis kurz vor El Geneina. Neue Kontrolle der Papiere an einem Posten, neben dem ein Geländewagen mit aufgebautem Maschinengewehr bereitsteht. Erneut Kontrolle der Papiere und weiter geht es zum Zollhof der Grenzstation in El Geneina. Nach sudanesischer Zeit ist es inzwischen sieben Uhr abends, also gilt es, bis zum nächsten Morgen zu warten. Der Platz, mitten unter den vielen Lkw mit Handelsware und deren Fahrern, ist zwar nicht schön aber sicher.

Am nächsten Morgen wechseln wir erstmal auf dem Schwarzmarkt US-Dollar in Sudanesische Dinar. Das funktioniert einwandfrei, indem man den Zöllnern sagt, dass man wechseln müsse, um die Einreisegebühren bei der Immigration zu bezahlen. Einen der Zöllner, jetzt ohne Uniform, trifft man für den illegalen Deal außerhalb des Geländes am vereinbarten Ort. Bei der Immigration wird das Road Permit ausgestellt, in das peinlichst genau eingetragen wird, in welche Orte man sich begeben möchte. Das Permit ist perfekt auf Arabisch ausgestellt, so dass wir es nicht lesen können. Es ist in jedem Ort bei der Geheimpolizei, deren Dienstgebäude ebenfalls geheim sind, abzustempeln.

Als nächstes folgt die Zollabfertigung, die nach Auskunft eines früheren Reisenden an die vier Stunden dauert. Von ihm hatten wir auch erfahren, dass die Sudanesen eine Aufstellung der mitgeführten Wertgegenstände verlangen werden und die ganze Prozedur lange dauern wird. Deshalb hatte ich schon im Tschad eine zweiseitige Liste angefertigt, was natürlich kitzelig war, weil ich irgendwie die Satellitentelefone unterbringen musste, ohne dass es auffällt. Also stehen auf der Liste erst einmal die unverfänglicheren Sachen wie Kühlschrank, Ersatzrad, Kamera, Radio, noch ein Ersatzrad, Werkzeugkiste und möglichst viele Ausrüstungen, deren Erwähnung in der Liste es eigentlich nicht bedarf. Zwischendrin wird mal ein Handy oder ein GPS erwähnt, aber ohne genauere Beschreibung, sondern nur unter Angabe der Beschriftung „GARMIN 176C". Kritischer wird es weiter unten in der Liste, denn irgendwann sind die Satellitentelefone an der Reihe. Also schreibe ich „Mobilephone Ascom", einige Zeilen weiter das zweite Satellitentelefon, „Telephone mini-m", kurz darauf ist die Liste zu Ende. Wir und unser Fahrzeug werden noch in diversen dicken Büchern vermerkt, wobei ich entdecke, dass die letzten Touristen vor sechs Wochen eingereist sind. Das waren ein Däne mit Land Rover Discovery und ein Motorradfahrer aus England.

Fahrzeugkontrolle, jetzt wird es ernst, denn der Zöllner hat meine Liste in der Hand und steigt nach mir in den Wohnaufbau. Was dann abläuft, ist zunächst Routine für uns. Ich stelle mich mit dem Rücken zur Türe der Nasszelle gegenüber der Eingangstüre des Wohnaufbaus. Der Zöllner ist erstmal platt, weil er so ein Fahrzeug noch nie gesehen hat. Weil ich aber so auffällig vor der Türe stehe, muss da was Verdächtiges drin sein. Also zur Seite treten und Türe öffnen, damit der Zöllner die sauberste Waschgelegenheit und Toilette im Umkreis von 200 Kilometern zu sehen bekommt. Das ist eigentlich der

Kinder verkaufen Batterien im Westsudan

Moment, in dem die Kontrollen beendet sind, es werden allenfalls noch Kollegen gerufen, um sich das auch mal anzusehen. Da ist aber noch die blöde Liste, die der dusselige Zöllner jetzt abarbeiten möchte. Afrikanische Logik, er durchsucht nicht das Fahrzeug, um festzustellen, ob da was drin ist, was wir nicht deklariert haben, sondern will sehen, was wir deklariert haben. Also geht es Stück für Stück durch die Liste.

Ich führe alles vor, die Sonne steigt auf, es wird immer heißer im Aufbau, soll es auch, deshalb haben wir auch die Fenster und Dachluken nicht geöffnet. Als er Seite 2 der Liste kontrolliert beginne ich nervös zu werden, allerdings ohne dass man mir das anmerkt. Als nächstes ist das „Mobilphone Ascom", also ein Satellitentelefon, fällig. Wenn er das sehen möchte, muss ich unser Geheimfach öffnen und dann kann er durch alle Papiere und Geldvorräte schnüffeln, sieht die Satellitentelefone und den an sich harmlosen, aber hochwertigen Kurzwellen-Rundfunkempfänger. Wie gesagt, im Fahrzeug wird es immer heißer, inzwischen zu heiß, um fortzufahren. Unmittelbar vor dem kritischen Punkt höre ich „chalas" – arabisch für „fertig" – und die Kontrolle ist zur allseitigen Zufriedenheit beendet.

In El Geneina können wir noch Orangen aus den nahegelegenen Marra-Bergen einkaufen und machen uns gleich auf den Weg, denn wir möchten den gefährlichen Westsudan schnellstmöglich hinter uns haben. An der Ausfahrt der Stadt fährt ein ordentlich gepflegter Militärgeländewagen vor. Der Fahrer ist ein relativ hellhäutiger, hoher, freundlicher Offizier. In der Annahme, es könnte sich um einen der zu erwartenden Männer der Security handeln, bei welchen wir angekündigt werden sollen, frage ich ihn: „Did you know that we are coming?" Er antwortet auf sehr gutem Englisch: „Nein, aber wo möchten Sie hin?" „Nach Khartum" lautet unsere Antwort, denn erstens stimmt das und zweitens möchte man natürlich immer in die Hauptstadt fahren, auf die jeder im Land stolz ist.

„Auf welcher Strecke?" „Heute erst einmal direkt nach El Fasher." „Nehmen Sie nicht diese Strecke, sondern fahren Sie über das südlich gelegene Nyala dorthin." „Ist das nicht auch gefährlich?", wollen wir wissen. Sehr zögernd antwortet er: „Es ist derzeit ruhig, aber nicht unnötig lange aufhalten, nicht wild campen, sondern nur in Garnisonsstädten übernachten."

Das klingt nicht besonders beruhigend, entsprechend eilig haben wir es, um noch am Abend in der Garnisonsstadt Zalingei bei der Security anzukommen. Die Piste ist schlecht, sie führt durch die südwestlichen Ausläufer der Marra-Berge, in denen die SLA-Rebellen ihren Rückzugsraum haben. Die Landschaft ist abwechslungsreich, nicht völlig wüstenhaft, sondern mit Vegetation, die jedoch völlig ausgetrocknet zu sein scheint. Da passiert das völlig Unerwartete, Wolken ziehen auf, der Himmel verdunkelt sich immer mehr. Wir können in dem schwierigen Gelände nicht schneller fahren, müssen aber noch vor Dunkelheit in Zalingei sein. Es beginnt zu nieseln, aber noch ist die Bergpiste nicht glitschig.

Dann beginnt es zu regnen, noch immer können wir es verantworten, weiterzufahren, ohne irgendwo seitlich den Hang hinunter zu rutschen. Schließlich ist Schluss, wir kommen an das Wadi El Azoul, ein breites Trockental, das aber knallvoll mit braunem, reißenden Wasser ist. Keine Chance, hier heute durchzufahren. Notgedrungen treten wir den Rückzug an, um uns einen Platz zum Campen zu suchen, was wir ja unbedingt vermeiden sollten. Der Anspruch an den Platz ist sehr hoch, man soll uns möglichst nicht sehen, was bei über drei Metern Fahrzeughöhe gar nicht geht, wir dürfen nicht exponiert stehen, damit kein Blitz einschlägt, wir müssen vor überraschenden Wasserflutungen geschützt sein und wir müssen sicher sein, dass wir am nächsten Morgen zurück zur Piste fahren können, ohne da zu versinken, wo sich Staublöcher in Schlammlöcher verwandelt haben. Zu allem Luxus wollen wir noch leidlich gerade stehen, damit wir ordentlich kochen und schlafen können. Bis auf den Sichtschutz klappt alles. Erika kocht, ich baue diskret das Satellitentelefon auf, um

Piste im Westsudan

wieder mal Dieter in Deutschland unsere Situation und Position zu melden, für den Fall, dass wir uns nicht mehr melden.

Da taucht auch schon ein älterer Mann auf, der uns fragt, warum wir nicht ins Dorf fahren, um dort zu übernachten. Da er freundlich gesinnt ist, wäre das eine gute Alternative, aber wir beschließen, zu bleiben, allein auch, um nicht ständig von kleinen neugierigen Jungs umringt zu sein. Die möchten erfahrungsgemäß ihre ersten und einzigen Worte Schulenglisch ausprobieren „Hello mister, what time iiis iiit?"

Die Nacht ist bis auf den prasselnden Regen ruhig, die Luft kühlt so weit ab, dass wir erstmalig seit langem ohne Ventilator einschlafen können. An nächsten Morgen hat der Regen aufgehört, wir können gefahrlos die drei Kilometer zurück zum Wadi fahren. Das ist noch immer geflutet, aber jetzt sind Einheimische da, die uns eine Furt zeigen. Das ist uns natürlich ein angemessenes Bakschisch wert.

Die Fahrt nach Zalingei führt immer wieder durch sehr alten, hohen Baumbestand, was wir genießen, da wir schon seit vielen Wochen fast nur noch Wüste und Buschland zu sehen bekommen haben. In Zalingei beginnt zu unserer Überraschung eine schon ältere Asphaltstraße, die seitlich ausgefranst und mit Schlaglöchern übersät ist. Links von uns erhebt sich das Marra-Gebirge mit dem Jebel Marra als höchsten Punkt mit über 3000 Meter Höhe.

Ich fahre zügig, aber ohne Druck, bis wir vor dem Ort Nyertete an einem Checkpoint des Militärs gelangen, wo man uns länger warten lässt. Dann führt mich ein Soldat zum Kommandanten, der mit höflichem Smalltalk in gutem Englisch beginnt und mir Tee anbietet.

Beginn der Asphaltstraße im Sudan

Schließlich kommt er zur Sache: „Die nächsten 50 Kilometer sind sehr gefährlich, fahren Sie so schnell es geht und ohne anzuhalten." Ich frage: „Können Sie mir militärische Begleitung geben?" „Kann ich nicht!" „Kann ich warten, bis ein Konvoi zusammengestellt ist, der dann begleitet wird?" „Geht leider auch nicht. Schnell fahren und nicht anhalten ist der Rat und die Weisung."

So besonders schnell kann man aber auf der sehr schlechten Straße nicht fahren, man muss die tiefen Schlaglöcher umfahren, auf Fußgänger und Eselskarren achten. Der Rand der schmalen Straße ist auch nicht befestigt, so dass ich bei einem unbedachten Ausweichmanöver vom Asphalt abkommen, absinken und die Flanke eines Reifen aufschlitzen könnte. Wenn ich also zu schnell fahre und deshalb eine Reifenpanne habe, muss ich zumindest zwei Stunden stehen bleiben, bis ich alleine das schwere Rad gewechselt habe.

Die Schranke öffnet sich, ich fahre mit klopfendem Herzen in höchster Konzentration und so schnell wie ich es verantworten kann in Richtung Nyala weiter – ohne Panne, ohne Zwischenfall. Inzwischen habe ich mich bei Dieter in München zurückgemeldet und vereinbart, dass ich täglich unsere Situation und unsere Koordinaten durchgebe, bis wir Darfur im Westsudan passiert haben.

Gleich bei der Einfahrt nach Nyala kommt ein Checkpoint. Man setzt uns einen Beamten ins Auto und dirigiert uns zur Security, die in einem nicht gekennzeichneten Einfamilienhaus residiert. Jeder Einheimische weiß natürlich, wer da drin agiert, nur die Touris nicht, welche jedoch ihr Roadpermit abstempeln lassen müssen. Die Abfertigung ist überstanden, keine Probleme.

Es ist bereits Nachmittag, also können wir nicht weiterfahren, sondern müssen uns einen Platz zur Übernachtung in Nyala suchen. Wir wissen, dass es da einen einsamen Mitarbeiter des Deutschen Entwicklungsdienstes (DED) gibt. Also fragen wir die Security nach dessen Wohnsitz. Ein Beamter der Security begleitet uns zu dem Gebäude, aber er ist nicht da. Also dirigiert uns der Beamte der Security zur Polizeistation und fragt dort. Die Polizei treibt ihn auf, er wundert sich, dass er gleichzeitig von Security und Polizei gesucht wird. Wir können unser Fahrzeug vor seinem Haus abstellen, um dort zu übernachten, ein Nachtwächter sorgt für etwas Sicherheit. Der Entwicklungshelfer des DED ist erst seit zwei Wochen in Nyala, der Hausrat noch nicht da, der Nachzug seiner Frau wurde wegen der immer schlechter werdenden Sicherheitslage abgeblasen. Wenige Wochen später wird er abgezogen.

Am nächsten Morgen zunächst einmal wieder Behörden befriedigen, dann notgedrungen erst gegen Mittag die Abfahrt nach Norden mit einer Kontrolle hinter der Stadt. Es sind 200 Kilometer Piste unterschiedlicher Güte bis El Fasher, aber wir schaffen es in vier Stunden. El Fasher steht zwar auf unserem Roadpermit, aber nicht auf der Liste der Städte, in welchen wir uns melden müssen. Der Checkpoint am Eingang bereitet kein Problem und da wir uns ja nicht bei der Security melden müssen, fahren wir durch die Stadt zur Piste in Richtung El Obeid. Beim Checkpoint am Ausgang der Stadt weist man uns darauf hin, dass wir erst zur Security müssen, und begleitet uns. In dem wiederum ungekennzeichneten Wohnhaus wird ein sehr junger Beamter in Zivil, der verblüffend gut Englisch spricht, sehr unangenehm. Wir müssen uns in jeder Stadt bei der Security melden, auch wenn die Stadt nicht auf der Liste stehe. Zur Erinnerung: In El Fasher fand der erste massive Angriff der Rebellen auf den Flughafen statt.

Jetzt sind offensichtlich neue, ehrgeizige Beamte am Werk. Man ist sehr misstrauisch, nimmt uns nicht ab, dass wir Touristen seien, und fragt: „Warum haben Sie sich nicht schon gestern gemeldet und was haben Sie die zwei Tage gemacht, seitdem Sie in Nyala abgefahren sind?" „Wir sind erst gestern Mittag in Nyala gestartet und schnellstmöglich gefahren, ohne Umweg, ohne Aufenthalt."

Da stellt es sich heraus, dass die Beamten in Nyala unsere Meldung mit falschen Datum eingetragen haben, nämlich auf vorgestern datiert. Das lässt sich aber nicht überprüfen, weil sowohl das Telefon als auch das Funkgerät des Geheimdienstes nicht funktioniert. Man verdonnert uns, uns auch in En Nahud, der nächsten Kleinstadt, zu melden – und wenn nicht: „You are fully responsible for what could happen!"

Nach einer halben Stunde dürfen wir gehen, aber draußen fällt ihnen ein, dass sie das Fahrzeug filzen wollen. Zu fünft schnüffeln sie überall rum, zum Glück habe ich das kleine Thuraya-Satellitentelefon unauffällig in der Beintasche meiner Safarihose und nicht im Fahrzeug. An diesem Tag schaffen wir noch 100 Kilometer Piste, keine Chance das 400 Kilometer entfernte En Nahud zu erreichen, aber wir entfernen uns auch vom besonders gefährlichen Marra-Gebirge.

In malerischer Wüstenlandschaft mit kleinen Dünen und Plateaubergen verkrümeln wir uns einen Kilometer abseits der Piste hinter einer Felsgruppe, um die Nacht zu verbringen. Ein Sandsturm mit darauffolgendem Gewitter fegt vorbei, bringt zwar die plötzlich nochmals massiv ansteigende Hitze und Trockenheit mit, endet aber leider nicht mit dem sonst einem Sandsturm folgenden, kühlenden Regen.

Auf der ganzen Strecke seit der Grenze ist uns nur ein Fahrzeug mit Weißen begegnet. Sie gehören einer NGO (Nichtregierungsorganisation) an und sind offensichtlich Ärzte. Vor und hinter ihnen fährt ein Land Cruiser Pickup ohne seitliche Bordwände, auf dem hinten in zwei Reihen bewaffnete Soldaten sitzen. Sie sitzen auf schmalen, längs verlaufenden Bänken Rücken an Rücken, damit sie sofort abspringen können, um zu kämpfen. Zwischen Fahrerhaus und Pritsche stehen links und rechts jeweils massive Stahlpatten etwa einen halben Meter vor, damit es bei einem Angriff von vorne den Fahrer erwischt, nicht aber sofort auch die hinten sitzenden Soldaten.

Am nächsten Tag haben wir bei größter Mittagshitze einen Platten. Zum Glück entweicht die Luft stetig und nicht schlagartig, sonst wäre der Reifen hinüber, weil er dann durch die Felge zerstört wäre, bevor ich anhalten könnte. Aber Reifenwechsel um die Tageszeit droht, ein Problem zu werden, denn dieser dauert zwei bis drei Stunden. Es muss das Fahrzeug aufgebockt, das Rad demontiert, der Laderaum hinten im Fahrzeug teilweise ausgeräumt und ein kleiner Kran aufgebaut werden. Eine riesige Prozedur, wenn man das ganz alleine machen muss.

Während ich, ohne mich selbst unter Zeitdruck zu setzen, vor mich hin arbeite, wird schweres Motorengeräusch immer lauter. Es sind vier Lkw und ein mittelgroßer allradgetriebener Bus. Ladung haben sie nicht, der Bus ist leer. Es steigen hellhäutigere Araber aus den Fahrerhäusern und es springen dunkelhäutigere sudanesische Polizisten in blaugefleckter Uniform von der Ladefläche. Bevor wir uns versehen, sind wir von 20 Leuten umringt. Alle schwer bewaffnet, aber freundlich gesinnt.

Zwei schwarzafrikanische Mechaniker fangen sofort an, mir den Reifenwechsel abzunehmen. So bleibt Zeit für freundlichen Smalltalk mit dem Fahrer eines der Lkw. Es sind Libyer, das sehe ich sofort an ihren gelben Nummernschildern, und frage: „Sie kommen aus Libyen über Jabal al Awaynat?“ „Nam – Ja“, bestätigt er. Was die Lkw geladen haben oder dabei sind abzuholen, wage ich nicht zu fragen, denn die Route ist nicht nur wegen der Rebellion „heiß“. Die Lkw könnten Waffen von Libyen zu den Rebellen im Westsudan gebracht haben.

Libyen unterliegt schon seit 1992 einem internationalem Waffen- und Flugembargo, hat also Schwierigkeiten, sich heimlich weiter aufzurüsten. Von der Reise 1993 weiß ich, dass libysche Lkw Embargogüter aus dem Hafen von Port Sudan holen, um sie mehrere tausend Kilometer durch die Sahara nach Libyen zu karren. Die Landgrenze mitten in der Sahara im Grenzgebiet von Libyen, Sudan, Ägypten und Tschad ist für die UNO und die Amerikaner unkontrollierbar.

Mit jedem Kilometer, den wir jetzt vorankommen, wird das Risiko, in Konflikt mit den Rebellen zu geraten, geringer. Die Behörden in den Oasenstädten werden weniger nervös, so dass ich Dieter in München melden kann, dass bei uns alles in Ordnung sei und ich mich nicht mehr täglich melden werde.

Wir haben die Durchquerung des Westsudan beziehungsweise von Darfur heil geschafft. Einige Tage später treffen wir in Khartum ein, wo wir im Haus unseres tiefgläubigen Freundes Mohammed wohnen können. Das große Haus ist ganz afrikanisch dabei zu verfallen, bevor es selbst oder gar die Außenanlagen fertiggestellt wurden. Es ist ordentlich angelegt, aber handwerklich verheerend schlecht ausgeführt.

Der libysche Konvoi

Erika, einzige Frau auf dem religiösen Fest in Khartum North

Er lädt uns sowohl zu einer sehr großen abendlichen religiösen Feier in seinem Stadtteil im Freien ein als auch zu einem Treffen der Verehrer einer ominösen „Wasserprinzessin" in einem modernen Haus. Das imaginäre „Hoheitsgebiet" der schwer kranken Mutter der „Wasserprinzessin" reicht vom Norden des Roten Meeres bis ganz in den Süden und gleichzeitig den Nil entlang – im Wasser, wohlgemerkt. Im Kreis dieser eingeschworenen Gemeinschaft scheint Mohammed nicht nur Kontakte ins sudanesische Innenministerium zu haben, sondern auch zu einem höhergestellten Mitarbeiter der deutschen Botschaft. In einer leicht durchschaubaren, okkulten Zeremonie werden Erika die an Mohammed vor Wochen gefaxten Pass-Kopien, die zur Ausstellung eines Schutzbriefes dienen sollten, aus der Schnauze eines ausgestopften Krokodils übergeben. Mit ihm waren angeblich „höhere Kräfte" informiert worden, uns auf unserer Fahrt durch den Darfur zu beschützen. Die Sicherheitskräfte vor Ort entlang der Strecke waren jedenfalls nicht informiert. Rückblickend gesehen hat das „Sicherheitssystem" per Zufall dennoch ganz gut funktioniert.

Der Übergang von Glaube zu Aberglaube war schon immer fließend, nicht nur in Afrika. Hoffentlich gelingt es den Menschen in den nächsten Jahrzehnten, diesen durch eine rationale bis wissenschaftliche Betrachtung der Welt zu ersetzen.

Wenige Wochen nach unserer Darfur-Durchquerung werden die gefürchteten arabischen Janjaweed-Reitermilizen aktiv. Sie ermorden und vertreiben hunderttausende von schwarzafrikanischen Ackerbauern. Bis heute kamen im Darfur-Krieg 300.000 Menschen ums Leben, 2,4 Millionen wurden vertrieben.

Khartum, die Hauptstadt des Sudan, hat sich seit unserem letzten Besuch stark entwickelt. Die Versorgung ist weit besser. Treibstoff gibt es billig und ohne Probleme und auch neue Schläuche für unsere Reifen lassen sich beschaffen.

Schwieriger wird es mit dem Motoröl für die moderne turbogeladene Maschine unseres Lkws. Nach langwierigen Erkundigungen erfahren wir, dass es dieses an einer modernen Shell-Tankstelle zu kaufen gibt. Dort eingetroffen, fährt ein stattlicher Sudanese mit einem riesigen modernen MAN-Lkw vor. Er spricht mich auf Arabisch an, ich verstehe aber fast nichts. Offensichtlich möchte er zunächst wissen, wo wir herkommen und was ich für einen Beruf ich habe. „Ich bin Ingenieur aus Alemania“, das versteht er. Dann streckt er mir seien Zündschlüssel hin und redet weiter.

Inzwischen hat sich ein Sudanese von der Tankstelle hinzugesellt, der sehr gebrochenes Englisch spricht. Er macht mir klar, dass der große MAN Probleme bereite. Der Motor stottere manchmal und es leuchte eine Warnleuchte am Armaturenbrett auf. Für beide ist völlig klar, dass ein Ingenieur aus Deutschland, der MAN fährt, nur Kfz-Ingenieur vom Werk sein kann. Wegen der Warnleuchte bitte ich um die Bedienungsanleitung. Die ist tatsächlich vorhanden, aber leider auf Arabisch. Also packe ich meine Anleitung aus und stelle fest, dass eine Verschleißwarnung der Bremsbeläge aufleuchtet. Der relativ neue MAN wurde offensichtlich ohne Verwendung der Motorbremse gefahren, was die Bremsbeläge schnell verschleißen lässt.

Wieder hält mir der Eigentümer des Lkw den Zündschlüssel hin, ich soll ihn probefahren. Mit einem fremden, wertvollen und sehr großen Lkw in Khartum herumzufahren, ist keine angenehme Vorstellung, aber um ihm zu helfen, drehe ich eine kurze Runde, der Eigentümer bleibt zurück. Schon nach wenigen hundert Metern fängt der Motor zu ruckeln an, aber ich kenne das, denn wenn der Treibstofffilter dicht ist, bekommt die Maschine zu wenig Diesel. Also drehe ich bei nächster Möglichkeit um, fahre wieder bei der Tankstelle vor und erkläre dem Eigentümer mit Händen und Füßen, dass er die Treibstofffilter wechseln müsse. Der stattliche, sehr dunkle Sudanese im landestypischen blütenweißen Kaftan ist begeistert, dass seine Probleme erkannt sind. Er bedankt sich überschwänglich und ist sich jetzt völlig sicher, dass ich MAN-Ingenieur bin. Daheim habe ich immerhin zwei Ingenieur-Urkunden, aber eine für Kfz-Technik ist nicht dabei.

In Khartum müssen wir aber auch die Visa für Äthiopien besorgen. In der äthiopischen Botschaft fordert man zu deren Erteilung einen „letter" von der deutschen Botschaft. Damit will man vermutlich sicher gehen, nicht Kriminellen oder gar Terroristen Visa zu erteilen. Also ab zur deutschen Botschaft, wo man uns wissen lässt: „Bitte kommen Sie morgen wieder, heute kann das Schreiben nicht mehr ausgefertigt werden." So nebenbei erwähne ich: „Wir sind aus dem Tschad auf dem Landweg gekommen."

Da öffnet sich die Türe von der Schalterhalle in das Innere der Botschaft. Wir werden sehr freundlich begrüßt und mit einem Radeberger-Bier versorgt, das im „trockenen" islamischen Sudan nur an solchen exterritorialen Orten getrunken werden darf. Seit vielen Wochen ist kein Reisender mehr aus dem Tschad hier eingetroffen, denn von der Fahrt dorthin wird jedem dringend abgeraten. Deutsche Entwicklungshelfer wurden bereits abgezogen. Während wir so berichten, wird der „letter" getippt, den wir ohne zweiten Besuch der Botschaft mitnehmen können.

Um unsere Ost-West-Durchquerung des Kontinents zu vollenden, folgen wir auf Piste der Eisenbahnlinie in Richtung Suakin am Roten Meer. Etwa zwei Kilometer südlich des Gleises finden wir in der Abenddämmerung eine einsame Palme, in deren Umgebung wir übernachten.

Am nächsten Morgen repariere ich etwas am Fahrzeug, als ich ein unerwartetes Geräusch vernehme. Ich sehe auf und erkenne in der

Bahngleis nach Suakin und Port Sudan

Ankunft am Roten Meer

Entfernung einen kleinen Bahnhof und davor drei Personen, die auf uns zugehen. Zwei davon tragen Gewehre, weshalb ich mal wieder mein Leatherman-Werkzeug vom Gürtel abnehme und auf den Fahrersitz lege. Da ertönt ein zweiter Schuss, jetzt klar zu erkennen. Es sind zwei Soldaten und zwischen ihnen ein junger Mann in Zivil. Ich gehe auf den unbewaffneten Mann zu, die Soldaten halten ihre Gewehre bereit. Er fragt mich schließlich, wer wir seien, was wir machen, sieht kurz in das Fahrzeug, geht aufmerksam suchend um die Palme, vermutlich um nachzusehen, ob ich eilig etwas vergraben habe, und verabschiedet sich wieder. Viel später erfahren wir, dass das Schießen die übliche Vorgehensweise ist, wenn im Sudan Soldaten kontrollieren möchten, aber kein eigenes Fahrzeug haben, um sich rasch zu nähern. Als ich zur Fahrertüre ging, um das Leatherman-Werkzeug abzulegen, hatten sie wohl vermutet, ich hätte abfahren wollen, und deshalb nochmals geschossen.

Um von der Eisenbahnlinie aus direkt ans Meer zu gelangen, müssen wir uns auf winzigen Pisten durch eine Sumpflandschaft schlängeln. Dort ist nichts zu sehen außer Ebbe und zwei völlig abgebrannte Einheimische mit ihrem abgestellten Fahrzeug. Sie scheinen schon länger da zu sein, betteln uns um Zündhölzer an, aber was sie an der völlig abgelegenen Stelle wollen, ist uns rätselhaft. Deshalb nehmen wir ein Foto und treten zügig den Rückzug an, bevor sie auf dumme Ideen kommen könnten.

Äthiopien: Erstens alles anders, zweitens als man denkt!

2003

Wir hatten ja auch schon vor dieser Weltreise sehr viele Länder Afrikas bereist, viele davon mehrfach und auf der aktuellen Reise ist es nun schon wieder das vierzehnte. Jeder Teil dieses faszinierenden Kontinents hat seine Eigenheiten, fast jedes Land für sich unterscheidet sich markant von seinen Nachbarländern.

Dennoch ist die Einreise vom Sudan kommend nach Äthiopien eine Zäsur in jeder Hinsicht. Das beginnt damit, dass es eine Tageszeit und eine Nachtzeit gibt. Die Tageszeit beginnt um 6 Uhr früh, mit dem Sonnenaufgang, die Nachtzeit um 18 Uhr, mit dem Sonnenuntergang. Eigentlich logisch für ein Land nahe des Äquators, wo die Sonne täglich fast unverändert um 6 Uhr auf- und um 18 Uhr untergeht. Wenn man sich also für 10 Uhr vormittags verabreden möchte, dann ist das 4 Uhr äthiopischer Tageszeit. Auch der äthiopische Kalender unterscheidet sich vom weltweit üblichen Gregorianischen Kalender, das Land richtet sich nach dem älteren Julianischen Kalender. Dieser hat 13 Monate, zwölf zu je 30 Tagen und einen zusätzlichen Monat mit fünf oder sechs Tagen. Das Kalenderjahr beginnt am 12. September unseres Kalenders. Sprache wie Schrift sind ebenso völlig anders und selbst die Menschen unterscheiden sich deutlich von denen, die man für „typische Afrikaner" hält. Durch seine Höhenlage ist das Klima kälter und regnerischer als in den von der Wüste geprägten Nachbarländern. Äthiopien ist einfach ein eigener Kontinent auf dem afrikanischen Kontinent.

Vom wüstenhaften Sudan, von dem sich der Südsudan dann 2011 abspalten wird, reisen wir im Juli 2003 bei Metema nach Äthiopien ein. Die Grenzabfertigung sowohl im Sudan als auch in Äthiopien ist korrekt, wenn auch afrikanisch-umständlich. Wir rechnen ja ohnehin immer damit, dass das mehrere Stunden dauern kann und dass die Kontakte zu den Grenzern auch erste und letzte interessante Kontakte zum Land darstellen.

Auf der äthiopischen Seite fällt auf, dass auch Frauen an der Abfertigung beteiligt sind, was in den islamisch geprägten Ländern, aus welchen wir kommen, völlig unüblich ist. Hier kommt es aus den Zeiten des Sozialismus. Schließlich sind die Formalitäten erledigt, die Fahrzeugkontrolle wie gewöhnlich nur oberflächlich und wir sind erstmalig in Äthiopien. Ein ordentlich gekleideter Teenager spricht mich in erstaunlich gutem Englisch an und fragt, ob ich Geld wechseln möchte. Möchte ich! Bei Geldwechslern an Grenzstationen bin ich immer sehr skeptisch, denn oft bieten sie dem unerfahrenen Reisenden einen sehr schlechten Wechselkurs an, zum Beispiel als Schwarzwechsler den schlechteren offiziellen Bankkurs oder sie drehen ihm veraltete Banknoten an oder tricksen beim Abzählen der vielen fast wertlosen Banknoten. Andererseits sind diese Wechsler oft die einzigen, die das bei der Ausreise übrig gebliebene Mickymaus-Geld des Nachbarlandes direkt wechseln. Also wechsle ich nur, was kurzfristig benötigt wird, allerdings zu einem Wechselkurs, der sich auch später als gerechtfertigt erweist.

Mit dem frisch eingetauschten Geld möchte ich uns aber auch gleich ein paar kleine Flaschen „Bati"-Bier für das Abendessen gönnen und eines vorweg gleich vor Ort zischen. Das muss schon drin sein, denn der Sudan, aus dem wir kommen, ist auch in dieser Hinsicht völlig „trocken". Der junge Mann verweist mich auf eine Kneipe am Straßenrand, in der ich einige der kleinen Flaschen kaufe. Merkwürdig erscheint mir in der Gaststube im Vorbeigehen ein Blick in ein Nebenzimmer mit halb offener Türe. Da ist ein zerwühltes Bett zu sehen. Als ich das Lokal mit meiner Beute verlasse, sehe ich eine erwachsene Äthiopierin mit einem verkrüppelten, etwa zwölfjährigen

Der kleine Geldwechsler zeigt mir den Weg zur Bar, um Bier zu kaufen

Mädchen auf der Schulter, das sie mit Decke über dem Kopf die Straße hochträgt. Sie hat offensichtlich ihre Tochter abgeholt. Langsam wird mir das Undenkbare klar, hier findet unverhohlen Kinderprostitution statt. Wer die Freier sind, kann ich natürlich nicht sagen, vermutlich überwiegend Sudanesen, denn dort ist Sexualität in jeder Form überreguliert, hier in Äthiopien lockt die fehlende Strafverfolgung bis hin zum Kindesmissbrauch. In anderen Landesteilen Äthiopiens ist mir Letzteres allerdings nicht aufgefallen.

Der Tag ist schon fortgeschritten, als wir uns wieder auf Strecke begeben. Von dem Tiefland des Sudan mit etwa 400 Metern über dem Meer führt eine ordentliche Piste ständig bergauf in Richtung Tana-See auf gut 1800 Meter Höhe. Die Luft wird deutlich kühler und feuchter als die ganzen letzten Monate in der Sahara und dem Sahel. Die Bauern sind fleißig dabei, ihre Felder mit einfachsten Mitteln auch in steiler Hanglage zu bestellen. Die Landschaft ist grün, so dass man gar nicht auf die Idee kommt, dass Hunger herrschen könnte. Es ist aber erst der Anfang der Regenzeit erreicht, in der die alten eigenen Vorräte erschöpft sind und eine neue Ernte noch nicht reif ist. Die Menschen sind unvorstellbar arm, sie werden teilweise durch Hilfslieferungen aus dem Ausland versorgt. Immer wieder sieht man hochbeladene FIAT-Lkw auf den Pisten, die dann auf ihrer Rückfahrt die leeren Anhänger auf das Zugfahrzeug verladen haben.

Zur Übernachtung suchen wir uns einen Platz an einer kleinen Nebenpiste. Das ist hier im Gebirge gar nicht so einfach, denn wenn es in den Dörfern keine Fahrzeuge gibt, braucht man auch nur schmale Pfade und keine Pisten. Es zweigen also sehr selten Pisten ab, die sind dann schmal, und angrenzende, unbepflanzte ebene Flächen zum Stehenbleiben sehr rar. Außerdem muss ja Platz für ein anderes Fahrzeug bleiben, wenn denn doch eines kommen sollte. Und unser Fahrzeug muss so stehen, dass der Untergrund auch bei Starkregen nicht ins Rutschen kommt und der Rückzug zur Hauptpiste am nächsten Morgen möglich bleibt. Letztlich finden wir einen schönen Platz mit Aussicht auf die ungewohnt grüne Landschaft.

Bei genauerem Hinsehen entdecken wir ganz in der Nähe einen im nassen Untergrund eingesunkenen, fast zugewachsenen Panzer aus dem Krieg gegen Eritrea. Als sich die Sonne dem Horizont nähert und die Dämmerung einzusetzen beginnt, sehen wir wie die Bauern von den Feldern in ihre Dörfer zurückkehren. Auf den Schultern tragen sie die schweren Pflüge, damit sie in der Nacht nicht gestohlen werden. Sie sind gänzlich aus Hartholz gefertigt, nur die Pflugschar ist mit Eisen beschlagen. Die Eisenzeit hat hier offensichtlich gerade erst begonnen, man kennt es natürlich, aber außer Schlössern und Pflugscharen ist fast nichts aus Eisen gefertigt. Die Bauern haben kaum Zug- oder Tragtiere, sondern laufen in Pulks die Straße entlang und tragen mit eigener Körperkraft ihre Ernte oder eben den Pflug. Ob sie sich Esel nicht leisten können oder die weiten Wege von den Straßen zu ihren Hütten so schmal und glitschig sind, dass selbst Esel nicht eingesetzt werden können, finden wir nicht heraus.

Die erste Stadt, auf die wir in Äthiopien treffen, ist Gonder, wo wir uns nur kurz orientieren, zum Beispiel wie hier die Versorgungslage für uns ist. Es fallen uns viele Bettler auf, darunter völlig ausgezehrte junge Männer, mitten auf der Straße. Einmal sage ich zu Erika: „Der gehört ins Krankenhaus!" Sofort danach wird mir klar, dass das leicht gesagt ist, es aber für die einfachen Menschen keine bezahlbare, geordnete Gesundheitsversorgung gibt. Was wir brauchen, können wir in einfachen Läden kaufen, aus unserer Sicht ist alles sehr billig, und dennoch für weite Teile der Landbevölkerung unerschwinglich.

Wir wissen, dass es im 100 Kilometer entfernten Gorgora direkt am Tana-See ein Regierungshotel gibt, auf dessen Gelände wir mit dem Wohn-Lkw campen können. Also machen wir uns auf den Weg.

Trauerzug in Gonder

Äthiopien verwendet ja nicht nur eine eigene Sprache, Amtssprache ist Amharisch, sondern auch eine eigene Schrift, die es sonst nirgendwo gibt. Da wichtige Straßengabelungen auch in lateinischen Buchstaben beschriftet sind und es nur wenige wichtige Straßen gibt, klappt die Orientierung hervorragend. Wir finden das Hotel und bekommen einen wunderbaren Standplatz am Ufer mit faszinierendem Blick auf den See. Nebenbei können wir vor der benachbarten Kirche die Hochzeitszeremonie eines älteren Äthiopiers mit einer jungen Braut beobachten. Im dem ältlichen, sozialistisch-verstaubten Hotel essen wir für „nen Appel und 'n Ei" ein ordentliches Abendessen, dazu eine Flasche äthiopisches Bati-Bier.

Am nächsten Tag besuchen wir ein christliches Kloster. Der nördliche Teil Äthiopiens ist eher äthiopisch-orthodox, also christlich geprägt, der Süden eher muslimisch. Die Kirchen sind faszinierend in ihrer prachtvollen Ausstattung und schummrig-stimmungsvoll durch die einfache Kerzenbeleuchtung. An den Wandmalereien fällt auf, dass Gott selbst immer wieder dargestellt wird, obgleich das in der Bibel untersagt ist. Ähnlich manchen Kirchen in Rumänien und Lateinamerika weisen die Gemälde drastische Szenen über das Schicksal der Sünder auf, wie sie in die Hölle vertrieben und dort gefoltert werden. Der modernere Sinnspruch „Brave Mädchen kommen in den Himmel, die anderen kommen überall hin" hat sich da noch nicht niedergeschlagen.

Kurz vor der Abfahrt vom Hotel fühlt sich im Vorbeigehen ein Hund von mir in die Enge getrieben und zwickt mich so stark in ein Hosenbein, dass die Abdrücke der Zähne in der Wade zu sehen sind und sich Abschürfungen mit Rötung der Haut bilden. Eigentlich kein Problem, wenn …, ja wenn …

Vom See geht es wieder zurück nach Gonder, wo wir in den Vormittagsstunden ankommen. Auf dem Mittelstreifen der Hauptstraße liegt, mit den Beinen in die Straße ragend, ein junger Mann – tot. Ob er derjenige ist, den ich am Vortag als krankenhausreif bezeichnete? Es dauert Tage, bis uns richtig klar wird, in welch verzweifelter Lage sich große Teile der Bevölkerung befinden. Wir kaufen ab jetzt in den Städten immer Brötchen und Bananen, um Bettlern etwas zu essen geben zu können. Es scheint so zu sein, dass die Menschen die Lebenserfahrung haben, jede Gelegenheit nutzen zu müssen, um etwas

Essbares aufzutreiben, auch wenn sie im Moment nicht Hunger leiden. Aber selbst das Verteilen von Weißbrot und Bananen klappt nicht immer, denn manche kennen nur ihre örtlichen Lebensmittel, insbesondere das landestypische Tef (Zwerghirse) und verweigern die Annahme, obwohl sie gerade noch gebettelt haben.

Wie immer in gebirgiger Landschaft ist die Fahrt besonders abwechslungsreich, wenn es nicht gerade regnet, was die Sicht beeinträchtigt und den Fahrer auf den Pisten zu besonderer Aufmerksamkeit zwingt. Aber wir haben Glück, der Regen verschont uns weitgehend, für die Bauern wäre er hingegen extrem wichtig. Die Kinder am Straßenrand rufen uns wochenlang „you … you … you …“ zu, was sie wohl für eine besondere Leistung halten, da es Englisch ist, uns aber zunehmend nervt.

Wir kommen nach Axum ganz im Norden des Landes, wo aus der Zeit des Axum-Königreiches bis zu 25 Meter hohe, steinerne Stelen aufragen. Eine Stele hatte die italienische Kolonialmacht nach Rom verfrachtet. Wieder haben wir die Gelegenheit, auf dem Gelände eines staatlichen Hotels zu campen. Auf dem Weg zur Rezeption entdecken wir auf dem Parkplatz zwei Geländewagen mit südafrikanischen Kennzeichen. Da müssen also noch andere Touris mit eigenem Fahrzeug sein. Im Foyer sitzen sie, ein Ehepaar ungefähr unseres Alters. Ich spreche sie auf Englisch an, um mich vorzustellen: „Good afternoon, my name is Klaus from Germany, Klaus like Santa Claus, but not a saint.“ Als Antwort kommt prompt: „Wir können ruhig Deutsch miteinander reden.“ Es sind deutschstämmige Südafrikaner, die Afrika von Süd nach Nord durchqueren. Gleichzeitig sind es die ersten Traveller, die wir seit drei Monaten treffen. Da hat man sich

Stelen in Axum, etwa 1700 Jahre alt, bis zu 33 Meter hoch

natürlich viel zu erzählen, denn jeder kommt von dort her, wo der andere gerade hinfahren möchte. Am Abend wird die restliche Trockenheit von der Zunge und aus der Kehle vertrieben, die nach der West-Ost-Durchquerung von Sahara und Sahel noch verblieben war.

Eigentlich sollte uns unser Weg jetzt ein Stück nach Osten und dann zurück nach Süden führen, aber wir müssen ein Schild übersehen haben und stehen plötzlich vor einer Sperre. Versehentlich sind wir in Richtung geschlossener Grenze zum feindlichen Eritrea geraten. Wir hatten uns schon gewundert, warum überall Soldaten herumlaufen, mit Gepäck aber ohne Waffen, denn diese dürfen sie dort nach einem Waffenstillstand im Grenzgebiet nicht mit sich führen. Sie trainieren den Krieg, vorläufig ohne Waffen.

Unverzichtbare Attraktion Äthiopiens sind natürlich die monolithischen Kirchen von Lalibela. Sie wurden nicht von festem Untergrund nach oben gemauert, sondern aus dem massiven Felsen in die Tiefe herausgemeißelt. Man sollte meinen, das sei eine jahrhundertelange Schufterei von tausenden von Arbeitssklaven gewesen, der Sage nach haben es Engel in einer Nacht erledigt. Ich frage mich nur, warum sie dann nicht noch eine Nacht drangehängt haben und auch gleich die Felsmassen um die herrlichen Kirchen herum weggemeißelt haben. Dann könnte man die Meisterwerke besser bewundern und auf das Foto bannen.

Aber nicht nur wegen der Kirchen bleibt mir Lalibela in Erinnerung, auch wegen eines Problems mit dem Fahrzeug. Als wir bei ungemütlichem Nieselwetter nach Lalibela hineinfahren, muss ich rechts abbiegen. Der Gegenverkehr veranlasst mich, kurz zu bremsen und auf der Bremse zu bleiben, bis die Straße wieder frei ist. Als ich Gas gebe, geht es nicht vorwärts. Das Fahrzeug zuckt und verkrampft sich als hätte es einen epileptischen Anfall. Ein Blick auf das Armaturenbrett zeigt mir, dass der Bremsdruck abgesunken ist. Also trete ich die Kupplung, gebe Gas und lasse den Bremskompressor heftig arbeiten. Kurz darauf kann ich zwar wieder fahren, habe aber offensichtlich ein wesentliches technisches Problem, das ich so bisher nicht kannte.

An unserem Übernachtungsplatz untersuche ich, was los ist und bemerke, dass bei jedem Bremsvorgang die Bremsleitungen unter dem hinteren Differential vernehmlich zischen. Die Bremsleitungen zu den Hinterrädern sind also durchgescheuert, die Hinterräder werden offensichtlich schon seit Tagen nicht mehr abgebremst. Wenn ich zurückdenke, so hatte ich mich schon gewundert, dass das Fahrzeug beim Bremsen immer so nach vorne nickt, und gebremst wurde reichlich, denn der ganze Norden Äthiopiens ist sehr gebirgig. Also ist das Panzerband gefordert, breites textilverstärktes Klebeband, mit dem ich die Bremsleitungen abdichte. Beim TÜV würde das mit sofortiger Stilllegung des Fahrzeugs geahndet. Da ich keine Bremsschläuche als Ersatzteile dabei habe, fahre ich mit dem Provisorium noch tausende Kilometer bis ins südliche Afrika.

Langsam kommt uns der Gedanke, der Hund, der mich am Tana-See verletzt hat, könnte Tollwut gehabt haben, die, wenn sie einmal ausgebrochen ist, nicht mehr gestoppt werden kann. Es gibt auf der Erde keine Krankheit, die es in Äthiopien nicht gibt, wie Malaria, Gelbfieber, Typhus, Bilharziose, Meningitis oder eben Tollwut. Ich bin zwar gegen Tod und Teufel geimpft, nicht aber gegen Tollwut. Also rufen wir per Satellitentelefon einen befreundeten Tropenmediziner in Deutschland an. Er meint, ich solle herausfinden, ob der Hund gesund ist. Wenn er krank ist, dann möchte er trinken, kann es aber nicht. Außerdem rät mir der deutsche Arzt, mich in jedem Fall in Addis Abeba vorsorglich behandeln zu lassen. Bis dahin habe ich aber noch gut eine Woche Zeit. Also rufen wir bei der deutschen Botschaft in Addis an, um nach einem geeigneten Arzt zu fragen. Gleich darauf wird der Arzt angerufen, um zu erfahren, ob er das Serum auf Vorrat hat. Er hat es und hält es für mich bereit.

Die Reise kann ohne Hektik aber auch ohne unnötige Verzögerungen weitergehen. Von Lalibela geht es noch einmal zurück zum Tana-See, diesmal an die Südseite, wo ebenfalls ein Hotel steht, in dessen Garten wir campen können. Als ich mich bei der Rezeption anmelde, kommt ein weiterer Weißer an den Tresen. Er fragt, wie viele Zimmer frei seien. „Dreizehn", lautet die Antwort. „I take them all", meint der in Motorradkluft gekleidete Traveller.

Verwundert kehre ich zu meinem Fahrzeug zurück und staune noch mehr: Es ist nicht nur ein rundes Dutzend schicker Geländefahrzeuge und Motorräder mit südafrikanischem Kennzeichen eingetroffen, sondern auch noch zwei Land Cruiser Pickups mit jeweils ungefähr zehn schwerstbewaffneten Soldaten einer äthiopischen Sondereinsatz-

Boot aus Schilf im Lake Tana

truppe. Die ausnahmslos weißen Südafrikaner stellen sich als exklusive Reisegruppe heraus, die „from Cape to Cairo" unterwegs ist und auf der ganzen Strecke, soweit verfügbar, nur in den teuersten Hotels logiert. Hier macht das keinen Unterschied, es gibt nur ein Hotel mit einigermaßen westlichem Standard. Gesponsert werden die Damen und Herren Millionäre durch SONANGOL, die Ölgesellschaft des Entwicklungslandes Angola, zu welcher Ray, der Veranstalter der Tour, offensichtlich gute Beziehungen hat. Von Grenze zu Grenze werden sie von einem Sondereinsatzkommando des jeweiligen Landes begleitet, weil ein weiterer Freund des Veranstalters in der Regierung Angolas sitzt und das so durchsetzen konnte.

Ich komme mit Ray ins Gespräch, er ist außerordentlich kompetent und freundlich, aber auch stolz auf seine Truppe. Als Erinnerung gibt er mir einen Prospekt, der die Tour für die Presse preist. Als „Afrikaaner" sei man unterwegs, um die Freundschaft zu den übrigen Afrikanern zu pflegen und die Verbundenheit zu zeigen. Nur zur Bevölkerung haben sie gar keinen Kontakt, außer zum einheimischen Personal des Hotels und ihren eigenen schwarzen Bewachern mit AK 47. Es gibt auch keinerlei Anzeichen dafür, dass sie sich um Arme oder Kranke vor Ort kümmern würden. Sie ruhen als sehr reiche Südafrikaner in sich selbst, im sanften Licht ihres Heiligenscheins.

Am nächsten Tag rufe ich beim Hotel auf der gegenüberliegenden Seite des Sees an und frage „Wie geht's dem Hund?" Die halten mich natürlich für „meschugge", bestätigen aber auf begründete Anfrage, dass er gesund sei und trinke. Daraufhin machen wir uns endgültig auf den Weg nach Addis Abeba, wo ich dennoch den Arzt aufsuche, um mich wegen der möglichen Tollwut spritzen zu lassen. Der Arzt behandelt mich und Erika bekommt für spätere Fälle vorsorglich eine erste Impfung. Weitere Impfungen müssen in Zeitabständen von etwa zwei Wochen vorgenommen werden. Die verpassen wir uns selbst, weil wir bis dahin schon längst wieder im Busch Südäthiopiens beziehungsweise Nordkenias untergetaucht sind.

Aber zunächst sehen wir uns etwas in Addis um, genießen die erste ordentliche Einkaufsmöglichkeit in einem griechischen Supermarkt und gönnen uns nach vielen Monaten erstmals wieder ein Stück Kuchen, das für sündhaft teures Geld in der deutschen Bäckerei und Konditorei im Hotel Sheraton zu haben ist. Sogar festes deutsches Graubrot ergattern wir, die Sensation für uns seit mindestens einem halben Jahr.

Von Addis führt eine gute Asphaltstraße nach Süden in Richtung Kenia. Wir machen aber noch einen Abstecher nach Westen in Richtung Omo River in der Vorstellung, wir könnten dort die „Tellerlippen-Leute" besuchen und von dort mehr oder weniger querfeldein nach Kenia einreisen.

Wir haben jedoch eine schwere Reifenpanne mit Totalverlust eines unserer beiden Ersatzreifen. Mit nur einem Ersatzrad können wir aber unmöglich in das für seine scharfkantige Vulkansteinlandschaft berüchtigte Land der Turkana fahren. Also zurück auf die Hauptver-

Jede Menge riesige Krokodile im Lake Chomo

bindungsstrecke und so schnell es geht von der Grenzstation bis Moyale, der ersten Provinzhauptstadt in Nordkenia fahren. Und nicht vergessen, von Rechtsverkehr auf Linksverkehr zu wechseln, auch wenn es Stunden dauern kann, bis einem auf der Piste der erste vermeintliche Geisterfahrer entgegen kommt.

Der Norden Kenias, Ugandas und Somalias ist, zusammen mit dem äußersten Südosten des Sudan und dem Süden Äthiopiens, berüchtigt für Raubüberfälle. Früher nur mit Speeren bewaffnet, bekämpfen sich die dortigen Hirtenvölker Turkana, Hamer, Karamoja und Sidama heute mit Kalaschnikows, um sich gegenseitig die Rinderherden zu rauben. Aus Somalia kommen Räuberbanden, um Lkw zu überfallen, die mit Hilfs- und Versorgungsgütern vom Hafen in Mombasa nach Äthiopien und in den Südsudan unterwegs sind. Ein Polizist fragt, ob er die 250 Kilometer bis Marsabit, dem nächsten Städtchen, mitfahren könne, ein Wunsch, dem wir in diesem Fall gerne nachkommen.

In Europa kennen wir Äthiopien nur aus Fernsehberichten über die unglaublichen Kunstschätze und kulturellen Überlieferungen auf allen Ebenen, die weit über das hinausgehen, was man in Schwarz-

Hamer-Jünglinge mit Waffenattrappen aus Holz

afrika sonst zu sehen bekommt. Für die Menschen vor Ort ist es aber ein Land am wirtschaftlichen Abgrund, geteilt in eine stolze bis arrogante herrschende Schicht und breiteste, sehr unterentwickelte Bevölkerungskreise. Sie haben fast keinen Zugang zu medizinischer Versorgung und nur sehr mangelhafte Ernährung. Sie verwenden kaum den wichtigen Rohstoff Eisen noch Tragtiere, sie kennen das Rad, benutzen es aber selten, sondern tragen ihre Lasten auf einer Schulter und stützen sie mit einem Stock über die andere Schulter ab. In ihrer Verzweiflung scheinen sie eine Art Todessehnsucht zu haben, die manche veranlasst, mitten auf der Straße zu laufen, ohne auszuweichen oder sich auch nur umzusehen, wenn sich ein Fahrzeug nähert. Einem Aberglauben folgend springen einzelne ohne ersichtlichen Grund bei Wendemanövern zwischen das Heck eines Fahrzeugs und eine Mauer oder einen Baum. Sie testen, ob sie noch ein langes Leben zu erwarten haben oder jetzt sterben. Sie sind gefangen in ihrem immer enger und karger werdenden Lebensraum, ihren Ernährungsgewohnheiten und ihren Traditionen. Das hindert sie daran, sich dahin zu begeben, wo die Ernährung einfacher wäre, nach Süden, wo die Seen voll sind von ebenso nahrhaften wie schmackhaften Tilapia-Fischen, die sie einfach tausenden riesigen und überfressenen Krokodilen überlassen.

Wir erleben Äthiopien in einer Mischung aus Faszination wegen dessen kulturellen Erbes und einem Grauen über die desolaten sozialen Verhältnisse, in welchen nichts undenkbar ist. Ein Land, das sich am Anfang des 21. Jahrhunderts in einem Zustand befindet, in dem ich mir bisher nur das Mittelalter in Europa vorstellen konnte.

Brasilien: Tropenparadies mit kleinen Macken

2004

Inzwischen haben wir mit der Verschiffung unseres Fahrzeugs von Kapstadt nach Buenos Aires den großen Sprung von Südafrika nach Südamerika geschafft. Die Versorgung ist dort besser als in Afrika, die Sicherheitslage aber eher schlechter.

Wir sind schon ein Jahr in Südamerika unterwegs, als uns unser Weg schließlich nach Brasilien führt. Das Land ist fast so groß wie ganz Europa, man spricht Portugiesisch, während in allen anderen Ländern Lateinamerikas Spanisch gesprochen wird. Also wieder ein Land wie ein in sich ruhender Kontinent und dessen Teil der Bevölkerung, mit dem wir in Kontakt kommen, sich gar nicht vorstellen kann, dass man nicht Brasilianer ist, ja nicht einmal Portugiesisch spricht. In den letzten Monaten in Argentinien, Chile, Peru, Bolivien, Ecuador und Uruguay hatten wir uns so viel Spanisch angeeignet, dass wir gut zurechtkamen. In Brasilien fangen wir jedoch wieder bei null an.

Erstmals merken wir das in Porto Alegre, wo wir vorhaben, uns ein Handy mit brasilianischer SIM-Karte zu kaufen. Wir möchten wissen, ob eintreffende Gespräche aus dem Ausland für uns kostenfrei sind, Antwort: „sim" („ja"); wir möchten wissen, wie wir mit der zu erwerbenden SIM-Karte ins Ausland telefonieren können, Antwort: „sim"; ob die SIM-Karte in ganz Brasilien gültig ist, Antwort „sim"; wir möchten wissen, ob wir in ganz Brasilien dazu Nachladekarten für Gebühreneinheiten kaufen können, „sim". Also alles klar, wir möchten das Handy mit SIM-Karte erwerben. Der Verkäufer fragt mich nach meiner brasilianischen Steuernummer für die Aktivierung der SIM, ich frage ihn nach seiner deutschen Steuernummer. Schließlich ist das Telefon, mit Hilfe einer deutschen Bekannten und deren Steuernummer, dennoch angemeldet und funktionstüchtig, nur hat mich der hochglanzpolierte Youngster in allen seinen Antworten belogen, Hauptsache, er konnte etwas verkaufen.

Wir erwerben Gebühreneinheiten und möchten unsere neue Telefonnummer per Anruf in der Heimat melden, um uns zurückrufen zu lassen. Geht nicht, Auslandsvorwahlen sind gesperrt, müssen erst freigeschaltet werden. Schließlich sind sie freigeschaltet und wir lassen uns zurückrufen. Nach kurzer Zeit bricht das Gespräch ab, denn es werden eben doch saftige Gebühren für eingehende Gespräche abgezogen. In weit entfernten Teilen Brasiliens funktioniert die SIM-Karte gar nicht mehr, den Netzbetreiber gibt es dort nicht. Das alles ist ärgerlich, wenn auch unseriös normal, denn weltweit funktioniert die Kommunikation zwischen Anbieter und Kunde in keiner Branche so schlecht wie in der Kommunikationsbranche.

Natürlich sind wir von dem riesigen, überwiegend tropischen Land begeistert, das knapp die Hälfte der Fläche Südamerikas einnimmt. Auch die Freundlichkeit der Menschen ist wieder mal beeindruckend. Im Umkehrschluss bestätigt sich die zweischneidige Erkenntnis: Eine der Schönheiten meiner bayerischen Heimat besteht darin, dass man von dort in beliebige Himmelsrichtungen reisen kann und dabei auf ungewohnt freundliche Menschen trifft. In Südbrasilien besuchen wir natürlich die stark deutsch geprägte Stadt Blumenau und werden prompt eingeladen, im blitzsauberen, sicher umzäunten Garten des „Kulturvereins 25. Juli" zu campen.

Am 25. Juli 1850 war die Stadt Blumenau von dem deutschen Apotheker Hermann Blumenau gegründet worden. Sie richtet auch jährlich das zweitgrößte Volksfest der Welt aus, das Blumenauer

Touristenviertel in Blumenau

Oktoberfest. Es startet genau an dem Wochenende, an dem das Münchener Oktoberfest endet. Beim örtlichen Wohnmobilausbauer Johann Gresser lassen wir eine Reihe von Reparaturen und kleine Änderungen am Fahrzeug vornehmen und begeben uns wieder auf Strecke. Im Städtchen Bom Principio fällt uns eine Halle am Straßenrand auf, die mit breiten schwarz-rot-goldenen Streifen bemalt ist. Bei näherem Hinsehen stellt sich heraus, dass hier der Runderneuerungsbetrieb „Pneu Ost" unsere stark abgefahrenen Reifen retten könnte, für die wir in Brasilien keinen Ersatz bekommen.

Wir fahren vor, versuchen uns auf Deutsch zu verständigen und haben Erfolg. „Sie mechten den Herrn sprechen?", werden wir gefragt. Chef und Belegschaft sind deutschstämmig und sprechen einen schwer verständlichen alten deutschen Dialekt mit Ursprung im Hunsrück, den sie selbst „Hunsbuckeldeitsch" nennen. Während unser Fahrzeug aufgebockt wird, um zwei Räder zu demontieren, werden wir gleich zu deftigem Essen in der sauberen Betriebskantine eingeladen. Wir müssen zwei Tage warten, bis die Reifen runderneuert sind und sitzen neben unserem nicht fahrbereiten Fahrzeug herum, als ein älterer Herr auf uns zukommt.

Er macht sich als „Seniorchef Ost" bekannt und hat eine große Plastikflasche in der Hand. Er spricht natürlich auch Deutsch mit starkem Akzent und überlässt uns die mit örtlichem Weißwein gefüllte

Der Vulkanisierbetrieb OST hat unsere Reifen in Arbeit

Flasche. Wir haben, wie soll es auch anders sein, nichts Besseres zu tun, als sie zusammen mit unserem willkommenen Besucher in Angriff zu nehmen. Allerdings fällt uns ein starker Nebengeschmack auf, was wir Herrn Ost aber selbstverständlich nicht gleich auf die Nase binden.

Am nächsten Tag kommt er wieder vorbei, die Flasche ist leer und er möchte wissen, wie der Wein geschmeckt hat. Wir versuchen, das Problem zu umschiffen, also erwähnen wir, dass wir eher zum Rotwein tendieren. Das erschüttert ihn wenig, eine Stunde später ist er mit der Flasche wieder da, diesmal mit Rotwein gefüllt, samt gleichem Nebengeschmack. Erst einige Tage später, als wir in Garibaldi Weintrauben kaufen, wird uns klar, dass der starke Geschmack an der Rebsorte liegt, die dem Wein einen ebenso starken Eigengeschmack verleiht wie ein Gewürztraminer, nur eben ungewohnt und völlig anders.

Mit runderneuerten Reifen, die dastehen wie Neureifen, sind wir bald wieder unterwegs. Es zieht uns ins Pantanal, eines der größten Binnensumpfgebiete der Erde im Südwesten Brasiliens. Dort soll es eine Artenvielfalt an Pflanzen und Tierarten geben, wie man sie sonst kaum noch findet, weshalb es auch im Jahr 2000 von der UNESCO zum Welterbe erklärt wurde.

Gleich hinter dem Gate zum Nationalpark findet man einen romantischen Campingplatz mitten in der Natur, von dem aus man bereits die unendliche Vogelwelt bis hin zu großen Hyazinth-Aras beobachten kann. Weniger leicht zu entdecken, aber weit beunruhigender, ist eine große Anakonda, die wir am Zaun des Geländes entdecken. Wir wissen, dass uns die einzige Straße, die Transpantaneira, auf 145 Kilometern und über 127 Holzbrücken nach Porto Jofre führen wird, und wir die gleiche Strecke zurückfahren müssen.

Unser Fahrzeug wiegt satte zehn Tonnen, weshalb wir gleich mal den Betreiber des Campingplatzes befragen, in welchem Zustand die Brücken denn so seien. Er sehe da kein Problem, denn schließlich fahre auch ein mittelgroßer Tank-Lkw regelmäßig die Strecke.

So starten wir am nächsten Morgen. Es ist Trockenzeit, weshalb sich entlang des aufgeschobenen Dammes, auf dem die Piste verläuft, große Wassertümpel bilden. Der Graben, aus dem das Material für den Damm entnommen wurde, ist um diese Jahreszeit das letzte

Rückzugsgebiet von unterernährten Fischen und starker Populationen sehr wohlgenährter Kaimane. Unter den Brücken und entlang des Dammes kann man sie in greifbarer Nähe bewundern. Immer wieder beobachten wir ganze Rudel von Wasserschweinen oder Capybaras, den größten Nagetieren der Erde mit bis zu 70 Kilo Lebendgewicht. Sie sehen wie überdimensionale Meerschweinchen aus und leben im beziehungsweise am Wasser. Während der stundenlangen Fahrt amüsiere ich mich an dem Gedanken, wie es wäre, wenn man mal ein Meerschweinchen von Freunden während deren Urlaubs in Pension nehmen und bei deren Rückkehr ein solches Wasserschwein mit heftigem Jammern über den Appetit des betreuten Meerschweinchens vorführen würde.

Die Vielfalt der Natur ist wirklich einzigartig, nur die Brücken machen mir zunehmend Sorgen je weiter wir in das Pantanal hineinfahren. Sie werden länger, baufälliger und gelegentlich auch höher. Beruhigter bin ich wieder, als wir auf einen Bautrupp der brasilianischen Pioniere treffen, die hier zum Reparieren der Brücken abkommandiert sind. Sie haben ihren freien Tag, sitzen herum, spielen Karten und sind heftig angedröhnt, signalisieren uns aber, dass das mit unserem Fahrzeug schon gehe. Von den Pionieren werden wir mit etwas Dörrfleisch unbekannter Herkunft versorgt. So fahren wir weiter in Richtung Porto Jofre, müssen allerdings feststellen, dass die Pioniere wohl schon länger nicht an den letzten dreißig Kilometern gewirkt haben.

Die Holzbrücken mit relativ kurzen Stelzen fangen bei Überfahren an zu schwanken, die Beplankung beginnt sich zur Seite zu neigen, die Auf- und Abfahrten zur Beplankung werden steiler, holpriger und sind zunehmend durch Vegetation verengt. Als wir schließlich wohlbehalten im kleinen Nest Porto Jofre ankommen, sind wir erleichtert, auch deshalb, weil dort ein Lkw steht, der genauso groß wie unser Wohnmobil ist.

Wir bleiben in einem sehr einfachen Camp am Fluss, wo die Straße endet, um mit dem Betreiber des Camps am nächsten Tag eine Flussfahrt zu unternehmen. Die Verständigung mit ihm ist fast unmöglich, aber der Preis für die Fahrt ist in Ordnung. Sie führt uns, die eingefleischten Autofahrer, in die völlig andere Welt des Wassers, des Sumpfes und unberührten Urwaldes. Mit viel Glück sehen wir

Diese Brücke hat noch gehalten

auf einer vegetationslosen Fläche am Ufer einen Jaguar liegen, der sich allerdings bald ins Gebüsch vertrollt. Am Ufer liegt ein abgewracktes Flussschiff wie im Film „Fitzcarraldo“ mit Klaus Kinski.

Gegen Abend berichten wir unseren Kindern per Satelliten-E-Mail über die Erlebnisse und unsere Sorge vor der Rückfahrt auf gleicher Strecke. Als wir aus Porto Jofre herausfahren, haben wir Gelegenheit zu fragen, mit was der Lkw denn beladen sei. „Mit zwei Pferden“, heißt es. Der Lkw war also praktisch unbeladen und weit leichter als wir.

Wir meistern die schwierigsten ersten dreißig Kilometer, sehen also bereits „Licht am Ende des Tunnels“, als unser Fahrzeug unter heftigem Geräusch berstenden Holzes nach rechts einbricht. Erika kreischt heftig, aber das Fahrzeug bricht nicht komplett durch und kippt nicht um. Es hängt mit starker Schlagseite nach rechts und ist – hoffentlich – stabil. Ich bitte Erika ganz langsam die Türe zu öffnen, um zu sehen, ob das Manöver das Fahrzeug aus dem Gleichgewicht zu bringen droht. Es bleibt stabil, so dass Erika, die Kummer gewohnt ist, beim Anblick der Kaimane direkt unter uns ganz vorsichtig aussteigt und über die zerbrochenen Planken vor das Fahrzeug klettert. Auf meiner Seite ist das Aussteigen einfacher und risikoloser. Wir betrachten das Desaster, das Fahrzeug ist durch die Beplankung gebrochen und sitzt jetzt mit der Hinterachse auf den Längsbalken auf. Aus eigener Kraft können wir es aus dieser Lage nicht befreien.

Also beginne ich den Versuch, mit Sandblechen einen Unterbau zu schaffen, um das Fahrzeug mit zwei Wagenhebern in fahrbereite Position zu bringen. Das gelingt nicht, ich arbeite seit etwa einer Stunde, als ein unbeladener Lkw aus der Gegenrichtung kommt, der natürlich nicht passieren kann – die Transpantaneira ist erst einmal blockiert.

Die Fahrer sehen sich das Problem an und beginnen sofort, die Sache in die Hand zu nehmen. Sie haben für solche Fälle sehr stabile, lange Hartholzbretter dabei. Während sie mit meinen Wagenhebern das Fahrzeug aufzurichten versuchen, packe ich meine Ratschengurte aus, mit welchen das Fahrzeug auf der Containerpalette verzurrt war, als es von Kapstadt nach Buenos Aires verschifft wurde. Damit sichere ich das Fahrzeug jetzt nach links ab, damit es nicht doch noch nach rechts in den Fluss kippt.

Die Vorsichtsmaßnahme erweist sich als angebracht, denn als beide Wagenheber fast vollständig ausgefahren sind, gleitet einer ab und plumpst in den Fluss, so dass das Fahrzeug zurück auf die Längsbalken und in die Ratschengurte kracht. Ein beherzter Fahrer kann die satten Kaimane besser einschätzen als wir, er springt ins Wasser, greift den Wagenheber und klettert sofort wieder auf die Brücke. Nach fünf Stunden harter Arbeit der Lkw-Fahrer ist unser MAN wieder flott. Wir bedanken uns, bezahlen die Fahrer und beschließen gleich an Ort und Stelle neben der Piste zu übernachten.

Das rechte Hinterrad ist in die Brücke eingebrochen

Die Fahrer warnen uns, denn mit einsetzender Dämmerung werden nicht nur die Mücken aktiv, sondern sind auch die Jaguare unterwegs. Sie erklären mir noch genau, wie die Brücken aufgebaut seien und in welcher Spur ich fahren müsse, damit mir das gleiche Malheur nicht wieder passiere. Während wir uns im Fahrzeug verkriechen, um zu übernachten, drehen die Fahrer des Lkws ohne zu klagen um, denn sie können ihr Ziel heute ohnehin nicht mehr erreichen.

Vom Süden Brasiliens, wo wir eingereist sind, bis in dem äußersten Norden, wo wir nach Venezuela ausreisen möchten, sind es auf direkter Strecke etwa 7000 Kilometer. Aber in den fünf Monaten unseres Aufenthaltes in Brasilien fahren wir weit mehr. Dabei verlieren wir nochmals zwei Reifen, die bei einer Beschädigung oder Platzen des Schlauchs schlagartig auf die Felgen absinken und sich bis zum Stillstand des Fahrzeugs oft komplett selbst zerstören. Das passiert uns zunächst auf freier Strecke am späteren Nachmittag.

Ich beginne also den Laderaum des MAN auszuräumen, um an ein Ersatzrad heranzukommen und mit der Winde abzulassen, um es dann zu montieren. Als ich mitten bei der Arbeit bin, die erfahrungsgemäß zwei Stunden dauert, hält in der Gegenrichtung ein schwerer Lkw. Der Fahrer zeigt mit der rechten Hand auf seine Armbanduhr am linken Handgelenk. Ich verstehe nicht, was er damit ausdrücken möchte, und gehe auf ihn zu. Zu meinem Erstaunen fragt er mich auf Spanisch, ob ich ihn verstehe. Spanisch gehe, sage ich, und so erklärt er mir, dass bei Dunkelheit *pistoleros* auf Mopeds unterwegs seien, um Überfälle zu verüben. Das ist ja heiter.

Die Dämmerung setzt ein, ich bin noch lange nicht fertig, fahren können wir natürlich nicht. Einige hundert Meter weiter ist eine Bretterbude mit primitivem Reifendienst, bei der ich schon um Hilfe gebeten habe, aber der Chef sei nicht da und der Junior möchte die Telenovela im Fernsehen nicht verpassen.

Jetzt wird es aber ernst, so dass ich Erika bitte, bei einer Art Zollmeldestelle gegenüber der Bretterbude um Hilfe zu bitten, während ich beschleunigt weitermache. Die staunen nicht schlecht, als eine blonde Gringa zu Fuß auftaucht und um Hilfe bittet. Sie glauben zunächst, wir seien bereits überfallen worden, und fahren daher zu mir. Dann überzeugen sie den jungen Mann von der Bretterbude, doch zu helfen, und suchen den Senior. Zusammen geht es schneller, der Beamte verabschiedet sich, nicht ohne uns zu wünschen, dass wir mit Gottes Hilfe nicht überfallen werden.

Auf unserer Fahrt von Natal in Richtung Fortaleza geht uns ein weiterer Reifen verloren, als wir bei strömendem Regen und starkem Verkehr mit den rechten Rädern in einen großen Gully knallen, dessen Deckel gestohlen und dem Schrotthändler verkauft wurde. Wegen des starken Regens und des Wasserstaus über dem Gully war das nicht zu sehen. Nun wird uns schlagartig klar, dass wir mit nur noch einem Ersatzrad unmöglich auf die berüchtigt schwierige, unbefestigte und unendlich lange Transamazonica begeben können. Nun heißt es also umdrehen und bei unserem deutschstämmigen Freund Roberto in der „Posada Alemão" in Natal wieder auftauchen, um von dort aus Reifen zu besorgen. In Brasilien, wie auch in fast ganz Südamerika, gibt es diese Reifendimension jedoch nicht. Also müssen wir in den sauren Apfel beißen, neue Reifen in Deutschland bestellen und per Luftfracht kommen lassen. Das ist zwar sündhaft teuer, aber unvermeidlich.

Nach gut einer Woche treffen diese, sowie kleinere Ersatzteile per Luftfracht in Natal ein. Zusammen mit Roberto erscheinen wir beim Zoll, um die Sendung auszulösen, aber die Zöllner haben jetzt erstmal frei, weil sie ja bei der Ankunft des Flugzeugs anwesend sein mussten. Wir sind guten Mutes, weil wir sie am nächsten Tag bekommen sollen und uns signalisiert wird, dass die Freigabe kein Problem sein werde. Aber natürlich gibt es Schwierigkeiten. Die Zöllner monieren eine angeblich erforderliche Originalunterschrift unter der Handelsrechnung. Außerdem haben die Armleuchter der deutschen Spedition, die die Ware verschickt hat, alles auf eine schwere Hartholzpalette geladen, für die wir ebenfalls Luftfrachtgebühren zahlen müssen. Als Frachtkosten haben sie in den Frachtpapieren einen imaginären, sehr hohen IATA-Tarif eingetragen und nicht jenen, der vereinbart und vorausbezahlt wurde. Auf Warenwert und Frachtkosten muss ich satte 70% Zoll bezahlen und für jeden Tag, an dem die Sendung im Zolllager liege, sei ein täglich steigendes Lagergeld zu entrichten.

So werde ich offensichtlich mit Wartezeit und unsinnigen Formalitäten weichgekocht, um Schmiergeld anzubieten. Aber erstens bin ich da nicht scharf drauf, zweitens weiß ich nicht, an wen ich das abdrücken müsste, damit sich was bewegt, und drittens kann ich mich mit den Herren nicht ohne fremde Hilfe verständigen. Also muss, ob ich das will oder nicht, alles seinen langwierigen, sündhaft teuren, erpressten Weg gehen.

Schließlich verbürgt sich der herzensgute Roberto dafür, dass die Rechnung mit Originalunterschrift nachgereicht werde und ich bezahle Lagergeld, den abwickelnden Spediteur und die Zollgebühren, um die Freigabe zu bekommen. Ich werde gebeten, in das Zollager zu kommen, wo meine Sendung bereits geöffnet ist. Ein Zöllner vergleicht die Begleitpapiere mit der Warenkennzeichnung und entdeckt einen Zahlendreher der Reifenkennzeichnung auf den Papieren. Ein letzter Versuch von ihm, mir jetzt endlich mit der Drohung, die Ware nicht freigeben zu können, ein sattes Schmiergeld abzuverlangen. Über Roberto erkläre ich ihm, dass es sich um einen Tippfehler handele und der Reifen, sollte denn die Größenbezeichnung auf den Papieren stimmen, nur um Millimeter abweiche. Der Zöllner schreit wutentbrannt und zu allseitiger Überraschung „liberar", also „freigeben", und stürmt tobend aus dem Zollager. Damit hat er sich endgültig geoutet, denn jetzt muss er der ganzen Kette von Beteiligten in der Zollhierarchie klar machen, dass es ihm nicht gelungen sei, dem Gringo etwas abzupressen. Gelingt es ihm nicht, das nach oben zu vermitteln, und bleibt die Vermutung, er habe das fällige Schmiergeld selbst vereinnahmt, so muss er damit rechnen, an einen weniger lukrativen Posten in den Dschungel versetzt zu werden.

Auf unserer Seite kann schon Wut aufkommen, wenn man die scheinbar korrekten Beamten in ihren properen, klimatisierten Büros sieht und feststellt, dass sie einen so lange auflaufen lassen möchten, bis man sich ins Unrecht begeben muss und ihnen Schmiergeld anbietet. Korruption eines einzelnen Beamten ist schon ein Problem, die beschriebene systematische Korruption ist aber das, was ich als die hässliche Fratze dieses Tropenparadieses erleben musste.

Mit den freigegebenen Reifen machen wir uns sofort zum nächsten Reifendienst auf, um sie montieren zu lassen. Während wir warten, kommt ein hellhäutiger „Brasilianer" auf uns zu, typisch schlicht gekleidet in Fußballshorts, grünem T-Shirt mit aufgedruckter Brasilien-Fahne und einfachen Turnschuhen. Er stellt sich als Andreas vor,

Unsere Reifen werden aus dem Zollager gefahren

Mitarbeiter der deutschen Zollfahndung, der mit einer Brasilianerin verheiratet sei und gerade in Natal Urlaub mache. Er wundert sich, dass wir mit deutschem Kennzeichen unterwegs seien. Er hatte versucht, ein nicht mehr angemeldetes deutsches Fahrzeug nach Brasilien zu importieren und wochenlang Probleme gehabt. Wir erklären ihm, dass die Einreise mit angemeldetem Fahrzeug in den Häfen von Buenos Aires und Montevideo gar kein Problem sei. Die Einreise auf dem Landweg nach Brasilien sei dann auch nur noch Routine.

Schon sind wir eingeladen, verstehen uns prächtig und beginnen den einwöchigen Stress mit dem brasilianischen Zoll zu verdauen. Der Zollfahnder im Urlaub hat noch einen Tipp für uns parat: Wir sollten doch beim nächsten Mal eine fingierte niedrigere Rechnung vorzeigen, um Zollabgaben zu begrenzen. Da wären wir natürlich nie drauf gekommen.

Die faszinierende Weiterreise auf der Transamazonica nach Santarem, die Verschiffung auf dem Amazonas nach Manaus, der Besuch des Opernhauses von Manaus und die Ausreise nach Venezuela nehmen dann zwar noch einige Wochen in Anspruch, bieten uns jedoch Gelegenheit zu weiteren interessanten Begegnungen ohne anfallende Schwierigkeiten.

Venezuela: Ruhetag an der Playa Vallecito

2005

Obgleich der Landesteil Brasiliens von Manaus über Boa Vista zur Grenze nach Venezuela aus Sicht beider Länder extrem abgelegen ist, finden wir eine ordentliche Asphaltstraße mit gelegentlichen Schlaglöchern vor. Die Grenzabfertigung ist problemlos und nur wenige Kilometer dahinter erreichen wir das venezolanische Städtchen Santa Elena de Uairen. Hier haben wir eine hervorragende Anlaufstelle, denn in der Nähe betreibt Manfred Frischeisen aus München das „Campamento Ecologico Ya-koo". Manfred ist schon Jahrzehnte vorher nach Venezuela ausgewandert, weil ihm die Ärzte gesagt hatten, dass sich seine chronische Krankheit bei tropischen Temperaturen weniger stark entwickle. Er ist mit Xiomara verheiratet, einer freundlichen und gebildeten, indigenen Venezolanerin, die gut Deutsch spricht. Die beiden hatten uns schon bei einer früheren Reise nach Venezuela für einige Wochen ihren Geländewagen ausgeliehen, in dem wir mitsamt unseren Kindern eine Rundreise durch Venezuela unternommen hatten. Hier bekommen wir jede erdenkliche Auskunft und organisatorische Unterstützung.

Für unsere Weiterreise durch die endlose Gran Sabana in Richtung Karibikküste und Caracas ist natürlich das Tanken besonders wichtig. Das kann in Venezuela das reine Vergnügen sein, denn der Diesel kostet nur wenige Cent pro Liter. Man bekommt das gar nicht richtig in den Kopf, dass man 500 Liter Diesel tanken kann und das nur wenige Euro kostet. Auch fällt es einem nicht sofort auf, denn beim Bezahlen gehen zigtausende fast wertloser Bolivares über den Tisch. Neben uns fährt ein völlig abgewrackter US-Straßenkreuzer zum Tanken vor. Dass beim Auffüllen des Tanks unter dem Fahrzeug gleich mehrere Liter Benzin auslaufen, interessiert außer mir keinen. Das Zeug kostet fast nichts und ein Risikobewusstsein ist unbekannt.

Wenn man Trinkwasser braucht, so ist man gut beraten, dieses nicht aus der Wasserleitung zu zapfen, sondern Flaschenwasser zu nehmen. Am praktischsten ist das für uns, indem wir uns eine dicke 20-Liter-Tauschflasche aus Plastik zulegen. Trinkwasser kostet für unsere Verhältnisse auch sehr wenig, ist aber weit teurer als die gleiche Menge Treibstoff.

Manfred hat im Camp gleich eine aktuelle Meldung: „Eine frisch eingeflogene deutsche Touristengruppe ist auf der Festung der Küstenstadt Cumana gerade mit Waffengewalt komplett ausgeraubt worden."

In der Einsamkeit der Strecke durch die Gran Sabana haben wir in den ersten Tagen der Weiterfahrt wenig zu befürchten. Wir verkrümeln uns zum Übernachten auf eine Nebenpiste, bleiben aber auch zwei Nächte bei „Bruno unter der Brücke". Der Schweizer Bruno war Aufseher im berüchtigten, aus dem Film „Papillon" bekannt gewordenen Gefängnis von El Dorado auf der französisch-guyanischen Seite des Rio Cuyuni. Er hat sich unter der von Ferdinand Eiffel gebauten Stahlbrücke über den Rio Cuyuni zur (Un-)Ruhe gesetzt. Mit seiner Lebenserfahrung denkt er komplett in den Kategorien der Anwendung und Abwehr von Gewalt. Er preist sein Waffenlager und seinen „Geheimdienst", der ihn warnt, wenn Gefahr im Verzug sein könnte. Wenige Jahre später wird er auf seinem Projekt angegriffen, durch fünf Schüsse getroffen, kann die Angreifer aber dennoch zurückschlagen.

Bruno hat auch einen kleinen Privatzoo mit Papageien und einem Rehkitz. Sein völlig zahmer Jaguar wurde von einem Wilddieb erschossen, der das Fell nach Kolumbien bringen wollte, um es zu verkaufen. Bruno brüstet sich, dass er seinen Geheimdienst ausgeschickt habe und es dem Wilddieb nicht anders gegangen sei als dem Jaguar. Als Gegner möchte man ihn nicht haben, als Gast in seinem Camp ist man jedoch gut aufgehoben. Seine venezolanische Frau ist eine im Land sehr bekannte Sängerin. Wenn beide gut drauf sind, singt sie zur Gitarre und Bruno bläst dazu auf dem Schweizer Alphorn.

Schön langsam arbeiten wir uns in Richtung Karibikküste vor, wo der größte Teil der Venezolaner lebt. Auch bereiten wir die Verschiffung unseres Fahrzeugs nach Mittelamerika vor, denn es gibt keine durchgehende befahrbare Strecke von Südamerika nach Mittelamerika. Man muss entweder auf der Altantikseite des Kontinents oder auf der Pazifikseite nach Norden verschiffen. Problem ist der sogenannte Darien Gap, ein Gebiet von gut 100 Kilometer im Grenzgebiet zwischen Kolumbien und Panama. Es ist teilweise sumpfig, teilweise gebirgig, Schutzgebiet für indigene Völker und Rückzugsgebiet von Drogenschmugglern. Auch sind sich Kolumbien und

Brunos Frau in Aktion

Panama nicht grün, denn Panama war einmal eine Provinz Kolumbiens, bevor sie sich mit militärischer Hilfe der USA die Unabhängigkeit erkämpfte. Die Gringos brauchten Panama, um dort den Kanal zu bauen und ihn zu politisch beherrschen.

Wir finden heraus, dass in wenigen Wochen die ALYONA, ein RoRo-Schiff (Roll on, Roll off) von Puerto Cabello in Venezuela nach Colón in Panama verkehren wird, das uns mitnehmen kann. In der Zwischenzeit versuchen wir das Unmögliche hinzubekommen, nämlich, dass wir als Passagiere mit auf das Frachtschiff dürfen. Deshalb senden wir E-Mails an die Reederei in Norwegen, um ein „okay" zu bekommen. Wir haben es jetzt nicht sonderlich eilig, weil wir ja ohnehin die Abfahrt des Schiffes abwarten müssen.

So beschließen wir, ein ruhiges Wochenende an einem Strand der venezolanischen Karibikküste zu verbringen. Da bietet sich der Strand der Playa Vallecito an, den uns Manfred in Santa Elena genannt hatte, da er dort die Wirtin einer Strandkneipe kennt. Von der Küstenstraße aus ist der Strand zu sehen und ein Schild weist auf die Möglichkeit zu campen hin. Also fahren wir hinunter und stellen uns etwas vom Sandstrand abgesetzt in die Nähe des aufragenden Hangs, wo wir von der Straße aus nicht zu sehen sind. Unsere Erfahrung hat uns gelehrt, dass es besser ist, wenig Aufmerksamkeit zu erregen als die trügerische Hoffnung zu hegen, im Fall eines Angriffs von vorbeikommenden Autofahrern Hilfe zu erhalten.

Der Strand ist gespickt voll mit Wochenendausflüglern, die ihr Picknick auspacken und die Verpackungen liegen lassen. Manche haben in ihren Fahrzeugen riesige Verstärkeranlagen und Lautsprecher montiert, um die Meeresbrandung zu übertönen und die Gegend mit dröhnender Musik zu beglücken. Sie liefern sich Gefechte in der Lautstärke, bis ein Kleinwagen vorfährt, der alles so brutal niedermacht, dass die anderen den Ton abdrehen. Aber so eine Anlage braucht natürlich kräftig Strom, weshalb der Motor des Kleinwagens auch weiterlaufen muss.

In dem Maße, in dem sich der Sonnenuntergang nähert, leert sich der Strand, die Tagesausflügler fahren heim und es wird ruhiger. Ich baue die an einer Alu-Stange montierte Außenbeleuchtung für unseren Campingtisch auf, um dort etwas zu reparieren. Dazu packe ich meine Werkzeugkiste, Bohrmaschine und Kiste mit Kleinteilen zur Improvisation aus. Damit die Mücken und Nachtfalter nicht ins Fahrzeug fliegen, schließe ich die Eingangstüre des WoMos. Erika liegt vor dem Fahrzeug im Liegestuhl und liest.

Da nähern sich Erika zwei junge Latinos. Unter „Latinos" verstehe ich Nachkommen südeuropäischer Einwanderer, vermischt mit Urbevölkerung, also weder Indígenas noch Negritos (Schwarze) noch Gringos (Weiße), die ja ebenfalls wesentliche Teile der Bevölkerung ausmachen. Ich nehme den Vorgang, geblendet durch den Lichtschein der Lampe über mir, zunächst gar nicht richtig wahr. Erika denkt, dass die zwei vermutlich die Platzgebühr für die Übernachtung kassieren wollen. Sie fordern jedoch dreist Erikas Armbanduhr, indem sie, ohne ein Wort zu verlieren, auf ihr linkes Handgelenk deuten. Untermauert wird der Anspruch, indem sie ihr eine bis dahin in einer zusammengefalteten Zeitung verborgene Pistole zeigen. Das habe ich aber nicht mitbekommen und greife zum Pfeffergasspray, als die beiden Burschen auf mich zukommen. Nun wird die Pistole auf mich gerichtet, was mich den Pfefferspray wieder abstellen lässt. Wieder einmal muss ich einräumen, dass mein Gesprächspartner die besseren Argumente hat. Sie greifen nach meiner Armbanduhr, der Bohrmaschine und der Metallkiste mit Schrauben und Kleinteilen.

Im Lichtschein meiner Lampe sehen sie immer wieder zum geschlossenen Fahrzeug.

Während ich befürchte, dass sie es jetzt filzen werden und überlege, welche verborgenen Wertsachen ich notfalls „freiwillig" herausgebe, tritt hinter unserem MAN ein dritter „Latino" in den Lichtschein, auch er bewaffnet. Aber die Typen haben es eilig, vermutlich weil sie nicht sicher sind, ob sich im Fahrzeug nicht noch jemand aufhält, der bewaffnet sein könnte und sie im Lichtschein leichte Opfer würden. Auch mussten sie befürchten, zum Beispiel von Maria, der Wirtin der Strandkneipe, erkannt zu werden. Also entfernen sie sich Richtung Strand und fahren, wie wir am Motorengeräusch erkennen können, mit einem nicht besonders stark motorisierten Boot weg.

Erika geht im Sichtschutz des Fahrzeugs zur Kneipe, um dort den Vorfall zu melden, während ich auf eine Gruppe von Badegästen zugehe, die ich in der Dunkelheit am Strand erkenne. Es stellt sich heraus, dass sie unmittelbar vor uns ausgeraubt wurden und zum Teil nur noch in Unterhose dastehen. Einer davon ist ein kubanischer Arzt, der in Venezuela arbeitet und gut Englisch spricht. Die Venezolaner entschuldigen sich für ihre mit Kriminalität geschlagene Heimat, während wir sie provisorisch mit Kleidung ausstatten, damit sie nicht in Unterhose nach Hause fahren müssen. Da, wie uns die Einheimischen vorhergesagt hatten, trotz Meldung in der Kneipe keine Polizei am Tatort erscheint, suchen wir das Weite.

Bei der Hinfahrt zum Strand war mir an der Playa Colorada in einigen Kilometern Entfernung ein Polizeihäuschen aufgefallen, in dessen Nähe wir übernachten könnten. Das Häuschen erweist sich aber als verwaist, weshalb wir hinter der Umzäunung eines Hotelprojektes Schutz suchen. Am nächsten Vormittag kehren wir zum Strand zurück, um der Wirtin genauer zu berichten. Es zeigt sich ein weiterer Grund, warum es die Banditen so eilig hatten, denn bei ihr wohnt normalerweise ein Polizist, der jedoch am Vortag nicht da war. Er kommt dann auch, stellt ein paar Fragen, insbesondere, ob wir unsere Dokumente eingebüßt haben, aber ein Protokoll oder Strafanzeige stehen nicht zur Debatte. Immerhin hat er zu berichten: „Gestern wurden in der Abenddämmerung noch zwei weitere nahegelegene Strände von See her überfallen."

Solcherart „erleichtert" setzen wir unsere Reise fort, deren Abbruch steht zu keinem Zeitpunkt zur Debatte, aber ein bewaffneter Überfall hängt einem immer einige Wochen oder Monate nach. So fahren wir weiter nach Caracas, das unter den Hauptstädten der Erde einen Spitzenplatz unter den kriminalitätsgeschlagenen Städten einnimmt. Manfred hatte uns dort als denkbaren Übernachtungsplatz die Iglesia Aleman genannt, also die deutsche evangelische Kirchengemeinde, die sich in einem umzäunten, bewachten Wohnviertel befindet. Es bedarf jedoch längerer Überzeugungsarbeit und der Nennung einer Kontaktperson, bis wir für eine Nacht einfahren dürfen.

An nächsten Tag möchten wir eine Reparatur an den Fahrzeugfedern vornehmen lassen und versuchen, uns dafür in der riesigen Stadt zu orientieren. Als wir endlich die gesuchte Fabrik finden, stellt sich heraus, dass sie kleine Spiralfedern, zum Beispiel für Kugelschreiber, herstellt, aber mit Lkw-Federn nichts zu tun hat. Das wirklich Schöne am Reisen ist, dass es doch immer wieder weiter geht, weil man Gastfreundschaft und Hilfe so oft von völlig unerwarteter Seite erfährt. So auch hier, denn wir versuchen gerade, einen Polizisten ein Strafmandat wegen Falschparken auszureden, als ein jüngerer, übergewichtiger und langhaariger Mann aus einem Pkw aussteigt und sich als Felipe, Fotograf der Zeitung „El Nación", vorstellt. Er spricht sehr gut Englisch, fragt, was wir für ein Problem haben und ob wir für eine Story in „El Nación" zur Verfügung stehen. Das Federn-Problem ist keines mehr, denn sein Onkel hat eine Tiefbaufirma, die er gleich mal anruft. „Dort könnt ihr im Auto übernachten und die Federn werden auch gleich repariert."

Während in deren hochgesicherten Gelände repariert wird, möchten wir ein Taxi rufen, um ins Internetcafé und zum Einkaufen zu gehen. „Das kommt aber gar nicht in Frage, denn wenn man den Taxifahrer nicht kennt, ist das nicht sicherer als zu Fuß zu gehen", lässt man uns wissen. Wir werden folglich von unseren neuen Freunden zum Supermarkt gefahren und sollen anrufen, wenn wir wieder abgeholt werden möchten.

Felipe der Fotograf macht mit uns am nächsten Tag eine große Stadtrundfahrt in und um Caracas, schießt die Fotos für seine Story und zeigt uns sein sehr gepflegtes Haus in den Bergen oberhalb der chaotischen Stadt. Nach zwei Nächten im sehr sicheren aber weniger romantischen Gelände der Tiefbaufirma machen wir uns wieder bereit zur Abfahrt. Die Fahrzeugfedern sind mit neuen Gummibuchsen versehen und unsere 400-Liter-Wassertanks randvoll gefüllt. Unserem Wunsch, die Federreparatur zu bezahlen, wird nicht entsprochen, sondern es wird zum „Gegenschlag" ausgeholt. Wir bekommen noch einige Schläuche und Wulstbänder für die Bereifung unseres Fahrzeugs und unsere Dieseltanks mit dem Fassungsvermögen von 500 Litern werden kostenlos gefüllt. Mit besten Wünschen für eine sichere Weiterreise werden wir verabschiedet.

Bis zur Abfahrt unseres Frachtschiffes in Richtung Panama ist noch reichlich Zeit, die wir aber nicht im unsicheren Caracas verbringen möchten. Also beschließen wir, die Colonia Tovar zu besuchen. Dieser Ort in den Bergen wurde Mitte des 19. Jahrhunderts von Deutschen besiedelt und war bis zum Bau der Straße 1964 praktisch von der Außenwelt abgeschnitten. Die Siedler aus dem Kaiserstuhlgebiet am Schwarzwald, die der italienische Geograph Codazzi aus Europa angeworben hatte, haben ihre eigene Welt mit Spitzgiebelhäusern und Fachwerk geschaffen und sich praktisch nur untereinander verheiratet. Vor dem Hotel Bergland dürfen wir auf dem großen Parkplatz

Brauchwasser fassen wir gelegentlich ab Tanklastzug

im Fahrzeug campen, sagen dafür zu, im Restaurant zum Essen zu gehen. Die Portionen sind ungeheuer, man hat aber kein Problem damit, uns in den Folgetagen zwei Teller für eine Portion zu bringen. Hier nach Colonia Tovar kommen freilich nicht in erster Linie deutsche Touristen, sondern Caraqueños, wie man die Bürger von Caracas hier nennt. In der Kühle der Berge auf 1800 Meter Höhe, in der geordneten Kleinstadt, verbringen die Wohlhabenden unter ihnen gerne ein Wochenende.

Für die kommende Verschiffung unseres Fahrzeugs lassen wir uns durch eine örtliche Schlosserei noch zwei Metalldeckel fertigen, mit welchen wir die beiden Dachluken einbruchssicherer verschließen können.

Nach wenigen Tagen kommen wir auch mit der älteren Wirtin selbst ins Gespräch. Wie so viele andere Europäer, die es nach Venezuela verschlagen hat, möchten sie gerne zurück nach Europa, weil sie mit der Politik des mit Ölmilliarden finanzierten „Sozialismus des 21. Jahrhunderts" des damaligen Präsidenten Hugo Chávez nicht einverstanden sind. Das Land verfügt über die größten Ölvorräte der Welt und versinkt dennoch in Chaos, verbreiteter Armut und Kriminalität. Das Verbot des freien Geldwechsels und Geldtransfers hat die Preise für Immobilien und Geschäftsbetriebe so zusammenbrechen lassen, dass sie sich eine Rückkehr nicht leisten können. Das, obgleich sie im Vergleich zu ihren venezolanischen Landsleuten sehr reich sind.

Es passiert uns hier erstmalig und später immer wieder, dass wir, nachdem wir von dem Raubüberfall nahe der Playa Vallecito erzählt haben, erfahren, wie unsere Gesprächspartner Opfer von Gewaltverbrechen wurden. Der Mann der Wirtin dieses großen, sehr gepflegten Hotels und Gasthofes im alpenländischen Stil ist Jahre vorher mit der Tageskasse ins unmittelbar daneben stehende Wohnhaus gegangen. Vor der Haustüre stutzte er, weil sie einen Spalt offen stand und schon wurde er durch das Türblatt hindurch von innen heraus erschossen.

In Colonia Tovar haben wir auch Zeit, mit der E-Mail-Funktion unseres Satellitentelefons weitere Anstrengungen zu unternehmen, als Passagiere mit auf das Schiff zu dürfen, mit dem unser MAN nach Panama verladen werden wird. Während wir von der Reederei, die dies letztendlich entscheiden muss, keine Antwort bekommen, erfahren wir immerhin von der Hafenagentur in Puerto Cabello, dass der Kapitän des Schiffes keine Einwendungen habe, aber das O.K. der Reederei brauche. Als es Zeit wird, ohne Hast nach Puerto Cabello zu gelangen, verlassen wir das romantische, exotische Städtchen und machen uns auf den Weg.

Zuerst melden wir uns natürlich bei der Hafenagentur der norwegischen Reederei, um den Stand der Dinge zu erfahren. Wir müssen zwei oder drei Tage warten, bis das Schiff komme, von der Reederei habe er aber nichts über unseren Wunsch der Mitfahrt erfahren, hören wir. Reeder möchten nicht, dass Passagiere mitgenommen werden, zum Beispiel weil damit die Zahl der Personen an Bord die Schwelle überschreiten könnte, ab der ein kostspieliger Schiffsarzt mitgenommen werden muss. Kapitäne fürchten, sich mit den Passagieren und deren Lageweile an Bord nur Ärger und zusätzliche Umstände einzuhandeln.

Nicht an Bord gelassen zu werden, kann sehr unangenehm werden, denn wie sollen wir von Puerto Cabello in Venezuela nach Colón in Panama kommen, ohne dass uns das Schiff völlig abhängt und unser Fahrzeug in Colón im Hafen herumsteht, bis wir kommen. Von Puerto Cabello müssten wir mit all unserem wertvollen Gepäck, Geldreserven und Dokumenten, die wir nicht im Wohnmobil lassen können, mit einem Taxi 150 Kilometer zum Flughafen von Maiquetía-Caracas fahren und von dort nach Panama-Stadt fliegen, um wieder mit dem Taxi oder öffentlichen Verkehrsmitteln samt umfangreichem Gepäck 60 Kilometer an das andere Ende des Panamakanals nach Colón zu gelangen.

In einem Restaurant nahe der Hafenagentur rät uns ein Ober zur Vorsicht: „Puerto Cabello ist sehr gefährlich. Seht ihr den kleinen Mann dort auf der anderen Straßenseite? Er ist von der örtlichen Mafia und orientiert sich."

Deshalb beschließen wir, außerhalb der Stadt einen Übernachtungsplatz zu suchen. Die Betonung liegt auf Suchen, denn Finden ist noch einmal ein ganz anderes Thema. Nach einer Weile des Suchens und Fragens gelangen wir an das Tor einer Freizeiteinrichtung der Universität. Wir können die Wärter überreden uns hereinzulassen und in Sichtweite ihres Pfortenhäuschens zu nächtigen. Am nächsten Abend weisen Sie uns aber ab, denn sie haben nur aus unserer Not heraus eine Ausnahme gemacht. Leicht beunruhigt stellen wir uns einfach außerhalb des Tors in Sichtweite des Pförtnerhäuschens.

Für die letzte Nacht vor der Einschiffung buchen wir uns in ein Hotel ein, was uns die Möglichkeit verschafft, in dessen Umgebung auf Privatgelände das Fahrzeug für die Verschiffung vorzubereiten. Das heißt insbesondere, dass die in der Colonia Tovar gefertigten Metallplatten an Stelle der Dachluken angebracht werden, dass der Durchschlupf zwischen Fahrerhaus und Wohnkabine mit einer Metallplatte verschlossen wird und die noch aus der ersten Verschiffung von Afrika nach Südamerika vorhandene große Militärplane über das Fahrzeug gezogen wird, damit es unauffällig aussieht.

Schließlich ist es soweit, dass wir den MAN in den Hafen zur Verladung einfahren können. Unser Begleiter dirigiert uns in Schlangenlinien durch das weitläufige Gelände von einem „Zockpoint" zum nächsten. Hier hat jede beteiligte Behörde oder Berufsgruppe ihre Sperre aufgebaut, um unverhohlen Schmiergeld zu verlangen. Wir übernachten also im Hotel, von wo aus ich am Morgen des Tages, an dem das Schiff eintreffen soll, die Hafenagentur anrufe. Ich erfahre, dass das Schiff bereits im Hafen sei und unser Fahrzeug schon verladen ist. Nochmals gehe ich aufs Ganze und biete dem Ship Clerc, der unsere Verladung abwickelt, 50 US-Dollar, wenn wir mit auf das Schiff können. Weitere 50 US-Dollar, wenn wir an Bord sind.

Nun wird es hektisch. Wir sollen mit unserem Gepäck sofort in sein Büro kommen, wo er die Schiffspapiere mit Tipp-Ex und Schreibmaschine frisiert, dann ab zur Immigration, um die Ausreisestempel zu bekommen, zum Zoll zur Kontrolle des Gepäcks und schon sind wir auf dem Schiff.

Per Handy dirigiert mich der Ship Clerc zu seinem Standort auf dem Schiff, um seine redlich verdienten weiteren 50 Dollar entgegen zu nehmen. Wir werden in eine einfache Kabine eingewiesen und schon um 11 Uhr, der Zeit des Schichtwechsels der Matrosen, zum Mittagessen abkommandiert. Es gibt deftigen Rinderbraten mit Kartoffeln, wobei das Rindfleisch kräftig mit ganzen Knoblauchzehen gespickt ist. Der Kapitän und zwei Offiziere sitzen an einem Tisch ganz in der Nähe. Auf allen Tischen steht ein Schälchen mit leckeren hellen Cashewkernen, nur auf unserem Tisch nicht. Die Mannschaft

Auf dem Parkdeck der Alyona

bedient sich neben dem Essen gelegentlich aus der Schale. Später stellt sich heraus, dass dies ebenso geschälte Knoblauchzehen sind.

Ich möchte den Kapitän nicht gleich bei der Ausfahrt aus dem Hafen mit der Frage stressen, wann, wie viel und an wen ich unsere Passage zu bezahlen habe. Das erledige ich am nächsten Tag, aber er meint lapidar: „Ich dachte, das haben Sie bereits an die Reederei bezahlt." „Haben wir nicht", lautet meine Antwort. Mit seinem Hinweis „Dann wird Ihnen die Reederei ja eine Rechnung schicken", ist das Thema für beide Seiten erledigt. Er heißt uns an Bord willkommen und erlaubt uns ausdrücklich, uns frei an Bord bewegen zu dürfen. Das beruhigt, denn nun kann ich ab und zu unseren MAN auf dem Fahrzeugdeck besuchen und nachsehen, ob er unbeschädigt ist.

Unsere Kabine ist zwar einfach, doch ein grob zusammengeschweißter Pool an Deck bietet Erfrischung und auf dem fast unbeladenen Frachter haben wir reichlich Möglichkeit uns umzusehen. In den Hafen von Cartagena in Kolumbien laufen wir leider nur sehr kurz ein, so dass ein Landgang in die herrliche Altstadt im spanischen Kolonialstil nicht möglich ist.

Die relativ kurze Schiffsverladung kostet ein Vielfaches einer Autoverschiffung über das Mittelmeer. Deshalb bereitet mir der Umstand, dass keine Rechnung für uns zwei Passagiere kommen wird, keine Probleme. Wir sind an Bord eines in Russland gebauten RoRo-Schiffs einer norwegischen Schifffahrtslinie, die irgendwie in Deutschland verchartert ist – da blickt keiner mehr durch. Jedenfalls sind wir von Südamerika nach Mittelamerika unterwegs und kommen mit der russischen Besatzung hervorragend klar.

Blick auf Cartagena in Kolumbien

Panama: Oh, wie schön ist Panama

2005

Nach kurzem Einlaufen der Alyona, unseres RoRo-Schiffs, in den Hafen von Cartagena in Kolumbien steuert es jetzt Manzanillo an, den Hafen der Stadt Colón am Nordende des Panamakanals. Bis zum Jahr 2000, dem endgültigen Abzug der amerikanischen Besatzung der Panama-Kanalzone, hatte Colón seine Lebensgrundlage in der Versorgung der Gringos. Der Ausdruck Gringo für Europäer, insbesondere aber für US-Amerikaner, kommt von „green go", sprich: Der US-Soldat mit grüner Uniform soll gehen. Nach Abzug der US-Amerikaner sind die meisten und bestbezahlten Arbeitsplätze entfallen.

Colón ist also die Stadt am Nordende, an der Atlantik-Seite des Panamakanals und ein sehr unsicheres Pflaster. Die „Zona Libre de Colón", das Zollfreigebiet beziehungsweise die Zufahrt zu dessen Eingang, ist berüchtigt für Überfälle auf Privatpersonen und Geschäftsleute, die Bargeld dabei haben und dort kräftig einkaufen möchten.

Barwil, die Hafenagentur der Reederei WWL, die unser Schiff betreibt, ist verblüffend gut organisiert und verfrachtet uns erst einmal in das altehrwürdige Hotel „Washington". Dieses ist jedoch sicherheitstechnisch etwas ins Abseits geraten und deshalb sehr preiswert. Neben dem Hotel im zweiten Eingang des gleichen Gebäudes ist eine Spielbank zu sehen, gesichert durch einen bewaffneten Gorilla.

Am nächsten Morgen nehmen wir unser Frühstück ein, ich bestelle für wenige US-Dollar, die auch Landeswährung von Panama und Ecuador sind, das „Panama breakfast", das sich als ein kleines Steak mit Bohnen erweist. Aus lateinamerikanischer Sicht ist es ein kleines, aus europäischer Sicht ein mittelgroßes Steak. So deftig hatte ich bis dahin noch nicht gefrühstückt.

Um neun Uhr sollen wir in der Hafenagentur erscheinen, um die Dokumente zur Auslösung unseres Fahrzeugs zu bekommen. Zunächst möchte man die Frachtkosten bezahlt bekommen, was sich aber schnell als falsch erweist, da ich belegen kann, dass diese schon in Venezuela entrichtet wurden. Man fragt: „Möchten Sie einen bestimmten Spediteur mit der Freigabe des Fahrzeugs beauftragen?" Das möchte ich nicht und antworte deshalb: „Ich möchte

Das Hotel Washington in Colón

nicht den billigsten, sondern den schnellsten und zuverlässigsten."

Also ab mit den Papieren zum Spediteur. Der hat es auch gleich sehr eilig, denn wir haben mehrfach Pech mit dem Termin, es ist Freitag und christlicher Feiertag Allerheiligen, an dem die Behörden um 12 Uhr schließen. Am Wochenende geht ohnehin nichts und am Montag und Dienstag sind zwei Nationalfeiertage. Auch danach steht Panama auf dem Kopf, weil US-Präsident George W. Bush zum Staatsbesuch erwartet wird und an einem solchen Tag die ganze Stadt vor lauter Sicherheitsmaßnahmen gelähmt ist.

Der Spediteur und ich treten beim Zollamt an und werden erst einmal angewiesen, uns zu setzen und zu warten. Die Einreiseabfertigung eines Fahrzeugs kann nur eine Mitarbeiterin vornehmen, diese ist aber leider als Repräsentantin des Zollamts zum Feiertagsgottesdienst in der Kathedrale. Um 11 Uhr erscheint sie zum Dienst und berichtet erst einmal ausführlich den Kollegen, erst dann geht sie an ihre eigentliche Arbeit. Immerhin kümmert sie sich auch um unsere Akte. Kurz vor 12 Uhr verschwindet mein Spediteur mit der Akte in das Zimmer des Chefs und kommt eine Viertelstunde später mit dem erledigten Vorgang wieder heraus.

Meine Wahl des Spediteurs war perfekt, unsere Akte wurde an diesem Tag als einzige erledigt, alles andere muss knapp eine Woche warten. Ich bekomme meine Papiere, die Schlüssel und das Fahrzeug. Jetzt muss ich erst einmal die alte Militärplane vom Fahrzeug ziehen, die ich seit der ersten Verschiffung als Art Tarnung verwende. In einem Hafen, in dem fast nur anonyme, schlichte Container stehen, fällt ein ungeschütztes Fahrzeug natürlich sehr auf, insbesondere ein großes Wohnmobil, das mit allem ausgestattet ist, was ein Haushalt so braucht.

An der Ausfahrt des Hafengeländes engagiere ich ein Taxi, das mich mit meinem Zehntonner zum Hotel dirigieren soll, denn ich kenne die Strecke noch nicht richtig, weiß aber, dass sie auf verwinkelten Straßen durch ein Armenviertel mit verwahrlosten windschiefen Holzhäusern führt. Auf dem Hotelparkplatz beschließen wir, noch bis zum nächsten Tag zu bleiben, weil wir das Fahrzeug erst wieder in einen wirklich fahrbereiten Zustand versetzen müssen. Alle Wertsachen sind tief versteckt, die Dachluken mit Metallplatten verschraubt, die Alu-Kiste, die sonst auf dem Fahrerhaus steht, liegt auf dem Bett.

Als wir nach Eintritt der Dämmerung nochmals auf den Parkplatz zum Fahrzeug gehen möchten, fragt uns der Portier: „Do you need a taxi?" „No, thank you." „Do you want to walk?" „Yes." „That's dangerous!"

Erst als wir ihm klar machen, dass wir nicht durch das Armenviertel in die Innenstadt laufen möchten, sondern nur zum Fahrzeug, ist er beruhigt. Dort spricht uns Fernando, ein Panamaer, an. Er spricht gebrochen Deutsch, weil er früher für Hapag Lloyd gearbeitet hat, und bewacht über Nacht ein anderes Fahrzeug. Wir beauftragen ihn gleich, auch unser Fahrzeug im Auge zu behalten, und bezahlen ihn. Am nächsten Morgen ist er tatsächlich noch da, das Fahrzeug auch, so dass wir beschließen, seine Dienste nochmals in Anspruch zu nehmen. Er soll uns den Weg zu einem ordentlichen Supermarkt weisen, denn vor der Verschiffung mussten wir alle Lebensmittel verbraucht haben. Während wir einkaufen und anschließend unser Fahrzeug wieder bestücken, soll er aufpassen. Damit ist seine Hilfe aber auch beendet und wir haben den Sprung von Südamerika nach Mittelamerika unbeschadet geschafft.

Entlang der Panamakanalzone fahren wir nach Süden in Richtung Panama-Stadt. Da für die Flutung der Hebeschleusen des Kanals sehr viel natürlicher Wasserzufluss benötigt wird, bleiben die Urwälder in dessen Umgebung relativ unberührt. Würde man sie abholzen und würde sich das Klima verändern, so könnte der Regen ausfallen und die Schleusen müssten mittels gigantischer Pumpen mit Wasser gefüllt werden, um die Schiffe auf das Niveau der anderen Seite der Schleuse zu heben.

So gelangen wir am nächsten Tag nach Panama-Stadt, wo wir im Balboa-Yachtclub auf der gut bewachten Halbinsel Calzado Amador einen sicheren Standplatz finden. Auf der Terrasse der kleinen Kneipe des Clubs, in dem Bier vom Fass ausgeschenkt wird, genießt man einen herrlichen Blick auf die Brücke „Puente de las Américas" und die vom Pazifik kommende südliche Einfahrt in den Panamakanal. Die Kneipe im Yachtclub ist ein interessanter Treffpunkt für Traveller, weil hier Weltumsegler auf Reisende treffen, die von Alaska bis Feuerland oder wie wir gleich um die ganze Erdkugel auf dem Landweg unterwegs sind.

Da wir bei der Einreise nur eine Aufenthaltserlaubnis für 14 Tage bekommen haben, müssen wir die Stadtbesichtigung mit einem Besuch bei der Migración beginnen und dort die Visa verlängern lassen. Dazu benötige ich Pässe, Kfz-Papiere, Kreditkarte, Geld und Passfotos, die ich alle im Brustbeutel und in mit Reißverschlüssen gesicherten Innentaschen meiner Safarihose verstaue. Wo Gringos

Containerschiff in einer Schleuse des Panamakanals

von den Behörden abhängen, ist Korruption eine Selbstverständlichkeit, weshalb man uns schon an der Pforte der Migración an einen Schlepper verweist. Ihm gelingt es allerdings, auch die Verlängerung unserer Visa binnen gut einer Stunde über die Bühne zu bringen. Wirklich bedenklich dabei ist, dass man seine Kreditkarte als Beweis dafür, dass man seinen Aufenthalt finanzieren kann, nicht nur vorweisen muss, sondern auch noch zwei Kopien beider Seiten abliefern muss. Damit ist dem Betrug Tür und Tor geöffnet. Eher Glück als Verstand, dass wir nicht Opfer eines Missbrauchs werden.

Jetzt haben wir Zeit zum Bummeln in Downtown Panama-Stadt. Wie immer wird fotografiert und zum Mittagessen eine Pizzeria aufgesucht. Danach geht es zu einer Kathedrale, die es natürlich, wie schon Hunderte in allen Ländern, zu besichtigen und fotografieren gilt. Die Kathedrale steht aber etwas abseits der Innenstadt.

Von dort führt laut Reiseführer eine relativ kurze Verbindung zur historischen Altstadt, die zum Weltkulturerbe ernannt wurde. Wir marschieren also los, geraten dabei jedoch durch einen Stadtteil mit wenig Verkehr und windschiefen Bretterhäusern, wie man sie aus Filmen über die Karibik kennt. Mir ist nicht wohl in der Gegend, aber Erika versichert erneut, im Reiseführer stehe, die Gegend sei sicher. An einer Straßenecke ruft mir jemand aus einem Geschäft etwas auf Englisch zu, was ich aber nicht ganz verstehe. Jedenfalls kommt das Wort „fucking" darin vor, was mich noch aufmerksamer werden lässt. Ich sage zu Erika: „Wir drehen um, hier gehören wir nicht hin." Aber sie ist entschlossen, weiterzugehen.

Am Straßenrand, direkt auf dem Randstein, steht eine junge Frau, geht aber nicht über die Straße. Auf einem Balkon erscheint eine andere junge Frau in

Historische Altstadt von Panama-Stadt

ein Badetuch gehüllt. Schließlich sehe ich ungefähr 100 Meter vor mir einen jungen Mann von links auf unsere Seite der einsamen Straße huschen und sage zu Erika: „Ich drehe jetzt um, egal was du machst." Also drehe ich um und laufe direkt einem athletischen jungen, dunkelhäutigen Mann in die Arme, der offensichtlich unsere Verfolgung aufgenommen hatte und durch den Mann 100 Meter vor uns Verstärkung erwartete. Er umklammert mich von hinten und greift mir in die Hosentaschen. Da erwischt er aber nur ein schmutziges Taschentuch, denn Papiere und Geld sind im Brustbeutel und in den Innentaschen der Safarihose. Gleichzeitig ergreift Erika den Mann von hinten, um ihn von mir wegzuziehen. Er dreht sich wohl in der Meinung um, dass unser Geld, wenn nicht bei mir, dann eben bei ihr sein müsse. Er entreißt ihr ihren Tragebeutel, aus dem sie gerade das Pfefferspray holen will, und läuft davon. Wir rennen zurück und bringen uns erst einmal in dem Laden in Sicherheit, aus dem der Zuruf gekommen war. Der Ladenbetreiber meint: „I warned you, but you did not care." Im Eilschritt laufen wir zum Platz mit der Kathedrale, schnappen uns ein Taxi und lassen uns zum Balboa-Yachtclub fahren.

Im Tragebeutel war nicht viel, wenige Dollar, ein kleines Taschenmesser sowie eine Wasserflasche, allerdings auch eine Visitenkarte mit Abbildung unseres Fahrzeugs und ein Ersatzschlüsselbund. Wenn der Angreifer eins und eins zusammenzählt, dann weiß er, wo unser Fahrzeug steht, wie es aussieht und dass er einen Schlüssel dafür hat.

Vom Taxifahrer lassen wir uns zum Restaurant „Fridays" bringen. Dort sitzen wir bei einem Cappuccino solange in Sichtweite unseres Fahrzeugs, bis das Taxi verschwunden ist. Dann gehen wir sofort zurück zum Fahrzeug und fahren gleich los. Erst in Santa Clara, nach 120 Kilometern, sind wir wieder beruhigt, als wir in dem von Gringos betriebenen Campingplatz „XS-Memories RV-Park" einfahren. Der Platz ist auch „Sports Bar" und Treffpunkt pensionierter US-Soldaten, die sich hier angesiedelt haben, also in dieser einen Hinsicht nicht gerade die Umgebung nach meinem Geschmack.

Der materielle Schaden des Überfalls ist sehr begrenzt, körperlicher Schaden ist nicht entstanden, es ist keine Waffe im Einsatz gewesen. Aber es war der zweite Überfall binnen vier Wochen, was uns zwar erneut verunsichert, aber die Reisepläne nicht ändert.

Mexiko 2006
Abkürzung durch die Berge

2006

Auf der Rückreise von Kanada durch die USA im Spätherbst 2006 beschlossen wir, nochmals nach Mexiko zu fahren, um dort in der Wärme der südlichen Baja California (Halbinsel Niederkalifornien) Weihnachten und Neujahr zu verbringen. Anschließend sollte es wieder zurück in die USA, an die kalifornische Pazifikküste gehen, um von dort unser Weltreisefahrzeug nach Australien zu verschiffen. Da wir nicht unter Zeitdruck waren, fuhren wir aber nicht über Südkalifornien ganz im Westen nach Mexiko, sondern besuchten erst Freunde in Arizona, um anschließend über den kleinen Grenzübergang bei Lukeville/Sonoyta nach Mexiko einzureisen.

Wenn wir einen „Abstecher" machen möchten und sei er tausende Kilometer weit, so versuchen wir das immer als Rundtour zu organisieren. Um nicht die über 1000 Kilometer lange Halbinsel Baja California bis in den warmen Süden auf der gleichen Strecke zurückfahren zu müssen auf der wir hingefahren waren, wählen wir die Fahrt nach Süden über das Festland. Von Sonoyta führt uns der Weg auf einer Hauptverbindungsstrecke nach Hermosillo und von dort auf schmaleren Straßen in den Kupfer-Canyon-Nationalpark. Das 50 Kilometer lange System von Schluchten und Tälern ist bis zu 1800 Meter tief, also tiefer als der Grand Canyon in den USA. Er ist zweifellos eindrucksvoll, verfügt aber nicht über die imposanten Steilwände anderer tiefer Canyons der Erde. Dort treffen wir zufällig Heiko und Karla, ein Paar aus den USA, das erst vor wenigen Jahren in die USA eingewandert ist, und ihre neue Heimat noch fasziniert, aber auch skeptisch betrachtet. Wir unterhalten uns lange über die Auswüchse der Finanz- und Baubranche in den USA. Wer die Augen offen hatte, befürchtete schon damals einen Absturz dieser Märkte, der in großen „linken" Zeitungen der USA prognostiziert worden war. Dieser Absturz ereilte zwei Jahre später nicht nur die Weltwirtschaft in voller Härte, sondern in gewissem Umfang auch uns persönlich.

Um vom südlichen mexikanischen Festland zur Südspitze der Baja California zu gelangen, muss man eine Autofähre benutzen. Da die Fährverbindungen sehr teuer sind, wählen wir die kürzere Verbindung von Los Mochis in Richtung La Paz, der Hauptstadt des mexikanischen

Bundesstaates Baja California. Nach Los Mochis wäre es eigentlich nicht so schrecklich weit, aber es gibt dort keine Straßenverbindung über die Bergkette Sierra Madre Occidental. Etwas weiter südlich ist auf manchen Karten unter der Bezeichnung „Mex 24" eine kleine kurvige Straßenverbindung durch die Berge eingezeichnet, auf anderen nicht. Wenn sie existiert, so sollten wir sie mit unserem voll geländegängigen MAN fahren können. Wenn nicht, dann müssten wir den 1000 Kilometer längeren Weg über Hidalgo, Durango und Mazatlan zum Golf von Kalifornien wählen.

Also machen wir uns auf den Weg und fahren auf einer schmalen Straße zum Kreuzungspunkt El Ojito. Dort findet man einige einfache Straßenkneipen, vor allem aber einen überdimensionalen Checkpoint des Militärs, der ausnahmslos alle Fahrzeuge kontrolliert. Wir haben nichts zu verbergen und werden nach kurzer Kontrolle des Wohnaufbaus durchgewunken. Aber hier ist der Punkt, an dem wir entscheiden müssen, welche Strecke wir wählen. Also fragen wir einen Soldaten, ob die hier abzweigende Straße nach Südwesten durch die Berge durchgängig bis Culiacán befahrbar ist. Er weiß es nicht, verweist uns aber an einen Lkw-Fahrer mit einer Ladung Baumstämmen, der aus der Richtung kommt. Dieser meint, das müsste möglich sein, ich solle aber 80 Kilometer weiter bei der Tankstelle in El Vergel nochmals fragen. Das sieht also gar nicht so schlecht aus, insbesondere steht ja ein altes Schild am Straßenrand, das auf den Ausbau der Straße nach Culiacán hinweist.

Bei der Tankstelle fragen wir wieder, ob die Straße für unsere Fahrzeuggröße machbar sei, wie weit es sei und wie lange man fahre. Zu unserer Verwunderung bekommen wir nur ungefähre Angaben. Es seien etwa 100 Kilometer und man benötige ungefähr einen Tag. Das ist bisher alles kein Problem, denn wir haben Zeit, reichlich Proviant, Wasser und Treibstoff. Auch den Fahrer eines an der Tankstelle abgestellten Lkws, ebenfalls mit Baumstämmen beladen, fragen wir nach der Strecke, denn Fernfahrer müssten es doch eigentlich wissen. Er meint, es seien mit ungefähr zehn Stunden Fahrzeit auf Piste zu rechnen. Das spricht zwar für eine schlechte Piste, ist aber trotzdem zu bewältigen und zunächst ist die Straße noch asphaltiert, streckenweise brandneu, mit Leitplanke. Nach 80 Kilometern beginnt die Piste. Vorerst ist sie breit genug, um entgegenkommende

Abzweigung durch die Sierra Madre Occidental nach Culiacán

Holztransporter passieren lassen zu können, dann wird sie schmaler, kurviger, löchriger.

Inzwischen ist es an der Zeit, sich nach einem sicheren Platz für die Übernachtung umzusehen, weshalb wir in eine Nebenpiste einbiegen und an die Einfahrt zu einem Sägewerk gelangen. Ich steige aus, um wieder einmal in gebrochenem Spanisch einen vor seiner Hütte sitzenden Mann zu fragen, wie weit der Weg nach Santiago de Los Caballeros, dem ersten Ort auf unserer Karte jenseits der Berge, sei. Andere Holzarbeiter gesellen sich hinzu. Einer zeigt einen weiten Bogen zurück, dann nach Süden, nach Westen, schließlich nach Norden. Damit will er uns zeigen, dass wir zurückfahren und den knapp 1000 Kilometer langen Umweg nehmen sollen. Gleichzeitig bestätigen die Männer aber zögerlich, dass man auch die Piste durch die bewaldeten Berge fahren könne. Da die Leute sehr freundlich sind, fragen wir gleich, ob wir auf ihrem Gelände übernachten dürfen. Kein Problem, wir können uns aussuchen, wo wir stehen möchten. Wir wählen eine Wiese gegenüber den Hütten, nahe einem prächtigen Baum. In dem kleinen Wildwestdorf streunen jede Menge Köter herum, die uns zunächst anbellen, sich dann aber an uns gewöhnen. Einer lässt sich am Fuß der Leiter unseres Eingangs nieder und jault zur Beethoven-CD, die Erika aufgelegt hat.

Am nächsten Morgen geht es zurück zur Piste, die zunächst durch einige kleine Dörfer führt und dann kontinuierlich schlechter wird. Gegen 11 Uhr Vormittag schreckt mich ein heftiges metallisches Kratzen auf, das ich nicht zuordnen kann und so auch noch nicht gehört hatte. Wir halten bei einer kleinen Lichtung an, wo ich versuche, die Ursache zu finden. Obgleich ich bis zur Mittagspause suche, ein Rad aufbocke und demontiere, um zu sehen, ob es ein Problem mit dem Radlager gibt. Ich kontrolliere die Aufhängungen der Tanks, des Auspuffs und des Luftfilters, finde aber nichts. So fahren wir weiter, es kratzt noch einmal, wenn auch weitaus schwächer, dann ist das Geräusch vorbei. Das beruhigt mich zwar nicht, aber es gibt auch keinen Anlass, stehen zu bleiben.

Schließlich gelangen wir kurz vor dem Ort Los Frailes in unmittelbarer Nähe des Grenzdreiecks der Bundesstaaten Durango, Sinaloa und Chihuahua an einen weiteren, kleineren Kontrollposten des Militärs. Die Soldaten sind problemlos, winken uns weiter, aber wir lassen uns die Gelegenheit nicht nehmen, erneut nach der Entfernung zum Anschluss an die Asphaltstraße auf der anderen Seite der Berge zu fragen. Die Soldaten sind völlig ahnungslos, als wenn das auf

Das Sägewerk in der Sierra Madre

einem fremden Kontinent läge. Sie holen eine detaillierte Landkarte aus ihrer Hütte, die sie aber selbst nicht zu lesen verstehen. In Los Frailes frage ich nochmals einen Mann, der sich aus einem Ladenfenster herauslehnt. „Hundertsiebzig Kilometer bis zum Anschluss an die Asphaltstraße in Santiago de Caballeros."

Das wird ja immer länger und ist kaum vorstellbar, denn nach unserer Navigation sind es nur noch 95 Kilometer bis hinunter zur Küste des Golfs von Kalifornien nach Culiacán. Hinter Los Frailes wird die Piste erneut schmaler, es zweigen wie zuvor links und rechts kleine Pisten in die Wälder und Bergwiesen ab. Schwere, mit Holz beladene Lkw sind weiterhin unterwegs. Bald führt die Piste auf einem Bergkamm durch steiniges, dicht bewaldetes Gelände. Auf der Westseite des Kamms wachsen neben Pinien auch großblättrige Laubbäume, Koniferen und Eichen. In einer kleinen Ansiedlung frage ich vor einem primitiven Laden etwas abseits der Piste nach dem Weg in dem unbeschilderten Gewirr von Pisten. Es wird ein junger Mann, der in einem schicken Geländewagen sitzt, herbeigewunken. Er spricht gut Englisch und erklärt uns: „Sie müssen nach zwei Kilometern nach links unten abbiegen, dann sind es noch zehn Fahrstunden bis Santiago und zwölf Stunden bis Culiacán. Immer der etwas breiteren Piste folgen."

Das ist leichter gesagt als getan, wenn sich die Pisten ständig verzweigen und um Bergkuppen herumführen, um sich dann erneut unbeschildert zu verästeln beginnen sowie bergauf und bergab führen. Die Pisten sind trocken und mit lockerer Erde aufgeschüttet, sind weder gekiest noch verdichtet, also gut zu fahren, solange sie trocken sind, aber sehr gefährlich, wenn sie nass werden. Soweit das sinnvoll erscheint, orientieren wir uns auch am GPS, das freilich nur den direkten Weg zum Ziel zeigt, nicht den Verlauf der Strecke. So werden wir unsicher, ob wir richtig sind und halten an, um jemanden zu fragen. Aber mitten im Wald in den Bergen ist das schwierig. Nach einigen Minuten kommt ein Pickup-Geländewagen aus einer Nebenpiste heraus. Erika steigt aus und winkt ihm, um ihn zu fragen, aber das Fahrzeug biegt ab und fährt von uns weg. Die Scheiben sind verdunkelt, so dass man die Insassen nicht erkennen konnte.

So fahren wir weiter, eine kurvige Piste mit Abhang hinab, dann wieder wenige hundert Meter leicht bergauf. Die Piste ist jetzt so schmal, dass unser Lkw permanent links und rechts an den Ästen streift. Da kommen uns gleich drei mit Baumstämmen beladene Lkw entgegen. An ein Vorbeifahren ist nicht zu denken und die Lkw-Fahrer signalisieren uns ganz klar, dass wir zurückfahren müssen. Ich steige aus und spreche den Fahrer des ersten Lkw an, um ihn nach dem Weg zu fragen. Dieser macht einen sehr angespannten Eindruck, winkt mich zurück und ruft „baja, baja!", ich solle also zurückfahren. Der Fahrer des zweiten Lkw ist besser informiert und meint wiederum: „Zurückfahren und nach zwei Kilometern nach rechts unten abbiegen."

Also fahre ich im Rückwärtsgang die schmale Piste entlang, die Äste streifen überall und verfangen sich in den Rückspiegeln bis zur Einmündung einer anderen kleinen Piste, in die ich nach etwas Rangieren rückwärts einfahren kann, um die Lkw passieren zu lassen. Dort drehen wir gleich um und fahren bis zu einem kleinen gekiesten, sauber planierten Platz neben der Piste nahe des Abhanges, den wir heruntergekommen waren. Eigentlich ein sehr schöner Platz, um die Nacht zu verbringen, denn mit den Nerven bin ich soweit am Ende, dass ich besser nicht bis zum Einsetzen der Dämmerung weiterfahre. Wir stehen schließlich mit dem Fahrerhaus zur Piste unter einem riesigen Baum auf ebener Fläche – was will man mehr? Links und rechts verläuft ein verblüffend stabiler, fachmännisch errichteter Weidezaun mit massiven Holzpfosten. Dahinter liegen große Wiesen mit einer sauber gebauten Scheune in ungefähr 100 Meter Entfernung, aber ohne erkennbare Zufahrt. Gegen Abend fahren noch mehrere mit Holz beladene Lkw vorbei, ein Pickup und ein junger Mann auf einem Quad-Bike.

Ich bin nach der anstrengenden Fahrerei ziemlich müde und lege mich bald ins Bett, schlafe aber nicht lange, weil bei Dunkelheit mitten im Wald, mitten in den Bergen, mitten in der Nacht, alle ein oder zwei Stunden immer wieder ein Quad vorbeifährt. Es verlangsamt bei unserem Fahrzeug, um dahinter wieder zu beschleunigen. Einmal schreckt mich ein blechernes Geräusch auf, so als sei jemand über eine alte Konservendose gestolpert. Das kann kein natürliches Geräusch sein. Damit ist für mich klar, dass wir beobachtet werden, durch den Quadfahrer und vermutlich auch durch Personen, die sich zu Fuß genähert haben.

Als um fünf Uhr morgens das Quad wieder zu hören ist, sehe ich vorsichtig zum Fenster hinaus. Ich sehe das Quad vorbeifahren, gefolgt von einem modernen großen Geländewagen. Der Fahrer ist im Widerschein des bläulichen Lichts des Armaturenbrettes nur undeutlich zu sehen. Er verlangsamt, schwenkt zu unserem Lkw ein, vermutlich um das Nummernschild erkennen zu können, dreht ab und fährt weiter. Gleichzeitig beginnt es zu nieseln, was für uns, wenn es in Regen übergehen sollte, fatal werden kann, denn dann verwandelt sich die Steigung, die wir gleich nach Antritt des Rückwegs fahren müssen, in eine Rutschbahn.

Glitschige Pisten, unheimliche Vorkommnisse, unklarer Streckenverlauf und ein Problem am Fahrzeug führen zu dem schnellen Beschluss, gleich bei Tagesbeginn komplett den Rückzug anzutreten, um 40 Kilometer hinter dem ersten Militärposten bei Los Frailes die Asphaltstraße zu erreichen. Während Erika ein schnelles Frühstück vorbereitet, gehe ich aus dem Fahrzeug und sehe mich um. Es muss doch irgendetwas zu sehen sein, zumindest die Blechdose, die da gescheppert hat, oder Personen, die sich zu verbergen versuchen … Spuren, ein Quad, ein Geländewagen, aber es ist nichts zu finden.

Zum Glück hat sich das Nieseln nicht verstärkt, so dass wir problemlos den Hang mit erdbedeckter Piste hinauffahren können.

Sierra Madre mit 3000 Meter hohen Bergen und 1800 Meter tiefem Kupfercanyon

An der Abzweigung, die wir am Vortag hätten fahren sollen, steht eine große weiße Camionetta, im Fahrerhaus sind junge Männer zu sehen. Sie winken nach rechts, wollen uns also vermutlich den Weg weisen, aber wir signalisieren, dass wir zurückfahren werden. Kurz nach der Abzweigung überholt uns ein Quad. Hinter dem Fahrer stehen zwei junge Männer mit Waffen. Das ist man in den Wäldern der USA und Kanadas gewohnt, da sind die Jäger unterwegs, aber diese Mexikaner tragen Sturmgewehre. Ich sage zu Erika: „Die haben Kriegswaffen, keine Jagdwaffen."

Entlang der Piste zur nächsten Ansiedelung, wo ich am Vortag zuletzt gefragt hatte, stehen ebenfalls etwa zehn bewaffnete Männer und gehen auf beiden Seiten ein Stück neben uns her wie eine Eskorte. Wir fragen uns, mit mulmigem Gefühl im Bauch, was da los sei, denn wenn man uns hätte überfallen wollen, dann wäre das schon längst passiert.

Ich stoppe wieder auf der Höhe des Ladens abseits der Straße, Erika bleibt im Lkw. Ich gehe auf eine Frau zu die vor dem Laden steht und frage so gut ich auf Spanisch kann: „Was ist mit den bewaffneten Männern los?" Die Frau antwortet nicht, sondern sieht an mir vorbei in Richtung unseres Lkws. Dort fährt die weiße Camionetta vor, die uns an der Abzweigung abgepasst hatte, mittlerweile mit den bewaffneten Männern besetzt, die uns vorher entlang der Straße eskortierten. Bis auf zwei von ihnen springen alle vom Pickup und gehen schnellen Schrittes auf mich zu – ein Moment, den ich nie vergessen werde. In wenigen Sekunden kommt die Zeit der Entscheidung, der Klarheit.

Der Anführer der Gruppe fragt mich auf Spanisch: „Wo fährst du hin?" Ich antworte: „Zurück nach Los Frailes." Er entgegnet: „Nicht weiter nach Santiago?" „Nein." Dann wird mir das Spanisch zu schnell und unverständlich, also sage ich: „Ich spreche Deutsch, Englisch und Französisch, aber nur wenig Spanisch." Er antwortet auf Spanisch und biegt sich vor Lachen: „Ich spreche auch Englisch." Seine Kameraden lachen auch. Das ist der Moment, in dem ich sehr langsam zu unserem Fahrzeug zurückgehe. Ich steige ein, starte die Maschine und fahre los – nichts passiert. Langsam fahre ich weiter und habe dabei mehr die Rückspiegel im Auge als die Piste.

Es sind jetzt ungefähr 40 Kilometer bis zum letzten Militärposten, den wir als unsere Rettung ansehen. Dahinter dürfte es kein Problem mehr geben. Je weiter wir uns von dem Laden entfernen, umso schneller fahre ich, allerdings auch nicht halsbrecherisch, denn es ist weiterhin nicht geklärt, wo das kratzende Geräusch vom Vortag herkam. Wir beschließen, den Soldaten am Militärposten nichts über unser Erlebnis zu berichten, denn sonst beginnt eine Befragung mit Protokoll und allem Drum und Dran.

Als wir den Posten erreichen, sind die Soldaten beim Fußball spielen. Aus der Entfernung ihres Bolzplatzes winken sie uns durch, obgleich sie wissen, wo wir herkommen und wo wir eigentlich hin wollten. Jetzt gilt es noch mehrere Stunden zu fahren, bevor wir den großen Militärposten an der Kreuzung erreichen. Es beginnt zu regnen, die Piste wird rutschig, was uns zusätzlich darin bestätigt, dass es richtig war, umzukehren und die 1000 Kilometer Umweg in Kauf zu nehmen.

Aber was war passiert? Es war Dezember 2006, nur zwei Wochen nachdem der neu gewählte mexikanische Präsident Felipe Calderón ins Amt eingeführt wurde. Er hatte den USA einen „Krieg gegen die Drogenkartelle" versprochen. Bis zu dem Tag, an dem ich diese Zeilen schreibe, sind in seiner Amtszeit bei Kämpfen zwischen den Drogenkartellen, bei Kämpfen zwischen der Staatsgewalt und den Kartellen sowie bei Terrorakten der Kartelle an der Zivilbevölkerung über 60.000 Menschen ums Leben gekommen.

Es hat sich mal wieder bestätigt, dass es gefährlich sein kann, dort hinzufahren, wo es einem zwar technisch möglich ist, mit dem Erscheinen von Touristen jedoch nicht gerechnet wird. Wir waren in das Anbaugebiet und den Herrschaftsbereich des Sinaloa-Drogenkartells geraten, deren Chef Joaquin Guzmán 1993 verhaftet worden war, dem es aber 2001 gelang, aus einem mexikanischen Hochsicherheitsgefängnis zu entkommen. Auf seine Ergreifung ist eine Belohnung von fünf Millionen Dollar ausgesetzt.

Als wir nach dem Weg nach Santiago de Los Caballeros fragten, schien allen außer uns klar, dass wir weiter über die Kleinstadt Badriaguato zur Küste des Golfo de California hinunter fahren würden, was wir ja auch vorhatten. Badriaguato ist aber genau der Geburts- und Rückzugsort des Joaquin Guzmán, genannt „El Chapo" (der Kurze). Das Kartell erwartet offensichtlich Aktionen der Regierung und konnte uns nicht einschätzen. Aus deren Sicht könnten ja im Aufbau unseres Lkws 20 Soldaten verborgen sein, die wir bei Nacht absetzen oder die plötzlich zu einem Angriff aus dem Fahrzeug stürmen können. Der Platz, an dem wir übernachteten, ist vermutlich hergerichtet worden, um bei Bedarf schnell einen eigenen Checkpoint errichten zu können. Die schweren Lkw, die uns zurückgedrängt haben und deren Fahrer so angespannt gewesen sind, haben vermutlich den Auftrag bekommen, uns das Durchkommen schon mittels ihrer schieren Masse unmöglich zu machen. Hätten wir weiterfahren können, so hätten wir unwissentlich das größte Drogenhandel- und -anbaugebiet Mexikos nicht nur halb, sondern komplett durchquert und wären am Stammsitz des Mafiachefs aus den Bergen wieder herausgekommen.

All die Menschen, die wir außerhalb des Machtbereiches des Sinaloa-Kartells nach dem Verlauf und der Länge des Wegs gefragt haben, konnten nicht wissen, ob wir mit unserem modernen Fahrzeug nicht Teil des Kartells seien, und antworteten uns deshalb so unpräzise und zurückhaltend. Die Soldaten, die wir befragten, haben wohl noch die alte Weisung oder lukrative Gewohnheit, nichts zu wissen und nichts zu fragen. Im Machtbereich der lateinamerikanischen Drogenkartelle gilt für die Staatsgewalt „plata o plomo". Der Polizist, Soldat oder sonstige Repräsentant der öffentlichen Gewalt hat die Wahl zwischen plata = Silber (Geld) oder plomo = Blei (Kugel).

Tarahumara-Mädchen

Es war uns natürlich schon vor den Reisen nach Mexiko bekannt, dass dort Drogenanbau und Drogenhandel blühen. Es war uns aber auch bekannt, dass sich die Drogenmafia solange nicht um Touristen kümmert, wie sich diese nicht in ihre Aktivitäten einmischen. So wird jedem Badetouristen dringend empfohlen, merkwürdige dicke, rundliche und mit Klebeband völlig umwickelte Pakete am Strand oder im Wasser zu ignorieren, keine Meldung zu machen und sich zu entfernen. Es könnten auf See verlorengegangene oder am Strand zur Übergabe abgelegte Pakete mit Kokain sein.

Nach vier Stunden Fahrt sind wir wieder am großen Checkpoint des Militärs angekommen. Bei strömendem Regen suchen wir uns einen Platz in Sichtweite der Soldaten. Beim Rangieren des Fahrzeugs zeigt sich, dass der Aufbau nach links hängt, wir also die Hinterräder stark schrägstellen müssen, um innen eine gerade Liegefläche zu haben. Dann verkriechen wir uns bis zum nächsten Morgen im gut gesicherten Aufbau.

Damit ist unser zweitägiger, nervenaufreibender Ausflug beendet und wir können die 1000-Kilometer-Fahrt nach Mazatlan in Angriff nehmen, die wir mit der Fahrt durch die Berge abkürzen wollten. Auf dem ebenen, gepflasterten Parkplatz eines großen Supermarkts in Hidalgo del Parral wird klar, dass etwas mit dem Fahrzeug nicht stimmt. Ich krieche darunter und stelle fest, dass eine dicke, runde Querstrebe des Chassis, auf welcher der Wohnaufbau gelagert ist, auf einer Seite fast komplett abgebrochen ist. In Durango suchen wir uns eine Werkstatt, die das provisorisch schweißen kann. Nach Tagen mit bis zu drei massiven Problemen gleichzeitig ist wieder alles im grünen Bereich.

Australien: Outback – Simpson Desert und Tanami-Track 1987 UND 2006

Australien erweist sich auf meiner dritten Reise durch den riesigen Kontinent wieder als vergleichsweise problemarm, aber teuer. Einmal war ich fast 30 Jahre vorher dort, aber nur in den Bundesstaaten Victoria und New South Wales. Damals erkundeten wir, wie sich ein Leben darstellen könnte, wenn wir nach Australien auswanderten. Das Einwanderungsvisum hatten wir schon in der Tasche, das war in unserem Fall kein Problem, weil wir im Wüstentourismus-Geschäft tätig waren und als solche Gäste aus Deutschland hätten anziehen können. Das Auswandern klappte aber nicht, weil ich beim Versuch, mein Geschäft in Deutschland zu verkaufen, kläglich gescheitert war. Es standen zwar Geschäftsleute bereit, die ein Erbe antreten wollten, aber keinen erträglichen Preis zu zahlen bereit waren.

Einige Jahre später hatte ich Australien nochmals besucht, diesmal mit meinem bewährten Reisekameraden Klaus aus München.

Wir, Klaus und Klaus, kamen damals mit dem Flugzeug in Sydney an, mieteten uns am Flughafen einen Kleinwagen und besichtigten sofort eine Reihe von kleinen, gebrauchten Geländewagen. Ein aus Kolumbien eingewanderter Australier hatte einen für uns geeigneten Suzuki SJ 410 mit Allradantrieb und Flatterdach anzubieten. Mit Klaus absolvierte er eine Probefahrt um den Häuserblock, bei der er mit Vollgas unterwegs war. Wir kauften ihn, meldeten ihn auf uns um und gaben den Mietwagen zurück.

Am übernächsten Tag kauften wir spärliche Ausrüstung und dampften ab ins Outback. Mitten im Südsommer wurde es im luftigen, nichtklimatisierten Fahrzeug schon „mollig" warm, auch deshalb, weil sich die Heizung nicht abstellen ließ. Dem halfen wir ab, indem wir ein Steinchen in den Warmwasserzulauf steckten. Das Fahrzeug war äußerlich ganz gut in Schuss, aber bei näherem Hinsehen schlecht gewartet. Das merkten wir, als wir in brütender Wüstenhitze mit Vollgas einen schmalen Wasserlauf durchquerten, dass es nur so spritzte. Kurz danach begann der Motor zu stottern und unser Suzi blieb stehen. Wie der Zufall es so wollte, standen wir aber nur 100 Meter oberhalb einer Tankstelle, also rollten wir zur

Zapfsäule, obwohl ausreichend Sprit im Tank gewesen sein musste. Beim Öffnen des Tankdeckels fiel uns ein starkes Sauggeräusch auf. Klar, der Tank stand nach der plötzlichen Abkühlung durch die Dusche so unter Unterdruck, dass die Treibstoffpumpe kein Benzin mehr zum Vergaser brachte. Die Tankentlüftung war verstopft. Dem halfen wir ganz einfach ab, indem wir ein Loch in den Tankdeckel bohrten. Da dämmerte uns, dass der Kolumbianer so um den Häuserblock gedonnert war, weil ihm das Fahrzeug immer wieder mal stehen geblieben war, er aber nicht erkannt hatte, woran das lag. Er wollte ankommen, bevor sein Suzi ungeplant stehenblieb.

So fuhren wir problemlos den unbefestigten Birdsville Track nach Birdsville und wurden übermütig. Wir beschlossen, ohne Begleitfahrzeug durch die Simpson Desert nach Alice Springs zu fahren und so das Herz Australiens zu queren. Als eingefleischte Saharafahrer waren wir gewohnt, uns für besonders schwierige, einsame Strecken bei den Ortsbehörden anzumelden. In Birdsville gab es nur wenige Häuser, das größte war der Pub, der gleichzeitig als Poststation, Postbank, Tankstelle, Restaurant und natürlich Hotel diente. Aber eine kleine Polizeistation gab es auch. Wir meldeten unser Vorhaben und erhielten die lapidare Auskunft: „Good luck and close the gates." Letzteres hieß, dass man bei der Ein- und Ausfahrt durch die riesigen Cattle Stations (Rinderfarmen), durch die die Piste führte, nicht versäumen solle, die Gatter zu schließen, damit die Rinder nicht verloren gingen.

Piste nach Birdsville

So waren wir also nach Westen in einer Landschaft unterwegs, die der der Sahara an landschaftlicher Vielfalt und Weite nicht das Wasser reichen konnte. Im zentraleren Bereich der Simpson Desert musste man aber im Abstand von gut einem Dutzend Kilometern jeweils kleine Dünenzüge überqueren. Das sah nicht schwer aus, aber kurz vor dem Dünenkamm machte immer der Motor schlapp, konnte jedoch nach dem Zurückrollen wieder gestartet werden. Auch mit Anlauf war nichts zu machen. Die erste Vermutung war natürlich, dass die Tankdeckelentlüftung wieder dicht war, aber das war es nicht. Also mussten wir zurück nach Birdsville und uns eine andere Streckenführung ohne Dünenüberquerung einfallen lassen. Ersatzweise fuhren wir nach Norden weiter und fanden in Boulia einen Händler, der für dieses auf den Cattle Stations gängige Fahrzeug die wichtigsten Ersatzteile und Verschleißteile führte. Wir erwarben einen Satz Filter für Luft, Benzin und Motoröl, tauschten alles aus und siehe da, der Motor bekam wieder genug Treibstoff. Der Treibstofffilter war wohl schon seit Jahren nicht mehr gewechselt worden, verstopft und reduzierte den Förderdruck hinter der Treibstoffpumpe so, dass das Benzin bei steilstehendem Fahrzeug kurz vor dem Dünenkamm in der Simpson Desert den Vergaser nicht mehr erreichte. Alles billige Kinkerlitzchen, verursacht durch Wartungsmangel, aber potentiell mit massiven Auswirkungen.

Im weiteren Verlauf der Tour nahm ich einen leichten Geruch von Schmieröl wahr und teilte dies Klaus mit, der auf dem Beifahrersitz saß: „Es riecht nach Schmieröl." Er, der Kfz-Meister aus Grünwald, sagte: „Sofort anhalten." Wir stiegen aus und stellten fest, dass sich die Ölablassschraube der Hinterachse verabschiedet hatte. Es tropfte noch etwas Öl aus dem Differential. Klaus, der unerschütterliche Optimist, folgte einige hundert Meter der langsam stärker werdenden Ölspur entlang der Piste, bis sie plötzlich abriss. In der Umgebung der Stelle fingen wir an, die kleine Schraube zu suchen, und fanden sie prompt sandverkrustet am Pistenrand. Ein Stein im Mittelwall der ausgefahrenen Piste hatte wohl die Schraube locker geschlagen, die sich dann durch normale Erschütterungen völlig gelöst hatte. Wir schraubten sie wieder in das Gewinde und fuhren zur Entlastung der öllosen, aber nicht strohtrockenen Hinterachse mit Allradantrieb wenige hundert Kilometer in das nächste Städtchen, um Getriebeöl zu erwerben.

So erkundeten wir in fünfeinhalb Wochen auf 17.500 Kilometern mit minimaler Ausrüstung weite Teile des australischen Outbacks und verkauften das Gefährt kurz vor unserem Rückflug in Newcastle im Handstreich an einen Suzuki-Händler. Wir hatten das Fahrzeug sehr billig erworben, weil der Vorbesitzer, jener kolumbienstämmige Aussi, es sehr billig abgegeben hatte. Er kannte die Macken des Suzi, nannte sie uns natürlich nicht, hatte aber nicht erkannt, wie einfach und billig sie hätten behoben werden können. So hatten wir für vergleichsweise wenige Aussi-Dollar „down under" eine abenteuerliche Reise bestanden, wie sie selbst die allermeisten Australier in ihrem Leben nie unternehmen.

Die dritte Australienreise läuft unter völlig anderen Voraussetzungen ab. Erika und ich sind auf Weltreise in den USA und möchten unseren 4x4-MAN mit Wohnaufbau nach Australien verschiffen. In Long Beach in Kalifornien reinigen wir das Fahrzeug innen und außen in tagelanger Kleinarbeit, denn das wird bei der Einreise nach Australien im Hafen durch die „Quarantine" sehr genau kontrolliert. Man hat in Australien panische Angst vor dem, was man dort „a new pest" nennt, nämlich dem Einschleppen fremder Insekten, Kleintiere, Keime oder Pflanzen, die sich dann in Australien explosionsartig vermehren und

Ein Kran hebt den MAN in Sydney von der Flat Rack

dabei die gewohnte Tier- und Pflanzenwelt gefährden könnten. So war es unter anderem mit den Kaninchen, Kamelen, Wildpferden und der „cain toat“ (Kröte) geschehen. Dass sich POMs (Prisoner Of her Majesty), wie Engländer die Aussis gerne nennen, die vorwiegend europäischen Einwanderer, samt mitgebrachten Haustieren explosionsartig vermehrten und der Urbevölkerung, den Aborigines, Land und Lebensgrundlagen genommen haben, wird dabei nicht so eng gesehen.

Aber wir haben noch ein Problem: Das Schaltgetriebe unseres Lkws hat in Mexiko Schaden genommen, konnte dort aber nicht repariert werden. Wir haben den Weg mit Ach und Krach bis Long Beach geschafft und hoffen, es in Sydney, wo es eine Werksvertretung gibt, reparieren lassen zu können.

Als das Fahrzeug in Long Beach bei der Spedition abgegeben ist, fliegen wir mit einem Zwischenaufenthalt auf Hawaii nach Sydney. Im wohlhabenden Australien mit seinem „easy going“ dauert es Tage, bis der Zoll und AQIS (Australian Quarantine and Inspection Service) Zeit für uns haben.

Der Zoll ist immer dann problemlos, wenn man keine Waffen, Drogen, unmäßig Alkohol oder Zigaretten an Bord hat und wenn man das sehr teure Carnet de Passages für das Fahrzeug vorweisen kann. Erstgenanntes habe ich nicht, Letzteres schon, mit dem kleinen Wermutstropfen, dass der ausstellende Automobilclub in Deutschland einen Tippfehler bei der Fahrgestellnummer eingebaut hat. Das kann peinlich werden, denn dann müsste ich ein korrektes Dokument beim ADAC anfordern, was nochmals einige Tage dauern würde. Aber der Zöllner ist gnädig, der Fehler ist so offensichtlich, dass er das selber korrigiert.

Also weiter zur weit kritischeren „Quarantine“. Wenn diese Beanstandungen hat, dann muss das Fahrzeug bei einem zugelassenen Betrieb im Hafen gereinigt werden und das kostet einen vierstelligen Betrag. Der Quarantine Officer kommt zu uns, sein Blick bleibt gleich bei den Aufklebern der besuchten Länder am Fahrzeugheck hängen. Dann steigt er ins Fahrzeug, scheint zufrieden zu sein, so dass es mit Smalltalk weiter geht. „Wart ihr auch in Peru?“, möchte er wissen, denn der Aufkleber prangt am Fahrzeugheck. Natürlich waren wir da, er aber auch und ist gerade erst von einer Reise

Aborigines im Northern Territory

zurückgekommen. Die Amtshandlung ist gerade in Smalltalk über Peru übergegangen, als er noch eine Frage stellt: „Haben Sie einen Staubsauger an Bord?" Haben wir natürlich. „Haben Sie den Staubbeutel vor der Abreise in den USA geleert?" Wissen wir nicht. „Wieso?", fragen wir. „Es könnten sich darin ja Pflanzenreste und Insektenlarven verbergen", erwidert der Zöllner. Wir öffnen also den Staubsauger, doch dieser ist leer. Alles klar, wir können den Hafen verlassen. Das klingt verdammt gut. Jetzt geht es los.

Wir haben keine Kfz-Versicherung, das Getriebe ist am Abnippeln, wir kennen die Strecke zur 60 Kilometer entfernten Werkstatt nicht und ich muss mich erst wieder an den Linksverkehr gewöhnen. Aber wir schaffen es ohne Unfall und ohne Endlösung der Getriebefrage zur Werkstatt. Dort erteilen wir einen Reparaturauftrag und fahren mit der Bahn zurück nach Sydney in das Appartement, das wir für die Zeit der Einfuhrabfertigung und Reparatur gemietet haben.

Der Aufenthalt zieht sich in die Länge, denn das Getriebe kann nicht mehr repariert werden. Es muss ein neues aus Europa eingeflogen werden. Sydney ist aber auch noch nach sechs Wochen Wartezeit eine wunderbare Stadt, weshalb uns zwar die Kosten sehr schmerzen, nicht aber die Zeit.

Zu jeder Australienreise zählt der Besuch des Ayers Rock im Herzen Australiens. Der Abstecher zum heiligen Berg der Aborigines sprengt aber jede Rundreise, denn er liegt von allen Hauptstädten der Bundesstaaten Australiens 1000 bis 2000 Kilometer entfernt. Man muss sich also überlegen, an welchem Ort man die Rundreise in Küstennähe, wo die Großstädte liegen, unterbricht, um in das Red Centre des Kontinents vorzudringen. Wir entscheiden uns dafür, vom tropischen Darwin ganz im Norden den perfekt asphaltierten Stuart Highway nach Alice Springs zu wählen und dann auf der Tanami-Piste nach Broome in Westaustralien zurück zur Küste zu fahren.

Wenn man eine solche einsame Piste fährt, wird einem die Weite eines solchen Wüstenkontinentes erst richtig bewusst, auch deshalb, weil man kaum mit Versorgung rechnen kann, gleichzeitig das Fahrzeug aber durch „Wellblech", also wellenförmig festgefahrene Sand- und Kiesoberfläche der Piste, massiv strapaziert wird.

Erstaunlich, dass die Pisten gerade im bevölkerungsarmen Bundesstaat Northern Territory besser gepflegt sind als in den weit dichter bevölkerten Nachbarstaaten Western Australia und Queensland. So auch auf der Tanami-Piste, deren erste Hälfte 850 Kilometer im Northern Territory verläuft, die zweite Hälfte in Western Australia. Landschaftlich reißt einen Australien nicht immer vom Fahrersitz, aber in größeren Entfernungen sind immer wieder Attraktionen der

Der Koala hat das australische „easy going" schon immer drauf

Natur zu sehen, seien es in die Ebene eingeschnittene, dicht bewaldete Flussläufe, Bergkuppen oder Einschlagkrater von Meteoriten.

Dass das heftige Wellblech der Tamani-Piste in Westaustralien seinen Tribut fordert, stellt sich zunächst heraus, als ich feststellen muss, dass der Verbindungsschlauch, der den Luftfilter mit der zum Dach hochgelegten Luftansaugung des Motors verbindet, nicht nur lose ist, sondern mitsamt einem Befestigungsstutzen das Weite gesucht hat. Das ist echt zum Verzweifeln, denn jetzt saugt der Luftfilter die Motorluft im vorderen rechten Radkasten an, wo die Staubkonzentration extrem hoch ist. Aber ohne Ersatzteile kann ich daran zunächst nichts ändern, das geht frühestens wieder, wenn wir in Halls Creek näher an die Küste gekommen sind. Mitten im Outback neigt man dazu, zu glauben, dass dort, wo man wieder ein Städtchen antrifft, alles zu haben sein muss.

Aber nicht nur wir lecken unsere erste Wunde, auch eine kleine Gruppe junger Aborigines steht mit ihrem abgewrackten „Troopcarrier" am Pistenrand. Bei uns ist dieser extrem lange dreitürige Landcruiser als „Buschtaxi" bekannt. Die Neugierde auf eine Begegnung mit „Abos" und das Gesetz der Wüste, wie wir es aus der Sahara kennen, gebietet uns anzuhalten und zu fragen, ob sie ein Problem haben. Die jungen Leute stehen schon seit gestern hier und kommen nicht weg, weil der Anlasser streike. Entweder ist seither keiner vorbeigekommen oder vorbeikommende POMs, also weiße Aussis, hatten Angst vor den „black fellows". Dass die Burschen von einem Städtchen oder zumindest Roadhouse mit Tankstelle, Kneipe und Verkauf von Alkoholika in Richtung ihres Wohnortes unterwegs waren und nicht umgekehrt, sieht man daran, dass die Piste in ihrer Umgebung mit Bierdosen übersät ist, die sie in den Ansiedlungen der Aborigines nicht kaufen könnten.

Zunächst bieten wir natürlich Wasser an, das gerne genommen wird, dann Verpflegung, die auch gänzlich gefehlt hat. Als wir uns schließlich daran machen, das Fahrzeug abzuschleppen, kommt eine weitere Klapperkiste mit Abos an, die unseren Job übernehmen. Sie stammen alle aus einer Ansiedlung an der Canning Stock Route, die in der Nähe unsere Piste kreuzt. Einer ist auf eine Missionsschule gegangen, spricht sehr gut Englisch, bietet seinerseits Hilfe an, wenn wir in ihre Ansiedlung kommen sollten, und nennt mich immerhin

„a good man". Das lässt wohl darauf schließen, dass sie eine spontane Hilfe durch Weiße in so einsamer Gegend nicht gewohnt sind.

Wenige Stunden nach unserem Aufbruch stelle ich fest, dass unser Fahrzeug nicht richtig zieht. Wenn ich anhalte und wieder starte, dann läuft es zunächst richtig, nach einiger Zeit lässt die Leistung aber stark nach. Inzwischen leuchtet am Armaturenbrett ein fettes rotes STOP auf, das man nicht so einfach ignorieren sollte. Ich halte wieder an und kontrolliere alles, was man kontrollieren kann, es ist aber nichts Auffälliges zu sehen, auch die Motor- und Kühlertemperatur ist nicht ungewöhnlich, Öl ist genug im Motor. Also neuer Versuch. Es geht auf eine Abzweigung zum Meteoritenkrater Wolfe Creek in 20 Kilometern Entfernung zur Tanami-Piste. Die Piste besteht aus noch wesentlich heftigerem Wellblech, was mein Motorproblem dazu veranlasst, in noch viel kürzerer Zeit nach dem Start Alarm zu geben und in den Notlaufmodus mit reduzierter Leistung zu wechseln. Am eindrucksvollen, bewaldeten Krater mit 850 Meter Durchmesser übernachten wir wieder einmal in völliger Einsamkeit.

Das gibt mir die Gelegenheit, in Ruhe das Handbuch zu konsultieren und das Fahrzeug zu kontrollieren, aber es ist nichts auffällig. In mir steigt der Verdacht auf, dass die elektronische Motorsteuerung defekt ist, was nach einem Motorschaden selbst das größte denkbare Problem wäre, denn diese kann niemand reparieren. Man könnte sie nur komplett ersetzen, und zwar nachdem sie für dieses eine Fahrzeug programmiert wurde. Die MAN-Vertretung in Brisbane ist

Wolfe Creek Crater in Westaustralien

aber 3000 Kilometer Luftlinie entfernt, auf der anderen Seite des Kontinents.

Ratlos machen wir uns zurück auf den Weg zum Tanami-Track, müssen aber immer wieder anhalten, um den Motor neu zu starten. An der Einmündung zum Tanami-Track machen wir Mittagspause und während Erika etwas zum Essen vorbereitet, begebe ich mich wieder auf die Suche. Die Alarmmeldung bedeutet Überhitzung des Motors beziehungsweise Kühlers, beide sind jedoch nicht zu heiß. Sicherheitshalber baue ich den Kühlwasser-Thermostat aus und stecke ihn in einen Kochtopf. Wenn das Wasser heiß wird, macht er brav auf, daran kann es also nicht liegen. Ratlos starten wir mit neuem Mut nach dem Mittagessen auf der etwas weniger gewellten Piste und kommen auch einige Kilometer vorwärts, bis nicht nur die Leistung wieder stark abfällt, sondern das Fahrzeug mitten auf der Piste steht und das Fahrerhaus komplett stromlos ist. Das ist ja heiter, wir sind rund 150 Kilometer vom nächsten kleinen Ort entfernt. Wenn wir den Lkw von hier abholen lassen müssen, dann wird es richtig teuer.

Aber stromlos ist ja noch etwas anderes als eine Warnmeldung, also mache ich mich auf die Suche nach der Ursache. Die ist binnen Sekunden nur einen Meter hinter der Fahrertür gefunden, der „NATO-Knochen“, also der Schlüssel des Hauptstromschalters, wackelt wie ein lockerer Kuhschwanz am Batteriekasten. Ich knalle ihn mit einem Kabelbinder in Richtung „Ein“-Stellung fest, der Motor läuft wieder wie eine Nähmaschine und die Fahrt kann problemlos um die halbe Welt bis zurück nach Deutschland weitergehen.

Die Fahrzeugelektronik hat uns einen der berüchtigten Streiche gespielt, indem sie mich bei der Fehlersuche auf die falsche Fährte gelockt hat. Unvorstellbar, was dies an Nerven, Zeit und Geld gekostet hätte, wenn sich der Wackelkontakt als wirkliche Fehlerursache nicht gezeigt hätte. Wir hätten das Fahrzeug bergen lassen müssen, eine neue Motorsteuerung besorgen müssen und der Fehler wäre nach Einbau wieder der gleiche gewesen.

Wir feiern die überraschende Lösung des Problems in der Wildnis bei Sonnenuntergang mit einer Flasche Rotwein und lauschen einer CD der „Drei Tenöre“, um dem gerade verstorbenen Luciano Pavarotti zu gedenken.

Termitenhügel mit Größenvergleich in Nordaustralien

Im Städtchen Halls Creek angekommen, möchte ich den Schlauch der Luftansaugung erneuern lassen. Aber keine Chance, die einzige Werkstatt in dem Örtchen ist überlastet, einer der beiden Mechaniker „did not show up", ist also nicht zur Arbeit erschienen, und Teile, selbst Normteile, müssten erst aus Perth, der Hauptstadt von Western Australia, bestellt werden. Die einzige Institution, die hier vor Ort ordentlich funktioniert und ausreichend versorgt ist, ist das Hotel mit Bar, Tankstelle und Campingplatz. Jeder der handwerklich etwas kann, ist längst von den Minengesellschaften abgeworben worden, die hervorragend bezahlen, um Eisenerz im Tagebau zu fördern und nach China beziehungsweise Indien zu exportieren.

In der extrem schwülen Küstenstadt Broome gelingt es mir mit viel Fantasie, geeignete Normteile zusammenzukaufen, um die Luftansaugung des Motors reparieren zu lassen. Der Rest sind schlappe 2400 Kilometer Asphaltstraße nach Perth, die Hauptstadt des Bundesstaates Western Australia. Vom nahe gelegenen Fremantle aus möchten wir unser Fahrzeug nach Singapur verschiffen, um den letzten riesigen Abschnitt der Weltreise, die Rückfahrt auf dem Landweg nach Deutschland, zu beginnen.

Kängurus in Westaustralien

China: Unruhige Zeiten in China

2007

Einer der wesentlichen Knackpunkte einer Weltreise auf eigener Achse ist die Frage: Wie kann es gelingen, von Südostasien nach Süd- oder Zentralasien zu gelangen, um von dort über Russland oder die Türkei zurück nach Europa zu fahren? Eine Durchreise durch Myanmar, das frühere Burma, ist wegen der dortigen permanenten Unruhen seit Jahrzehnten unmöglich. Die Reise durch das diktatorische China ist, wenn sie denn genehmigt wird, sehr teuer und mit vielen Restriktionen verbunden. Wenn beides nicht geht, dann bleibt nur die Verschiffung des Fahrzeugs von Port Klang in Malaysia nach Madras in Indien. Das bedeutet eine weitere Verschiffung mit all ihren Kosten, Risiken, dem Stress mit den Behörden und einem Zeitaufwand, der nicht der Reise selbst dient. Also entscheiden wir uns dazu, den Weg durch China zu gehen.

Um China mit dem eigenen Fahrzeug zu bereisen, muss man einen Konvoi von zumindest drei Fahrzeugen bilden, langfristig vorab über eine Agentur in China viele Genehmigungen einholen lassen und einen Führer dabei haben. Das Ganze ist sehr teuer, aber nicht zu umgehen, denn eine lupenreine Diktatur möchte alles schön unter Kontrolle haben. Wir haben insofern Glück, als uns schon in Australien Ilja begegnet ist, der seinen kleineren und selbstausgebauten MAN-Truck von Europa nach Australien verschifft hatte. Damit hat er zuerst den Fünften Kontinent bereist und möchte jetzt ebenfalls auf dem Landweg nach Deutschland zurückkehren. Also vereinbaren wir schon weit im Vorfeld, uns in Laos zu treffen, um zusammen die so fremde Welt Chinas zu durchqueren. Als drittes melden wir ein „Geisterfahrzeug" an, das dann an der Grenze einfach nicht erscheint.

Wir besorgen unser Visum für China im sozialistischen Bruderland Laos, in dem das problemlos möglich und 60 Tage gültig ist. Ilja, mit dem wir ja erst in Grenznähe zu China in Nordlaos verabredet sind, besorgt es in Phnom Penh in Kambodscha, wo es allerdings nur für 30 Tage ausgestellt wird. Über Satelliten-E-Mail stehen wir mit ihm und unserer Agentur in Peking in Verbindung. Die Agentur meldet, dass sie bis auf eine Ausnahme bereits alle Genehmigungen erlangt hat und unsere 60-tägige Reise wohl wie gewünscht ablaufen kann. Sie soll von Nordlaos nach China, dort auch ins tibetanische Hochland und weiter nach Nepal führen. Nur zwei Wochen vor geplanter Einreise brechen in Tibet jedoch zwischen Mönchen und der chinesischen Besatzungsmacht blutige Unruhen aus. Die Genehmigung, Tibet zu bereisen, wird von der Han-chinesischen Zentralverwaltung untersagt, womit auch unsere geplante Ausreise nach Nepal mit Weiterreise über Indien und Pakistan geplatzt ist. Wir müssen völlig umplanen und Tibet nördlich umfahren, um über den äußersten Westen der Volksrepublik China nach Kirgisistan in Zentralasien zu gelangen. Dabei haben wir noch Glück, denn einer Gruppe französischer Fahrer und Fahrzeuge wird die Durchreisegenehmigung mit der Begründung, dass die französische Regierung den Dalai Lama empfangen hat, gänzlich verweigert.

Der Westen der Volksrepublik, den wir bei geänderter Streckenführung durchfahren, hat es auch in sich, denn es ist die Heimat der freundlichen, muslimischen Uiguren, einem Turkvolk, das mit den in der Volksrepublik dominanten Han-Chinesen eigentlich nichts zu tun haben möchte. Dass auch hier der chinesische Expansionsdrang Ursache des Problems ist, kann man schon allein daran erkennen,

Camp der drei MANs, Geisterfahrzeug unsichtbar

dass die in ihrer äußeren Erscheinung, ihrer Sprache, Kultur und Religion völlig anderen Uiguren ihre Heimat „Ost-Turkestan“ nennen, während der chinesische Ausdruck Xinjiang mit „Neue Grenzregion“ zu übersetzen ist.

Wie verabredet treffen wir Ilja in Luang Prabang in Nordlaos und begeben uns mit unseren zwei MANs zur Grenze zwischen Laos und China. Auf der laotischen Seite habe ich noch etwas Sorge, dass es Ärger gibt, weil es mir bei der Einreise nicht gelungen ist, ein erforderliches Zolldokument für das Fahrzeug zu erlangen, das bei der Ausreise wieder abgegeben werden muss. Aber der Zöllner an der Grenze nimmt das nicht so genau oder weiß auch nicht recht, wie er mir beibringen soll, was fehlt. Jedenfalls kommen wir ohne Probleme an die chinesische Seite der Grenze. Dort erwartet uns schon Cong, unser Führer für die nächsten 60 Tage der Durchreise durch China.

Er ist ein freundlicher junger Mann, ungefähr in Iljas Alter, mit dem auch gleich vereinbart wird, dass wir nicht in Städten übernachten, wo er sich ein einfaches Hotel sucht, sondern dass er im Fahrzeug von Ilja übernachtet. Nach der eigentlichen Grenzabfertigung, bei der es keine Rolle spielt, dass unser „Geisterfahrzeug“ fehlt, müssen wir einen technischen Check der Fahrzeuge absolvieren und den chinesischen Führerschein ablegen.

Es findet jedoch gerade das Wasserfest des Minderheitsvolkes der Dai statt, die hier im Grenzgebiet leben, weshalb die Behörden nur mit verminderter Kraft arbeiten. Wir übernachten im Hof des Amtes, an dem wir am nächsten Morgen diese notwendigen Prozeduren abwickeln können. Zur Überprüfung der Fahrzeuge müssen wir Blinker, Scheinwerfer und Bremslicht vorführen. Zum Beweis, dass Bremse und Lenkung funktionieren, sollen wir etwa 50 Meter beschleunigen und dann scharf bremsen. Neben dem Ende der Teststrecke stehen

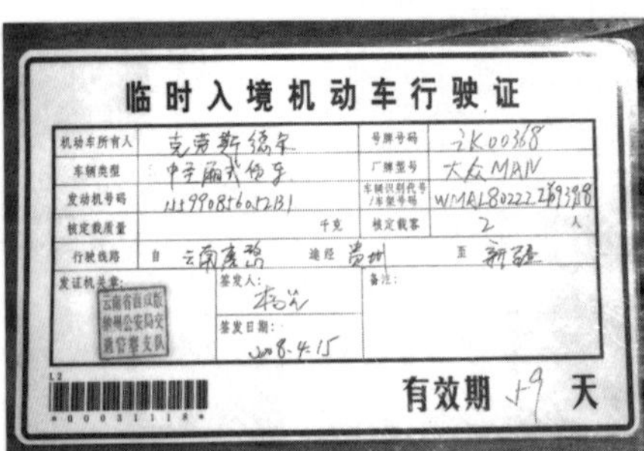

Unser chinesisches Nummernschild

die Beamten, wenn Bremse oder Lenkung nicht funktionieren würden, gäbe es Personenschaden. Alles hat geklappt und wir bekommen unsere befristeten Kennzeichen und chinesischen Führerscheine. Mein Passfoto ist wohl bei der Digitalisierung etwas verschossen, ich sehe darauf rot angelaufen aus, als hätte ich mich tagelang betrunken. Was mache ich bloß, dass man mich bei Kontrollen des Ausweises wiedererkennt?

Die Menschen hier vom Volk der Dai sind ebenso freundlich wie unaufdringlich und eifrig mit ihrem Wasserfest beschäftigt. Jeder spritzt jeden so gut er kann mit Wasser aus Flaschen, großen Spritzpistolen oder aus Eimern an. Auch unsere Autos und uns erwischt es natürlich, bis wir zu Gegenangriff übergehen. Dieser funktioniert sehr gut, weil man uns neugierig beäugt und dabei nicht damit rechnet, dass wir merkwürdigen Langnasen inzwischen auch gut gefüllte Wasserflaschen in der Fahrerkabine bereithalten.

Unser Führer Cong ist ein wahrer Glücksfall, denn er zeigt großes Interesse am Reisen, ist aufgeweckt und gewöhnt sich sofort an unsere westliche Küche. Schwierigkeiten bereitet uns dreierlei: Erstens, zu Tagesanfang abzuschätzen, wie weit die Tagesetappe führen könnte, denn ohne Vorankündigung wechselt die Strecke von brandneuer Autobahn in eine schmale, verschlammte Schlaglochpiste mit dichten Lkw-Verkehr. Zweitens ist es am Abend in diesem extrem dicht besiedelten Land ein Problem, einen Standplatz für unsere Fahrzeuge, sprich einen Übernachtungsplatz, zu finden. Die dritte und größte Schwierigkeit besteht jedoch darin, Diesel aufzutreiben.

Cong lädt zu Frühlingsrollen ein

Es ist Frühjahr 2008 und weltweit Hochkonjunktur mit entsprechend hohen Notierungen der Rohölpreise. Die chinesischen Ölgesellschaften dürfen ihre regulierten Tankstellenpreise nicht erhöhen, weshalb sie den Treibstoff lieber exportieren, als an den heimischen Zapfsäulen zu verkaufen. Wenn man länger sucht und sich umhört, findet man aber eine Tankstelle, die gerade beliefert worden ist. Wann immer es geht, tanken wir voll auf und haben dann wieder Treibstoff für geschlagene 2000 Kilometer.

Ich berichte Cong regelmäßig die aktuellen Meldungen über China auf dem Kurzwellenprogramm der Deutschen Welle. Cong ist sehr interessiert und fragt: „Sendet die Deutsche Welle auch auf Chinesisch?" Ich antworte: „Na klar, ich werde Sendezeiten und Frequenzen beim nächsten Besuch in einem Internet-Café ermitteln." Cong fragt in der nächsten Stadt herum, wo ein solches Café zu finden sei, und begleitet uns dorthin.

Im Untergeschoss eines größeren Gebäudes ist ein riesiger Raum mit 500 Plätzen für Internetsurfer eingerichtet. Um einen Platz zugewiesen zu bekommen, muss man aber erst einmal seinen Ausweis abgeben und kopieren lassen und die zu erwartende Nutzungszeit im Voraus bezahlen. Zuerst rufe ich natürlich meine E-Mails ab, dann versuche ich mich in die Seiten von www.spiegel.de und www.sueddeutsche.de einzuloggen. Oft gelingt das, manchmal kommt auch die typische Meldung für nicht erreichbare Seiten, je nachdem, ob gerade etwas Unerwünschtes über China veröffentlicht wurde oder nicht. Die Seiten der Deutschen Welle sind aber leider generell gesperrt. Nach längerem Aufenthalt in einem Internet-Café kommt ein Gefühl auf, das die Inder „a natural feeling" nennen würden: Man sucht eine Toilette. Suchen heißt aber noch lange nicht finden, denn trotz der 500 Internetbenutzer muss noch lange keine Toilette installiert sein.

In Randbereich von Chengdu, der Hauptstadt der Provinz Sichuan, finden wir nach kurzem Suchen einen geeigneten Standplatz auf dem Parkplatz eines Gartenrestaurants in der Nähe der riesigen, weltbekannten Aufzuchtstation für Pandabären. Am nächsten Tag möchten wir zunächst in die Stadt fahren, um in der Ausländerbehörde den Antrag auf Iljas Visumsverlängerung zu stellen. Danach steht eine Stadtbesichtigung auf dem Programm.

Am übernächsten Tag möchten wir die Panda-Aufzuchtstation besichtigen und dann den Pass abholen. Mit dem Taxi fahren wir ins

Zentrum zum modernen, mehrstöckigen Gebäude der Ausländerbehörde. Cong und Ilja machen sich an die Arbeit, während wir erst einmal eine Stunde Zeit haben, uns in der Umgebung umzusehen.

Erika liegt mir schon seit Wochen immer nachdrücklicher in den Ohren, dass ich endlich zum Friseur gehen müsse. Als wir an einem großen Friseursalon vorbeikommen, habe ich ihrem Drängen wenig entgegenzusetzen. Wir verstehen zwar die Beschriftung des Betriebes nicht, sehen aber die typischen Poster perfekt frisierter Models. Im Eingang stehen eine übertrieben geschminkte Friseuse und ein ebenso aufgetakelter Friseur. Ein Blick durch die Eingangstüre lässt aber moderne, perfekte Friseureinrichtung erkennen, weshalb wir eintreten. Wir sind die einzigen Kunden, man folgt uns und sieht uns erwartungsvoll an, während ich darauf warte, auf einen der vielen Friseurstühle gesetzt zu werden.

Beide Seiten stehen sich weiter ratlos gegenüber, weshalb ich mich einfach auf einen der Stühle setze und an einem Haarbüschel zupfe. Die Ratlosigkeit steigt, denn man scheint sich noch immer nicht zu verstehen. Schließlich führen uns die beiden in Richtung Nebenraum mit für den äußerlich erkennbaren Geschäftszweck unpassenden Liegen. Uns wird schlagartig klar, dass mich Erika versehentlich in ein getarntes Bordell geführt hat. Cong wird uns später darüber aufklären, dass Prostitution verboten ist, aber jeder Chinese weiß, dass hierfür getarnte Friseursalons die Anlaufstellen sind. Wir enteilen und ich kann noch einige Tage mit meinem üppigen Kopfschmuck herumlaufen.

Schön langsam machen wir uns auf den Rückweg zur Ausländerbehörde und setzen uns im Erdgeschoss im Wartesaal auf eine am Boden verschraubte Edelstahlbank. Hier möchten wir im Reiseführer schmökern, bis Cong und Ilja wieder auftauchen. Wir sind beide mit dem Lesen beschäftigt, als unsere Bank heftig ruckelt. Um nachzusehen, was los ist, blicken wir auf, jedoch hat keiner die Bank berührt, diese ist außerdem mit dem Boden fest verschraubt. Die anderen Wartenden hingegen rennen hinaus, wir hinterher. Ein schweres Erdbeben hat die Provinz Suchan erschüttert, bei dem 70.000 Menschen ihr Leben lassen, davon 1300 in Chengdu. Wir stürzen also durch den Haupteingang hinaus und gleich über die Straße auf den Mittelstreifen. Dieser wackelt, als ob er gleich einsacken würde, weshalb wir noch bis zu einem großen Platz weiterlaufen, auf dem man auch bei möglicherweise einstürzenden Hochhäusern einigermaßen sicher wäre.

Der Boden bleibt unruhig und der Platz füllt sich immer mehr, weil die Menschen aus den Hochhäusern fliehen. Je weiter oben im Hochhaus sie beim ersten Beben waren, von umso stärkeren Ausschlägen berichten sie. Es sind verblüffend viele Chinesen versammelt, die gut Englisch sprechen, viele davon sicher aus der Ausländerbehörde. Auch die Älteren unter ihnen hatten ein solches Beben noch nicht erlebt. Die umliegenden Bürogebäude und Hochhäuser sehen äußerlich unbeschädigt aus, bei näherem Hinsehen, zum Beispiel an dem Gebäude, aus dem wir geflohen sind, erkennt man jedoch Risse in der Außenwand und dem Treppenhaus.

Von Cong und Ilja, die im zweiten Stock waren, erfahren wir nach einer halben Stunde per SMS, dass es ihnen gut gehe. Sie waren über das Treppenhaus in den Innenhof geflohen. Wir bestätigen, ebenso per SMS, dass auch bei uns alles in Ordnung sei und dass wir auf dem großen Platz nahe der Immigration stehen. Das Mobilnetz ist völlig überlastet, nur Kurznachrichten sind möglich, denn jeder versucht zu erkunden, wie es seinen Angehörigen geht. Per Rundfunk wird offensichtlich verbreitet, die Regierung habe alles unter Kontrolle, kein Grund zur Panik – eine Pflichtübung.

Langsam füllen sich die Straßen wieder mit einzelnen Fahrzeugen. Wir gehen etwas durch die Stadt und wundern uns, dass die Straßen voller Fußgänger, aber die Gehwege leer sind. Klar, die typischen weißen Kacheln und steinernen Wandvertäfelungen der Hochhäuser könnten herunterkrachen. Verletzte sehen wir nicht, aber auf den Mittelstreifen der Straßen stehen in der Nähe von Krankenhäusern die belegten Krankenbetten von Patienten, die nicht gehen können. Man beginnt, sich auf die Nacht und Nachbeben vorzubereiten, die häufig so viele Opfer kosten wie das ursprüngliche Beben. Schließlich nimmt der Autoverkehr wieder etwas zu, so dass wir ein Taxi finden und uns zurück in die Vorstadt zu unseren Fahrzeugen chauffieren lassen können. Diese sind auf dem Parkplatz des Gartenrestaurants inzwischen völlig von provisorischen Zelten umgeben, denn auch hier bereitet man sich auf eine unruhige Nacht vor.

An den umgebenden, älteren Bauten mit schwach geneigtem Dach sehen wir, dass die Dachziegel in „Mönch und Nonne"-Ausführung ins Rutschen gekommen und zum Teil wie Dachlawinen heruntergefallen sind. Es scheint aber auch hier keine Verletzten zu geben. Erst nach und nach wird zuerst Cong und dann uns klar, welches Ausmaß das Erdbeben hatte. Es wird von schwersten Schäden und vielen Toten im Epizentrum berichtet. Sehr viele Kinder sind ums Leben gekommen, weil nachlässig gebaute Schulgebäude zu Hunderten eingestürzt sind. Sie werden angesichts ihrer mangelnden Festigkeit, die aus unzureichendem Baumaterial resultiert, an dessen Beschaffung man sich bereichert hat, umgehend „Tofuschulen" genannt. Gerade auf dem Land und näher am Epizentrum sind wegen der veralteten Bauweise der Häuser die Schäden am größten, die Opfer am zahlreichsten. Im Rundfunk werden die Bürger aufgefordert, nicht zu ihren Verwandten ins Zentrum des Erdbebengebietes zu fahren, damit die Straßen nicht blockiert werden. Es heißt, die Fernstraßen seien für Privatpersonen gesperrt.

Wir müssen aber am nächsten Tag weiterreisen, da unsere Aufenthaltserlaubnis in China begrenzt ist und noch 5000 Kilometer bis zur Grenze nach Kasachstan vor uns liegen. Das Epizentrum liegt nur einige dutzende Kilometer abseits der Route, die wir fahren müssen, schon weil sie die einzige uns schriftlich genehmigte Strecke ist. Am Vormittag des nächsten Tages kehren wir nochmals in die Stadt

Erdbebenopfer rettet seine Habe.
Daneben provisorische Zelte für die Übernachtung im Freien.

zurück, denn Ilja kann bei einem Notdienst der Ausländerbehörde seinen Pass mit verlängertem Visum abholen.

Fast alle Geschäfte und Büros sind geschlossen, nur wenige Menschen sind unterwegs. Ein Restaurant hat geöffnet, wir gehen zunächst hinein, als wir aber auf einigen Tischen jeweils zwei aufeinander gestellte leere Getränkeflaschen als Frühwarnsystem für Nachbeben entdecken, verziehen wir uns wieder nach draußen in den Garten des Restaurants.

Stunden nach dem Erbeben kommt mir die Vermutung, dass nicht viele Deutsche das Erdbeben so hautnah miterlebt haben. Deshalb baue ich mein Satellitentelefon auf, um in Deutschland bei der Presseagentur DPA in München anzurufen. Die DPA erklärt sich für nicht zuständig, ich solle in Hamburg anrufen, man gibt mir die Nummer durch. Also rufe ich bei der DPA in Hamburg an, wo ich von Pontius zu Pilatus verbunden werde und das bei den horrenden Verbindungsgebühren des Satellitentelefons. Schließlich gebe ich es auf und rufe beim Bayerischen Rundfunk und der Süddeutschen Zeitung an. Diese berichten als erste und lösen für zwei Tage einen Run auf weitere Berichte aus, bis die Presse ihre eigenen Korrespondenten vor Ort hat. Erst nach meiner Rückkehr nach Deutschland erfahre ich, in wie vielen Medien für kurze Zeit meine Berichte verwendet wurden.

Mit dem Taxi lassen wir uns dann zur Panda-Aufzuchtstation bringen. Die großen und dennoch possierlichen Tiere sind nicht besonders vermehrungsfreudig, weshalb in China sehr viel für deren Erhalt getan wird. Wir sind verblüfft über die riesige, gepflegte Anlage und den professionellen Aufwand, der hier getrieben wird. Bären sind zwar eigentlich Allesfresser, doch nicht so die Pandabären, welche sich nur pflanzlich ernähren. Sie fressen überwiegend Bambus, dazwischen bekommen sie als besondere Delikatesse gelegentlich einen Apfel. Wer so wenig energiehaltige Nahrung zu sich nimmt, muss natürlich auch mit seinen Kräften haushalten, sich also wenig bewegen und Revierkämpfe vermeiden. Letzteres bewirken sie, indem ihre Augenhöhlen schwarz sind, was ihnen ein furchterregendes Aussehen verleiht. Hier drängen sich gleich zwei Parallelen auf, zum einen die dunkelgeschminkten Augenhöhlen aufgemotzter Ladies und zum anderen die Parallele zu den vegetarischen Brüllaffen

Links Ilja, dann Cong, Erika und ich beim Essen im Restaurant

Lateinamerikas, die mit wirklich ohrenbetäubendem, furchterregendem Getöse Rivalen von ihrem Revier fernhalten.

Nochmals übernachten wir auf dem Parkplatz des Gartenrestaurants, in dem die wildesten Fleischspeisen zum Verzehr angeboten werden. Aber wo ist Cong? Wir gehen suchend durch das große Gartenrestaurant, bis uns ein Gast auf einen Tisch aufmerksam macht, an dem er sitzt. Neben ihm ein Dienstleister, der ihm mitten zwischen den Gästen gerade die Ohren mit einem riesigen, pumpenähnlichen Gerät ausräumt.

Am Büffet haben wir Probleme, aus der Großauswahl von Gerichten etwas zu finden, wovor es uns nicht graust. Die Auswahl reicht von glasierten Entenpfoten über Hühnerkrallen und Schlange bis hin zu scharfen, roten Sechuan-Gerichten, die unter einer zentimeterdicken Ölschicht herausgefischt werden müssen. Nicht umsonst heißt es, dass die Chinesen alles essen was Beine hat, außer Tische und Stühle, und dass sie alles essen was fliegen kann, außer Flugzeugen.

Am nächsten Morgen machen wir uns wieder auf den Weg und hoffen, dass die Überlandstraße und Autobahn für uns nicht gesperrt ist. Der Verkehr bis zum Stadtrand ist sehr dicht und wie immer völlig chaotisch, als mich ein Bus rechts neben mir nötigen will, ihm meine

Spur frei zu machen. Er hupt wie verrückt, um mich zum Zurückbleiben zu zwingen. Während seiner Aktion versucht sich noch dazu ein Motorradfahrer mit Sozia zwischen unseren beiden großen Fahrzeugen hindurch zu zwängen. Der Bus zieht weiter nach links, so dass das Motorrad am Kotflügel meines MAN hängenbleibt und umkippt. Das Geräusch jagt mir einen gehörigen Schrecken ein, ein Verkehrsunfall mit Personenschaden wäre ein Albtraum.

Ich steige sofort aus, um die Situation zu ergründen. Das Motorrad liegt am Boden, die Besatzung steht gerade auf, der schrecklichste Fall ist also nicht eingetreten. Erika fängt sofort an, den Schaden zu fotografieren und Ilja mit Cong anzurufen, die weit vor uns fahren, um sie zur Umkehr aufzufordern. Hinter unserem Fahrzeug bildet sich ein gigantischer Verkehrsstau, aus dem nach einer halben Stunde das Fahrzeug der Ausländerpolizei auftaucht. Die eigens herbeigerufenen Polizisten für Geschehnisse mit Ausländern sprechen Englisch. Während sie den Ort des Unfalls fotografieren, taucht unser zweites Fahrzeug mit Cong auf. Die Polizei kontrolliert unser temporäres chinesisches Nummernschild, meinen befristeten chinesischen Führerschein sowie die Visa im Pass und ist erst einmal zufrieden. Das Bild des Unfallortes zeigt deutlich wie der Ablauf war, weshalb die Polizei

Unfall mit Motorradfahrer

erst die Motorradbesatzung fragt, ob sie verletzt sei. Außer starken Schürfwunden an den Beinen scheint den beiden aber nichts zu fehlen. Solcherart Unfälle sind bei dem dermaßen chaotischem Verkehr an der Tagesordnung, weshalb ich schließlich ohne weitere Befragung meine Papiere zurückbekomme und wir weiterfahren dürfen.

Auf der Fahrt über Land in Richtung Xian passieren wir Dörfer und Kleinstädte, an welchen die Erdbebenschäden unübersehbar sind. Mauern zwischen großen Grundstücken sind in ganzer Länge umgekippt, alte Gebäude beziehungsweise Gebäudeteile eingestürzt, die lose ineinander gelegten „Mönch und Nonne"-Dachziegel sind wie Dachlawinen abgerutscht. In manchen Parkanlagen lagern die verängstigten Bürger in provisorischen Zeltstädten. Wenn wir die Fahrzeuge verlassen, spüren wir noch über viele Tage die ständigen Nachbeben. In unseren Fahrzeugen sind wir jedoch bestens geschützt, wenn wir uns nicht gerade so dusselig hinstellen, dass uns ein Kamin auf das Dach kippen kann.

Während die Nachbeben schwächer werden, sieht man immer mehr Konvois von Hilfsfahrzeugen, die in Richtung Epizentrum und Umgebung unterwegs sind. Die Chinesen sind verblüffend gut organisiert, über drei Wochen lang sehen wir bis in eine Entfernung von 2000 Kilometern wie neues Material herangekarrt wird, Baumaschinen, Lkw, Versorgungsfahrzeuge, Kräne, Ü-Wagen, Tankfahrzeuge und natürlich tausende von Soldaten als Katastrophenhelfer. Während das ganze Land über die Treibstoffknappheit stöhnt, werden ganze Tankstellen requiriert, um die Hilfsfahrzeuge zu betanken. Die Tankstellen werden durch brandneue Mercedes-Tankfahrzeuge mit Diesel beliefert, in den Auffahrten zu den Tankstellen sind Tische mit Wasserflaschen und Lebensmitteln aufgebaut, um die Fahrer und Soldaten zu versorgen. Unglaublich, wie gut die Chinesen organisiert sind, wie schnell und umfassend die Hilfe funktioniert.

Jahre später bereist mein Bruder die Erdbebenregion und kann fast keine Schäden mehr erkennen. In China werden nach einem solchen Großschadensereignis die umliegenden Provinzen für den kompletten Wiederaufbau jeweils einer der betroffenen Regionen verantwortlich gemacht. Dieses System scheint also gut zu funktionieren.

Zwischendurch muss mal wieder erwähnt werden, wie eindrucksvoll die Landschaften Chinas sind, wie vielfältig und völlig fremd die

Kulturen sind, wie interessant, wenn auch gelegentlich anstrengend die Begegnungen mit den Menschen Chinas sind, deren Sprache, Schrift und Gestik wir nicht verstehen. Wenn ich jedoch einen Kultur- und Reiseführer über die Weltreise schreiben wollte, so würde der den Umfang vieler Bände einnehmen.

Wie bereits berichtet, ist der chaotische Straßenverkehr Chinas allenfalls mit dem im noch dichter besiedelten Indien zu vergleichen. Die Straßen der von uns bereisten Gebiete sind voll von Lkw, Bussen, primitiven Traktoren und schwarzen AUDI-Limousinen der verschiedensten Sicherheitsorgane mit und ohne Kfz-Kennzeichen. Mit einer speziellen, laut krächzenden Hupe signalisieren sie ihren Anspruch, vorgelassen zu werden. Privatfahrzeuge mögen in den besonders reichen Industriegebieten der Küstenprovinzen dominieren, da wo wir unterwegs sind, treten sie jedoch weit weniger in Erscheinung. Zwei Drittel der Fahrzeuge auf den Schnellstraßen sind Busse, Lkw oder Traktoren, nur ein Drittel Pkw. Der Straßenzustand der Hauptverbindungsstrecken wechselt unvermittelt und kaum vorhersehbar zwischen brandneuer Autobahn und katastrophalem Kartoffelacker.

Unser Fernziel Ürümqi ist noch 2000 Kilometer entfernt, allerdings weniger dicht besiedelt und durch eine ordentliche Autobahn erreichbar. Da es aber auch laut Karte eine sehr schöne und nicht längere Alternative zur eher langweiligen Autobahnstrecke gibt, beschließen wir erst einmal, nach Süden abzubiegen, um dann in landschaftlich schönerer Gebirgsregion nach etwa 100 km nach Westen in Richtung Yining zu fahren. Cong meint, diese erste Abweichung von der geplanten Route verantworten zu können, zumal ja Yining auf unserem Reiseplan stand, aber nicht, auf welchem Weg wir fahren müssen. Deshalb biegen wir in Kuytun in Richtung Qin-Gebirges ab, dessen schneebedeckte Gipfel wir von der Straße aus immer nur in 100 Kilometer Entfernung sehen konnten. Wie immer fährt Ilja voraus, weil er auf dem Beifahrersitz Platz für Cong hat. Erika und ich sehen am Straßenrand ein großes Schild mit chinesischer Aufschrift und gewohnt merkwürdigem Englisch: „Foreigners are prohibited from entering non-open areas", und wir fragen uns, ob das nun ein Verbotsschild oder ein allgemeiner Hinweis ist.

Der Streckenzustand wechselt unvermittelt von katastrophal zu hochmodern

Aber unsere Freunde fahren weiter, denn Cong im Fahrzeug vor uns wird das Schild hoffentlich auch gelesen haben und aus der chinesischen Formulierung Klarheit haben.

Es geht durch ein breites, schönes Flusstal immer weiter in Richtung Berge hinein. Wir gelangen an einem Urlaubsort für chinesische Skifahrer an eine Weggabelung, an der wir rechts abbiegen müssen. Kurz nach dem Ortsende versperrt uns eine Schranke den Weg. Wachleute erklären Cong korrekt aber ganz klar, dass wir nicht weiterfahren dürfen. Notgedrungen und enttäuscht angesichts der näher gekommenen gletscherbedeckten prächtigen Berge drehen wir um.

Es ist noch einigermaßen zeitig am Nachmittag, aber da wir im breiten Tal unterhalb der wenig befahrenen Straße einen herrlichen Standplatz sehen, beschließen wir, gleich hier zu übernachten. Erika hat zusammen mit Cong bereits mit dem Kochen angefangen, es soll Frühlingsrollen geben. Mitten in den aufwändigen Vorbereitungen hören wir Türen schlagen. Es sind zwei schwarze AUDI-Limousinen ohne Kennzeichen vorgefahren, aus welchen ein bewaffneter uigurischer Polizist in Uniform und mehrere nicht sichtbar oder unbewaffnete typische Han-Chinesen aussteigen. Die „Hans“ sind sichtbar angespannt und signalisieren Cong sehr klar, dass wir sofort aufbrechen müssen, um ihnen in Richtung Tal zu folgen, während der

Das missverständliche Schild

bewaffnete Uigure ein bedauernd freundliches Gesicht macht. Also vorbereitete Frühlingsrollen irgendwie einpacken, Geschirr in die Spüle und los geht's.

Wir folgen also den schwarzen Limousinen bis zum Kreisverkehr im Tal, wo unsere Straße von der alten Landstraße abzweigt. Dort steht auch das erwähnte Schild. Inzwischen ist noch ein weiterer Beamter eingetroffen, der fließend Englisch spricht und unsere Personalien aufnimmt. Wir zeigen ihm das Schild, um ihn auf das missverständliche Englisch hinzuweisen und fotografieren es, um sicher zu gehen, dass da nichts nachkommt.

Neben die Beamten gesellt sich ein schlecht gekleideter Chinese bis auf Tuchfühlung und sieht den Polizisten über die Schulter auf unsere Papiere. Ich frage den Englisch sprechenden Beamten, wer der Zuschauer sei. Erst jetzt bemerkt er ihn und schickt ihn weg. Für uns ist das eine für China typische Situation, denn die Menschen sind das Gedränge offensichtlich so gewohnt, dass beide Seiten gar nicht bemerken, wie sie sich zu nahe kommen.

Nach und nach hellen sich die Mienen der Beamten auf. Sie sehen kein Problem, wenn wir uns woanders im weiteren Bereich der Schnellstraße nach Westen einen Platz zur Übernachtung suchen. Sicherheitshalber begleiten sie uns bis zur Auffahrt auf die Schnellstraße. Einige Kilometer weiter finden wir in der Halbwüstenlandschaft Xinjiangs bei fortgeschrittener Dämmerung einen hübschen, ruhigen Platz für das Nachtlager.

Auf der langen, glücklicherweise passablen Strecke gen Westen, hat sich bei meinem Fahrzeug wieder ein Problem mit dem Schaltgetriebe aufgetan. Das Problem hatte ich schon einmal in Mexiko und damit schleppte ich mich bis Los Angeles durch. Von hier wurde das Fahrzeug nach Sydney verschifft und dort habe ich ein neues Schaltgetriebe einfliegen lassen müssen. Immer wenn ich im dritten oder vierten Gang vom Gas gehe, springt der Gang raus. Ich bin höchst alarmiert und mit den Nerven völlig am Ende, als dieses Problem wieder auftaucht. Wir sind tausende Kilometer von einer Werksvertretung entfernt und ich muss im dichten Verkehr auf schlechter Strecke ständig herunterschalten, um im dritten Gang wieder zu beschleunigen. Eine Internetrecherche ergibt, dass es in Peking, also unendlich weit im Osten, aber auch in Ürümqi, der

Hauptstadt der Provinz Xinjiang ganz im Westen, eine Vertragswerkstatt gibt. Allradfahrzeuge meines Typs werden zufällig dort in den Ölfeldern in der Wüste Taklamakan verwendet.

Ich fahre vorsichtig weiter und versuche so wenig wie möglich in den dritten Gang zu schalten. Auf langen, geraden Strecken ist das kein Problem, weshalb wir die Lkw-Werksvertretung und angeschlossene Vertretung des deutschen Getriebeherstellers ohne verschärfte Probleme erreichen. Die Leute sind echte Profis, sie zerlegen das Getriebe, bestellen im 4000 Kilometer entfernten Peking die Teile und nach wenigen Tagen sind wir wieder startbereit.

In der Wartezeit besorgen wir uns im Konsulat Kasachstans die Visa für das Nachbarland. Unser Freund und Führer Cong, der gebrochen Deutsch spricht, aber auf dieser Reise viel dazugelernt hat, staunt nicht schlecht, als uns die deutschstämmige Kasachin im Konsulat allen anderen Antragstellern vorzieht und in gutem Deutsch zügig abfertigt.

Xinjiang ist eine teilautonome Provinz ganz im Westen Chinas, die vorwiegend von Uiguren besiedelt ist. Die Uiguren haben wenig mit dem dominanten Volk Chinas, den Han-Chinesen, gemein. Schon äußerlich ähneln sie eher den Anatoliern der Türkei. Sofort im ersten von Uiguren betriebenen Straßenrestaurant entlang der Autobahn werden wir mit spürbarer Sympathie betrachtet und bedient, weil wir eben keine Han-Chinesen sind. Auch das Essen kommt unseren Vorstellungen sehr entgegen, es gibt endlich wieder Grillfleisch, Gemüse, Fladenbrot und kühles Bier. Eine willkommene Abwechslung zu den Speisen der letzten Monate in Zentralasien und dem China der Han-Chinesen, wo in großer Auswahl kleingehacktes Fleisch zusammen mit Gemüse und Reis mit Stäbchen gegessen wird und man lauwarmes Bier serviert bekommt.

Bei der Abreise aus Ürümqi haben wir trotz des Werkstattaufenthalts noch etwas Zeit, ohne unser geplantes Ausreisedatum zu gefährden. Deshalb weichen wir von der direkten Strecke zur Grenze nach Norden ab, um in die bis zu 5500 Meter hohe Bergregion Boluokenu Shan und zum Himmelssee zu gelangen. Nach diesem Ausflug in eine der schönsten Regionen des Landes führt uns der weitere Weg durch einsame Bergregionen mit Seen, Hirten und deren Jurten nach Westen in Richtung kasachische Grenze.

Sechs Mechaniker, ein zerlegtes Getriebe

Viel Personal, sehr selten Diesel an den Tankstellen

Camp in der Halbwüste Xinjiangs

Der China-Aufenthalt unserer Weltreise neigt sich dem Ende entgegen, wir erreichen Korgas, der Grenzstadt zu Kasachstan. In drei Tagen laufen unsere Visa aus, desgleichen die Gültigkeit der chinesischen Autonummer, die Zollbürgschaft für die Fahrzeuge, die Versicherung und die gebuchte Zeit unseres Führers. Um kein Risiko einzugehen, fahren wir am Tag vor Ablauf an die Grenze, die wie im „Reich der Mitte“ üblich aus einem riesigen, umzäunten Gelände besteht mit einem darin pompösen Abfertigungsgebäude aus Marmor und Glas. Der Zaun heißt aber nicht, dass dahinter die Reisenden während der Abfertigung Schutz vor beispielsweise Kleinkriminellen finden könnten, sondern dass die Reisenden gefälligst draußen am Straßenrand warten sollen, bis man Zeit und Lust hat, sie zur Abfertigung in den Hof zu lassen.

Wir warten Stunde um Stunde, werden aber nicht hinein gelassen, während die anderen Fahrzeuge zögerlich abgefertigt werden. Cong sagt uns, dass der „Manager“, der uns hinein lassen könnte, nicht da sei. Erst als wir selbst versuchen zu klären, was los ist, erfahren wir, dass uns ein zur Ausreise notwendiges Papier fehle. In der Vorbereitung der Olympischen Spiele in Peking wurde eine zusätzliche Sicherheitskontrolle eingeführt, die wir in einer Stadt 500 Kilometer östlich hätten absolvieren und uns mit einen Dokument bescheinigen lassen müssen. Das wussten weder wir noch Cong noch unsere Reiseagentur in Peking.

Wir kommen also nicht aus China raus und übermorgen laufen all unsere Papiere ab. Cong alarmiert seinen Chef in Peking, der sich bemühen wird, das Papier schnellstens zu beschaffen, aber unsere Visa laufen ab. In der Grenzstadt Korgas ist eine Visumsverlängerung nicht zu bekommen, dazu müssen wir nach Süden ins 100 Kilometer entfernte Yining zur Immigration. Also beschließen wir, noch am Abend nach Yining zu fahren, um am nächsten Morgen die Visumsverlängerungen zu beantragen. Wir haben es eilig, denn wir möchten am nächsten Tag gleich bei Öffnung der Dienststelle zur Passverlängerung antreten und dann sofort zurückfahren.

Eilig heißt offensichtlich zu eilig, denn wir werden zusammen mit einigen weiteren Autofahrern wegen Geschwindigkeitsüberschreitung von der Straße geholt. Die Geldstrafe ist empfindlich, aber nicht unmenschlich, angesichts der verheerenden Verkehrsmoral in ganz

China aber unverständlich. Es geht wohl eher darum, einen Vorwand zu finden, die Uiguren zu schikanieren und ihre Fahrzeuge zu kontrollieren. Für uns heißt das, dass wir uns einen Standplatz zur Übernachtung suchen müssen, den wir am Feldrand in gebührendem Anstand zur Straße finden. Cong fragt den Bauern, ob wir da stehen bleiben können, dieser willigt gerne ein.

Mitten in der Nacht hören wir aber wieder Türen schlagen. Eine Militärpatrouille stöbert uns auf, weckt uns und befragt Cong, was da los sei. Als sie keine militärische Gefahr sehen, fahren sie wieder fort, ohne unsere Fahrzeuge zu kontrollieren. Ich habe aber den Verdacht, dass das noch nicht alles war, und baue mein Satellitentelefon ab, das ich im Fahrzeug aufgebaut hatte. Prompt erscheint eine Stunde später die Polizei, der wohl vom Militär der Fall übergeben worden ist. Die Leute sind angespannt, nehmen uns die Pässe ab und machen Cong klar, dass wir ihnen nach Yining folgen müssen. Es sei hier sehr gefährlich, uigurische Separatisten seinen unterwegs und hätten lange Messer. Uns als westlichen Ausländern würden die vermutlich nichts tun, aber für verhasste Han-Chinesen, zu denen eben auch Cong zählt, könnte das fatal werden.

In Yining werden wir in den Hof eines Hotels gelotst, wo wir um fünf Uhr morgens noch ein Zimmer mieten müssen, ob wir es beziehen oder nicht. Am nächsten Morgen werden wir gleich um acht Uhr von der Polizei abgeholt und zum Revier gebracht. Dort hängt ein riesiges Schild an der Wand, auf dem auf Chinesisch steht, in welchen Regionen man nicht campen darf, darunter diejenige, in der wir uns breit gemacht hatten. Man ist zunächst sehr angespannt, alle Genehmigungen und Papiere, auch die zum Campen im Land, werden kontrolliert, aber als man realisiert, warum wir nach Yining kommen mussten um rechtzeitig das Land zu verlassen, entspannt sich die Situation.

In Begleitung der Polizei werden wir zur Immigration gebracht. Auch dort sehr angespannte Gesichter und die Frage, wie wir es dazu kommen lassen können, dass unsere Visa auslaufen. Man spricht dort gut Englisch, so dass wir alles erklären können. Die Spannung legt sich und wir erhalten die Zusage, dass wir am Nachmittag die Pässe mit verlängertem Visum abholen können. Das klappt dann auch reibungslos, wir fahren noch am selben Tag zurück in die Grenzstadt, in der freilich die Grenzstation inzwischen geschlossen ist.

Am nächsten Tag, alle Dokumente außer den verlängerten Visa sind inzwischen abgelaufen, zurück zur Grenze. Kein Fahrzeug da, kein Beamter zu sehen, Grenze am Wochenende geschlossen. In Anbetracht unserer Situation und unserer erkennbaren Bemühungen, sie zu bewältigen, verständigt man sich mit den Kasachen auf der anderen Seite der Grenze. Sie wird für unsere beiden Fahrzeuge geöffnet, wir werden abgefertigt, verabschieden uns von Cong und überlassen ihm eine hübsche Summe übriggebliebener Yuan.

Plötzlich stehen wir den freundlichen kasachischen Grenzern mit ihren absurd hohen, breiten, steil nach hinten heruntergezogenen Offiziersmützen gegenüber. Wenn man mit ihnen spricht, so ist deutlich mehr Hut im Blickfeld als Gesicht – Einreise kein Problem, wir können weiterfahren.

China war es wert, bereist und erlebt zu werden, nicht nur um Kultur, Landschaft und Menschen kennenzulernen, sondern auch um sicher zu sein, dass man in einer überbevölkerten lupenreinen Diktatur mit so extremen Gegensätzen zwischen arm und reich nicht leben möchte.

Von dieser Grenzstation fahren Lastwagen in gut fünf Tagen bis Mitteleuropa. Wir fühlen uns in Kasachstan auch schon fast wie zuhause, denn es wären auf dem direktesten Weg nur noch 4000 Kilometer. In den einfachen, dürftig sortierten Märkten und Läden der Dörfer und Kleinstädte können wir endlich wieder Graubrot kaufen, Butter, Käse und Wurst. Die Landschaft ist weit, die Bevölkerungsdichte sehr gering, ein neues Stück Freiheit tut uns gut.

Schlusswort

2014

Auf allen Reisen begegnete uns unerwartete Freundlichkeit und Hilfsbereitschaft, häufig auch in schwierigen Situationen. Diese oft selbstlose Hilfe bestärkte uns darin, auch ganz anderen Menschen mit akuten Problemen und ohne Erwartung einer Gegenleistung zu helfen.

Dass die Menschen fast überall ihr Land, ihr Volk, ihre Religionsgemeinschaft oder gar sich persönlich für den Mittelpunkt der Welt halten, war eine weitere Erfahrung. In meiner bayrischen Heimat klingt das so: „Mia san mia!" Es gibt jedoch nur einen Mittelpunkt der Erde, und dieser befindet sich 6370 Kilometer unter uns allen. Die Erde selbst ist wiederum nur ein unvorstellbar kleiner Punkt irgendwo im Universum, von dem wir, unterwegs in klaren Nächten, über uns einen winzigen Teil bestaunen können.

In vielen Ländern der Erde wird der Bevölkerung suggeriert, sie oder ihr Land sei einzigartig. Je schlichter die Gemüter, umso eher lassen sie sich weismachen, sie persönlich, ihr Volk, ihr Land seien den Nachbarvölkern, Nachbarländern überlegen. Doch die Menschen werden lediglich benutzt, um die persönliche Macht und das Einflussgebiet derer zu erweitern, die sie zu benutzen wissen. Es geht um Macht, das Geld kommt dann ganz von selbst.

So sind die USA aus eigener Sicht „Gods own country", auf BBC und im Pub singen Briten ihre inoffizielle Nationalhymne „Rule Britannia …", unsere Nachbarn im Westen sind stolz auf die „Gloire" der „Grande Nation", die Brasilianer sagen von ihrer Heimat „Gott ist ein Brasilianer", Chinesen halten ihr Land für das „Reich der Mitte", Juden halten sich für das „auserwählte Volk", Japaner leben in der Illusion, ihr „Himmlischer Herrscher", der „Tenno", sei von der Gottheit in sein Amt eingesetzt worden.

Immerhin haben wir in Deutschland die erste Strophe des Deutschlandliedes „Deutschland, Deutschland über alles, über alles in der Welt …" gestrichen und singen ersatzweise dessen dritte Strophe.

Zweites universelles Problem und Ursache unzähliger Kriege sind die Religionsgemeinschaften, insbesondere die monotheistischen Buchreligionen. Wer schon per vermeintlich unumstößlichen, schriftlichen religiösen Auftrages einen weltweiten Alleinvertretungsanspruch formuliert, produziert ein Problem. Er verschließt sich der zivilisatorischen Entwicklung demokratischer Gesetzgebung und des verhandelten Interessensausgleichs. Er muss sich nicht wundern, wenn er mit einem ebenso eingestellten, fundamentalistisch militanten Vertreter einer anderen monotheistischen Religion in Konflikt gerät. Auch hier geht es um die irdische Macht der vorgeblich alleinigen Vertreter der fiktiven höheren Macht, die nichts neben sich duldet.

Wir werden alle lernen müssen, keine Alleinstellung zu genießen und in internationalen Konflikten nicht unsere kollektive Selbsteinschätzung in Kombination mit wirtschaftlicher Interessenslage und frühgeschichtlichen religiösen Überlieferungen zur Entscheidungsgrundlage zu machen. Allein fairer Umgang in Anerkennung, Fortentwicklung und Anwendung internationalen Rechts kann zu friedlicher Koexistenz oder besser noch Kooperation führen.

Wie im Vorwort bemerkt, hoffe ich, dass dieses Buch den Leser dazu inspiriert, selbstorganisierte Fernreisen zu unternehmen. Auch er wird viel erleben, seinen Horizont erweitern, und später eines feststellen: Die Jahrzehnte, die ich daheim den täglichen Trott gelebt habe, sind weit weniger in Erinnerung geblieben als die Monate oder Jahre, die ich auf mich und meine Reisepartner gestellt, in der Welt unterwegs war.

In diesem Sinne wünsche ich gesunde Heimkehr von abenteuerlicher Reise!

Klaus Därr

Anhang

Der Autor

Klaus Därr, geboren 1947, ging in München zur Schule und studierte dort zunächst an der Fachhochschule, anschließend an der Technischen Universität (TU) Ingenieurwissenschaften. 1975 brachte er die erste Auflage des Büchleins „TransSahara" heraus. Es war eine der ersten zehn Schriften der neuen Spezies „alternative Reiseführer", die kurz später als „Globetrotter-Reiseführer" im skeptischen Buchhandel Einzug hielten.

Im Jahr 1975 hängte seine Frau Erika ihr Studium an den Nagel, um in einer untergemieteten Mansardenwohnung den ersten winzigen Versand für Reiseausrüstung zu eröffnen, während er vorsichtshalber noch seine Stelle als Assistent an der TU München behielt. Bald darauf erweiterten sie ihre Aktivitäten durch die Eröffnung eines kleinen Reiseausrüstungsladens in einer Dreizimmerwohnung. Dies war der erste Laden seiner Art im deutschsprachigen Raum. Dafür verzichtete er endgültig darauf, sich als Beamter leistungsunabhängig den „Lebensunterhalt finanzieren zu lassen" und begab sich auch beruflich in die „freie Wildbahn".

Zusammen mit seiner zunehmend reiseerprobten Frau Erika hat er über 100 Länder, zumeist mit geländegängigen Fahrzeugen, bereist. Alleine die Weltreise von 2003 bis 2008 führte die beiden auf 220.000 Kilometer durch 70 Länder auf allen Kontinenten.

Erika gebührt besonderer Dank für die Aufnahme der Bilder unterwegs und deren mühsamer Auswahl für dieses Buch.

Das Ehepaar hat eine Tochter und einen Sohn, die beide auf unterschiedliche Weise die „Große Reise" zu ihrem Lebensinhalt gemacht haben.

Markante Berge, Orte und Landschaften mit Koordinaten und Kurzbeschreibung

Von Orten, die auf „Google Earth oder „Bing Karten“ besonders eindrucksvoll erscheinen, gebe ich hier die Koordinaten an.

B.U.C./Libyen	24°24′ N, 17°37′ E	Pistenabzweig B.U.C. = Bivio Uau Cebir
Emi Koussi/Tschad	19°49′55″N, 18°33′34″E	Vulkan, höchster Berg der Sahara, 3415 m
Flughafen/N-Tschad	22°39′ N, 17°42′ E	Geheimer libyscher Flughafen im Tschad
Guelta d'Archeï/Tschad	16°54′09″N, 21°46′03″E	Schlucht mit Wasserbecken in der Wüste
In Afaleleh/Algerien	23°34′ N, 09°13′ E	Militärlager an nahe gelegenem Brunnen
Jabal al Awaynat/Libyen	21°48'47"N, 24°51'31"E	Gebirge u. gleichnamige Grenzstation
Karabatum/Sudan	20°13′11″N, 25°29′35″E	einsamer Grenzposten im NW-Sudan
Klingué-Pass/Libyen	23°16′35″N, 20°01′40″E	verminter Pass in S-Libyen
Malha Krater/Sudan	15°07′53″N, 26°10′15″E	Krater mit See im W-Sudan (100 m tief)
Trou du Natron/N-Tschad	20°58′ N, 16°33′ E	Vulkankrater (800 m) mit Natronsalz am Boden
Waw an Namus/Libyen	24°55′ N, 17°45′ E	Vulkankrater von vier Seen umsäumt
Yoa-See/N-Tschad	19°03′11″ N, 20°30′ 10″E	größter See der Sahara
Chegga/Mauretanien	25°22′24″ N, 5°47′14″W	Bordj = Wüstenfestung
Bordj Flye Sainte-Marie	27°19′12″ N, 2°59′01″ W	französisches Wüsten-Fort
Chenachane	26°02′41″ N, 4°12′53″ W	französisches Wüsten-Fort
Guelb er Richat	21°07′41″N, 11°24′03″ W	sehr großer Einschlagskrater

Lieferbare und vergriffene Bücher der Familie Därr seit 1975

TransSahara, Klaus Därr, 1975 in 1. Auflage im Eigenverlag erschienen, weitere Auflagen in der Reihe Globetrotter schreiben für Globetrotter, ab 1984 in der Reihe REISE KNOW-HOW. Nicht mehr lieferbar, online sind einzelne Kapitel unter www.daerr.info lesbar.

Durch Afrika, Klaus Därr, Erika Därr, Astrid Därr, Reihe REISE KNOW-HOW, Band 1: Marokko bis Benin, Band 2: Nigeria bis Südafrika, seit 2005 vergriffen.

1973 erstmals beim TCS (Touring Club Suisse) erschienen, dann ab 1976 unter Mitarbeit von Erika und Klaus Därr als Hrsg. in der Reihe Globetrotter schreiben für Globetrotter, ab 1984 in der Reihe REISE KNOW-HOW mit den Därrs als Autoren und Herausgeber, ab 2003 erstmals in 2 Bänden.

Marokko, Astrid Därr, Erika Därr, 12. Auflage 2012, 13. Auflage 2015 in Vorbereitung, REISE KNOW-HOW-Verlag Peter Rump GmbH. Die erste Auflage erschien 1981 von Erika Därr im Eigenverlag in der Reihe Globetrotter für Globetrotter, ab 1984 in der Reihe REISE KNOW-HOW.

Südmarokko mit Agadir, Marrakesch, Essaouira, Astrid Därr, Erika Därr, 7. Auflage 2015.

Dier erste Auflage erschien 1989 unter dem Titel Agadir und die Königstädte Marokkos, später Agadir, Marrakesch, Südmarokko in der Reihe REISE KNOW-HOW.

Marokko aktiv, Muriel Brunswig, Erika Därr, Reise Know-How 2003, vergriffen.

Algerische Sahara Gerhard Göttler, Erika Därr, Hrsg. Klaus Därr, 1. Auflage 2002 in der Reihe Reise Know-How (vergriffen seit 2004).

Westafrika Sahelländer, Erika Därr (Hrsg.) Gerhard Göttler, Thomas Baur, 9. Auflage 2010, Reihe Reise Know-How.

Westafrika Küstenländer, Erika Därr Hrsg., Reihe Reise Know-How, vergriffen seit 2005.

Traumrouten durch Afrika, Erika Därr, Astrid Därr, 1. Auflage 2004 Rosenheimer Verlagsanstalt. Erlebnisse und Information auf vier Hauptrouten durch Afrika, Bildband.

City Trip Marrakesch, Astrid Därr, Reihe Reise Know-How, 5. Auflage 2014/2015.

City Trip Tanger-Asilah-Tetuan, Astrid Därr, Reise Know-How, 1. Auflage 2014/2015.

Zeit für Marokko, Den Zauber des Orients entdecken und genießen, Astrid Därr, Christian Heeb, Bruckmann Verlag 3. Auflage 2014.

Zeit für Safari, Die Tierparadiese Afrikas entdecken und genießen, Astrid Därr, Christian Heeb, Roland Karl, Bruckmann-Verlag 1. Auflage 2010.

Marokko Polyglott on Tour, Ingeborg Lehmann, Astrid Därr, Auflage 2013.

Marokko Polyglott Apa-Guide, Astrid Därr, Auflage 2015 in Vorbereitung.

Bildnachweis

Allen Fotografen danke ich herzlich für die Zurverfügungstellung der Dias und die Überlassung des Rechts zur deren Verwendung.

Titelbild: Eberhard Hummel, Esslingen

Aufnahmen der ersten beiden Reisen: Gerhard Mebus, Udo Klein und Klaus Därr

Bilder der Gruppe nach dem Überfall in Mauretanien: Gerhard Troyer

Alle anderen Aufnahmen, soweit nicht anders gekennzeichnet: Erika Därr und Klaus Därr

Rad- und andere Abenteuer aus aller Welt

Edition Reise Know-How

In der Edition Reise Know-How erscheinen außergewöhnliche Reiseberichte, Reportagen und Abenteuerberichte, landeskundliche Essays und Geschichten. Gemeinsam ist allen Titeln dieser Reihe: Sie unterhalten, sei es unterwegs oder zu Hause – auch als ideale Ergänzung zum jeweiligen Reiseführer.

Afrika – Mit dem Fahrrad in eine andere Welt · ISBN 978-3-89662-522-9 · € 19,90

Auf Heiligen Spuren – 1700 km zu Fuß durch Indien
ISBN 3-89662-387-7· € 17,50

Auf und davon – Auf Motorrädern durch Europa, Asien und Afrika
ISBN 978-3-89662-521-2 · € 19,50

Die Salzkarawane – Mit den Tuareg durch die Ténéré
ISBN 3-89662-380-X · € 17,50

Durchgedreht – Sieben Jahre im Sattel
ISBN 3-89662-383-4 · € 17,50

Myanmar/Burma – Reisen im Land der Pagoden
ISBN 3-89662-196-3 · € 17,50

Odyssee ins Glück – Als Rad-Nomaden um die Welt 10 Jahre, 160.000 km und 5 Kontinente
ISBN 978-3-89662-520-5 · € 19,90

Panamericana südwärts – Eine Abenteuertour durch Lateinamerika.
ISBN 978-3 89662-523-6 · € 19,50;
auch als **E-Book** erhältlich: ISBN 978-3-89662-621-9 · € 13,99

Please wait to be seated – Bizzares und Erheiterndes
von Reisen in Amerika. ISBN 3-89662-198-X · € 12,50

Rad ab – 71.000 km mit dem Fahrrad um die Welt. ISBN 3-89662-383-4 · € 17,50

Südwärts – von San Francisco nach Santiago de Chile.
ISBN 3-89662-308-7 · € 17,50

Suerte – 8 Monate auf Motorrädern durch Südamerika. ISBN 978-3-89662-366-9 · € 17,50

Taiga Tour – 40.000 km allein mit dem Motorrad von München durch Russland
nach Korea und Japan · ISBN 3-89662-308-7 · € 17,50

USA Unlimited Mileage – Abgefahrene Episoden einer Reise durch Amerika
ISBN 3-89662-189-0 · € 14,90

Völlig losgelöst – Panamericana Mexiko–Feuerland in zwei Jahren
ISBN 978-89662-365-2 · € 14,90

Eine mallorquinische Reise – Mallorca 1929 · ISBN 3-89662-308-7 · € 10,50

Geschichten aus dem anderen Mallorca – Robert Graves
ISBN 978-3-89662-269-3 · € 12,50

und mehr ...

Panamericana südwärts

Eine Abenteuertour durch Lateinamerika

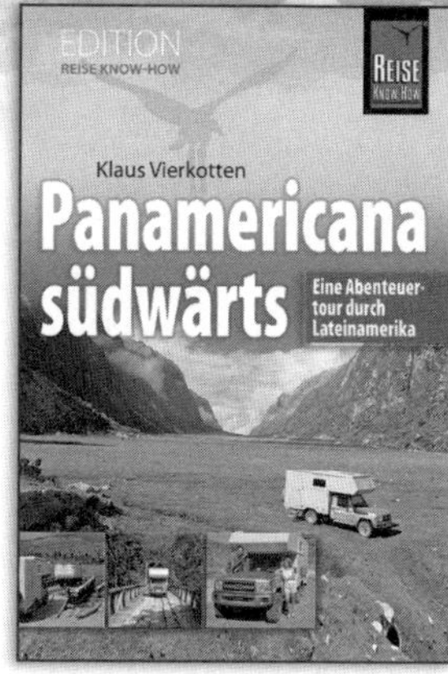

1. Auflage 2014

ISBN 978-3-89662-523-6 · € 19,50 [D]
E-Book ISBN 978-3-89662-621-9 · € 13,99 [D]

Als nach fast 25 Jahren Berufsleben aus Spaß Stress und aus Herausforderung Belastung wird, krempeln Petra und Klaus Vierkotten ihr Leben komplett um. Sie verzichten auf Karriere, Konventionen und Konsum und wagen mit 43 Jahren das große Abenteuer. Der Job wird gekündigt, die Wohnungseinrichtung aufgelöst, das Haus geräumt.

Mit einem Allrad-Wohnmobil starten sie zu einer Abenteuertour entlang der Panamericana von Mexiko nach Feuerland, der berühmtesten Fernstraße der Welt. Eine echte, 100.000 Kilometer lange und drei Jahre dauernde Herausforderung für Auto, Material und Insassen, immer auf Tuchfühlung mit dem Leben und Treiben neben den Straßen und Pisten. In Mexiko besuchen sie den ausgelassenen Straßenkarneval und in Guatemala steht plötzlich ein ganzes Dorf in ihrem Auto. In Nicaragua schwitzen sie bei einem Hilfsprojekt in der Gluthitze der Tropen und in Kolumbien treffen sie auf die neugierigsten Menschen. Dann geht es monatelang durch die südamerikanischen Anden über waghalsige und einsame Bergpisten. Am 1000. Reisetag erreichen sie im sturmumheulten Feuerland die südlichste Stadt der Welt, Ushuaia, und schließlich verlockt zum Tourabschluss Rio de Janeiro mit Samba und Copacabana.

Die Panamericana ist mehr als nur eine Straßenverbindung zwischen den USA im Norden und Feuerland im Süden – sie ist eine Traumroute für Fernwehsüchtige. Unterhaltsam verknüpft der Autor die Abenteuer des Reisealltags mit fremden Kulturen und mit der faszinierenden Geografie und bewegten Geschichte Zentral- und Südamerikas. Begleiten Sie Petra und Klaus auf ihrer Reise entlang paradiesisch anmutender Strände, durch hitzeflirrende Wüsten, abgelegene Dörfer und dichte Regenwälder. Lassen Sie sich einfangen von der länderverkettenden „Traumstraße der Welt", der Panamericana.

Plus Tipps, Zusatzinformationen und Bilder auf der Internetseite der Autoren unter **www.abenteuertour.de**.

Promobil, 10/14: „Buchtipp zur Panamericana"
Allradler, 4/14: „Wer eine solche Tour plant, kann gar nicht anders, muss das Buch verschlingen. Klaus Vierkotten ist es gelungen Fakten in einen Reisebericht zu integrieren, ohne von der Datenflut erschlagen zu werden oder von tagebuchartigen Einträgen gelangweilt zu werden!"
OFF ROAD Magazin, 10/14: „Abenteurer-Pflichtlektüre" und: „Abenteuerlustige erhalten eine Lektüre, die sie vom ersten bis zum letzten Satz fesseln wird!"
Leverkusener Wochenpost, 16. September 2014: „Dem Autor ist es gelungen, Interesse beim Leser zu wecken … nach individueller Lebensart" sowie „Der Leser wird mitgenommen auf eine faszinierende Tour, lebendig gemacht mit dem angenehmen Schreibstil eines Weltenbummlers."

Peter Smolka

71.000 km mit dem Fahrrad um die Welt:

Rad ab!

Vier Jahre lang radelte der Erlanger Globetrotter Peter Smolka um den Erdball. Zunächst durchquert er den Nahen Osten und Afrika, wo er nur knapp den Angriff eines Elefanten überlebt. In Kapstadt heuert er auf einer Segelyacht an, die nach Brasilien bringt. Nach neun Monaten Südamerika sind die nächsten Stationen Neuseeland und Australien. Bereits seine Fahrt durch Saudi-Arabien hatte in der Reiseszene für Aufsehen gesorgt. In Südostasien erhält Peter Smolka nach zähen Verhandlungen auch die Genehmigung Mynamer (Ex-Birma) auf dem Landweg zu durchqueren. Vor der Rückreise nach Europa wagt er sich schließlich nach Afghanistan hinein … Spannend, detailliert, einfühlsam und humorvoll – ein Buch für jeden, der gern reist.

Hardcover mit Schutzumschlag, 360 Seiten, plus 16 Seiten Farbfototeil
REISE KNOW-HOW Verlag · ISBN 3-89662-383-4 · € 17,50

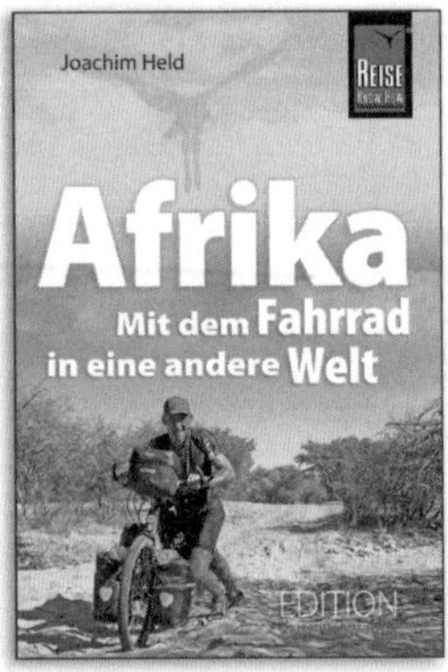

Joachim Held

Afrika

Mit dem Fahrrad in eine andere Welt

Joachim Held bricht im August 2008 nach Afrika auf. Er lässt sich treiben, durchquert die Westsahara, kämpft sich durch den Kongo und weiter bis nach Kapstadt, auf dem Rückweg erklimmt er den Kilimanjaro. Am Ende ist er zwei Jahre auf 33.000 Kilometern unterwegs, fasziniert von der Lebensfreude und Hilfsbereitschaft der Menschen, aber auch tief betroffen von ihren Lebensumständen. In Sierra Leone sieht er hungernde Kinder, in Guinea gerät er in Putschwirren und in Kamerun prophezeit man ihm eine Begegnung mit dem Tod. Einen Abend sitzt er im entlegenen Dschungel Zentralafrikas mit Dorfältesten zusammen und hört Fragen, auf die er keine Antworten hat: „Warum ist Europa so reich und Afrika so arm? Was sollen wir tun? Sag' du es uns, du kommst doch aus Europa!"

Einfühlsam berichtet Joachim Held über seine Begegnungen und Erlebnisse in Afrika. Er beschreibt Höhen und Tiefen seiner Reise, gelegentlich selbst verzweifelt, aber dann auch wieder mit Humor. Angereichert mit vielen Hintergrundinformationen, ist dies ein spannendes Buch zum Mitreisen und Nachdenken.

Hardcover mit Schutzumschlag, 392 Seiten + 32 Seiten Farbteil
Reise Know-How Verlag · ISBN 978-3-89662-522-9 · € 19,90

Dorothee Krezmar und Kurt Beutler

10 Jahre, 160.000 km und 5 Kontinente

Odyssee ins Glück

Als Rad-Nomaden um die Welt

10 Jahre lang radelten Dorothee Krezmar und Kurt Beutler kreuz und quer über den Globus. Für sie war das Fahrrad das ideale Verkehrsmittel, um sich fremden Menschen und Kulturen zu nähern. Natürlich gab es auch Tiefschläge. Sie berichten von einem Bienenüberfall, in Afrika wurden sie von bewaffneten Buschmännern abgeführt und entkamen in Argentinien nur knapp den Banditen. Trotz allem stand diese Mammut-Reise unter einem Glücksstern. Auf ihrer Odyssee lernten sie eine viel bessere Welt kennen als die von den Medien gezeichnete. Beide erzählen ihre persönliche Geschichte, die gemeinsamen Erlebnisse brachten Dorothee und Kurt immer näher zusammen und sie entdeckten für sich die Langsamkeit, schließlich stand ihre Reise unter dem Motto reduce speed.

Hardcover mit Schutzumschlag, 384 Seiten, 16 S. Farbteil,
mehr als 70 s/w-Fotos, 10 Karten

Reise Know-How Verlag · ISBN 978-3-89662-520-5 · € 19,90

Kirsten Kallinna

Suerte

8 Monate auf Motorrädern durch Südamerika

Acht Monate auf Motorrädern durch Südamerika - für Kirsten und Jörg Kallinna geht ein lang gehegter Traum in Erfüllung, als sie im Sommer 2004 zu dieser Reise aufbrechen. In Ecuador beginnt nun für beide ein völlig neues Leben, das Leben unterwegs.

Erst noch zögerlich, doch bald ganz intensiv tauchen sie ein in einen faszinierenden und unglaublich vielseitigen Kontinent, der sie in seinen Bann nimmt. Fast 30.000 Kilometer legen sie in diesen acht Monaten auf ihren Motorrädern zurück, durchqueren dabei sämtliche Klimazonen, eine Vielzahl von Landschaften und treffen die unterschiedlichsten Menschen. Sie fahren durch Wüsten und tropisches Tiefland, über fast 5000 Meter hohe Andenpässe, über riesige Salzseen und stemmen sich auf den Pisten Patagoniens gegen den Sturm. Zwischen Äquator und Feuerland erleben sie alle Höhen und Tiefen einerReise voller Gegensätze. Sie geraten an ihre Grenzen und sind doch glücklich wie nie zuvor. Suerte, das heißt Glück. Kirsten Kallinna schildert packend, humorvoll und vor allem sehr persönlich die kleinen und großen Erlebnisse und Herausforderungen eines faszinierenden Abenteuers. Ein Buch, das Lust zum Reisen macht!

Hardcover mit Schutzumschlag, 220 Seiten, über 60 Farb- u. s/w-Fotos, 5 Karten
Reise Know-How Verlag · ISBN 978-3-89662-366-9 · € 17,50

Frauke und Robert Kielstropp

Auf Motorrädern durch Europa, Asien und Afrika

Auf und davon

26 Länder, 3 Kontinente, 14 Monate, 47.000 Kilometer – frisch verheiratet und angetrieben von Abenteuerlust und Neugier auf die Fremde machen sich Frauke und Robert Kielstropp mit ihren Motorrädern auf und davon. Wortgewandt, lebendig und authentisch berichten die beiden Niederrheiner in einer Mischung aus Reportage und Tagebuch von ihrem Alltag im Nichtalltäglichen: : Von Gastfreundschaft im Iran und in Pakistan, beeindruckender Naturschönheit im Karakorum und Himalaya, buddhistischen Klöstern und Dschungelpassagen in Südostasien, Großwildbegegnungen im südlichen Afrika, Schotterpisten im äthiopischen Hochland und Wüstenetappen im Sudan. Vor allem aber sind es die Begegnungen mit den Menschen unterschiedlichster Kulturen, die den besonderen Reiz ihrer Reise ausmachen …

Hardcover mit Schutzumschlag, 350 Seiten, 16 S. Farbteil,
Reise Know-How Verlag · ISBN 978-3-89662-521-2 · € 19,50

Gudrun Ziermann

Panamericana Mexiko–Feuerland in zwei Jahren:

Völlig losgelöst

Über 100.000 Kilometer und zwei Jahre lang sind Gudrun Ziermann und Tobias Groenen mit einem expeditionstauglichen Landrover unterwegs. Ihr Weg führt durch knochentrockene Wüsten und tropische Regenwälder, über riesige Salzseen und verschneite Andenpässe, hinauf aufs Altiplano, hinein in die heiße Hölle des Chaco und immer wieder zu den kleinen Orten abseits der Hauptstraßen, wohin sich nur selten ein Fremder verirrt. Im Schritttempo fahren sie durch den nahezu weglosen Kupfercanyon in Mexiko. In Belize werden sie gebeten, einen Militärkonvoi anzuführen. In Kolumbien gelangen sie nur über Umwege zu einer Ausgrabungsstätte mitten im Guerilla-Gebiet. In Bolivien stecken sie mehrere Tage in Straßenblockaden fest. Auf einer Sandpiste durchqueren sie das Feuchtgebiet des Pantanal. Ob beim Schamanenritual in den Anden oder bei der Kaiman-Jagd im brasilianischen Dschungel - die Gastfreundschaft und Offenheit der Menschen erlaubt es Gudrun Ziermann immer wieder, hinter die Kulissen zu blicken. Das Ergebnis ist ein spannender Reisebericht mit außergewöhnlichen Einblicken in fremde Länder. Es sind die Begegnungen mit den Menschen, die einer Reise Leben einhauchen.

Hardcover mit Schutzumschlag, mehr als 100 Farb- und s/w-Fotos, 7 Karten
Reise Know-How Verlag ISBN 978-3-89662-365-2 · € 17,50

Mit Reise Know-How ans Ziel

Landkarten

aus dem *world mapping project*™
bieten beste Orientierung – weltweit.

- Aktuell über **180** Titel lieferbar
- Optimale Maßstäbe
- 100%ig wasserfest
- Praktisch unzerreißbar
- Beschreibbar wie Papier
- GPS-tauglich

Foto: Astrid Därr

Südmarokko

Marrakesch, Agadir, Essaouira

Erika Därr, Astrid Därr

978-3-8317-2352-2
660 Seiten | 41 Stadtpläne und Karten
Übersichtskarten der Regionen
Weitere Übersichtskarten in den Umschlagklappen

22,50 Euro [D]

Reisepraktische Informationen von A bis Z
Sorgfältige Beschreibung aller sehenswerten Städte und Landschaften
Ausführliche Landeskunde | Unterkunfts-Empfehlungen für jeden Geldbeutel
Viele Verhaltenstipps und Hinweise zum „richtigen" Reisen im islamischen Marokko
Viele stimmungsvolle Fotos | Interessante Exkurse

www.reise-know-how.de

Weitere Titel für die Region von Reise Know-How

CityTrip Marrakesch
Astrid Därr
978-3-8317-2411-6

11,95 Euro [D]

CityTrip Tanger, Asilah, Tétouan
Astrid Därr
978-3-8317-2211-2

11,95 Euro [D]

Mit begleitendem Service für Smartphones, Tablets & Co.:

→ GPS-Daten aller beschriebenen Örtlichkeiten
→ Stadtplan als GPS-PDF
→ Verlauf der Stadtspaziergänge
→ Audiotrainer Arabisch

GRATIS-APP
✓orientieren
✓informieren
✓verständigen

Viele reisepraktische Infos | Sorgfältige Beschreibung der interessantesten Sehenswürdigkeiten | Historische Hintergründe der Stadt | Geschichte der Stadt Detaillierte Stadtpläne | Empfehlenswerte Unterkünfte | Restaurants aller Preisklassen Erlebnisreiche Stadtrundgänge | Mit City-Faltplan zum Herausnehmen | 144 Seiten

www.reise-know-how.de

Weiterer Titel für die Region von Reise Know-How

Foto: Astrid Därr

KulturSchock Marokko
Muriel Brunswig-Ibrahim
978-3-8317-1628-9

240 Seiten
Viele Fotos und Abbildungen
Glossar und ausführliches Register

14,90 Euro [D]

Geschichtliche, religiöse und soziale Hintergründe | Alltagskultur | Traditionen
Verhaltensregeln | Familienleben | Moralvorstellungen | Mann und Frau
Als Fremder in Marokko | Empfehlungen für den Reisealltag

www.reise-know-how.de

Sprachführer Kauderwelsch von Reise Know-How

über Smartphone
AUSSPRACHE-BEISPIELE
zum Anhören

Marokkanisch-Arabisch – Wort für Wort
Wahid Ben Alay
978-3-8317-6422-8
160 Seiten | Band 77
Umschlagklappen mit Aussprachehilfen und wichtigen Redewendungen
Wörterlisten
Arabisch – Deutsch, Deutsch – Arabisch
9,90 Euro [D]

Im Kauderwelsch Sprachführer sind Grammatik und Aussprache einfach und schnell erklärt. Wort-für-Wort-Übersetzungen machen die Sprachstruktur verständlich und helfen, das Sprachsystem kennenzulernen. Die Kapitel sind nach Themen geordnet, um sich in verschiedenen Situationen zurechtfinden und verständigen zu können – vom ersten Gespräch bis hin zum Arztbesuch. In einer Wörterliste sind die wichtigsten Vokabeln alphabetisch einsortiert und ermöglichen so ein rasches Nachschlagen. Einige landeskundliche Hinweise runden diesen handlichen Sprachführer ab.

www.reise-know-how.de

Das komplette Programm zum Reisen und Entdecken von

REISE KNOW-HOW

- **Reiseführer** – alle praktischen Reisetipps von kompetenten Landeskennern
- **CityTrip** – kompakte Informationen für Städtekurztrips
- **CityTrip^PLUS** – umfangreiche Informationen für ausgedehnte Städtetouren
- **InselTrip** – kompakte Informationen für den Kurztrip auf beliebte Urlaubsinseln
- **Wohnmobil-Tourguides** – alle praktischen Reisetipps für Wohnmobil-Reisende
- **Wanderführer** – exakte Tourenbeschreibungen mit Karten und Anforderungsprofilen
- **KulturSchock** – Orientierungshilfe im Reisealltag
- **Kauderwelsch Sprachführer** – vermitteln schnell und einfach die Landessprache
- **Kauderwelsch plus** – Sprachführer mit umfangreichem Wörterbuch
- **world mapping project™** – aktuelle Landkarten, wasserfest und unzerreißbar
- **Edition REISE KNOW-HOW** – Geschichten, Reportagen und Abenteuerberichte

u Hause und unterwegs – intuitiv und informativ

▸ www.reise-know-how.de

- **Immer und überall** bequem in unserem Shop einkaufen
- Mit **Smartphone, Tablet** und **Computer** die passenden Reisebücher und Landkarten finden
- **Downloads** von Büchern, Landkarten und Audioprodukten
- Alle **Verlagsprodukte** und **Erscheinungstermine** auf einen Klick
- **Online** vorab in den Büchern **blättern**
- Kostenlos **Informationen, Updates** und **Downloads** zu weltweiten Reisezielen abrufen
- **Newsletter** anschauen und abonnieren
- Ausführliche **Länderinformationen** zu fast allen Reisezielen